SERVICE-LEARNING ESSENTIALS

서비스-러닝의 본질

질문, 답, 그리고 깨달음

Barbara Jacoby 저
이현우 | 김효선 | 이원석 | 이정민 | 장덕호 | 장석진 역

머리말

내가 Barbara Jacoby를 처음으로 만난 것은 1990년대 초반 유타주 Snowbird에서 열린 미국경험교육학회(National Society for Experiential Education) 학술대회였다. 우리는 Irene Fisher가 책임자로 있는 유타대학의 Lowell Bennion 지역복지센터를 방문한 소수의 학회 참석자들과 동행하였다. 우리가 출발했을 때 갑자기 날씨가 나빠졌다. 올라가는 산길은 위험했다. 모두를 안심시키기 위해 노력하면서도 어쩔 수 없이 걱정에 잠겨버린 승합차 운전사의 목소리가 생각난다. 우리는 느렸지만, 뚜벅뚜벅 산을 성공적으로 올라갔고, 마침내 목적지에 도착할 수 있었다.

Barbara와 다른 서비스-러닝 교육자들과 함께한 이 여행길은 서비스-러닝과 지역참여의 발전과정에 대한 나의 생각을 말해주고 있다. 1990년대 초반(그 이전도 마찬가지이지만) 바로 그날 이후로, 우리의 작업은 느렸지만 자신감 있게 뚜벅뚜벅 걸어왔다. 나는 우리의 작업이 빛나는 징후들을 보았다. 캠퍼스에 새롭게 설립된 서비스-러닝과 지역참여 센터들, 번성하는 기존 센터들, 많은 학술지들, 우리의 작업과 미래에 관한 진지한 대화들, 이러한 작업을 위해 매월 개최되는 학술모임들이 바로 그 징후들이다.

나는 이러한 지속적인 발전의 과정에서 Barbara가 중요한 역할을 수행하였음을 인정한다. 특히, 그녀는 메릴랜드대학의 서비스-러닝 책임자였다. Jossey-Bass가 출판한 그녀의 세 가지 저서들—'고등교육에서의 서비스-러닝: 개념과 실천'(1996), '서비스-러닝을 위한 파트너십 형성'(2003), 그리고 '고등교육에서의 시민적 참여: 개념과 실제'(2009)—은 서비스-러닝 연구에서 소중한 문헌이 되었다. Barbara의 또 다른 저서, '서비스-러닝의 본질: 질문, 답, 그리고 깨달음'은 고등교육 서비스-러닝 분야에서 가장 영향력 있는 목소리 중의 하나로서 그녀의 연구 궤적을 지속하는 한 가지 결실이라 할 수 있다. 우리가 그동안 거쳐 온 등반과 우리 앞에 놓인 등반은 바로 Barbara가 보여준 지난날, 현재, 그리고 미래의 작업에 의해 진전되어 왔고, 진전되고 있으며, 또한 진전될 것이다.

만약 Barbara가 이 책을 20년 전, 또는 10년 전에 썼다면 훨씬 두께도 얇고, 덜 진지한 책이었을지도 모르겠다. 비록 이 책이 그동안의 연구와 실천의 과정에서 우리가 내디던 엄청난 발걸음을 회고하는 것이지만, 여전한 질문들과 익혀야 할 교훈들, 그리고 딜레마들이 남아 있다.

서비스－러닝과 대학－지역 참여 파트너십은 과연 관리하기가 어렵고(아마 더욱 심각해지는) 사회악을 해결하는데 어떤 역할을 할 것인가? 어떻게 우리가 서비스－러닝을 통한 민주적 교육의 성과를 가장 잘 확보할 수 있을 것인가? 어떻게 이 작업에 헌신하는 교수진들은 승진과 정년보장의 확보를 위해 더욱 매진할 수 있게 만들 것인가? 이 책은 이러한 모든 문제들에 관한 것이다.

서비스－러닝에 생소한 분들은 서비스－러닝 개념의 명확한 이해, 정규 수업에서 학생 성과에 대한 평가, 지속가능한 대학－지역사회 파트너십 형성, 비판적 성찰의 과정에 학생 참여를 위한 다양한 방법 등을 포함한 기본적 사항들을 알게 될 것이다. 서비스－러닝을 조금이라도 이해한 분들은 지역 파트너십을 어떻게 평가하고, 각종 "주의(主義)들(isms)", 권력, 그리고 특권에 대한 학생들의 이해와 공감을 고취하는 방법과 대학에 입학한 학생들이 소외된 지역사회를 접할 때 필수적으로 동반되는 각종의 문제들을 어떻게 평가할지를 포함한 복잡한 문제들을 이해하는데 유용한 정보를 제공받을 것이다. 경험이 풍부한 서비스－러닝 교육자들은 이 책이 서비스－러닝과 정치와의 관계, 서비스－러닝의 제도화, 온라인 환경에서 서비스－러닝의 미래, 그리고 서비스－러닝과 사회적 기업의 관계에 관한 중요한 정보와 자원들로 가득차 있음을 알게 될 것이다.

이 책의 모든 장들에 걸쳐 Barbara는 신중하고도 균형 잡힌 접근법을 취하고 있다. 그녀는 주장을 펼치기 보다는 다양한 관점을 통해 한 가지 이슈들을 조망할 수 있도록 유도하고 있다. 거의 모든 장들이 서비스－러닝을 가르치는 교수진과 교수진의 교수역량을 높이려는 분들에게 상당한 호소력을 갖고 있는 것이 분명하지만, 특히 "서비스－러닝 행정"과 "서비스－러닝 교과의 설계와 실행"은 대학행정가들을 비롯한 교직원들에게 적지 않은 도움을 줄 것이다.

역설적으로, 일부 연구들에 따르면(Hartman, 2013, Kliewer, 2013, Saltmarsh, Hartley, & Clayton, 2009), 이 책은 우리의 작업이 멈춰졌을 때 출간되었다. 나는 우리가 정말 힘들고 극복하기 어려운 서비스－러닝과 시민적 참여 운동이라는 문턱에 도달했고, (계속해서 비유를 하자면) 아주 힘든 경사의 산을 오르기 시작했다고 본다. 어려운 변곡점에 도달하였을 때, 좋은 해결책은 시작, 시초, 그리고 기본으로 돌아가는 것이다. 그리고 바로 그것이 이 책이 의도하는 바이다. 이 책은 기본에 충실하고, 풍부하고 도전적인 과업에 대한 이해를 더하기 위하여 이 분야의 최신 연구와 실천사례들을 활용하고 있다.

우리 각자는 서비스-러닝의 약속을 조금씩 달리 본다. 어떤 이는 그 약속을 대학교육에 새바람을 불어넣고 변화시키는 것으로 보고, 또 어떤 이는 학생들의 학업을 고양하는 것으로 본다. 다른 이는 사회악 해결을 위한 기여로 보기도 하며, 또 어떤 이는 학생들의 사회적 책임감을 고취시키는 것으로 보기도 한다. 또 다른 이는 건강한 민주주의를 확보하는 것으로도 본다. 모든 것이 잘만 이루어진다면, Barbara가 이 책에서 밝히듯이, 서비스-러닝은 이상의 모든 목적들을 달성할 수 있을 것이다.

왜 Barbara인가? 간단히 말해서 그녀가 바로 서비스-러닝의 아이콘이기 때문이다. 그녀는 계속해서 이 책의 필요성을 확인하는 핵심적 위치에 있어 왔고, 그 필요성을 채울 충분한 지식을 소유하고 있다. 그녀가 이 분야를 연구한 오랜 시간들, 과거의 연구물들, 그리고 수많은 연설 기회와 대학 컨설팅 등을 두고 보았을 때, 그녀는 우리 작업에 대한 조망적 관점과 현실 근거적 관점을 모두 갖고 있다. 그녀는 대학 캠퍼스를 서비스-러닝의 안전지대로 만들기 위해 역량을 펼쳐온 많은 서비스-러닝과 지역공동체 참여 교육가들 중 엘리트 그룹에 속해 있다. 나는 Barbara가 서비스-러닝을 대중들에게 가져다 준 핵심 장본인이라고 생각한다.

왜 이 책이 중요한가? 적지 않은 책들과 논문들이 이미 이 책에서 언급한 여러 이슈들에 대해 다루어왔다. 그러나 이 책은 서비스-러닝과 대학-지역공동체 파트너십에 관하여 사람들이 생각할 수 있는 모든 이슈들을 한 곳에 원-스톱 방식으로 모아 두었다. 그리고 명확한 제목들, 중요한 질문들과 균형이 잡히면서도 폭넓은 답변들, 향후 추가적 연구를 위한 자료들을 매우 가독성이 높은 형태로 제공하고 있다.

누가 이 책의 도움을 얻을 수 있을 것인가? 나는 이 책은 여러 이유로 베스트셀러라고 생각한다. 첫째, 이 책만큼 풍부한 자료를 제공한 책이 없다. 둘째, 이 책은 실천가들에서부터 연구자들, 교수역량개발 전문가들 그리고 대학원생에 이르기까지 많은 분야의 잠재적 독자층을 확보하고 있다. 셋째, 서비스-러닝 센터들이 이 책을 대학뿐만 아니라 지역공동체 파트너들과 교수-학습에 관한 이해를 나누는 데 활용할 수도 있을 것이다. 그리고 마지막으로 모든 서비스-러닝 관계자들, 즉 교수진, 학생, 지역 파트너들이 이 책을 읽는다면, 서비스-러닝 성과의 질은 극대화될 것이라고 생각한다.

이 책을 어떻게 읽을 것인가? 과거에 어떤 교수가 서비스-러닝에 관한 기초적이고 광범위한 "교재"가 무엇이냐고 질문하였을 때, 나는 어떻게 답할지 적잖게 당황하였다. 이제 나는 그 교재를 갖고 있다. 교수진 역량 개발을 위해 나는 이 책 몇 부를 구매할 작정이다.

이 책의 본질적 중요성은 무엇인가? 나는 이 책을 서비스-러닝과 지역 참여에 관한 결정판으로 보고 있다. 무엇이 서비스-러닝이고, 그 목표가 무엇이며, 어떻게 하는 것이고, 학생, 교수, 지역인사, 지역 파트너, 그리고 고등교육기관들을 연계하는 하나의 실체에 수반되는 모든 이슈들에 관한 것을 담고 있다. 언젠가 서비스-러닝에 관한 연대기가 쓰인다면 Barbara Jacoby와 이 책은 중요한 위치를 차지할 것이다.

참고문헌

Hartman, E. (2013). No values, no democracy: The essential partisanship of a civic engagement movement. *Michigan Journal of Community Service Learning*, 19(2), 58-71.

Kliewer, B. (2013). Why the civic engagement movement cannot achieve democratic and justice aims. *Michigan Journal of Community Service Learning*, 19(2), 72-79.

Saltmarsh, J., Hartley, M., & Clayton, P. (2009). Democratic engagement white paper. New England Resource Center for Higher Education, Paper 45. http://scholarworks.umb.edu/nerche_pubs/45.

Jeffrey Howard
Director of Faculty Development
Steans Center, DePaul University
Michigan Journal of Community Service Learning 편집인

서 문

중서부 지방에 위치한 한 대학의 푸르고 완만한 언덕 캠퍼스의 아름다운 아침이었다. 교수진이 오전 9시 서비스－러닝 과정 설계를 위한 워크숍에 도착했을 때, 나는 항상 그랬던 것처럼, 포스트잇에 워크숍에 참석하게 된 이유와 서비스－러닝에 있어 가장 중요한 질문 하나를 적어 보도록 요청했다. 그리고는 대학의 직원들이 연단과 프로젝터 등 장비 준비를 하는 동안 질문을 한 번 살펴보았다. 다음과 같이 매우 친숙한 질문들이 나왔는데, 그다지 놀라운 일은 아니었다. 그 질문들은 "인턴십과 서비스－러닝의 차이점은 무엇인가?", "어떠한 식으로 서비스－러닝을 시작할 수 있는가?", 서비스－러닝 경험자들은 "지역공동체와 지속적인 파트너십을 구축하려면 어떻게 해야 할까?", "어떻게 하면 학문적 엄정성을 증진할 수 있을까?", "서비스－러닝을 온라인에서 가르칠 수 있을까?" 등이다.

점심을 먹으면서 만난 기관부서장들은 여러 분야에 걸쳐 서비스－러닝을 "확대"하기 위하여 필요한 것은 무엇인지를 물었다. 그들은 학생 모집 및 유지에 관심이 있었고, 서비스－러닝이 이러한 여러 분야에서 차별성을 가지는 사례가 있는지도 궁금해 했다. 그들은 또한 서비스－러닝을 제도적 우선 과제로 설정하고 "전속력으로 추진"했을 때 "우리가 주목할 만한 정도로 상황을 변화시켰는지"를 어떻게 알 수 있는지 질문했다.

이후 오후에는 봉사의 날을 계획하고 조직하는 데 참여했던 소규모의 서비스－러닝 센터의 직원, 학생관련 전문가 및 학생 리더를 만났다. 나는 학생들에게 자원 봉사와 사회 변화 간의 차이점에 대한 성찰 활동에 참여하게 하였다. 그들은 서비스－러닝에 열성을 다했었으나 "어떻게 우리가 참여자들이 진정으로 성찰하도록 할 수 있는지?", "우리가 멀리 떨어진 자연 재해에 대응하는 데에 초점을 맞춰야 할지 혹은 지역공동체의 요구에 대응하는 데 초점을 맞춰야 할지?"에 의문을 가졌다.

나의 대학 캠퍼스로 돌아 와서, 고등 교육 및 학생 문제 전공 프로그램 대학원 수업에서 서비스－러닝에 대한 초청 특강을 하였다. 학생들은 서비스－러닝의 이론과 실제에 대해 "서비스－러닝이 어떻게 필요와 의존의 현 상황을 영구화되지 않게 할 것인가?", "대학과 지역 공동체가 진정으로 지역 공동체들과의 진정한 민주적 파트너십을 발전시킬 수 있을까? 혹은 단순히 권력의 차이가 너무 큰 건 아닌가?", "서비스－러닝의 궁극적인 목표는 무엇인가?"와 같은 질문들을 해결하려고 노력하면서 "애를 먹이"고자 하였다.

학술대회 기조연설, 워크숍, 상담, 그리고 온라인을 통하여 수백 명의 교수, 대학행정가, 학생 및 지역공동체 지도자들과 소통하면서, 이러한 질문을 지속적으로 수차례에 걸쳐 받으면 받을수록 이 책에 대한 필요성이 점점 더 분명해졌었다. 나는 좋은 대안을 갖고 있는 질문에 대답하고 대안이 없는 질문에는 의문을 제기하면서, 가능한 최상의 대답과 함께 이 질문들을 기록할 필요가 있다고 깨달았다. 교수, 직원, 서비스-러닝의 어려운 딜레마에 직면하는 혹은 서비스-러닝에 익숙하지 않은 학생뿐만 아니라 새로운 과정과 교육과정상 교육경험을 개발할 때 서비스-러닝의 기본 원리와 실제를 검토하고 재검토하는 것이 유용하다고 생각하는 많은 경험을 가진 사람들을 위하여 이러한 질문을 수집하여 엮어야 할 필요성을 느꼈다. 더욱이 교과 및 연계 비교과 서비스-러닝을 모두 포괄하고 검증하는 책은 이 책 외에는 없다. 다른 책들에는 학문적이고 교과 중심의 서비스-러닝에 초점을 두는 경향이 있기 때문에, 학생 업무 담당 전문가, 리더십 교육자, 대학본부 부서장 등의 사람들의 업무에 도움을 줄 수 있는 자원은 거의 포함되어 있지 않다.

나는 또한 서비스-러닝의 현장에서 직접 체험하며 수년 동안 배운 많은 교훈을 나눌 필요성을 절실히 느꼈다. 시행착오를 하기도, 당황하기도 하면서, 교수들, 학생 업무 담당 동료들, 지역공동체 파트너들, 그리고 학생들로부터 많은 것을 배웠다. 나는 또한 자신이 겪은 실수와 딜레마에 대한 속내 이야기를 털어놓은 사람들로부터 그리고 그것을 처리했던 방법에 대하여 많은 것을 배웠다. 나는 여러분들이 경험한 기쁨과 좌절감을 공유했고, 여러분들이 서비스-러닝과 자신에 관해 발견한 것들에 의해 영감을 받았다.

나는 Maryland 대학교에서 나의 상사인 학생부처장 William L. "Bud" Thomas, Jr.에 의해 서비스-러닝 프로그램을 처음 도입하는 것에 대한 책임을 맡았던 1992년부터 서비스-러닝에 깊이 관여해왔다. 나는 교과와 연계 비교과에서 모두 서비스-러닝을 동시에 개발할 계획이라고 그에게 즉시 알렸다. 그는 즉시 "Barbara, 당신이 교수들을 참여시키려고 한다면, 항구에서 출발하기도 전에 그들은 그 배를 가라앉힐 것입니다."라고 대답했다. 내가 ***고등 교육에서 서비스-러닝: 개념과 실천(1996)***이라는 책을 쓸 것을 제안했을 때, Jossey-Bass의 편집자인 Gale Erlandson은 서비스-러닝이 충분한 독자를 확보할 만큼 고등 교육에서 충분한 견인력을 가지고 있는지 궁금해 하면서, 지역공동체 봉사 대신 서비스-러닝이라는 용어를 사용했을 때의 지혜에 대해 진지하게 질문했었다.

우리는 참 먼 길을 걸어왔다. 저명한 Maryland 대학의 동료인 Kerry Ann O'Meara가 "이제 서비스-러닝은 영속적인 고등교육 환경의 일부입니다"(2011, p. 181)라고 말한 것에 전적으로 동의한다. 우리는 학생과 지역공동체에 기여하는 서비스-러닝의 이점에 대한 상당한 증거를 축적해 왔다. 또한 또 다른 존경받는 동료들 Patti H. Clayton, Robert G. Bringle, 그리고 Julie A. Hatcher가 "변화는 고등교육에 쉽게 적용되지 않지만 서비스-러닝이 가장 변화하기 어려운 학문적 차원(교육과정, 교원 업무, 조직과 기구, 예산 배분, 승진 및 정년, 학생 학습 평가, 그리고 지방 캠퍼스 파트너십)에 미치는 영향력을 보여주었다"(2013, vol. 1, p. ix)고 한 것에 동의한다.

시민 참여 영역에서의 나의 광범한 업적에 익숙한 사람들 중 일부는 이 책이 소위 말해 시민 학습, 민주적 참여, 적극적 시민권, 혹은 공공 서비스 등을 보다 넓게 다루기보다는 서비스-러닝에 정면으로 집중한 이유를 궁금해 할 수 있다. 그렇게 하는 것은 참 매력적인 것이었다.

그러나 나는 Campus Compact[1)]의 동료들이 "서비스-러닝은 학생들이 민주주의 시민권에 요구되는 지식과 기술을 갖추도록 준비시키는 것을 목적으로 하는 가장 널리 퍼지고 잘 알려진 실천 사례이다"(Zlotkowski, 2011, pp. 223-224에서 인용)라고 한 것에 적극 동의하면서 서비스-러닝에 초점을 맞추기로 결정했다. 또한, 학생들이 민주주의에 적극적으로 참여하고 사회 변화를 위해 일하도록 준비시키는 서비스-러닝의 엄청난 잠재력을 내가 확고하게 믿고 있는 것처럼, 서비스-러닝이 잘 수행되지 않으면 학생들의 고정 관념을 강화하고 봉사가 사회적 현안을 해결하는 가장 효과적인 수단이라는 인식을 영속화시키는 등 학생들에게 불행한 영향을 미칠 수 있다는 것 또한 너무나도 잘 알고 있다. 그러므로 이 책의 주된 목적은 서비스-러닝이 그것의 약속을 이행하고 시민 단체와 참여를 발전시키기 위한 토대가 될 수 있도록 양질의 서비스-러닝을 정의하고 증진하는 것이다.

나는 서비스-러닝이 미래에 생존하고 번성할 것이라고 믿는다. 왜냐하면 우리는 그것의 목적과 가치, 그것을 수행하는 방법과 더 나은 수행 방법, 그것이 어떠한 차이라도 만들었는지 여부를 아는 방법, 어떻게 서비스와 학습의 이 강력한 조합이 우리 동네에서부터 전 세계까지의 고등 교육 기관과 지역공동체 간의 더 넓고 깊이 있는 참여를 촉진할 수 있을지 등 근본적이고 직설적이며 까다롭고 도전적인 질문들을 계속 던지기 때문이다. 이러한 정신에서, 나는 고등 교육의 스펙트럼 전반에 걸친 서비스-러닝의 더 많은 성장을 촉진하고, 실천을 강화하고, 교수·학습을 풍부하게 하고, 지역공동체를 향상시키고, 고등 교육 기관을 개선하고, 차세대에 사회적으로 책임있는 시민, 학자, 그리고 지도자

1) Campus Compact은 미국의 1,000개 이상의 대학이 참여하여 고등교육의 공공성에 헌신하는 연합이다(후술 참조).

를 교육하는 데에 있어 서비스-러닝의 무한한 잠재력이 어떻게 실현될 수 있을지 그 방법에 대해 좀 더 깊은 고찰을 고무시키기 위해 질문하고, 답하고, 학습한 교훈을 제공한다.

대상 독자들

이 책의 대상 독자층은 서비스-러닝을 지원하는 방법을 모색하는 모든 전공 분야의 교수, 서비스-러닝 센터의 지도자와 직원, 교수자의 역량개발을 유도하는 동료, 학생관련 전문가, 대학 행정부서장, 리더십 교육자, 서비스-러닝 옹호자, 그리고 행정 실무자들이다. 나는 또한 이 책이 공식적 교육과정의 안팎에서 서비스-러닝을 공부하고 타인을 서비스-러닝 경험에 참여시키고 있는 대학원생과 학부생 모두에게 실제적인 자극이 될 것이라고 믿는다. 전 세계의 동료들에게 있어서, 나는 여러분들로부터 분명히 많은 것을 배웠으며, 이 책에서 여러분들의 훌륭한 서비스-러닝의 업적을 강조하고 있다. 그 답례로, 우리가 미국에서 배운 교훈을 통해 여러분도 이득을 얻길 바란다.

서비스-러닝을 처음 접하는 교수들은 서비스-러닝과 다른 형태의 경험 학습과의 차이점, 학생들을 성찰에 참여시키는 방법, 지역공동체 파트너십의 기본 요소, 다양한 교육과정 모델 운영 방안, 다양한 전공 분야에서 서비스-러닝의 적용 방안, 서비스-러닝을 평가하는 방법 등에 대해 배울 수 있을 것이다. ***서비스-러닝에 대한 지식이 있는 교수들***은 좋은 서비스-러닝 수업계획서를 위한 고유한 요소들, 학문적 엄정성을 확보하는 방법, 다양한 학생들과 서비스-러닝을 꺼리는 학생을 참여시키는 방법, 지역공동체와 파트너십을 유지하는 방법, 서비스-러닝을 온라인 환경에서 구현하는 방법, 그리고 교수의 정년이나 승진 포트폴리오에서 서비스-러닝 이력을 강조하는 방법 등에 대한 정보를 구할 수 있을 것이다. ***서비스-러닝에 대한 상당한 경험을 가진 교수들***은 서비스-러닝의 복잡한 딜레마—"어떻게 학생들을 서비스-러닝의 차원을 넘어 평생을 거친 시민 및 정치 참여로 이끌 것인가?", "서비스-러닝이 지역에 초점을 두어야 할 것인가? 혹은 세계에 초점을 두어야 할 것인가?", "어떻게 지역공동체가 참여하는 학과가 될 수 있을까?"—에 관해 나와 함께 고민할 뿐 아니라 서비스-러닝의 핵심에 대해 재검토하는 것에 있어 이 책이 유익하다는 것을 알게 될 것이다.

서비스-러닝 센터 혹은 시민 참여 센터의 지도자와 직원들에게 있어서는, 내가 그랬던 것처럼, 그들의 소속기관에서의 서비스-러닝의 지속 가능성, 성장, 그리고 방향에

대하여 전략적 결정을 내리는 위치에 있을 때, 이 책이 길잡이가 될 것이다. 또한 독자 중 대부분은 서비스-러닝이 처음이거나 혹은 경험이 있는 교수 혹은 학생 관련 전문가에게 개발 및 지원을 제공할 책임이 있을 것이다. 종종 서비스-러닝 센터의 직원들은 프로그램 개발이나 교육 경험이 거의 없는 이 분야에 처음이거나 처음이나 마찬가지인 젊은 사람들이다. 여러분은 나의 서비스-러닝 워크숍에 자주 참석했을 수도 있다. 여러분은 언제나 프로그램의 향후 발전을 위해 전략적으로 계획하고 여러분의 대학에서 서비스-러닝을 가능하게 할 교원, 직원, 그리고 학생들을 훈련시키고 돕기 위해 사용할 수 있는 자원을 요청하곤 한다. 이 책은 여러분의 질문에 답변이 되고 여러분이 그러한 일을 효과적으로 수행하는 데에 필요한 자원을 제공할 것이다.

교수진의 전문성 개발을 담당하는 많은 동료들은 교수들이 교수로서의 경험은 있지만 서비스-러닝에 대해서는 잘 모르고 경험이 없다고 말한다. 특히 서비스-러닝 센터가 없는 대학에서는 교수 전문성 개발을 제공하고 서비스-러닝을 지원하는 것과 관련하여 서비스-러닝 센터 직원과 동일한 질문이 생기고 동일한 자원이 필요하다. 서비스-러닝과 같이 영향력이 큰 교육 실천을 촉진하는 일을 맡게 된 독자들도 있을 것이다. 더 많은 대학들이 학생을 위하여 핵심 교과과정에 비교과적이고 능동적인 학습 경험을 통합하는 것을 재검토하고 있기 때문에 더 긴급히 이러한 상황이 발생한다. 이 책은 서비스-러닝을 큰 영향력이 있는 참여적인 학습 실천으로써 촉진할 때 교수 전문성 개발을 위한 주요 자원으로 사용될 것이다.

모든 실무 영역의 ***학생관련 전문가***는 학생의 성장 목표를 달성하기 위해 교과와 연계한 비교과 활동으로 서비스-러닝을 활용하기도 한다. 당신도 그 중 하나일 수도 있다. 독자들 중 일부는 기숙사에서 일하기도 할 텐데, 기숙사 거주 학생들을 지속적인 서비스-러닝과 수반되는 성찰에 참여시키면서 거주 학생들 간의 강력한 공동체 의식을 형성할 수 있다. 오리엔테이션에 서비스-러닝 경험을 추가한다면, 프로그램 리더는 학생들이 서로 관계를 형성할 기회를 제공하면서 신입생들을 캠퍼스 주변 지역공동체와 경험학습의 개념과 실습의 세계에 소개할 수 있다. 다문화 성과에 중점을 두는 사람들에게 있어서는, 서비스-러닝은 학생들이 다른 사람들과 생산적으로 일할 수 있고 사람들 간의 차이와 공통성에 대해 숙고해 보도록 하는 기회를 제공하는 훌륭한 방법이다. 행동 규범을 어긴 학생들과 만나는 일을 하는 전문가들은 종종 규범을 위반한 그들이 한 사회의 구성원이 된다는 것의 의미에 대해 성찰해 볼 수 있도록 대체 사회봉사 활동을 요구한다. 서비스-러닝은 이러한 경험을 학생들에게 더 의미있도록, 지역공동체 조직에는 더 유익하도록 만든다. ***대학 캠퍼스 목사***들은 학생들이 연계 비교과 혹은 교과 서비스-러닝에 참여함으로써 담론과 성찰의 종교적 또는 영적 차원이 증대되는 것을 발견하게 될 것이다. 나는 또한 이 책이 전문 협회인 ACPA-College Student Educators International와 NASPA-Student Affairs Administrators in Higher Education의 동료들에게 도움이 되기를 바란다. 두 기관 모두 서비스-러닝 및 시민 참여와 관련된 학습 공동체를 설립한 것을 기쁘게 생각한다.

이 책의 급증하는 독자층은 리더십 교육자이다. ***리더십 교육***에 종사하는 점점 더 많은 사람들이 사회 변화를 위한 리더십에 중점을 두고 있다. 결과적으로 우리는 서비스-러닝을 교과와 연계 비교과 계획에 모두 통합하는 방법을 찾고 있다. 이 책이 리더십 프로그램을 위한 국가 정보교환센터(National Clearinghouse)와 리더십 교육자를 위한 다른 기구들의 기존 자원을 보강하고, 학생들이 사회적으로 책임감 있는 리더십을 기본 역량으로 개발할 수 있도록 서비스-러닝에 참여를 독려할 수 있기를 바란다.

제도 및 국가 수준에서 서비스-러닝의 미래를 보장하기 위해, ***대학본부 부서장***들은 적극적인 역할을 해야만 한다. 학업, 학생 문제, 금융, 제도적 진보, 그리고 역량개발 업무부서의 처장 및 상급 직원은 서비스-러닝이 각자의 관점에서 왜 그리고 어떻게 도움 받을 가치가 있고 필요한가를 이해해야 한다. 독자들은 학생, 지역공동체, 대학에게 의미 있는 서비스-러닝의 가치를 발견하게 될 것이다. 또한 독자들은 교수진과 직원이 겪는 복잡한 문제와 그들의 노력을 지원하는 방법에 대해서도 배우게 될 것이다.

나는 이 책을 쓰면서 ***대학원생과 학부생***을 많이 생각했었다. 이 책이 교육, 실습, 그리고 철학으로서 서비스-러닝을 탐색할 때 고등 교육 및 학생 문제 전공의 대학원생에게 유용하기를 바란다. 나는 대학원생 독자들의 심오한 질문에 대해 더 많이 듣고 우리 연구가 제시한 어려운 도전과 딜레마에 대해 독자들과 함께 논쟁해 보기를 고대한다. 또한 이 책이 서비스-러닝, 시민 참여, 지역공동체 참여, 그리고 자선 및 비영리 리더십에 중점을 둔 점점 더 늘어나는 많은 과정 및 프로그램의 학부 및 대학원생에게 도움이 되기를 바란다.

목차 개요

이 책은 서비스-러닝에 대해 가장 자주 제기되는 도전적인 질문에 대해 답변하기도 하지만 더불어 추가적 정보를 위한 최선의 그리고 최신의 자원을 얻을 수 있는 "one-stop shop"의 역할을 한다. 질문에 대한 답변에 따르는 추가 정보 출처가 게시된 내용과 광범위한 참고 자료를 보완한다.

1장에서는 서비스-러닝의 이론적 기반, 역사 및 현재 실태를 비롯하여 고등 교육 서비스-러닝의 배경과 기본 원칙들에 대해 설명한다. 2장에서는 서비스-러닝의 정의, 모범적인 실천 사례 및 교과 및 연계 비교과 환경에서 고품질의 성찰을 구현하는 방법을 포함하여 비판적 성찰의 필수적 요소를 다루고 있다. 3장은 서비스-러닝을 위한 대학과 지역사회 간 확고하고 상호호혜적인 파트너십 개발에 대한 것이다. 고품질의 파트너십을 촉진하는 원리, 다양한 유형의 파트너십, 파트너십을 시작하고 유지하는 데 필요한 것, 서비스-러닝 파트너십의 보다 넓고 깊이 있는 제도적 참여를 촉진하는 방법 등이 강조되었다.

4장은 다양한 형태와 전공 분야에서 서비스-러닝 강좌들을 설계하고 가르치는 것에 대한 꼼꼼한 안내서 역할을 한다. 또한 교수들이 서비스-러닝을 실행하도록 동기화하고 지원하고자 하는 독자 개개인에게 실질적인 조언을 제공한다. 연계 비교과과정 서비스-러닝에 대해서는, 학생 개발과 리더십 교육과의 연관성, 서비스-러닝을 다양한 학생관련 영역으로 통합하는 방법, 학생 주도의 서비스-러닝 지원 방법의 내용을 포함하여 5장에서 중점적으로 다루어진다.

6장은 서비스-러닝이 학생과 지역공동체, 대학에 미치는 영향을 이해하는 데 중요한 역할을 하는 평가에 관한 모든 것을 다룬다. 7장에서는 위험 관리를 포함하여 서비스-러닝 관리에 대한 무수하고 가끔은 까다로운 세부 사항을 다룬다. 또한 서비스-러닝 센터나 서비스-러닝 프로그램을 시작하는 방법, 서비스-러닝 센터의 구성 요소와 조직도, 요청되는 부가적인 제도적 기반, 그리고 재정지원에 대해서도 언급된다.

가장 흥미로운 장인 8장에서는 서비스-러닝에 관한 답이 보이지 않는 아득하고 불확실한 질문을 깊이 파고들고 있다. 지역 및 세계의 변화하는 요구에 부응하기 위해 서비스-러닝이 진화함에 따라 기본 원칙과 실천에 대한 지속적인 질문과 도전을 통해 서비스-러닝이 낳는 복잡한 딜레마에 대한 비판적인 숙고를 통해서만 기본 원칙을 실천에 반영할 수 있다. 마지막 장인 9장에서는 고등 교육에서 서비스-러닝의 미래를 보장하고 서비스-러닝이 모든 참여자와 이해 관계자에게 사실상 무한한 혜택을 준다는 나의 믿음의 결실을 수확하는 전략들을 탐구한다.

저자에 대하여

Barbara Jacoby 박사는 Maryland 대학교(College Park)의 학생생활센터인 Adele H. Stamp 학생회에서 리더십 및 지역공동체 서비스-러닝 담당 교수이다. 이곳에서 그녀는 학문적 파트너십, 서비스-러닝, 그리고 시민참여와 관련한 정책들을 담당한다. 그녀는 이 대학의 교수-학습의 수월성을 위한 대학의 아카데미 펠로우이고, 2007~2008년에는 교수 수월성 센터의 Lilly 펠로우를 역임하였다. 2005년부터 2011년까지 Adele H. Stamp 학생회의 수석연구원으로 근무하였으며, 2003~2005년 시기에는 지역 서비스-러닝 부서의 책임자를 역임하였고, 1992~2003년 사이에는 Office of Commuter Affairs[2]와 지역 봉사 책임자를, 그리고 1983~2003년에는 Office of Commuter Affairs의 책임자를 역임하였다. 이상의 근무처들은 모두 Maryland 대학 내에 소속된 기관들이다.

Jacoby는 교수 전문성 개발을 위한 Campus Compact에 참여하였다. 또한, Commuter 프로그램을 위한 전국 Clearinghouse의 수석 학자이기도 하다. 그녀는 1983~2003년 사이 Commuter 프로그램을 위한 전국 Clearinghouse의 책임자를 역임하였다.

그녀는 1978년 프랑스어문학으로 Maryland 대학에서 박사학위를 취득하였다. 고등교육과 학부의 겸임 부교수이면서 박사과정 및 학부에서 학생들을 가르치고 있다.

그녀는 여섯 개의 저작을 발표하였다: 통학하는 학생: 포괄적 기관차원의 대응(ASHE-ERIC Higher Education Reports, 1989); 고등교육에서 서비스-러닝: 개념과 실천(Jossey-Bass, 1996); 학습에 통학생 참여시키기(Jossey-Bass, 2000); 서비스-러닝을 위한 파트너십 형성(Jossey-Bass, 2003); 고등교육에서의 시민참여: 개념과 실천(Jossey-Bass, 2009); 안으로 보고, 밖으로 닿기: 지역 서비스-러닝 전문가들을 위한 성찰적 안내(캠퍼스 협약, 2010).

Jacoby는 1980~2011년 동안 고등교육 기준 선진화 평의회(Council for the Advancement of Standards in Higher Eduction) 회원이었다. 그녀는 NASPA의 학사행정관과 ACPA의 대학생교육관직을 포함한 여러 고위직을 역임하였다. 그녀는 2010년 Maryland 대학 Campus Compact 장학금을 수상하였으며, 현재는 ACPA 학자로 근무하고 있다. Jacoby

2) 주로 미국의 대학에서 제공하는 기숙사에서 생활하지 않는 학생들을 위해 사회적, 학업적 프로그램 및 생활편의시설을 지원하는 부서(역자 주).

는 미국을 비롯한 전 세계 각국에서 다양한 연설과 자문활동을 펼치고 있다. 그녀의 소속 기관들과 전문가 단체들은 그녀가 보여준 서비스-러닝과 통학생 지원 분야에서의 출중한 업적을 인정하고 있다.

Campus Compact에 대하여

Campus Compact는 지난 30년간 고등 교육의 사회 참여라는 국가적 의제를 발전시켜 왔다. Campus Compact는 고등 교육의 공공의 목적을 달성하기 위해 노력하는 1,100명 이상의 대학교 총장 및 교육감을 회원으로 하는 캠퍼스 기반의 사회 참여에 전념하는 유일한 전국 고등 교육 협회이다. 우리는 대학 교육을 심화시키고 지역공동체의 삶의 질을 향상시키는 방식으로 학생들을 책임 있는 시민으로 교육시키기 위해 노력하는 다양한 민주주의의 중요한 동인이자 건설자로서 대학을 구상한다. Campus Compact는 학생의 시민 역량을 개발하고, 대학이 효과적으로 민주적인 공동체 파트너십을 형성하도록 돕고, 사회 및 지역공동체 기반 학습을 교과과정에 통합하려는 교수진을 위한 자원 및 교육을 제공하는 지역공동체 참여를 촉진한다.

Campus Compact는 "서비스－러닝의 본질: 질문, 답, 그리고 깨달음"을 후원하게 된 것을 자랑스럽게 생각한다. Campus Compact는 1985년 창립 이래로 대학 전역의 실천을 제도화하는 데 있어 선두 주자가 되어 왔다. 우리는 학생과 교수진이 지역 사회 참여에 깊이 관여하는 것이 고등 교육에 필수적이라고 생각한다. 서비스－러닝은 이 목표를 달성하는 핵심 구성 요소이다. 영향력이 큰 교육 실천으로 인식되는 것 외에도 서비스－러닝은 사회 참여를 위한 가장 보편적인 교육이다. 또한 더 넓고 깊은 제도적 참여를 위한 촉매 역할을 한다. 그러나 서비스－러닝이 그 잠재력을 성취하기 위해서는 잘 수행되어야 한다. 우리는 우리의 실천을 향상시킬 수 있는 방법을 끊임없이 모색해야 한다.

Jacoby 박사는 자신의 경험을 공유함으로써 우리 회원들이 당면한 어려움에 대한 가치 있는 통찰력을 제공하고 있다. 이 책의 성찰적 특성은 사회 참여 대학을 만드는 데 관련된 우리 모두에게 우리의 노력을 향상시킬 수 있는 기회를 제공하고 있다. 이 책에서 다루는 주제는 서비스－러닝의 성공을 위해 매우 중요하다. 또한 혁신적인 질의응답 형식을 통해 독자는 서비스－러닝의 기본 원칙 및 실천에 쉽게 접근할 수 있으며 서비스－러닝에서 발생하는 중요한 문제들에 몰두할 수 있도록 해주고 있다. 또한 포괄적인 참고문헌들은 모든 수준의 독자에게 추가 학습 기회를 제공해 준다. "서비스－러닝의 본질: 질문, 답, 그리고 깨달음"은 현장의 전문가에게 중요한 자원이다.

Campus Compact에 대한 자세한 내용과 서비스－러닝에 관한 정보를 보려면 www.Compact.org를 찾아보기 바란다.

차 례

CHAPTER 3 서비스-러닝을 위한 학교와 지역사회 간 파트너십 개발 및 유지

CHAPTER 4 서비스-러닝을 교육과정에 통합하기

CHAPTER 5 연계 비교과과정 서비스-러닝의 설계 및 실행

CHAPTER 6 서비스-러닝의 평가

CHAPTER 7 서비스-러닝 행정

CHAPTER 8 서비스-러닝의 복잡성과 딜레마 대하기

CHAPTER 9 고등교육에서 서비스-러닝의 미래를 확보하기

CHAPTER

01

서비스-러닝의 개요

Service-Learning Essentials

CHAPTER 01

서비스-러닝의 개요

이 장에서는 서비스-러닝을 정의하고 서비스-러닝과 유사한 다른 개념[1]들과의 차이를 제시할 것이다. 이를 위해 서비스-러닝의 기본 원리, 이론적 기초, 그리고 역사에 대해서 개관하고자 한다. 이 장에서 제공하는 서비스-러닝에 대한 기초적인 사항들은 초보자들뿐만 아니라 어느 정도 경험이 있는 전문가들에게도 유용한 정보를 제공할 것이다. 동료들이 말하길, 서비스-러닝에 대해 이미 잘 알고 있다고 해도 관련된 개념, 이론적 근거, 기본 원리들을 다시 살펴보면, 상기되는 효과도 있고 이에 영감을 받기도 한다고 한다. 나 역시 이에 전적으로 동감하는 바이다.

1.1 서비스-러닝 정의: 서비스-러닝은 무엇인가?

서비스-러닝이 자원봉사나 지역사회봉사와 어떻게 다른가?
인턴십과 유사한 유형의 경험학습과의 차이점은 무엇인가?
서비스-러닝이란? 그리고 어떻게 내가 "정말로 그것을 하고 있는가"를 알 수 있는가?
시민 참여는 새로운 유형의 서비스-러닝인가?

1) 저자는 서비스-러닝이 경험학습의 근간을 두고 있다고 보고 있음. 따라서 본문에서는 other related experience라는 표현을 사용하였지만 문맥상 "경험"이라는 뜻보다는 "경험학습" 내에서의 유사용어들 간의 차별성에 대해서 이야기하고 있음(역자 주).

오늘날 다양한 서비스－러닝의 정의가 존재하지만, 나는 서비스－러닝을 경험교육(experiential education)의 한 형태로서 정의하고자 한다. 경험교육이란 학생들이 경험학습 활동[2]을 통해 인간과 지역사회의 요구를 이해하고 그 학습의 결과로 성찰할 수 있는 기회를 제공하는 것이다(Jacoby, 1996c). 서비스－러닝에서 하이픈(hyphen, －)은 성찰(reflection)을 상징화 하는 것으로 '서비스와 러닝' 두 단어 사이의 관계, 즉 봉사(service)를 통해 성찰하고 학습(Learning)하게 되는 것을 의미한다. 몇몇 학자들은 서비스－러닝이 형식적인 교육과정의 한 형태가 되어야만 한다고 이야기하지만(Clayton, Bringle, & Hatcher, 2013), 나는 이들보다는 더 폭넓은 범위에서 개념화하기를 선호한다. 광의의 개념으로 서비스－러닝은 (형식적 교육과정 뿐 아니라) 학생처와 학생회, 지역사회 협력기관, 학생회에서의 활동에서도 서비스－러닝, 성찰, 호혜의 기본 요소들이 일어난다면, 이 경험들 역시 서비스－러닝에 포함시킬 수 있다.

Andrew Furco(1996)의 서비스 프로그램 간 차이를 보여주는 모델은 서비스－러닝의 독특한 특성을 잘 보여주고 있다. 특히 지역사회교육과 경험학습의 다양한 형태(지역사회봉사, 현장실습, 인턴십, 자원봉사)가 어떻게 학습과 봉사를 강조하는지 그림으로 유형화 하고 있다(그림 1.1 참조). Furco(1996)의 모델에서 왼쪽 편에 나타난 자원봉사와 지역사회봉사는

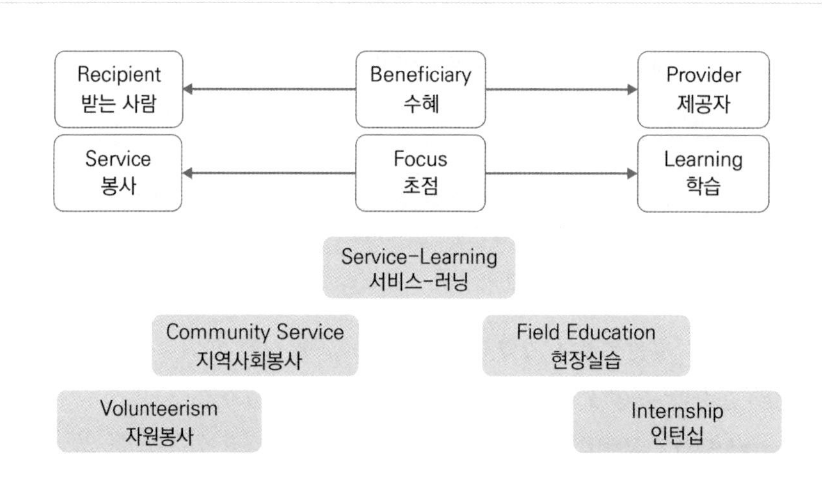

그림 1.1 서비스 프로그램 간 특성

출처: Furco, 1996, p. 3. 저자로부터 사용승인을 받음.

2) 원서에는 activities로 활동으로 직역되지만, 활동을 구체화하기 위해서 경험학습 활동이라고 칭함 (역자 주).

개인, 조직, 또는 지역사회로서의 봉사를 바탕으로 하고 있다. 특히 모델에서 맨 아래에 위치한 자원봉사는 자선의 한 형태로서 성찰이나 학습과 연계하려는 의도 없이 서비스를 제공하는 것을 의미한다. 자원봉사 활동은 지속적인 과정임에도 불구하고 종종 일회성이거나 산발적으로 일어나기도 한다. 많은 서비스-러닝의 옹호자들은 봉사활동을 단순히 '기분 좋은(feel good)' 온정주의로 접근해 일방향적인 서비스로 보고 있다. 이러한 서비스는 현재 상태를 유지시키거나 의존성을 높일 수 있다.

지역공동체 봉사 프로그램은 학생들이 지역주민과 지역사회의 요구에 맞춘 활동에 참여하도록 설계되어 있다. 이와 같은 프로그램은 자원봉사보다는 더 구조화되고 지속적인 형태로 그에 따라 서비스를 받는 사람들에게 더 큰 이득이 제공될 수 있다. 하지만 지역사회봉사는 종종 법정 제재(moving up a rung)를 대신하기 위해 사용되기도 하며, 이 경우 성찰은 필수요소가 아니며 학술적이라고 보기도 어렵다.

이 모델의 맨 오른편에 있는 인턴십과 현장실습의 첫 번째 수혜자는 프로그램 제공자(a provider)와 학생들이며 그 주안점은 학습에 있다. 인턴십은 학생들이 그들의 전공영역에 대해서 깊이 있게 배우고 미래의 직업 분야의 실천적인 경험을 쌓을 수 있는 유용한 경험이라 할 수 있다. 이러한 인턴십은 학교 수업이나 성찰과는 관련이 있을 수도 있고 없을 수도 있다. 그러나 현장실습 혹은 현장학습은 교육과정과 연계되어 있거나 교직, 사회복지, 건강(의학), 법과 같은 전문영역과 연계되어 있는 것이 일반적이다. 현장실습이 학생에게 해당 전공분야의 학습을 향상시키는 데 주안점을 두고 학생 서비스의 수혜자에게 제공되는 것이라면 그 속에서 성찰은 경험의 일부로 제공된다. 인턴십과 현장실습 둘 다 사람들과 지역사회의 요구를 반영하지만 반드시 포함시킬 필요는 없다.

모델(그림 1.1)의 중간에서 보이는 것처럼 서비스-러닝은 학습자의 학습과 지역사회의 성과 간의 균형을 의도적으로 추구한다. 서비스-러닝의 기본적인 원리 중 하나는 학습과 결부된 서비스를 통해 각각의 가치를 더하면서, 동시에 두 요소를 변형시키는 것이다(Porter-Honnet & Poulsen, 1990). 서비스-러닝은 또한 학습이 경험 그 자체의 결과로 일어나는 것이 아니라 오히려 특정한 학습결과를 얻기 위한 과정 속에서 발현되는 성찰의 결과라고 가정하고 있다. 이런 의미에서 서비스-러닝은 지역사회봉사(community service)와 자원봉사(volunteerism)의 개념으로 확대시킬 수 있다(Furco, 1996).

서비스-러닝에 있어서 학습과 성찰의 기회는 프로그램이나 교육과정의 구성 시 통합되어 제공된다. 서비스-러닝은 학습자들의 요구 및 이슈에 기저를 이루는 역사적, 사회적, 문화적, 경제적, 정치적 맥락에 대한 학습을 향상시키도록 설계되어 있으며, 지식,

사회, 시민, 윤리, 도덕, 정신, 문화, 직업, 또는 개인적인 특성과 그에 관련된 학습목표의 결합을 강조한다. 이에 따라 학문적인 내용에 대한 깊은 이해, 실천에 대한 이론의 적용, 사회적 이슈를 파악하기 위한 이론적인 기초와 장점 및 제한점들을 이해, 인간의 다름과 공통점을 이해하고, 앞으로 있을 지역사회의 문제를 해결하기 위한 개별 혹은 단체행동에 대한 방법을 탐색하고, 실천영역에서의 기량을 키우는 것이 서비스-러닝의 부가적인 학습의 결과로 여겨질 수 있다.

서비스-러닝의 다른 주요 요소는 호혜성(reciprocity; 互惠性)이다. 호혜성은 서비스-러닝 교육자로서 우리가 지역사회와 파트너십으로 연관이 있으며 교육기관이나 지역사회의 요구와 자산을 충분히 고려하는 것을 의미한다. 이러한 서비스-러닝의 상호간 참여자들은 Thea Hillma가 언급한 '자원봉사와 사회봉사에서 분명히 나타나는 제공자와 받는 사람의 정확한 분리'(1999, p. 123)를 가급적 피하려고 한다. 초기의 서비스-러닝의 선구자 중 하나인 Robert Sigmon은 호혜성에 대해 다음과 같이 이야기한다. "각각의 참여자들은 서로 제공하고 제공받으며, 관심을 가지고 있고 관심 받으며, 공헌을 하고 공헌받아야 한다. 서비스-러닝에 있어 학습과 가르침의 범위는 각 관계 속의 참여자들의 소관이다 … (중략) … 각각의 관계 속에서 참여자들은 서로를 제공자이자 수혜자로 바라보아야 한다."(1996, p. 4) 호혜성의 개념에 있어 지역사회는 학습을 위한 실험공간은 아니다. 서비스-러닝은 지역사회 속에서 제시된 그들의 요구를 충족시켜주도록 구성되어야 하며, 서비스-러닝 활동은 지역사회 안과 밖 어디서든 일어날 수 있도록 프로그램을 구성해야 한다. 이러한 과정에 있어 지역사회 기관장 및 활동가들과 학생들이 연계될 수도 있고 혹은 아닐 수도 있다.

서비스-러닝과 시민참여의 용어 및 개념이 종종 혼동되어 사용된다. 시민참여가 서비스-러닝보다 더 광의의 개념이라고 볼 수 있다. 시민참여란 개인의 지역사회에 대한 책임감을 정치적 혹은 비정치적 방법으로 발현하는 것에 의미를 둔다(Jacoby, 2009a). 시민참여는 적극적 형태의 시민의식이나 민주적 참여의 실현으로 묘사되기도 한다. 그러므로 시민참여는 전통적인 서비스-러닝의 활동영역보다 좀 더 광범위하게 구성된다. 예를 들어, 정책 항변을 위한 진정서 제출, 정치에 항의하는 시위, 공공 정책을 개정하기 위한 법 제정에 관한 것까지 서비스-러닝보다 훨씬 다양하게 이루어진다. 나는 서비스-러닝과 시민참여라는 두 용어 사이에 상호 교환이 가능한지 또는 시민참여가 서비스-러닝의 새로운 용어인지에 관해 질문을 종종 받는다. 이러한 혼동은 두 용어가 공통적으로 의도하는 성과가 있기 때문이라고 생각하는데, 바로 미래의 시민으로 정치 활동에 참여하도록 학생들에게 동기를 부여하고 봉사(service)를 위한 필요성을 인식하게 하는 것이다. Center for Research and Information on Civic Learning and Engagement의 장(長)인 Peter Levine은 시민참여의 정의 부족은 마치 로르샤흐 잉크 반점 검사(Rorshach blot)[3]처럼 현재 이 개념에 대한 사람들의 관심의 정도를 보여주는 것이라고 했다.

또 다른 정의의 혼란 문제는 서비스-러닝이 프로그램이나 교육(pedagogy)[4] 그리고 철학의 의미로 사용되고 있다는 점이다. 하나의 프로그램으로서의 서비스-러닝은 학생들이 지역주민(human)과 지역사회의 요구를 충족시키는 과업을 제공하는 하나 혹은 일련의 구조화된 계획이라 할 수 있다. 이러한 프로그램으로서 서비스-러닝은 학생들이 학습결과를 성취하기 위한 그 과정에서 성찰할 수 있는 기회를 제공한다. 교과과정 프로그램에서는 서비스-러닝을 통해 일반적인 학습의 목표, 예를 들어 비판적인 사고와 정보 활용 능력, 융복합적 해결능력을 성취하는 데 도움을 준다. 더 나아가 연계 비교과과정 프로그램은 리더십, 영성, 다문화 역량에 대한 학습목표를 제시하기도 한다. 교육(Pedagogy)으로서 서비스-러닝은 기초적 학습과 진정한 학습이 일어날 수 있도록 의도적으로 구성된 것으로, 비판적 성찰을 그 기반에 두고 있다. 4장 4.1에서도 논의한 것처럼 교수자들은 봉사를 하나의 교육 내용이나 학습 활동으로 선택한다. 그들은 서비스-러닝이 학습자들이 강좌의 내용을 배우거나 적용해보는 데 아주 효과적이라고 생각한다. 서비스-러닝에서 성찰은 학습자들이 실제 영역에서의 경험과 관찰을 지식과 통합할 수 있도록 하는 주요 기제이다. 더 나아가 학생들이 자신들의 이론을 직접 실험해 보고 사전(a priori) 지식과 신념을 비교해보며 질문해 볼 수 있도록 자극하기도 한다.

서비스-러닝은 "인간의 성장과 목적, 사회적 비전, 지역사회의 이해(an approach to community), 앎의 방법(a way of knowing)"에 대한 철학이라고 할 수 있다(Kendall, 1990, p. 23). 자선의 관점에서 서비스-러닝은 봉사에서 필요한 욕구를 소거하는 호혜성의 철학에 기반을 두고 있다. 서비스-러닝은 타인에 대한 봉사, 지역사회 개발과 발전, 호혜적 학습의 가치를 표현하는 것이다. 이는 학습자와 그들이 봉사하는 사람들 간의 사회적·교육적·상호교환의 과정이자 목적이라고 할 수 있다(Stanton, 1990, p. 67).

---

3) 원서에는 Rorschach blot이라고 표기되어 있으나 이는 로르샤흐 잉크 반점 검사(Rorschach ink-blot test)를 줄인 말로 개인에게 잠재해 있는 기본적 성격구조를 분석하기 위한 투사법의 하나임.

4) pedagogy는 교육학이라는 용어로 대체되어 사용할 수 있으나 전통적 의미에서의 사범교육, 즉 어린 학습자에게 구조화된 교육과정을 전달하는 양식을 일컬음.

추가정보출처

Campus Compact. (2003). Definitions and principles. *Introduction to Service-Learning Toolkit: Readings and Resources for Faculty* (2nd ed.). Providence, RI: Campus Compact.

Ikeda, E.K., Sandy, M.G., & Donahue, D.M. (2010). Navigating the sea of definitions. In B. Jacoby & P. Mutascio (Eds.), *Looking In Reaching Out: A Reflective Guide for Community Service-Learning Professionals*. Boston, MA: Campus Compact.

Kendall, J.C. (Ed.). (1990). *Combining Service and Learning: A Resource Book for Community and Public Service* (Vol. 1). Raleigh, NC: National Society for Internships and Experiential Education(now National Society for Experiential Education).

1.2 서비스-러닝의 이론적 기초

대부분의 서비스-러닝 학자들은 서비스-러닝의 이론적 기초가 John Dewey에서부터 온다고 보고 있다. 그의 저서, *Democracy and Education*(1916), *How We Think*(1933), *Experience and Education*(1938)이 서비스-러닝의 이론적 근거를 보여주고 있다고 이야기한다. 경험교육의 아버지라고 불리는 듀이는 어떻게 경험이 교육적으로 가치가 있는가를 연구하였고, "모든 진실된 교육은 경험으로부터 나온다는 믿음은 모든 경험이 똑같이 진실되거나 교육적이라는 것을 의미하지는 않는다. 경험과 교육은 서로 완전히 동일하다고 볼 수 없다. 몇몇 경험들은 비교육적이다."(1938, p. 25)라고 지적하였다. 듀이에게 있어 학습은 상황에 따라 다르게 일어나며 그는 경험으로부터 오는 학습은 성찰적 사고를 수반한다고 이야기한다. 듀이의 이론에 기반하여 성찰은 서비스-러닝의 핵심 요소가 되었다.

듀이의 이러한 경험주의 사상에 영향을 받은 Jean Piaget, Kurt Lewin, David Kolb의 경험학습 모델은 서비스-러닝에 이론적 근간을 제공한다. Kolb의 경험학습 모델은 구체적 경험, 반성적 성찰, 추상적 개념화, 능동적 실험의 네 가지 요소로 이루어져 있는데, 이 네 가지 요소는 학습의 순환, 또는 학습의 나선형 순환형태를 형성한다. 일반적인 사람들은 이 네 가지 요소 중에서 어느 한 곳에 자유롭게 들어갈 수 있지만, 서비스-러닝 및 일반적인 교육적 경험의 형태들은 대부분 구체적 경험을 통해 시작하도록 설계되어 있다. 학습자들이 새롭게 만들어진 개념을 구체적 경험에서 시험해보고 지속적으로 다른 요소들을 순차적으로 체험하면서 학습이 일어나게 된다(Kolb, 1984). 학생들은 봉사를 통해서 구체적 경험 뒤에 반성적으로 성찰하며 이는 수업시간에 배운 내용들과 연계될 수 있도록 구조화 되어 있다. 성찰은 서비스-러닝과 관련된 영역에 있어서 앞으로 우리가 무엇을 할 것인가에 대한 해답을 제시할 뿐 아니라 우리에게 가장 중요한 사회문제의 원인과 봉사가 왜 필요한지를 학생들이 근본적으로 이해하도록 돕는다. Kolb가 제시한 네 가지 학습영역에 대한 것은 5장 5.2에서 다루도록 하겠다.

Principles of Good Practice in Combining Service and learning(Porter-Honnet & Poulsen, 1990)은 흔히 Wingspread의 원리로 알려져 있다. 이 원리는 1990년대 이후 서비스-러닝의 발달에 있어 없어서는 안 될 중요한 전략들을 제시하고 있다. Wingspread의 원리들은 경험교육국제협회(National Society for Experiential Education, NSEE)에 의해 전파되었다. NSEE는 70개 이상의 지부를 가지고 있으며 1989년 위스콘신 주의 Racine에 Johnson Foundation's Wingspread Conference Center에 총괄지부를 두고 있다. Wingspread의 원리는 [제시문 1.1]에서 제시된 것처럼 구조화된 성찰, 명확한 목표, 모든 참여자들에 대한 책임감, 세심한 프로그램 설계, 지속성을 강조하고 있다. 이 책에 제시된 시사점들 역시 이 원리에서 왔다고 보면 된다.

제시문 1.1 서비스와 학습을 병행하는 좋은 실천 원칙

효율적이고 지속가능한 프로그램은:

1. 사람들로 하여금 공동선을 위해 책임있고 도전할 만한 행동들에 참여하게 한다.
2. 자신들의 서비스 경험을 비판적으로 성찰할 수 있도록 구조화된 기회를 사람들에게 제공해야 한다.
3. 관련된 모든 사람들에게 명확한 서비스와 학습 목표들을 자세하게 설명한다.
4. 필요한 사람들이 자신들의 필요를 규정하는 것을 허용한다.
5. 관련 당사자들 및 조직의 책임을 명확하게 한다.
6. 환경 변화를 받아들이는 과정을 통해 서비스 제공자들과 서비스 필요성을 일치시킨다.
7. 진실하고, 능동적이고, 그리고 지속적인 조직의 헌신을 기대한다.
8. 봉사와 학습 목표들을 이루기 위해 훈련, 감독, 모니터링, 지원, 인정, 그리고 평가가 포함되어야 한다.
9. 봉사와 학습 시간은 유연하고, 적절하고, 그리고 모든 관련자들에게 득이 되도록 해야 한다.
10. 다양한 모집단들을 프로그램에 참가하게 한다.

출처: Porter-Honnet & Poulsen, 1990, p. 40. 저자로부터 사용승인을 받음.

Robert L. Sigmon의 봉사와 학습 유형은 Wingspread의 이론을 설명할 때 종종 함께 제시되기도 한다. Sigmon은 학습과 관련된 봉사에서 어느 것이 더 중요시 되는가에 따라 서비스-러닝을 네 가지의 유형으로 구별하였다. 첫째는 서비스-*러닝*(service-LEARNING)으로, 학습목표가 가장 우선시되며 그 다음이 봉사이다. 둘째, *서비스*-러닝(SERVICE-learning)은 봉사가 중심이고 학습이 부수적인 것이다. 세 번째로 서비스 러닝(service learning)은 중간에 하이픈이 삭제되어 있으며 봉사와 학습이 연결되지 않은 별개의 것이다. 네 번째, *서비스-러닝*(SERVICE-LEARNING)은 봉사와 학습이 둘 다 강조되는 부분으로 서로의 목표가 동등하게 균형을 이루고 있다.

서비스-러닝 파트너십에 대한 원리와 실천적 영역을 뒷받침하는 두 개의 개념적 근간은(3장 참조) 첫째, John P. Kretz-mann과 John L. McKnight(1993)의 '자산-기반 지역사회 개발'(asset-based community development)과 둘째, Keith Mortom(1995)에 의해 제시된 서비스-러닝의 패러다임이다.

Kretzmann과 McKnight은 파트너십을 활용하려는 기관은 반드시 지역사회의 자산과 요구를 기반으로 서비스-러닝을 추진해야 한다고 지적한다. 그들은 가장 첫 번째로 해야 할 것이 지역사회 발전에 무엇이 부족하고, 무엇이 문제인지를 묻기 이전에 현재의 지역사회와 지역사회에 살고 있는 거주자들과 노동자들의 현재 특성을 파악하는 것이라고 이야기한다. 지역사회의 발전을 위해 그 내면에 초점을 맞추고 나서 지역사회의 거주자들과 기관들의 문제에 대한 해결책을 찾으려 노력해야 한다. 대학과 같은 지역사회의 외적 영향력을 최소화 하는 것이 아니라 오히려 지역의 정체성, 통제, 창조성, 희망을 우선적으로 보완할 수 있도록 조력해야 한다. 만약 지역사회 발전에 대한 접근이 자산-기반과 내부에 초점을 맞춘다면, 관계지향적인 것이 필요할 것이다. 그러므로 지역사회 주민, 기관, 및 학교 간의 관계를 지속적으로 만들어 가는 것은 매우 중요하다(Kretzmann & McKnight, 1993).

서비스-러닝은 종종 지속, 열정, 헌신과 같은 작은 것으로부터 사회적 정의에 이르기까지 하나의 연속적인 과정이라고 간주하는 반면, Moton(1995)은 서비스-러닝은 각자 자신의 세계관, 강점, 약점, 비전을 바탕으로 자선, 프로젝트, 사회변화와 관련된 일종의 독특한 패러다임이라고 주장한다. 그는 각각의 패러다임은 세계관, 문제, 변화를 위한 어젠다를 가지고 있다고 보았다. 이러한 패러다임들은 영향력을 빼앗고 비어있게 만드는 'thin' 버전과 어떤 세상으로 변해야 하는가에 대한 버전을 제시하는 'thick' 버전으로 나뉜다고 보았다(Morton, 1995, p. 28). 'thin' 버전의 관점에서의 자선과 봉사활동은 서비스와 판단을 조정하는 데 있어 서비스 제공자들이 정도를 조정할 수 있게 만든다. 여기에서 서비스는 시간의 제약을 받아 단기적이기도 하고 또는 연속적으로 일어날 수 있다. 그리고 개인들은 서비스 수행 시 사회구조적인 문제가 무엇인지 탐구하려고 노력하지 않고 서비스를 제공한다. 때로는 이런 '자선'이 더 중요한 상황이 있기도 하다. 예를 들어, 자연재해가 바로 그 예이다. 만약 세상의 문제를 근본적으로 치료하고자 한다면, 타인을 존중하는 마음과 장기간에 걸쳐 'thick'한 방식으로 책임감을 갖고 접근해야 한다.

프로젝트는 사회문제와 그 해결책에 대해서 초점을 맞춰야 하며, 하나 그 이상의 해결책을 찾기 위해서 잘 정리된 계획을 수행할 수 있어야 한다. "thin" 프로젝트는 즉각적으로 해결해야 하는 문제해결 위주라고 할 수 있다. 예를 들어 집이 부실하여 재개발을 해야 하거나 금전적으로 부족한 사람들을 위해서 집을 지어 주거나 아니면 사주는 것이다. 그러나 "thick" 프로젝트의 경우에는 지역 대학이나 주민들이 함께 집을 지어줄 뿐만 아니라 왜 이러한 문제가 발생했는지 그 근본적인 문제(불평등한 주택정책 등)를 고민하고 해결하려고 노력한다.

세 번째 패러다임인 사회변화(social change)의 경우 만약 개인들 간 긍정적인 변화가 목적이라면 아마 이는 "thin" 사회변화일 것이다. Kretzman과 McKnight의 원리를 바탕으로 살펴보면 "thick" 사회변화는 사회문제의 직접적 피해를 받고 있는 개인들과 변화의 필요성을 느끼고 그들을 위해 노력하는 파트너들 간의 관계형성에 초점을 맞추는 것이다. "thick" 사회변화는 직접적으로 사회적인 구조와 시스템에 내재된 근원적인 지역사회의 문제에 초점을 맞춘다.

최근 Paolo Freire에 영향을 받은 비판적 서비스-러닝(8장 8.5 참조)의 이론적 논의는 비판적 인종 이론(Critical Race Theory: CRT)과 페미니스트 이론에까지 다양하게 확대되고 있다. *Pedagogy of the Oppressed*(1970)에서 Freire는 학교와 사회에서 억압적 구조를 비판하고 이를 위한 실천 교육이론을 개진하며 실천에 대한 행동-성찰 기반 담론에 초점을 맞추어야 한다고 주장하였다. 사회적 정의실현이라는 명백한 목표를 가지고 있는 비판적 서비스-러닝의 관점을 지지하는 많은 문헌연구들이 있으며, 이러한 비판적 서비스-러닝의 관점에서 사회적 정의는 서비스-러닝에 참여하는 모든 사람들의 권력을 재분배하고, 학교와 지역사회의 본연의 관계를 이루도록 하며, 궁극적으로는 사회의 권력과 특권에 대한 시스템을 재구성하여 우리 사회에서 더 이상 봉사가 필요없는 기존 사회의 해체를 실현하고자 한다.

추가정보출처

Giles, D.E., & Eyler, J. (1994). The theoretical roots of service-learning in John Dewey: Toward a theory of service-learning. *Michigan Journal of Community Service Learning, 1*(1), 77-85.

Hammerlinck, J., & Plaut, J. (Eds.). (2014). *Asset-Based Community Engagement in Higher Education*. Minneapolis, MN: Minnesota Campus Compact.

Kretzmann, J.P., & McKnight, J.L. (1993). *Building Communities from the Inside Out: A Path Toward Finding and Mobilizing a Community's Assets*. Evanston, IL: Center for Urban Affairs and Policy Research, Northwestern University.

Morton, K. (1995). The irony of service: Charity, project and social change in service-learning. *Michigan Journal of Community Service Learning, 2*, 19-32.

1.3 서비스-러닝이 도움을 주지 못한다면, 우리는 서비스-러닝을 무엇이라고 불러야 할까?

사실 봉사에 학습이 결합되도록 하는 것은 단지 한 개의 정의(definition) 또는 한 개의 용어로 설명될 수 있는 것은 아니다. 몇몇 서비스-러닝의 실천가들은 '봉사'라는 단어를 사용하는 데 의문을 제기해 왔다. 그들은 봉사라는 개념이 호혜성의 기본원칙에 반하는 것으로써 한 개인 또는 그룹이 다른 개인이나 그룹을 위해 일을 하는 것이기 때문에 서비스-러닝 안에는 참여자 간 불평등이 내재된다고 보고 있다. 몇몇 아프리카계 미국인들과 억압을 경험했던 사람들에게 '서비스'라는 것은 여전히 '원치 않는' 강제 노역의 의미를 함축하고 있기도 하다.

다른 사람들은 서비스-러닝이 민주주의를 위한 시민참여와 시민교육이라는 광의의 의미 아래 지식과 기술 그리고 관습에 대한 충분한 의미를 담고 있지 못하다고 지적하고 있다. 몇몇 기관들은 서비스-러닝을 '시민의식(citizenship)'의 다양한 형태로 사용하고 있다. 몇몇 사람들은 최근에는 *지역사회를 기반으로 하는 학습*, 즉 지역사회로의 참여를 강조하는 학습을 *지역사회와 서비스-러닝* 의 관계로 바라보고 있다. Pennsylvania 대학교는 이를 학술기반 지역사회 서비스(academically based community service)로 부른다. 또한 Maryland 대학교는 우리가 사용하는 것처럼 지역사회 서비스-러닝(community service-learning)이라고 부르기도 한다. 이를 위해서는 지역사회와의 파트너십이 가장 중요함을 강조하고 있다.

Service-Learning Higher Education(1996c)에서 언급된 Jane Kendall(1990)과 Howard Berry(1994)의 의견에 필자는 매우 동의한다. 이들은 서비스-러닝에서 '서비스'라는 단어에 대하여 의견이 분분하긴 하지만, 서비스-러닝은 사용하기에 가장 흔하고 접근하기 쉬운 용어라고 이야기한다. Edward Zlotkowski와 같은 다른 서비스-러닝의 옹호자들은 서비스-러닝이 교육과 학습의 형태에 있어 시민 참여의 움직임이 점차 "koine(코이네-흔히 쓰이는 방언)"가 되어 가고 있다고 지적한다.

서비스-러닝에 있어 가장 중요한 것은 기관이 그들만의 독특한 역사, 미션, 문화 그리고 전통에 맞는 용어를 선택해야 한다는 것이다. 서비스-러닝에 대한 용어에 대해 너무 많은 의견들이 대립되고 있지만, 많은 의견들로 인해 우리가 진정으로 추구해야 하는 서비스-러닝은 무엇일까?에 대해서 좀 더 심도 깊은 이해를 제공해주기도 한다. 따라서 이러한 서비스-러닝에 대한 관점이 다양한 것은 장점으로 볼 수 있다.

1.4 서비스-러닝의 이점은 무엇인가?

1996년 '*고등 교육에 있어 서비스-러닝: 개념과 실천*(Service-Learning in Higher Education: Concepts and Practices)'에 관한 서문을 썼을 때와 변함없이 서비스-러닝의 개념과 실천은 매우 큰 잠재력을 지니고 있다고 생각한다. 이는 종합대학이든 단과대학이든 학생들의 학습목표 달성에 도움이 되며, 더 나아가 학생들의 학습을 이루면서 지역적, 국가적, 그리고 세계적으로 부족한 것을 보완하게 할 수 있다. 이를 통해 학생과 대학 그리고 지역사회 사이에 윈윈(win-win)이 되는 상황을 만들어 낼 수 있다.

서비스-러닝은 대학생들에게 여러 면에서 가치 있고 영향력을 지닌 교육과정이다. 이처럼 영향력을 지닌 서비스-러닝 교육과정에서 학생들은 자신들의 시간과 노력을 쏟아야 하는 일종의 '장애 또는 역경'을 많이 만나게 된다. 이로써 학생들은 활동에 더 적극적으로 참여하게 되고 학습경험에 도전하게 되며 다양한 경험을 받아들이고 주어진 문제에 대해 동료들과 상호작용하게 된다. 또한 직접 피드백을 받고 반영해보기도 하며 실천적 영역에서의 경험을 바탕으로 그들만의 학습형태를 발견하기도 한다(Kuh, 2008).

높은 수준의 서비스-러닝에 참여하는 학생들은 개인과 사회가 직면한 문제에 대하여 마주하고 활동해 볼 수 있는 기회를 갖게 된다. 가장 영향력 있는 사람들과 문제에 대하여 직접 대화하고 해결해보기도 하고 인종, 성차별, 가난 그리고 억압과 같은 사회적 문제에 대한 영향들을 직접 관찰해 볼 수 있다. 학생들이 참여활동에 대해 성찰하게 될 때, 그들은 비로소 사회적 이슈와 관련된 것들을 생각해 볼 수 있게 된다. 예를 들어, 학제 간의 근본적 문제와 해결책, 사회적 문제의 구조, 문제의 해결책에 대해서도 생각해 볼 수 있게 된다. 한번은 한 학생이 나에게 서비스-러닝은 본인이 알고 있는 이론을 실제 영역에서 직접 사람들과 만나 직접적인 결과를 얻을 수 있는 유용한 경험을 제공해준다고 말한 적이 있다. 이렇듯 학생들은 서비스-러닝을 통해 다른 누군가를 도와주는 것과 공공정책과 공공의 노동에 참여하는 것의 차이를 알게 된다.

서비스-러닝은 개인의 발전과 성장뿐 아니라 학문을 익히고, 인간관계, 동료와의 협력 경험들을 전부 포함하고 있다. 서비스-러닝을 통해 학생들은 개인의 도덕적 발달, 정신적 성장, 감정이입, 효율성, 사회적 책임감, 책무를 배울 수 있다. 서비스-러닝 교육과정은 사회 현상에 대해 재조명하고 심층적 이해를 야기하며, 실천적 영역에 이론의 적용 가능성과 비판적 생각을 가능하게 한다. 또한 글쓰기 및 문제 분석, 자아인식이 성장하게 하는 주요한 기제이다.

대인관계 속에서 학생들은 참여하지 않은 학생들보다 자신의 일에 더 많은 노력과 의사소통, 리더십 그리고 시민 사회와 교육현장에 대한 융합 능력을 배우게 된다.

특히 그들은 자신들의 커뮤니티 속에서 발생하는 복잡한 사회문제에 대하여 깊은 이해를 할 수 있게 되며, 서비스-러닝에 참여하는 학생들은 서비스와 관련한 직업을 선택하고 자신들의 선택에 대하여 더 높은 긍지를 갖게 된다. 사실 서비스-러닝은 문화나 인종적인 이해를 고취시키고 선입견을 타파하는 데 기여하는 바가 크다. 서비스-러닝의 참여자들은 대학에서의 학업을 마치고 졸업 후 지속적으로 봉사(서비스)하는 것에 대체로 만족하고 있다고 한다(Celio, Durlack, & Dymnicki, 2011: Eyler, Giles, Stenson, & Gray, 2001: Warren, 2012). 더 나아가 최근의 연구는 시민사회와 지역사회에 참여하는 학생일수록 더 사회적이고 심리적으로 안정되게 지내며 대학에서의 생활을 성공적으로 보낸다고 보고하였다.

부가적으로 다른 연구들은 지역사회 기반 연구를 통해 서비스-러닝이 일반보조금과 다른 지원금, 지역사회 기관들과의 네트워크 구축, 예산을 절감할 뿐 아니라 조직의 목표를 향상시키고 조직에 헌신을 강화하고, 고객들에게 더 나은 서비스를 제공하며, 지역사회와 조직의 문제나 시민에 대한 주요한 데이터를 학생들의 학습을 위해 제공할 수 있다고 주장한다(Cruz & Giles, 2000). 지역사회의 구성원들은 통찰력과, 지식 그리고 새로운 관점에서 학습을 대하는 열정적인 학생들과 함께 일할 수 있는 기회를 얻게 된다. 지역사회 파트너들은 훗날 새로운 세대들이 시민사회에 참여할 수 있도록 자신들의 역할을 재조명하고, 그 사회를 더욱 풍요롭게 할 수 있는 기회를 얻게 된다. 서비스-러닝은 단과대학과 종합대학 사이의 새로운 파트너십과 기회를 제공해주기도 한다.

서비스-러닝은 기존 교육에 대한 새로운 방식과 학생들의 심도 높은 참여를 유발한다. 즉, 교수법을 활성화시킬 수 있는 새로운 방법을 제공하여 교수들에게 혜택을 제공한다. 이를 통해 교수들은 교육과정을 성찰해 봄으로써 스스로를 발전시킬 수도 있다.

서비스-러닝은 활동적인 학습 전략으로 교육자들에게 여러 가지 교수방법을 적용하게 하며 잠재적인 학습의 기회와 결과를 도출할 수 있도록 도와준다(Bingle, Clayton, & Hatcher, 2013, p. 3). 또한 서비스-러닝은 지역사회의 교육과 연구의 목표를 설정하는데 도움을 주며 연구에서 반드시 드러나야 하는 문제들과 경향들을 파악하는 데 도움을 준다. 이러한 점에서 서비스-러닝은 왜 대학에서의 교수활동이 전문적이어야 하는지를 보여준다. 사회가 직면한 중요한 문제들과 '교과지식'을 연결하는 중요한 역할을 하기 때문이다. 서비스-러닝의 교수들은 동료 교수들과 여러 이론과 관점에 대해서 논의하면서 기존의 교육학에서 제공하는 것보다 더 많은 가능성들을 타진할 기회를 발견할 필요가 있다. 서비스-러닝에 참여하는 것을 바탕으로 교수는 부가적인 연구를 수행하거나 학문에 있어 지평을 넓히는 기회를 제공받음으로써 임용이나 승진 그리고 정년 보장 과정에 있어 매우 유용하다고 볼 수 있다. 또한, 서비스-러닝의 특성으로 학생들과 훨씬 더 깊고 의미 있는 관계를 맺을 수도 있다.

교무처와 다른 교직원들 또한 서비스-러닝을 통해 학생들 주변에서 발생하고 있는 여러 문제점들에 대해 이해할 수 있는 기회를 가질 수 있다. 그들은 서비스-러닝을 기획하는 학생멘토들과 지역사회와의 상호작용을 중시하는데, 5장에서 언급하듯이 교무처의 직원들은 그들이 원하는 '학생들의 교육적 결과'를 서비스-러닝을 통해 찾아내고 성취할 수 있기 때문이다.

종합대학과 단과대학에 있어 서비스-러닝은 town-gown 관계-대학과 지역주민들과의 관계를 바탕으로 진행되며 학생들을 위한 부가적인 경험을 제공할 뿐 아니라 연구와 교육에 있어 기회를 향상시켜 준다는 데 그 이점이 있다. 또한, 학생들이 더욱 학습에 효과적으로 참여하고 구직 시장에서 더 유리한 위치를 선점할 수 있으며 대학 만족도를 높이고 졸업을 보다 수월하게 할 수 있다는 이점을 지니고 있다. 서비스－러닝은 여러 기관에서 채용, 다양성, 기금모금 등 다양한 목적을 위해 만들어지고 수정된다. 서비스－러닝은 학생들을 위한 사회적 책임감이나 세계 시민의식을 교육하는 데 있어 필요한 구체적인 기반을 제공해주기도 한다. 더 나아가 서비스－러닝은 기관들이 자발적으로 광범위하고 깊이 있게 지역사회와 국제 사회에 참여하게 하고 경제적 발전에 공헌하게 하면서 공공의 목적을 달성하게 하는 촉매제 역할을 수행한다.

추가정보출처

Celio, C.I., Durlak, J., & Dymnicki, A. (2011). A meta－analysis of the impact of service－learning on students. *Journal of Experiential Education, 34*(2), 164-181.

Clayton, P.H., Bringle, R.G., & Hatcher, J.A. (Eds.). (2013). *Research on Service Learning: Conceptual Frameworks and Assessment* (2 vols.). Sterling, VA: Stylus.

Eyler, J.S., & Giles, D.E. *Where's the Learning in Service－Learning?* San Francisco, CA: Jossey－Bass.

Simonet, D. (2008). *Service－Learning and Academic Success: The Links to Retention Research.* Minneapolis, MN: Minnesota Campus Compact. http://compact.org/wp－content/up－loads/resources/downloads/MN－SL_and_academic_success.pdf.

Eyler, J.S., Giles, D.E., Stenson, C.M., & Gray, C.J. (2001). *At a Glance: What We Know About the Effects of Service－Learning on College Students, Faculty, Institutions, and Communities 1993-2000: Third Edition.* http://ewucommunityengagement.pbworks.com/w/file/fetch/62951195/aag. pdf.

Vernon, A., & Ward, K. (1999). Campus and community partnerships: Assessing impacts and strengthening connections. *Michigan Journal of Community Service Learning, 6*, 30-37.

Warren, J.L. (2012). Does service－learning increase student learning? A meta－analysis. *Michigan Journal of Community Service Learning, 18*(2), 56-61.

1.5 서비스-러닝의 역사

현재의 서비스-러닝에 영향을 주는 과거 서비스-러닝의 교훈에는 어떤 것들이 있을까?

서비스-러닝에 대한 오늘날의 개념과 실천들은 미국 고등교육의 목표에 그 근간을 두고 있다. 1636년 하버드(단과)대학이 설립된 이후에 고등교육에 대한 목표는 민주사회와 지역사회의 실천을 위한 참여 및 행동이라는 '시민의식 준비'가 포함되었다. 대학의 공적 역할을 연대기 순으로 기록한 몇몇 자료들은 독립전쟁 이후 새로운 '시민' 양성에 고등교육의 궁극적 목표가 있었다고 보고하고 있다. 특히 현재의 시민 또는 그 이상의 심도 있는 지역, 국가 그리고 전 지구적인 참여의식의 정도까지 시민의 역할을 강조하고 있다.

경험중심의 교육의 한 형태로서 서비스-러닝은 듀이의 경험과 교육에 관한 이론에 근간을 두고 있다. 서비스-러닝은 인턴십과 교육 및 다른 형태의 경험적 학습을 기초로 1960년대와 1970년대에 수많은 단과대학에서 정착되었다. 서비스-러닝이라는 용어는 1967년 Sigmon과 William Ramsey에 의해서 남부지역교육협회(Southern Regional Education Board: SREB)에서 최초로 사용되었다(Giles & Eyler, 1994). 연방정부는 1960년대부터 Peace Corps, 미국 봉사 서비스회(Volunteers in Service to America: VISTA), 서비스-러닝 국제센터(National Center for Service-Learning)를 설립함으로써 서비스-러닝에 참여해오고 있다. SREB와 같은 지역적 협력단 또는 협력체들은 초창기 서비스-러닝의 형성에 많은 기여를 하였다.

이 기간 동안 존재했던 캠퍼스 기반 프로그램들 중 없어진 것이 대다수이지만, 오늘날까지 여전히 존재하는 것도 있다. 물론, 일반적으로 1960년대와 1970년대에 대학 기반 서비스-러닝에 대한 노력들은 지속되지 않았다. Jane Kendall은 이러한 현상에 대해 세 가지 이유로 설명하였다. 첫째, 그 때 당시 진행되었던 서비스-러닝은 대부분 다른 사람을 돕거나 선행을 하는 데 초점이 맞춰져 있었고, 오히려 학생들이 지역사회에 규명되어진 문제들을 다른 사람들과 함께 해결하는 과정에 참여하는 것이 서비스-러닝의 핵심이라는 것에 대해서는 간과되었다. 둘째, 초기 서비스-러닝 전문가들은 서비스 경험에 학생들을 참여시키는 것이 반드시 학습을 동반하거나 효과적인 서비스(봉사)를 창출할 수 있다는 것을 배우지 못했다. 셋째, 대부분의 초창기 학습들은 기관들의 가장자리에서 한두 명의 교수 또는 보조 멤버들에 의해 시행되었다.

대부분의 학자들은 최근의 서비스-러닝이 1978년 초 시작된 '경험교육국제협회'(National Society for Experiential Education: NSEE), 1982년의 '서비스-러닝을 위한 국제 관계', 1983년 국제 청소년 리더십 협회, 1984년 '학교 밖 기회 리그(COOL)', 1986년 'Campus compact[5]'로 그 역사가 거슬러 올라간다고 보았다. 1960년대와 1970년대의

5) 고등교육의 공적 임무 수행을 지원하기 위해 1,100개의 대학들이 연합하여 만든 기구이다. 1985년 브라운대, 조지타운대, 스탠포드 대학의 총장들의 발의로 세워졌다. 대학기반의 시민참여를 위한 미국 내 유

학습에 기반하여 NSEE는 '서비스와 학습을 통합하는 최선의 실천원리'로 마무리 지어지는 교육을 수행하기 시작하였다.

1990년대 그리고 2000년대 초 서비스-러닝은 캠퍼스 서비스-러닝 센터와 서비스-러닝의 교육과정을 기존과 다른 관점에서 통합하고 다양한 교육과정과 통합하기 시작하였다. 이는 학습 커뮤니티, 새로운 학생에 대한 오리엔테이션, 리더십 프로그램, 다문화 교육 등으로 나타났다. 이러한 노력들은 주로 국제 서비스를 위한 연방정부(Corporation for National Service)(현재의 국제 그리고 지역문화 서비스 협력체: the Corporation for National and Community Service), 'Highered education associations', NSEE, COOL 그리고 급격히 성장한 Campus Compact에 의해 뒷받침되었다. 워크숍, 콘퍼런스, 관련 연구물 등이 확대되면서 교수들의 서비스-러닝에 대한 역량이 더욱 발전하게 되었다. 몇몇 교육 협회는 서비스-러닝을 그들의 주요 안건이나 학술지의 주요 콘텐츠로 포함하기 시작하였다.

이러한 시기에 대학과 단과대학에서 '서비스-러닝과 파트너십은 동전의 앞뒷면이다'라는 전제 아래 서비스-러닝과 지역사회의 파트너십을 형성해야 한다는 생각이 차츰 발생하기 시작하였다. 이러한 형성과정과 일련의 노력들은 현재의 서비스-러닝을 위한 노력으로 이어지고 있다. 캠퍼스와 지역사회에 대한 파트너십 관련 이론과 그 *Best practice*에 관한 실천과정들은 3장에서 자세히 밝히고자 한다.

1990년대에는 대학에서 서비스-러닝에 대한 기회를 확대하고 서비스-러닝이 직접적인 사회의 문제와 지역사회의 문제에 관심을 가져야 한다는 요구가 급증하기 시작하였다. 특히 '시민으로서의 대학(universities as citizens)', '참여 대학(engaged campus)', '참여와 장학(Scholarship of engagement)'이라는 용어들이 급부상하면서 이와 같은 생각을 뒷받침하기 시작하였다. 고등교육의 전문가들과 비평가들은 모든 대학들이 교육목표의 공공성을 강조해야 한다고 권고하였다. 일례로써 *President's Declaration on the Civic Responsibility of Higher Education*이 있다(Hollander, 2000). 미국에서 고등교육의 지역주민 대상 봉사활동 중 대표적인 형태로서 지역사회로의 '참여'라는 새로운 형태로 재조명되었다. 이러한 새로운 시도는 대학이 봉사활동을 통해 지역의 문제를 풀어야 한다는 '일방향'적인 접근이 아닌 서로의 이익과 자산을 공유하는 양방향의 파트너십을 기반으로 형성되었다는 점에서 고무적이다. Ernest Boyer는 *장학의 재조명*(Scholarship Reconsidered)(1990)에서 전통적인 교수진들의 연구, 수업, 지역사회 봉사에서 참여의 장학제도의 필요성을 역설하였다. Kerrt Ann O'Meara는 참여의 장학을 학자 및 전문가들이 연구를 통해 실질

일한 기구로 학생들의 시민성 역량을 키우고, 효과적인 공동체 파트너십을 함양하는 것을 지원한다. 보스톤에 본부를 두고 있다(역자 주).

적인 학습, 전문적 서비스, 지역기반 연구, 전 지구적 문제에 참여하여 실질적인 적용과 참여를 유도하는 것이라고 규정하였다. 2006년에는 카네기 교육진흥재단(Carnegie Foundation for the Advancement of Teaching)이 고등교육 기관에 대한 시스템을 새롭게 분류할 때, 그들은 새로운 지역사회의 참여를 추가하였다. 2000년대 초 이후 여러 문헌들은 고등교육에서 학생들이 정치적인 영역에서의 '시민참여'를 할 수 있도록 노력해야 한다고 지적하였고, 미국대학협회(AAC & U)는 '*새로운 세계를 위한 대학의 학습*(College Learning for the New Global Centruy)'에서 대학교육의 학습결과로 개인의 사회적인 책임감, 시민참여, 다문화적인 지식과 역량, 윤리적 추론, 다양한 커뮤니티와 세계사회로의 도전이라고 보고하였다(National Leadership Council for Liberal Education and America's Cotozems: Preparing a Promise, 2007, p. 3). 카네기 교육진흥재단은 *'Educating Citizens: Preparing America's Undergraduates for Lives of Moral and Civic Responsibility'*(Colby, Ehrlich, Beaumont, & Corngold, 2007)라는 책의 발간을 지원하였는데, 이를 통해 서비스-러닝이 시민으로서의 참여적인 삶에 큰 영향력을 주는 교육과정임이 널리 선포되었다.

최근에 미국 대학들은 시민으로서의 학습과 활동을 포함하는 교육에 대해 더욱 집중하고 있다. 2012년의 미국 고등교육의 변화를 촉구하는 출판물에서는 미국의 민주주의는 시민의식에 대한 학습과 민주주의로의 참여를 바탕으로 대학교육이 이루어져야 한다고 지적하면서, 교육과정, 인턴십, 서비스-러닝의 중요성에 대한 내용들을 담고 있다(Haward, 2012; u.s. Department of Education, 2012). 이 중 서비스-러닝의 중요성이 가장 두드러지는 것은 놀라운 일이 아니다.

사실 21세기 초기에는 서비스-러닝에 대한 비판적인 시각을 가진 책들과 기사들이 많았었다. 이 시점에서 우리는 마지막으로 서비스-러닝에 대한 잘못된 계획과 실천들이 어떠한 부정적인 결과를 야기하는지 살펴보고자 한다. 서비스-러닝 활동들에 대해 이론과 적합한 실천영역의 뒷받침이 없다면, 학생들의 고정관념은 서비스 활동을 통해 더 고착화되며 지역사회는 그들의 학습을 위한 알맞은 장소로 사용되기 어려울 것이다. 특히 서비스-러닝이 실질적인 해결이 필요한 사회문제에 초점을 맞추지 못한다면, 이는 학생들에게 도전 의식이 아닌 필요에 의한 '종속됨과 영속됨'의 형태만을 만들어 낼 것이다. 서비스 활동은 결국 부정적인 결과를 낳을 것이다. 서비스-러닝에 대한 비판적인 시선들은 종종 서비스-러닝의 진정한 의미와 그 궁극적인 범위에 대하여 문제점을 제기한다. 즉, 서비스-러닝이 무엇이고, 무엇이 되어야 하는지, 진정한 사회적 정의란 무엇인가 등에 대한 정확한 의미와 그 범위를 규명하는 것이 필요하다. 예를 들어 *Problema-*

tizing Service learning: Critical Reflections for Development and Action(2011)의 저자 Trae Steward와 Nicole Webster는 이러한 물음에 대하여 만약 서비스-러닝을 지지하는 사람들이 이 분야의 진보를 진심으로 이루고 싶다면 그들은 반드시 스스로 질문을 던져보아야 한다고 언급하였다. 그 근간을 이루고 있는 모델과 원리, 관련 문제와 잠재적인 해결방안까지 비판적으로 바라봐야 한다고 지적하였다. 이에 대해서는 8장에서 더욱 자세히 다루고자 한다.

추가정보출처

Bok, D. (1982). *Beyond the Ivory Tower: Social Responsibilities of the Modern University.* Cambridge, MA: Harvard University Press.

Bringle, R.G., Games, R., & Malloy, E.A. (Eds.). (1999). *Colleges and Universities as Citizens.* Needham Heights, MA: Allyn & Bacon.

Ehrlich, T. (Ed.). (2000). *Civic Responsibility and Higher Education.* Phoenix, AZ: Oryx.

Kendall, J.C. (1990). Combining service and learning: An introduction. In J.C. Kendall (Ed.), *Combining Service and Learning: A Resource Book for Community and Public Service, Vol. 1.* Raleigh, NC: National Society for Internships and Experiential Education (now National Society for Experiential Education).

Stanton, T.K., Giles, D.E., Jr., & Cruz, N.I. (1999). *Service-Learning: A Movement's Pioneers Reflect on Its Origins, Practice, and Future.* San Francisco, CA: Jossey-Bass.

1.6 서비스-러닝의 확장

서비스-러닝은 지속적으로 성장하고 있는가? 또는 일시적인 유행인가?

서비스-러닝은 1980년대부터 고등교육을 기반으로 급속하게 성장해왔다. 서비스-러닝은 미국대학협회(AACU)에 의해 규명된 매우 높은 영향력 있는 교육과정 실천 영역 중 하나이다. 특히 미국대학협회는 다양한 영역에서 대학생들이 서비스-러닝을 통해 훌륭한 교육 결과를 내고 있다고 보고하였다. *U.S. News & World Report*에 따르면 상위권 대학들은 대부분 서비스-러닝을 시행하고 있었으며, 학생들의 성취도 성공적으로 이루어지고 있었다. Campus Compact(각 대학들의 공공 서비스와 지역사회 참여 등을 수행하기 위해 모인 대학 총장 연합)은 다음과 같은 사실을 언급하였다. "학생들의 높은 참여를 이끌기 위해 보이는 요즘의 트렌드는.... 서비스 기회를 충족시켜주고, 서비스-러닝에 참여하고, 지역사회 파트너십을 생성하고, 서비스 교육을 지원하기 위해 자원과 구조를 뒷받침해 주는 것이다."(Campus Compact, 2013d). Campus Compact는 현재 1,100기관 이상의 멤버들과 34개 주와 지역적 제휴 회사들이 연계되어 있다. 이들 기관 중 94% 이상의 기관들이 2011년부터 서비스-러닝 코스를 제공하였고 이들 중 55%는 대학들의 핵심 교육 과정 중의 하나로 서비스-러닝을 요구하였다. 교육과정과 교육과정 외에서 이루어지는 학생들의 서비스-러닝을 포함하는 서비스의 가치는 97억 달러이다(1,120개의 대학 참여, Campus Compact, 2013f). AACC(미국 지역 대학 연합)에 따르면 지역사회대학(community college)의 2/3 가량이 서비스-러닝 교육과정을 제공한다. 전체 학부생 중 절반 가량이 지역사회대학(community college)에서 대학교육 이수를 시작하는 만큼 이것이 의미하는 바가 중대하다고 할 수 있다.

사실상 모든 교육기관의 강령(mission statement)은 학생들이 국제 시민의식, 민주주의에 대한 적극적 참여와 사회적 책임을 배양해야 한다는 내용을 담고 있다. 하지만 각 교육기관들이 그러한 강령을 준수하는 정도에는 차이가 있다. 이러한 불균형을 바탕으로 미국 교육부는 *A Crucible Moment: College Learning and Democracy's Future*에서 시민의식과 시민사회 참여는 학생들의 전공학습과 진로교육에 도움이 될 뿐만 아니라 보편적인 교육이라는 관점에서도 필수적인 요소라고 보았다(National Task Force on Civic Learning and Democratic Engagement, 2012). 모든 종류의 교육기관들이 이러한 정부의 정책 기조에 부응하려는 모습을 보이면서, 시민사회 참여와 서비스-러닝이라는 분야에 큰 관심을 갖게 되었다. 2007년 하버드대 교수진은 네 가지 목표에 기반한 일반 교육과정을 개정하였다. 그 중 첫 번째가 '학생들이 시민사회에 적극적으로 참여하도록 준비하기'이다(John Harvard's Journal). 하버드 대학의 이러한 변화에 따라 자연스레 전미에 있는 교육기관들이 교육과정을 개정하고 시민사회의 참여를 독려하여 민주주의를 촉진하는 움직임이 있었다. 결과적으로 교육자들은 기존의 개설(槪說)식 강의를 변화시켜 학생들이 배운 내용이 어떻게 커다란 사회 이슈들의 해결에 이용될 수 있는지를 보이는 것에 집중하기 시작하였다. The National Science Foundation과 Science Education for New Civic Engagement and Responsibilities(SENCER)은 STEM 분야를 지원해 이러한 방식을 적용한 교육을 독려하고 있다. 모든 학과목을 통틀어 점점 더 많은 교수진들이 강의를 개편해 서비스-러닝을 교육과정에 추가하고 있다.

미국 고등교육에서 서비스-러닝이 집중되고 있다는 추세를 반영하는 또 다른 사례로 교육발전을 위한 카네기 교육진흥재단(the Carnegie Foundation for the Advancement of Teaching)의 공동체 참여형(Community Engagement) 교육기관 선정제도를 들 수 있다. 서비스-러닝을 통한 협동적 교육(Curricular engagement) 방식은 공동체 참여형 교육기관이 되기 위한 가장 중요한 선정 기준이다. 지금까지 311개의 교육기관들이 공동체 참여형 교육기관으로 지정되는 명예를 획득하였으며 다른 많은 교육기관들도 2015년 새롭게 선정되기 위해 서비스교육을 증진시키는 노력을 보이고 있다. 이러한 혁신에 더하여, 학생회(student organization), 방학중 봉사(alternative breaks) 하루 혹은 단기 서비스 프로젝트 등의 학생들의 공동체 참여를 독려하는 학생처(Student Affair Professionals)는 공동체 참여에서 비판적 성찰을 더함으로써 공동체 참여에 대한 활동을 풍부하게 하였다. 이러한 서비스-러닝에서 기대되는 학습결과들은 정체성과 리더십 발달, 다문화적 인식, 경력과 인생 목표의 명확한 설계, 정서 발달, 지역사회와 세계적인 사회 쟁점에 대한 인식 등을 포함하고 있다. 미국 뿐 아니라 많은 나라들의 대학생 리더십 프로그램들은 '사회적 변화를 위한 리더십'에 초점을 맞추어 가고 있다. 그 결과 여러 나라들이 리더십의 교육방식으로써 서비스-러닝에 주목하게 되었고 큰 재단이나 대학의 경우 리더십과 서비스-러닝을 통합한 센터들을 설립하기도 하였다. 이렇게 서비스-러닝은 전 세계의 대학에 빠르게 확산되었다. 이러한 결과는 *Talloires Network* [6]을 기반으로 이뤄졌는데, 이 네트워크는 69개국 280개의 대학들의 약 6,000만 명의 학생들을 통합하여 고등교육에서 그들의 시민의식과 사회적인 역할을 기르기 위해 형성된 연합이다(TAlloires Network, 2013). 연합들의 참여자들은 아시아, 아일랜드, 라틴아메리카, 호주, 중동아시아, 러시아, 북아프리카, 미국 등 다양하며, 더욱이 캐나다 서비스-러닝연합회(CACSL)는 본 협회를 위해 많은 지원을 제공하였고, 서비스-러닝과 지역사회 참여 연구를 위한 국제 연합(IARSLC)은 전 세계에 있는 많은 사람들이 본 연합회의 학술대회와 학술지 참여에 구심점을 제공하였다.

전 세계에 걸친 다양한 서비스-러닝들과 그 유형에 대해서 여전히 의문점들이 남는다. '서비스-러닝이 일시적인 유행이 아닐까?', '하나의 교육적 술책에 지나지 않을까?' 하는 것이다(Robinson, 2003). 언젠가 한 교수가 나에게 물어온 적이 있었다. "저희가 만약 이 교육 방식을 채택하지 않는다면, 사라져 버릴까요?"라는 것이었다. 나는 서비스-

6) Talloires Network는 프랑스 Talloires에 있는 시민의로서의 역할과 사회적 책임감을 강화하고자 하는 고등교육기관의 연합회를 칭함(역자 주).

러닝이 학생들과 지역사회가 기대하는 결과를 얻을 수 있도록 잘 구성되고 시행되고 있으며, 이제 고등교육과정에서 영구적으로 중요시되는 부분으로 존재한다는 것을 확신하고 있다.

추가정보출처

Campus Compact. (2013c, December). *Creating a Culture of Assessment: 2012 Annual Membership Survey. www.compact.org/up-content/uploads/2013/04/Campus-Compact-2012-Statistics.* pdf.

Moore, J.E. (1994). Learning through service: More than a fad. *Liberal Education*, 80(1), 54.

1.7 서비스-러닝을 위해 각 기관들은 어떤 것들을 제공해야 하는가?

대학들은 각기 다른 수준의 학생들에 맞추어 광범위한 영역에서 다양한 형태의 서비스-러닝을 제공해야 한다. 이 장에서 언급되는 서비스-러닝이라는 것이 기관에서 구성하고 기획한다고 해서 기관 내에서만 일어나는 상황은 아니라고 생각한다. 서비스-러닝 교수자들은 학생들의 흥미와 기관의 목표, 지역사회의 필요성, 가능한 자원이 무엇이냐를 잘 고려해서 학생들에게 서비스-러닝을 제공해야 한다.

서비스-러닝의 경험은 Cecilia I. Deive, Suzanne'D. Mintz, and Greig M. Stewart의 '*직접적, 간접적, 그리고 비접촉적*(Direct, Nondirect, and Indirect)'(1990)에서 제공된 방식을 기반으로 분류된다. 직접적 서비스는 서비스 지역 내에서 또는 그 밖에서 고객과 대면적인 접촉을 의미한다. 이러한 활동들은 강습, 보호소 사람들에게 음식 제공하기, 행사에 지역사회 주민으로 참여하기, 빈곤층을 대상으로 농구팀 감독하기 등의 다양한 활동이 포함된다. 비접촉적인 경험들은 지역사회 내에서 서비스 제공자들이 서비스 수혜자들과 접촉을 하지 않지만, 보육원에 도서관 만들기, 행사 관련 시설물 설치하기, 지역 공원 생태계 보호 활동 등 전면에 드러나지 않는 활동들을 포함한다. 간접적인 접촉 경험에는 수혜자들과 제공자들 사이에 상당한 물리적 거리감이 존재한다. 웹사이트를 개발한 다던지 지역 협회에 서비스 관련 제안서를 작성하거나 지역사회 주민들에게 도움이 되는 지역사회 정책 관련 제안서 제출하기 등을 포함한다. 이러한 서비스-러닝은 캠퍼스 내에서도 일어날 수 있는데, 캠퍼스 내에서 외국인 학생들을 위한 영어교육 관련 일들을 수행하거나, 캠퍼스 건물에 조경을 가꾸는 것 등이 있다. 간접적이고 비접촉적인 형태의 서비스－러닝은 기관에서 발행되는 서비스－러닝 관련 출간물이나 다른 자료들을 배포하는 것의 형태가 될 수 있다.

제 4장에서 논의될 지역사회 기반 연구는 때때로 서비스－러닝 활동의 세 가지 형태를 보여주고 있다(Delve, Mintz Stewart, 1990). 지역사회 기반 연구는 지역사회 위원들(비영리 지역사회 기관 담당자, 지역 공무원, 지역사회장, 지역사회 구성원들)과 고등교육의 담당자들(학부생들, 대학원생들, 교수진, 교직원) 등의 협력을 기반으로 사회적 문제 해결을 위한 '파트너십'에 초점을 두고 있다(Paul, 2009). 서비스 활동의 형태로서 서비스－러닝은 교육과정을 바탕으로 이루어진다. 교육과정에 대한 다양한 경험들을 제공하는 것이 필수적이지만 그 이전에, 제공되는 모든 경험들이 반드시 서비스와 학습의 사이에서 균형을 이루어야 한다는 사실이 가장 중요한 사항이다.

다양한 교육과정의 부분들을 통합한 형태로 볼 수 있는 서비스－러닝은 이러한 특징상 학교회의, 과제, 점수, 등급 등의 학교의 교육적인 부분을 통해서도 많은 발전을 이룰 수 있다. 예를 들어 이런 과정들을 통해 학생들은 더 분명하고 잘 평가된 학습결과를 얻을 수 있으며, 과목의 지식을 바탕으로 서비스 경험을 얻어낼 수 있으며, 실전에 이론을 적용하며, 학생들이 주체자로 참여 가능하며, 교육과정의 내용에 관련한 성찰의 과정에 참여할 수 있게 만든다.

서비스－러닝이 교육과정의 밖에서 일어날 때, 학생들은 자신들의 전공 시간표에서 좀 더 자유롭게 활동하며 학교 밖의 활동을 통해 더욱 많은 리더십을 배양할 수 있는 기회를 얻게 된다. 학문적인 서비스－러닝과 반대되는 말로 정규교육과정 이외의 서비스－러닝은 학생들의 인지적, 도덕적, 심리사회적, 사회적 정체성과 사회통합적인 발달에 기초를 두고 있다. 정규 교육과정 이외의 서비스－러닝은 대부분 다양하고 통합적인 인식에 중요성을 두며, 그 근간을 이루는 성찰은 학생들이 자신과 관계 맺은 다른 사람들 속에서 그들의 가치를 이해하고, 선험적인 가정이나 고정관념을 깰 수 있는 기회를 제공한다.

정규교육과정이든 정규교육과정이 아니든 서비스－러닝은 학생들에게 적절한 '빈도(Frequency)', '지속 기간(Duration)', '강도(Intensity)'의 기회를 제공해야 한다. '빈도(Frequency)'는 학생들이 얼마나 자주 활동에 참여하는지 확인하는 것으로써 학생들이 얼마나 오랜 기간 동안 참여했는지를 파악하는 '지속 기간(Duration)'과는 다른 의미이다. '강도(Intensity)'는 학생들이 서비스 경험과 성찰에 얼마나 심도 있게 참여하는지 그 깊이를 파악하는 것으로서 '전념'의 정도가 학생들의 참여를 불러일으키는 사회적 서비스의 필요와 사회적 정의 수준의 정도를 파악하는 것과는 그 뜻을 달리 한다.

처음 서비스-러닝에 참여하는 학생들의 경우 가장 낮은 수준의 '빈도(Frequency)', '지속기간(Duration)', '강도(Intensity)'의 기회를 제공해야 하며, 대다수의 학생들은 새로운 기회에 흥미를 가지는 편이다. 특히, 서비스를 필요로 하고, 도움의 손길을 필요로 하는 복잡한 사회적 이슈에 대한 관심을 갖기 시작한다. 처음 서비스-러닝을 경험하는 학생들에게는 서비스-러닝의 개념과 실천방법을 알려주고, 단기에 수행할 수 있는 서비스-러닝의 기회를 제공한다. 일반적으로 이러한 일회적이거나 단기적인 경험들을 통해 학생들이 지역사회의 서비스 수혜자들을 직접 만나보고, 그들의 요구를 반영할 수 있는 활동을 하거나 관련된 심도 있는 경험을 할 수는 없다. 수업이나 학문적 원리를 기반으로 한 또는 간학문적인 서비스-러닝 교육과정의 경우는 높은 수준의 '빈도', '지속 기간', '전념'을 포함한다. 서비스-러닝 과정에서 학생들은 지역사회에서 서비스 수혜자들과 주기적으로 만나고, 그 장소 외의 곳에서도 부가적인 업무를 수행하며, 지역사회가 요구하는 프로젝트에 참여할 수 있는 기회를 얻게 된다. 봄 방학이나 여름방학의 경우 서비스와 성찰에 참여하는 학생들은 그 빈도와 강도 부분이 굉장히 강해지지만 '지속 기간'은 매우 짧게 이루어질 수 있다.

더욱 강력한 '전념' 그리고 '지속 기간'에 준비가 된 학생들은 교육과정으로써 지역기반 연구, 개인연구, 교수와 함께 하는 연구, 지역사회 협력체의 공보관, 서비스-러닝 관련 교수나 지역 협회와 함께하는 전문적인 수준의 프로젝트 참여 등 더욱 심도있고 심화된 기회를 얻을 수 있다.

추가정보출처

Delve, C.I., Mintz, S.D., & Stewart, G.M. (Eds.). (1990). *Community Service as Values Education: New Directions for Student Services* (no. 50). San Francisco, CA: Jossey-Bass.

Jacoby, B. (Ed.). (1996c). *Service-Learning in Higher Education: Concepts and Practices*. San Francisco, CA: Jossey-Bass.

Jacoby, B., & Mutascio, P. (Eds.). (2010). *Looking In, Reaching Out: A Reflective Guide for Community Service-Learning Professionals*. Boston, MA: Campus Compact.

1.8 기관유형에 따른 다양한 서비스-러닝의 형태

다양한 형태의 고등교육기관들은 서로 다른 임무와 전통을 가지고 있고 그에 의거하여 서비스-러닝에 대한 다양한 접근법을 가지고 있다. 대다수의 지역사회대학(community college)은 말 그대로 지역사회와 밀접하게 연관되어 있는데, 지리적인 측면에서 지역사회 안에 있다기보다 지역사회에 속해 있다는 소속감을 가지고 있다. 따라서 지역사회대학의 의무는 지역사회에의 봉사를 기초로 하고 있다. 왜냐하면 지역사회대학이 첫 번째로 초점을 맞추는 것이 연구보다는 교육에 있으며, 서비스-러닝은 지역사회의 일부로서 학생들이 학문적인 내용을 지역사회 내에서 일을 통해 학습을 적용하는 것에 더 높은 교육적 가치를 두기 때문이다.

지역기반의 4년제 공립(주립) 연구대학(Land-grand and other large public research universities)의 미션은 지역사회뿐 아니라 글로벌 커뮤니티에 교육, 연구, 봉사 그리고 기술적 지원을 목표로 하고 있다. 다른 연구중심 대학 뿐만 아니라 더 많은 공립(주립) 대학들이 그들의 서비스-러닝을 더 넓은 맥락에서의 지역사회 연계를 기초로 하고 있다. 그러나 이는 '사회적 정의'와는 거리가 있다. 지역기반 기관들은 서비스-러닝에 관하여 굉장히 잘 참여하는 반면에 공립연구대학들은 그들의 연구비(research grant)를 지원받는 것에만 초점을 맞추는 경향이 있다. 그 결과 교수진들은 그들의 연구와 관련이 없는 서비스-러닝을 만들어 내거나 가르치는 데 부정적인 견해를 보이는 편이다.

학부대학(Liberal arts institutions)[7]은 인문교육향상에 초점을 맞추고 있다. 인문학, 사회학, 어학 등 인문교양과목에 중점을 둔 미국학부 중심의 4년제 대학으로 개인이 복잡하고 다양한 사회 변화에 대해 준비하고 관리할 수 있는 힘을 키우는 자유교육철학을 기반으로 하고 있다. 자유교육은 학생들에게 과학, 문화, 사회에 대한 전반적인 지식뿐 아니라 중점 영역에 대한 깊은 연구도 가능하도록 학습의 기회를 제공한다. 전문적인 직업기술 훈련이나 응용과학을 강조하기보다는 오히려 학생들의 사회적 책임감이나 커뮤니케이션, 문제해결력, 창의력과 같은 지적 실천능력을 강조하고 있다. 학부대학은 서비스-러닝을 자유교육의 결과에 충족시키기 위해서 학생들에게 교육적 실천영역으로 사용하는 경우가 많다.

7) Liberal arts institutions은 대부분 학부로만 구성되어 있고 인문·자연계 전공을 위한 대학이다. 연구대학들에 비해 학교 교수진들이 학부교육에 전념하기에 교육의 질이 높은 학교들이 있다. 대표적인 학교로는 Williams, Amherst, Wellesley College 등이 있다. 여기에서는 학부대학으로 번역하여 사용한다.

역사적으로 흑인들을 위한 단과대학과 대학들은 소수집단 학생들에게 대학교육을 제공하고, 이를 통해 흑인과 소수인종 지역사회의 복지와 생명력을 증진하기 위해 설립되었다. 이러한 역사적인 미션이 서비스-러닝 교육과정이나 프로그램의 설계에 견고한 기초이다. 서비스-러닝은 역사적으로 흑인 교육기관(black institutions)에서 또한 미국계 흑인의 전통이나 세대 간 수행해야 할 의무로 서비스-러닝을 토대로 하고 있다.

종교를 기반으로 한 기관(faith-based institutions)은 교육과정에 성령의 성장과 도덕적 이슈의 통합을 목적으로 하고 있다. 그들은 타인에 대한 봉사와 사회적 정의의 진보를 미션으로 설정하고 있다. 따라서 많은 종교적 기관 부설 대학들은 서비스-러닝을 통해 학문적 · 성령적인 학습 목적과 결과를 추구하고 있다.

부족대학(Tribal colleges and universities)의 경우 북미인디언의 사회에 필요한 자원을 제공하고 부족들의 문화를 강화하고 유지하여 원주민 학생들의 민족의 자결권(self-determination)을 향상시키는 것을 미션으로 하고 있다. 부족대학의 대다수의 학생들은 집(부족지역)에 살고 학교 밖에 직장을 가지고 있기 때문에 서비스-러닝에 참여하는 것이 쉽지 않아 기관들은 그들 지역사회의 봉사 전통에 더 초점을 두고 있으며 부족의 문화와 전통을 결합한 서비스-러닝의 개발에 힘쓰고 있다.

결 론

1장에서는 서비스-러닝의 기본 원리, 실천영역, 그리고 이론적인 기초에 대해서 알아보았다. 이를 위해서 서비스-러닝의 역사, 고등교육 맥락에서의 서비스-러닝의 역할과 효과성을 검토하였다. 본 장에서는 서비스-러닝의 성찰과 호혜성과 같은 기본적인 요소를 탐색하고 어떻게 이것이 교육과정과 병행한 연계 비교과 교육과정(co-curriculum)에서 사용되고, 어떻게 실천영역에서 적용될 수 있는가를 탐색하였다. 또한 서비스-러닝의 평가와 행정에 관련된 다양한 이슈와 목적과 가치에 담긴 심도 높은 문제들을 알아본 후 미래의 서비스-러닝을 지속시키기 위한 제언을 제공하였다.

CHAPTER

02

비판적 성찰을 이해하고 촉진하기

Service-
Learning
Essentials

비판적 성찰을 이해하고 촉진하기

1장에서 논의된 것처럼 서비스-러닝은 경험학습의 한 유형이다. 경험학습은 의도된 학습결과를 성취하기 위해서 성찰의 기회를 제공하여 학생들이 인간과 지역사회의 요구에 관심을 갖게 되는 일련의 과정이다(Jacoby, 1996c). 이 장에서는 어떻게 서비스-러닝을 실행할 것인지 그 단계를 제시하고, 어떻게 학생들이 비판적인 성찰에 참여해서 스스로의 학습을 고양시킬 수 있는지에 대해 탐색한다.

2.1 비판적 성찰이란 무엇인가?

서비스-러닝에서의 역할은 무엇인가?

성찰에는 여러 가지 유형이 있지만 그 중에서도 가장 우선시되는 것은 비판적 성찰(Critical Reflection)이다. 비판적 성찰은 지식을 바탕으로 개인의 경험에 대한 분석, 재고(reconsidering), 자문하는 일련의 과정을 의미한다. 우리는 경험이 최고의 스승이라고 말하지만, John Dewey와 노선을 달리하는 학자들은 성찰에 있어 경험은 문제적인 스승(a problematic teacher)이라고 이야기한다. 비판적 성찰이 없는 경험은 너무 쉽게 학생들에게 그들과 다른 사람들에 대해서 이중적 잣대를 가지고 판단하게 하거나 복잡한 문제 상황에 대해서 단순한 해답을 만들거나 데이터의 한계에서 오는 부정확한 내용들에 대해서 일반화 시킬 수 있다고 지적한다. 예를 들어 노숙자들을 위한 보호시설에서 지역사회 서비스를 하고 있는 학생의 경우 만약 비판적인 성찰 없이 그들의 경험을 받아들인다면 '노숙자들은 단순히 직업만 구할 수 있으면 이러한 상황을 극복할 수 있겠구나!' 또는 '노숙자들은 게으르고 이상해' 정도의 생각만을 할 수 있다.

앞서 언급된 비판적 성찰들보다 조금 더 미묘하고 유용한 비판적 성찰의 내용을 Dewey의 원리에서 찾아볼 수 있다. Dewey는 '비판적 성찰이란 개인의 신념이나 믿음을 뒷받침 하는 지식을 적극적으로 지속적으로 그리고 심사숙고하며 살피는 과정이다. 따라서 이러한 과정을 참고하여 그들만의 결론을 내리게 된다.'(1933, p. 9)고 했다. 이는 학생들에게 그들 스스로 그들의 가치, 믿음 그리고 획득된 지식을 다시 검토할 수 있게 만든다. 이를 통해 학생들은 그들만의 고정관념이나 다른 '선험적' 가정들에 대하여 문제를 제기하거나 도전할 수 있게 된다. 비판적 성찰은 간단하며 지나치게 단순화된 결론과 달리, 다양한 관점에서 그 상황에 대한 인과관계에 대해 여러 번의 질문을 통해 깊은 의미와 성찰의 기회를 가지게 한다.

성찰 중에서도 비판적 성찰은 서비스–러닝에 굉장히 중요한 의미를 갖고 있다. 성찰은 서비스–러닝에 있어 필수적이고 대체 불가능한 요소이며, 서비스–러닝에 있어 성찰이라는 요소는 대학 학습의 매우 중요한 결과인, 비판적 성찰 능력을 향상시키는 데 도움을 준다. 비판적 성찰은 비판적인 질문들을 통해 이루어지는데, 비판적 질문들은 우리에게 다양한 관점과 단순해 보이는 상황과 문제에 대해 복잡하고 다양한 생각을 할 수 있게 만든다. 또한 비판적 성찰은 비판적 서비스–러닝 교육에 대한 기반을 제공해주고, 비판적 서비스–러닝 교육이란 사회정의를 교육하는 데 있어 반드시 필요한 부분이며, 이에 대해서는 8장에서 좀 더 자세히 다루고자 한다.

서비스–러닝 교육자들은 교육과정에서 경험을 구성할 때 비판적 성찰의 네 가지 요소, 즉 4Cs원리를 사용한다. 이 원리는 지속성, 연결성, 도전성, 맥락성이 연결되어 있는데 이를 '4Cs'(지속, 연계, 도전, 맥락: Continuous, Connected, Challenging, and Contextualized Dwight, Schmiede, 1996)라고 한다.

심도 높은 학습이 일어나기 위해 강좌 및 프로그램에서는 성찰이 지속적으로 일어나야 한다. 성찰에 있어 지속성이란, 성찰이 경험의 이전, 발생기간 동안, 그리고 이후에 걸쳐 일어나야 한다는 것을 의미한다. 서비스 이전에 성찰을 하는 것 또는 '성찰 이전에 생각을 하는 것'은 학생들이 스스로에게 그들이 서비스를 통해 다루어야 하는 문제와 지역사회, 협력체, 지역주민들을 사전에 알게 하여 준비시키는 데 그 목적이 있다. 서비스–

러닝 기간 동안 성찰은 학생들에게 그들의 관찰을 기록할 수 있게 하고 실천적 영역에서 그들의 이론을 점검할 수 있게 하며 그들 스스로 이론적 기대와 경험의 실재 사이의 괴리를 파악할 수 있게 한다. 또한, 이러한 활동들은 사회적인 쟁점들이 문제가 되기 전에 해결 가능한지 파악할 수 있게 한다. 학생들은 이러한 과정 속에서 서비스 경험과 성찰을 통해 스스로 무엇을 배우고 어떤 점이 그들의 생각과 다른지 비교해 보며 그들이 훗날 어떤 방식으로 이론을 탐험하고 활동할 것인지를 결정하게 도와준다.

성찰은 참여자들의 경험을 통해 학습이 이루어지도록 *연결*(connect)시켜준다. 그리고 성찰은 학습내용과 경험에 중간 다리 역할을 한다. 이러한 연결 과정들은 학생들에게 스스로 해야 하는 부담감을 줄 수 있다. Kolb(1984)의 경험학습모델에서 성찰은 구체적 경험을 따라가며 구체적 경험을 '개념화'와 '일반화'의 과정으로 연결시켜 준다. 성찰을 연결하는 구조적인 과정 없이 학생들은 구체적인 서비스 경험과 교실에서 의논되는 추상적인 쟁점들 (학생들은 왜 그들이 수업활동의 일환으로 지역사회에 참여해야 하는지 걱정한다) 사이의 간극을 채우기 어렵다(Eyler, Giles, & Schmiede, 1996, p. 19). 역설적이게도 교육과정과 교육과정속의 서비스-러닝에 참여하는 학생들은 성찰이 필수가 아니라면, 왜 그들이 성찰에 참여해야 하는지 이해하지 못한다.

성찰에 있어 *도전성*(challenging)은 새로운 관점으로 새로운 질문들을 하도록 구성해야 한다는 원리이다. 비판적 성찰에 참여하는 조력자들은 학생들에게 어려운 대화와 친숙하지 않고 어색한 개념들에 참여하도록 유도해야 한다. Nevitt Sanford는 학습자에 대한 지원과 도전의 균형이 성찰을 이끌어내는 중요한 쟁점이라고 보고하였다. 만약 성찰을 이끄는 과정이 너무 도전적이기만 하고 적절한 지원이 이루어지지 않는다면 학생들은 교육과정에 동참하려 하지 않을 것이다. 또한 학생들은 새로운 관점이나 아이디어를 통해 발생할 수 있는 오류들을 수용하지 않는, 즉 도전적이지 않고, 환경적 조건이 너무 지원적이기만 하다면 학생들은 자발적으로 새로운 아이디어나 관점을 탐구하려고 하지 않을 것이다. 이는 결국 그들이 새로운 것들을 배우고 성장하는 데 걸림돌이 되며, 도전과 지원에는 균형이 필요하다.

맥락화된(contextualized) 성찰은 학습자들의 서비스 활동에 대한 참여를 촉진한다. 학생들의 경험 및 삶에 기반한 의미 있는 주제는 학생들을 서비스 활동에 참여하도록 만든다. 학습자들이 서비스를 통해 무엇을 얻을 수 있을 것인가에 대해서 교수자나 프로그램 제공자들은 학습자들에게 도움을 줄 수 있도록 성찰의 형태와 과정을 구성해야 한다. 맥락적인 성찰이 캠퍼스 또는 지역사회 속에서 일어나는지, 지역사회 주민들과 함께 해야

하는지, 성찰이 개인적으로 이루어지는지, 집단 활동을 통해 이루어지는지에 대해서 설명해주어야 한다. 다른 맥락적인 성찰 요소로는 '학생들의 삶과 생각 이외에 어떠한 것들이 고려되어야 하는가'이다. 예를 들어 학생들이 가족, 돈, 시험, 방학 등의 사항들로 스트레스를 받을 때 그들은 심도 깊은 성찰에 집중을 할 수 없다. 재난이나 전쟁과 같은 실제적인 현재의 사건 사고들도 학생들의 감정이나 정신적인 측면에서 성찰에 방해요소가 되기도 하지만, 다양하고 극한적인 상황에서 학생들은 더욱 많은 인과관계에 대한 연관성을 찾음으로써 깊은 성찰이 가능하기도 하다.

결론적으로 비판적 성찰은 이론을 실천적 영역에 적용 가능하게 하고, 인과관계를 이해하게 하며, 복잡한 사회문제에 대한 잠재적인 해결책을 만들어 낼 수 있도록 조심스럽고 의도적으로 구성해야 한다. 이를 통해 학생들은 그들의 가능성을 실험해보기도 하고, 단순하고 손쉬운 결과가 아닌 복잡하고 도전적으로 사고하고 질문하게 된다(Ash & Clayton, 2009).

추가정보출처

Pigza, J. (2010). Developing your ability to foster student learning and development through reflection. In B. Jacoby & P. Mutascio (Eds.), *Looking In, Reaching Out: A Reflective Guide for Community Service-Learning Professionals*. Boston, MA: Campus Compact.

Rama, D.V., & Battistoni, R. (2001). *Service-Learning: Using Structured Reflection to Enhance Learning from Service*. www.compact.org/disciplines/reflection/.

2.2 성찰의 유형에는 무엇이 있을까?

비판적 성찰은 실천적 영역에서 어떠한 형태로 이루어져야 하는가?

서비스-러닝에서 성찰은 교육자들이 상상하는 대로 다양한 형태로 존재한다. 이 장에서는 네 가지의 일반적인 성찰의 형태와 도구에 대해 설명한다. 성찰의 네 가지 형태는 '말하기, 쓰기, 활동하기 그리고 미디어에 참여하기'이다.

우선 말하기 또는 언어적 성찰은 복잡하고 다양한 형태를 띠고 있다. 이들은 직접적인 의사전달, 발표, 인터뷰, 이야기, 교실 내 강의, 논쟁, 숙의, 그리고 심지어는 줄임말이나 은유적인 비속어 등을 통해서도 가능하다. 말하기를 통한 성찰은 학생들에게 상대방의 메시지와 언어적 관습에 대한 것들을 생각하게 해준다. 또한 그들만의 자긍심과 자존감을 다른 사람들과의 대화를 통해 증진시킬 수 있다. 말을 통해 이루어지는 성찰은 학교 교실에서 그리고 특정한 서비스 장소 모두에서 고루 나타난다.

둘째, 글쓰기는 보통 학교교육과정 내에서 가장 많이 사용되는 성찰의 방법이다. 말하기 성찰과 같이 글쓰기는 학생들이 자신의 의견을 논리적으로 제시할 수 있게 해준다. 이는 학생들이 이후의 학습 활동의 부분으로 활용될 수 있는 서비스 경험과 학습콘텐츠를 어떻게 연결하는지에 대한 영구적인 기록을 생성한다. 교육과정 및 연계비교과정 모두에서 글쓰기 성찰은 학생들의 쓰기를 통한 의사소통능력을 향상시킬 수 있는 기회를 제공한다. 쓰기에는 다양한 접근 방법이 있는데 학술지를 통한 문헌 연구, 사례 연구, 에세이, 보고서, 기사, 법률 원고, 국회의원이나 편집장에게 보내는 편지 등이 그 예이다. 이중기입일지(Double－entry journal)들은 교육과정과 교육적 경험들의 비판적 성찰을 위한 시도－사실의 방법이다. 비록 이들을 수행하는 데는 많은 방법들이 있지만 이중기입일지(Double－entry journal)들은 주도적 성찰, 감정, 개인적인 반응 등의 방법을 사용한다. 성찰의 조력자들은 학생들에게 규칙적으로 학술지의 양쪽 의견 전부를 향해 결정을 내리도록 한다. 또한 그들의 주관적인 의견과 객관적인 의견들을 골라내어 화살표로 잇는 연습을 하도록 요구한다.

셋째, 활동을 통한 성찰은 학생들이 집단 속에서 활동하면서 얻을 수 있는 방법으로 학생들의 사회성과 협동심을 향상시킬 수 있다. 예를 들어, '선택이 강요된 연습'이 있다. 학생들은 한 가지 이슈에 대해서 찬성인지 반대인지를 선택해야 하고 그에 맞추어 선택한 방으로 가야 한다. 학생들은 '선택이 강요된 연습' 속에서 자신들이 왜 그 방을 선택했는지를 생각해보고 다른 쪽 방의 학생들의 이야기를 들을 수 있는 기회를 가지며, 이후에 다시 한 번 원하는 쪽으로 방을 바꿀 수 있는 기회를 얻게 된다. 이러한 활동은 반복을 통해서 학생들이 자신들의 의견을 갈고 닦아 심도 있게 나타낼 수 있을 때까지 계속 반복될 수 있다. 또한, 주어진 상황에 맞추어 역할극을 해봄으로써 꽤 깊은 성찰의 효과를 거둘 수 있다. 이는 학생들이 서비스 상황에 처음으로 투입될 때를 대비하기에 가장 좋은 방법이다. 예를 들어 가정폭력에 관한 서비스－러닝 과정을 수행하는 심리학 전공 학생의 경우, 폭력 피해자 여성들을 위한 보호소에서 서비스를 제공 시 다양한 성별과 연령대의 피해자와 그 자녀, 보호소 책임자 및 직원, 자원봉사자의 역할을 가상으로 체험해봄으로써 서비스에 대한 준비를 할 수 있다. 예를 들어 학생들은 자원봉사자, 보호소 책임자, 보호소 직원들이 어떻게 그 보호시설을 유지해 나가고 피해자들을 어떻게 대하는가에 대해서 각자의 관점에서 파악해보고 더 세심한 부분까지 성찰할 수 있는 기회를 가질 수 있다.

마지막 성찰의 형태는 미디어와 창작물을 통해 학생들을 참여시키는 형태이다. 이 형태는 개별 혹은 집단 활동을 포함하는데 그림, 사진, 비디오 에세이, 뮤지컬 구성, 그 외의 다른 형태의 예술들이 그 예이다. 창작물의 표현을 통한 성찰은 학생들의 다양한 재능과 학습 방식 그리고 예술을 통해서 표현되는 아주 세세한 부분의 감성을 파악해 볼 수 있는 기회를 제공한다. 글쓰기와 함께 미디어를 사용하는 것은 학생들이 그들의 작품을 다시 논의해 봄으로써 서비스-러닝 경험의 형태나 심도 있는 성찰의 기회를 통해 그들 스스로를 다시 한번 파악해 볼 수 있는 유용한 방법이다.

추가정보출처

Koliba, C., & Reed, J. (n.d.). *Facilitating Reflection: A Manual for Leaders and Educators.* www.uvm.edu/~dewey/reflection_manual.

Northwest Service Academy. (2013, August). *Service Reflection Toolkit. http://www1.aucegypt.edu/*maan/pdf/Reflection%20Toolkit%201.pdf.

Rama, D.V., & Battistoni, R. (2001). *Service-Learning: Using Structured Reflection to Enhance Learning from Service.* www.compact.org/disciplines/reflection.

2.3 비판적 성찰의 설계와 수행의 절차

비판적 성찰을 어떻게 가능하게 할까?
학생들을 어떻게 비판적 성찰에 참여시킬 수 있을까?
성찰에 대한 등급과 정도를 어떻게 평가할 수 있을까?

비판적 성찰을 설계하고 수행하는 데 있어 다섯 단계의 기초적인 절차가 있다. 학습자들에게 학습 목표, 즉 학습의 결과가 무엇인지를 알려주고, 비판적 성찰의 개념과 내용을 설명하고, 학생들의 학습 결과를 도출하기 위해 적절한 성찰 전략을 제시하며, 성찰

활동에 참여시키고 마지막으로 성찰을 기반으로 학습을 평가하는 것이다.

Step 1: 학습 결과를 말하기

다른 교육과정처럼 비판적 성찰 역시, 시작 시 목표와 결과를 함께 구성하는 것이 중요하다. 즉, 학습의 수행 시 어떤 결과가 도출되어야 한다는 것에 대해서 구체적인 용어로 표현해야 한다. 이렇게 잘 구현된 학습 결과는 학습자들이 어느 정도까지 성취해야 하고, 이를 어떻게 평가할지를 결정하는 데 근간이 된다. 대부분의 학생들은 비판적 성찰을 해본 경험이 별로 없고, 따라서 그들이 정확히 어떠한 것을 얻어야 하는지 밝히는 것은 학생들에게 학습의 방향을 제시해주는 매우 중요한 사항이기 때문이다. 특히 대학생들은 무엇인가를 배우는 것에는 익숙하지만, 비판적 성찰을 학습하는데 필요한 메타인지 능력을 배우는 데는 익숙하지 않다. 교육과정에서 비판적 성찰은 다양하고 복잡한 형태의 학습 결과를 측정하는 요소로 매우 적합하다. 예를 들어, 이해력, 문제해결능력, 논리적 사고, 이론과 가정 그리고 지식에 대한 문제제기능력 등을 향상시키기에 비판적 성찰은 매우 중요한 활동이다. 명확하게 잘 설계된 결과들은 학생들이 교육과정을 통해 어떻게 비판적인 성찰을 수행할 것인가에 대해서 가이드를 제공해준다. 학습 목표, 즉 학생들의 학습 결과는 학생들이 공감능력, 사회적 존재들에 대한 다양하고 심도 있는 인식, 가치와 목적의 구현, 신념과 시민의식, 그리고 사회적 책임감과 리더십을 고양시킬 수 있는 정신력 등을 교육과정 속의 서비스-러닝을 통해 고취될 수 있도록 한다.

Step 2: 비판적 성찰의 개념과 실천과정을 소개하기

일단 누군가가 정확하게 자신의 학습 목표를 설정하게 된다면 Step 2에서는 학생들에게 비판적 성찰이 왜 그들의 서비스 경험에 중요한 요소인지를 이해하도록 하고 도대체 무엇이 비판적 성찰인지를 규정해야 한다. '과연 비판적 성찰이란 무엇인가?'는 굉장히 유용한 질문이다. 학생들에게 비판적 성찰에 대한 개념과 학습 목표에 맞추어 관련된 실제 사례를 설명하는 것은 학습에 있어 매우 유용하다.

Step 3: 목표한 학습 결과를 성취하기 위해 비판적 성찰 전략을 구상하기

교육과정 내에서 비판적 성찰을 효과적으로 구조화 하는 것은 교수자의 선택에 달려있다. 어떻게 학습 목표를 달성하기 위해서 어떠한 성찰 전략을 설계할 것인가의 핵심은 학습 목표를 중심에 두고 학생들의 능력이나 교육과정과 경험들을 잘 파악하고 분석해야 한다. 효과적인 전략은 성찰을 고양할 수 있는 교수방법이 필요하며, 이를 위해 교육과정은 네 가지 특성인 지속성, 연결성, 도전성, 맥락성에 기반해야 한다. 이 네 가지의 효과적인 성찰 전략에 대해서는 2장 2.1에 더 자세하게 기술되어 있다. 예를 들어 만약 협력의 기술이 기대하는 학습 결과라면 학생은 반드시 개인 활동보다는 그룹 활동에 참여해야 하며, 만약 발표 기술이 그 목표라면 학생은 쓰기 과목뿐만 아니라 반드시 하나 이상의 언어적 성찰 활동을 선택해야 한다. 성찰 전략의 구상에 대한 가이드는 [제시문 2.1]에 제시되어 있다.

제시문 2.1 성찰 전략 설계 시 고려 사항들

1. 학생들이 성찰을 통해 어떤 학습 성과를 얻고자 하는가?
2. 언제 그리고 얼마나 자주 성찰을 해야 하는가? 일정한 간격으로, 예를 들면, 주 1회 아니면 격주로 해야 하는가?
3. 성찰이 습관이 될 수 있도록 학기 내내 반복적으로 진행할 것인가?
4. 어디에서 성찰할 것인가? 교실 안 또는 밖? 서비스 현장에서? 캠퍼스로 돌아가는 차 안에서?
5. 누가 성찰을 주도할 것인가? 교수? 자문가? 훈련받은 학생 리더? 커뮤니티 조직의 직원?
6. 성찰에 누가 참여할 것인가? 교수? 커뮤니티 조직의 직원 또는 클라이언트?
7. 어떤 방법으로 성찰할 것인가? 말하기, 쓰기, 행하기, 미디어?
8. 학생들이 소그룹에서 개별적으로 성찰할 것인가, 아니면 하나의 그룹으로 성찰할 것인가? 아니면 이 두 가지를 결합한 방식으로 성찰할 것인가?
9. 어떤 프롬프트가 성찰을 이끌 것인가?
10. 학생들의 성찰 정도를 어떻게 측정할 것인가?

성찰활동을 할 때 학생들은 복잡한 생각, 분석 그리고 추론에 대해 순차적으로 사고할 수 있도록 유도하는 것이 중요하다. 이렇게 유도하기 위해서는 질문하기, 주제 파악하기, 열린 결말을 지닌 문장구조에 말 채우기 등을 사용할 수 있다. 효과적인 성찰의 전략들은 학습자 개개인에 대해 형성평가를 통한 피드백을 제공해야 한다. 형성평가를 통해 개인들은 학습 목표에 대한 자신의 성찰을 평가할 수 있으며, 학습 목표를 수정하거나 성찰의 전략을 조정하거나 또는 학생들의 도전과 교수자의 지원 사이의 균형을 맞출 수 있다. [제시문 2.2]가 성찰을 유도하는 효과적인 '질문'의 예들을 보여주고 있다.

[제시문 2.2]에 나오는 질문들의 예시 및 모델은 학습자에게 깊이 생각해 볼 수 있는 기회를 제공하는데, '어떻게 학생들이 서비스–러닝의 과정에서 비판적 성찰을 할 수 있을까'에 대한 예시이다. 그러나 이러한 질문들이 모든 과목이나 모든 서비스–러닝 과정

에 정확히 들어맞는 정답은 아니다. 다만 예시일 뿐이며, 성찰적 질문이라는 것은 기대하는 학습결과에 기초해야 하며 이들은 서비스-러닝의 직접적인 경험과 다른 학습의 활동에 대해 연관되어 질 수 있다.

제시문 2.2 성찰 질문의 예

개인적 질문들

- 무엇이 이 경험을 하게 했는가? 얼마나 많은 노력을 기울일 것인가? 얼마나 열심히 학습할 것인가?
- 이 경험을 통해 어떤 것을 느꼈는가?
- 어떤 가정과 기대를 가지고 이 경험을 했는가? 다른 사람들이 당신에게 갖는 가정과 기대는 무엇이라고 생각하는가?
- 여러분의 가정과 기대는 어느 정도 타당했는가? 현실이 여러분의 가정 및 기대와 다른데도 불구하고 믿는 이유가 무엇인가?
- 여러분의 경험이 여러분의 가치, 자세, 그리고 편견을 어떻게 드러냈는가? 경험이 여러분의 가치, 자세, 그리고 편견을 어떻게 강화시켰는가 아니면 이의를 제기했는가?
- 여러분의 서비스와 성찰을 경험한 결과, 어떤 개인적 특성을 더 잘 이해하게 되었는가? 여러분을 모르는 누군가가 그것을 이해할 수 있도록 이 특성을 설명할 수 있는가? 이 특성의 원인은 무엇인가? 여러분이 앞으로 이 특성을 사용, 개선, 또는 변경할 것이라고 생각하는가?
- 커뮤니티 구성원들과 다른 인종 커뮤니티 출신 학생들하고 일하는 것이 무엇과 비슷한가? 그 상황에 대한 여러분의 일상적 경험과 다른 사람들의 일상적 경험이 비슷한가 아니면 다른가?
- 이 경험을 수행하는데 어떤 개인 특성들이 도움이 되었는가? 어려운 점은 무엇이었는가? 어떤 개인 특성들이 여러분이 경험한 어려움들에 기여했는가?
- 이 경험의 결과로 여러분에게 어떤 변화가 일어났는가? 이 변화들이 앞으로 여러분의 행동에 어떻게 영향을 미칠 것인가?

프로젝트 기반의 질문들

- 프로젝트의 장점과 단점은 무엇인가?
- 프로젝트는 직면한 문제에 대한 단기적 해결방안을 다룰 것인가? 아니면 장기적인 해결방안들을 다룰 것인가?
- 프로젝트가 계속되면, 문제가 해결될 수 있을 것인가?
- 프로젝트가 만약 중단이 된다면, 커뮤니티가 어려움에 시달릴 것인가?
- 커뮤니티에 사용가능한 자산들이 있는가? 우리가 커뮤니티의 자산 중 간과한 것은 없는가?

일반적인 분석 질문들

- 여러분이 배운 것들 가운데 어떤 개념/원리/사실/이론이 여러분의 경험과 관련이 있는가?
- 현재 우리 사회의 이슈들이 지역사회에 어떠한 영향을 미치고 있는가?
- 문제에는 어떤 것들이 있으며, 그 원인들은 무엇인가?

- 어떤 사회적 이슈들이 인종주의, 계급 계층, 또는 성차별주의 등 프로젝트에서 다루고 있는 문제와 연관되어 있는가? 이런 사회 문제들을 다루지 않는다면, 이 이슈에 대해 얼마만큼 다른 차이를 만들어 낼 수 있는가?
- 이 경험을 통해 권한과 특권 측면에서 어떤 차이가 생겼는가? 어떤 기본 시스템들이 권한 관계(power dynamics)에 영향을 주었는가? 그 결과는 무엇인가?
- 사회문제와 권력의 역학관계에 숨겨져 있는 시스템은 무엇인가? 이들을 어떻게 알릴 수 있을까? 아니면 어떻게 해체할 수 있을까?
- 이 경험을 하는 동안 어떤 윤리 문제들이 제기되었는가?
- 여러분이 함께 일하고 있는 커뮤니티 또는 조직의 핵심 신념들에 맞춰 어떻게 윤리가 조정되는가? 조정되지 않는가?
- 여러분이 관찰한 것 중 어떤 긴장(tension)과 상쇄가 있었는가? 누가 이 상쇄 현상을 만들었는가? 이 현상이 누구에게 이로운가? 이 상쇄 현상이 적절한가? 그 이유는? 또는 적절하지 않은 이유는?
- 진보(progress)가 있는가? 진보(progress)가 모든 사람들에게 반드시 좋은가? 그 이유는 또는 그렇지 않은 이유는?
- 이 글의 목적은 무엇인가? 저자의 주요 논지는 무엇인가? 다른 글들이나 서비스 경험이 이 논지를 지지하는가, 아니면 반박하는가?
- 이 글에 들어있는 가정들은 무엇인가? 어떤 것이 생략되었고 어떤 것에 주석이 달렸는가?
- 서비스 경험이나 다른 글을 바탕으로, 저자들의 입장에 대해 여러분의 입장은 어떠한가?

앞으로의 행동을 탐색하기 위한 질문들

- 이슈와 이 커뮤니티에 대해 충분히 알고 있는가 또는 연구가 더 필요한가?
- 문제를 더 잘 이해해야 하고 변화를 확신해야 할 사람은 누구인가?
- 커뮤니티의 모든 구성원들의 의견을 들었는가? 노력의 방향에 합의하기 위해 어떤 조치들을 취했는가?
- 자금이 더 필요한가? 돈을 받을 사람이 누구이며 그 돈을 무슨 용도로 사용할 것인가? 자금에 접근할 수 있는 사람은 누구인가?
- 어떤 관련 법률들과 정책들이 이슈에 영향을 주는가? 어떻게 그럴 수 있었는가?
- 지방 그리고/또는 전국적인 정치인들이 이슈에 대해 어떤 입장을 취하는가?
- 다른 사람들이나 그룹들이 문제를 다루기 위해 어떻게 일하고 있는가? 이런 방식들의 장단점과 연합체가 노력을 조정하는 방법을 논의하라.
- 어떤 캠퍼스 또는 커뮤니티 조직들을 이용해 더 많은 노력을 기울일 수 있는가? 이 이슈에 관심이 있는 사람들을 모아 새로운 조직을 만들어야 하는가?
- 학생들이 학교에서 특히 자신의 전공 분야에서 얻은 지식과 기술을 어떻게 이용해 이슈들을 다룰 수 있는가?
- 이 이슈를 다루는 데 있어서 어떤 형태의 시민 참여가 효과적일 수 있는가?

과목별 질문의 예

- **미국 역사**: 존 F. 케네디가 훌륭한 대통령이었는가? 이 과목을 배우기 전에는 어떻게 생각했

었는가? 현재는? 훌륭한 점이 무엇인가? 그렇게 생각하는 근거는? 훌륭함이란 일종의 사회적 생각(social construct)인가?

- **예술**: 예술이란 무엇인가? 커뮤니티에서 예술가의 역할은 무엇인가? 예술에 공적자금 지원을 해야 하는가? 예술 작품들에 배정된 가치는 어느 정도인가? 예술은 사유재산이어야 하는가? 예술이 공공 지원을 필요로 하는가? 논란을 일으키는 예술을 전시해야 하는가? 누가 결정하는가?
- **생물학**: 중독을 장애로 간주해야 하는가? 이것은 뇌질환인가 아니면 자제력 결핍인가? 중독과 관련된 도덕적 및 의학적 이슈들은 무엇인가? 현행 치료 프로그램들은 얼마나 성공적인가? 이 프로그램들이 성공에 얼마나 기여하는가 아니면 부족한가? 중독과 가정 폭력, 어린이 학대 및 방관, 다른 범죄들, 태아 알코올 증후군과 자살 같은 다른 사회 문제들 간의 관계는 어떠한가? 중독의 사회경제적 비용은 어느 정도인가? 중독 중단 프로그램들에 공공 자금을 사용하는 것은 일종의 낭비인가? 그 이유와 그렇지 않은 이유는?
- **경영학**: 트리플 바텀 라인(Tripple Bottom Line)[1]이란 무엇인가? 보편적으로 이로운가? 그런 이유와 그렇지 않은 이유는? 이것이 사회적 기업가정신과 어떤 관계인가? 사회적 가치창조와는 어떤 관계인가?
- **형사 행정학**: 미국의 형사 사법 제도의 목적은 무엇인가? 이 제도는 "작동"하고 있는가? 이 제도가 이룬 것은 무엇이고 이루지 못한 것은 무엇인가? 미국에서 교도소와 감옥에 있는 사람들은 어떤 사람들인가? 이들은 거기에 왜 있는가? 이들에게 교육과 일자리를 주는 것이 그 사람들과 무슨 관계인가? 우리가 사람들이 가난해지지 않도록 보호하고 있는가? 그렇게 많은 사람들이 약물 중독과 가난과 관련된 범죄로 교도소에 있는 이유는 무엇인가? 투옥에 대한 가능한 대안은 무엇인가?
- **무용**: 무용이란 무엇인가? 왜 춤을 추는가? 누가 무용수인가? 무용이 어떻게 문화적 자세를 보여주는 역할을 하는가? 무용이 어떻게 사람들을 이해하는 교량이 될 수 있는가?
- **미국의 장애인**: 우리는 사람들을 왜 "장애인"이라고 하는가? 장애인이라는 말은 무슨 의미인가? 우리는 장애인 또는 비장애인에 대해 어떤 가정들을 하는가? 이 경험에서 이런 가정들이 얼마나 타당한가 또는 그렇지 않은가? 능력을 기준으로 하면 정의는 무엇처럼 보이는가?
- **경제학**: 물질적 궁핍과 비-물질적 궁핍이란 무엇인가? 빈곤을 종교적으로나 철학적으로 그리고 경제학적으로 어떻게 측정하는가? 빈곤의 경제학적 원인과 비-경제학적 원인은 무엇인가? 미소금융이 장기적으로 빈곤의 완화로 이어지는가? 영세기업은 아담 스미스가 완전 경쟁 시장을 통해 의미하는 것을 보여주는 사례인가?
- **교육**: 교육이 사회적 상승의 동력인가? 한 사람의 사회경제적 지위가 그 사람의 교육 수준을 결정하는가? 아니면 다른 방법이 있는가? 우리 사회에서 교육의 목표가 무엇인가? 교육과 민주주의가 어떻게 연결되는가?
- **공학**: 사회적 요인들이 공학 설계와 관련된 기술 문제들에 미치는 영향은 무엇인가? 효율적인 의사소통이 설계 과정에서 필수적인 이유는 무엇인가? 의사 결정에 어떻게 커뮤니티 관점들을 반영해야 하는가? 민주적 과정에서 공학의 역할은 무엇인가?

---

1) 기업의 사회적 책임에 가장 기본적인 요소로 흔히 "트리플 바텀 라인"이라고 한다. 이는 좁은 의미에서는 경제적, 사회적, 환경적 성과를 측정하고 그것의 지속가능에 관한 각종 보고서를 작성하는데 적용되는 세 가지 기준 틀이다(역자 주).

- **정부 및 정치**: 공직에 선출되기 위해서는 무엇이 필요한가? 선출 과정이 공직자들에게 어떤 영향을 미치는가? 국가 및 지방 차원의 선출직 공무원들이 지니는 공식적 및 비공식적 권한은 무엇인가? 정책 개발 과정에서 이 밖에 누가 권한을 가지고 행사하는가? 로비 활동(lobbying)과 옹호(advocacy) 사이에는 무슨 차이가 있는가? 이 명분/이슈를 위해 사용하기 가장 적절한 것은 무엇인가?
- **저널리즘**: 저널리즘의 공적 역할은 무엇인가? 민주 사회에서 저널리즘의 역할은 무엇인가? 저널리즘이 객관적일 수 있는가? 반드시 그래야 하는가?
- **남미 문화 및 문명**: 이 강의를 듣기 전에는 남미 사람들을 누구라고 생각했는가? 무엇이 여러분의 관점을 유도했는가? 무엇이 남미 사람들의 경험과 정체성을 만들었는가? 현재 남미 사람들을 왜 다르게 보는가? 여러분의 관점이 여러분의 앞으로의 행동을 어떻게 만들 것인가?
- **문학**: 이 글이 그 시대의 사회 이슈들을 어느 정도 반영했는가? 이 시대는? 글의 사회적 메시지란 무엇인가? 오늘과도 여전히 관련이 있는가? 등장인물들의 성, 인종, 또는 사회경제적 위상이 그들의 신념과 행동들을 어떻게 형성했는가? 여러분은 어떤 등장인물을 가장 닮았는가? 그 이유는?
- **수학**: 수학 모델이 기후 변화, 인구 과잉, 그리고 자연 자원 고갈 같은 이슈들에 대한 현재의 정책들과 관행들의 부작용들을 어떻게 예측할 수 있는가? 만약 부작용을 예측할 수 있다면, 사회로 하여금 보호 조치를 취하도록 설득하는 것이 이토록 어려운 이유는 무엇인가?
- **간호학**(nursing): 치유는 어떻게 일어나는가? 치유를 가능하게 하는 것은 무엇인가? 이를 막는 것은 무엇인가? 다른 사람들의 고통에 여러분은 어떻게 반응하는가? 건강은 공적 이슈인가 사적 이슈인가? 건강은 개인적인 문제인가 사회적인 문제인가?
- **약학**: 만약 의학이 의료 서비스를 제공하고 간호학이 간호 서비스를 제공한다면, 약학은 무엇을 제공하는가? 약인가? 커뮤니티에서 약학의 역할은 무엇인가? 약학은 어느 정도 선행적(proactive)이어야 하는가?
- **철학**: 여러분이 몸담고 있는 커뮤니티 조직을 칸트 학파, 공리주의, 또는 아리스토텔레스 학파의 기본 틀 관점에서 어떻게 설명할 것인가? 관련 텍스트에서 발췌한 논지들과 문장들을 이용해 설명하라. 여러분이 해당 조직이 확인한 필요성과 이슈를 다루기 위해 하나의 실행 계획을 수립했는데도, 왜 동시대의 도덕 이론가가 여러분의 계획에 반대하는가? 이 반대 의견에 어떻게 반응할 것인가?
- **심리학**: 성공적인 아동발달을 어떻게 정의하는가? 성공적인 발달에 대한 여러분의 정의에 따라서 한 아이가 발달 초기 반드시 숙달해야 하는 심리학적 과제는 무엇인가? 하층, 중류, 상류 사회 아이들은 각자 어떤 독특한 기회들과 장애물들에 봉착하는가? 많은 글들과 여러분의 경험을 바탕으로, 더 많은 아이들이 어른이 되어서도 성공적으로 삶을 살 수 있도록 하기 위해 여러분은 어떤 사회 정책을 제시할 수 있는가?
- **공공 정책**: 복지권(entitlement)과 복지 프로그램들의 이점과 문제점은 무엇인가? 정부가 시민들에게 안전망을 제공하는 것이 적절한가? 적절한 이유는? 또는 그렇지 않은 이유는? 다양한 정부 단계에서 어떤 정책들이 노숙자들에게 영향을 주는가? 노숙자는 개인 상황 탓이 아니고 어느 정도 정책의 결과인가? 법률, 정책, 그리고 구조가 우리 사회의 다양한 사람들의 유의미한 참여를 어떻게 이끌어 내거나 막을 수 있는가?
- **사회학**: 사회학적 관점에서 볼 때, 지역사회 해체 및 쇠퇴와 반대로, 지역사회 출현 및 활력

과 연관되는 요인들은 무엇인가? 산업화, 구조적 변화, 그리고 세계화가 도시 및 시골 커뮤니티들에 어떻게 다르게 영향을 주는가? 계층, 성, 인종, 그리고 문화가 다른 사람들이 도시 재생 및 교외화를 어떻게 경험하였는가? 어떤 과정들을 통해서 개인들이 자신들이 속한 커뮤니티에서 변화 촉진자가 될 권한을 부여받는가?

- **극장**(theater): 극장, 지역사회 개발, 그리고 사회 변화 사이에는 무슨 관계가 있는가? 모든 사람이 극장을 이용할 수 있고 접근할 수 있게 만드는 것은 누구의 책임인가? 누구이어야 하는가?
- **도시학**: 시골에서 도시로의 전입과 사회정치적 주변화는 어떤 관계인가? 환경적 인종주의는 무엇인가? 이것의 영향은 무엇인가? 한 도시가 고급화됨에 따라 공공장소 및 공간들이 갖는 정치적 의미는 무엇인가? 이것들이 그 도시의 다양한 주민들에 어떻게 영향을 미치는가?
- **여성학**: 한 기관의 관행, 조직에서의 개인의 경험, 그리고 사회 정책에서 성(gender)이 어떻게 영향을 미치고 있으며, 성(gender)이 어떻게 규정되어지는가? 성별 태도와 행동을 개발함에 있어서 나이와 문화의 역할은 무엇인가? 가정 폭력의 원인 및 영향은 무엇인가? 이데올로기, 제도, 그리고 공공 정책들이 미혼 여성들의 모성 경험에 어떻게 영향을 주는가?

주: 상기 질문들 가운데 몇 문항을 사용하도록 허락해준 줄리에 E. 오웬과 웬디 와그너(2010, pp. 249-253)에게 감사를 드린다.

Step 4: 학생들 참여시키기

일단 학습의 '결과와 전략'들이 개발되고 나면 다음 단계로 비판적 성찰의 과정에 학생들을 직접 참여시키는 것이 남아 있다. 학습자의 내면적인 비판적 성찰을 유도하거나 교실 밖 활동을 통해 비판적 성찰을 일으키는 과정은 여러 면에서 전통적인 학습과는 많이 다르다. 성찰을 가능하게 도와주는 사람으로서 우리들은 우리가 답할 수 없는 질문에 맞닥뜨렸을 때 매우 당황스러울 수도 있다. 예를 들어 내가 프랑스어를 오랫동안 가르쳐온 교사라고 하면, 명사의 남성, 여성 어미를 판단하는 것이나 미래 가정법 또는 특정한 동사를 설명하는 것은 어려운 일이 아니다. 하지만 나는 내가 학생들이 직면한 가난이나 일종의 억압들에 대해 정확히 답을 할 수 없다는 것을 깨닫게 된다. 아마 학생들에게 서비스-러닝의 과정을 통해 학교 밖에서 일어나는 일들에 비판적 성찰 활동을 하게 하는 것이 더 어려울지도 모른다. 교육과정과 교육과정 내의 서비스-러닝에 대한 비판적 성찰을 가능하게 하는 몇몇 요령들은 [제시문 2.3]에 제시되어 있다.

제시문 2.3 성찰을 수월하게 하는 요령

- 학생들이 제기하는, 예를 들면 학생들이 처음으로 직접 빈곤과 억압에 맞닥뜨렸을 때 제기하는, 모든 질문에 답할 수 없을 것이라고 학생들에게 미리 알린다.
- 교수자는 학습자에게 서비스-러닝을 참여하는 교내외 사람들 중 비판적 성찰에 대해 능숙한 사람들을 관찰하도록 한다.
- 서비스-러닝 경험과 성찰에 관여함으로써 학생들의 입장이 되어보고 교수자는 학생들이 서비스-러닝의 경험과 성찰에서 비판적 성찰을 항상 하게 되는 것은 아니라고 사전에 알려준다.
- 코멘트가 성찰 과정에 주는 잠재적인 영향을 계산한다. 경우에 따라서, 개인 의견을 표명하는 형태로 참가할 수도 있고, 그러지 않을 수도 있다. 어떨 때는 학생들에게 오히려 논란이 될 수 있는 주제들에 관한 질문을 피하는 것이 적절할 수도 있다: "그것에 찬성하는 주요 이슈들과 반대하는 주요 이슈들이 무엇인가? 여러분은 서비스 현장에서 이런 이슈들을 어떻게 맞닥뜨렸는가?"
- 학생들이 자신들의 의견이나 관점이 널리 인정된 지식이나 다른 누군가의 관점에 근거한 것이 아니라 진정 자기 것인지 여부에 대한 깊은 고려 없이는 그렇다고 단언하지 못하도록 한다. 관점 수용은 학생들로 하여금 자기들의 관점과 다른 타인들의 관점을 깊이 생각한 후에 반응하도록 만드는 비판적 성찰의 중요한 요소이다.
- 숙련된 성찰 촉진자들은 종종 "왜"를 반복해서 묻는다. 만약 한 학생이 자신의 관점을 표명하면, 촉진자는 "왜" 그렇게 느끼는지를 물어본 다음에 학생들이 지금 하고 있는 서비스가 필요한 근본 원인이 무엇인지를 알아내기 위해 또는 학생들의 의견이나 관점의 토대가 되는 기본 가치들이 무엇인지를 알아내기 위해 다시 "왜"를 물어볼 수 있다. 학생들의 주장을 뒷받침하는 특정한 사례들이나 사유들에 대해 대체적으로 말을 하거나 글로 쓴 학생들에게 물어보는 것도 도움이 된다.
- 모든 학생들에게 참가해서 말해보라고 독려한다. 여러분은 "좋아요, 아직 말하지 않은 사람 얘기를 들어보자"라고 말하는 방식으로 이런 행동을 모형화할 수 있다. 여러분은 말하고 싶은 사람들의 순서를 확인하고 정함으로써 "스태킹(stacking)"이나 "큐잉(queuing)"을 이용할 수도 있다.

Step 5: 비판적 성찰을 통한 학습 평가하기

성찰을 평가하는 것이 처음인 교수들은 종종 걱정을 하곤 한다. 성찰이 개인적, 감정적 의식의 흐름으로 오해될 때엔 성찰에 대해 평가를 하지 않는 것이 최선의 선택으로 보인다. 동료 교수들은 학생들의 감정을 어떻게 평가해야 하는지 필자에게 종종 물어오곤 한다. 그럴 때 우리는 학생들의 감정을 평가하는 것이 아니라 오히려 학생들의 감정에 대해서 생각하기를 측정한다고 응답한다.

성찰의 과정과 결과로서 학습을 평가할 때 다음과 같은 질문이 필요하다. "어떤 평가준거를 사용해야 하는가?" "어떻게 얼마나 자주 학습자들에게 피드백을 제공해야 하는가?” 학점이 부여되는 서비스-러닝 활동의 경우, 몇 가지 질문이 추가될 수 있다. 성찰을 평가할 것인가? 그렇다면 어떻게 학점과 연계하여 성찰을 평가할 것인가?

형식적 교육과정 안팎으로 성찰의 질에 대해서 평가하는 몇 가지 방법이 있다. 서비스-러닝 경험의 학습결과와 평가 기준을 결합시켜서 학생들과 퍼실리테이터가 학생들의 지식, 기술, 또는 이해의 정도에 대해서 측정하는 방법이 있다. 강좌나 관련 경험을 시작하기 전에 성찰을 분석하고 보다 종합적인 생각을 통해 우리가 달성하고자 하는 것이 무엇인지에 대한 평가 준거를 학생들에게 명확히 제시해주는 것이 좋다. 이런 준거는 또한 학점을 위한 판단 근거로도 사용될 수 있다. 성찰을 평가하는 두 가지 예들이 [제시문 2.4]와 [제시문 2.5]에 있다. James Bradley의 학습 시 성찰을 평가하는 기준들은 교과과정과 연계 비교과과정 경험에서 성찰을 평가하는데 유용하게 사용된다.

제시문 2.4 서비스-러닝의 성찰을 평가하는 일반적인 기준

James Bradley(1995)는 비판적 성찰의 세 가지 단계를 규정했는데, 이는 학생들의 성찰의 깊이와 내용을 평가하는 데 유용하였다. 이 기준은 학생들에게 자신들이 현재 한 작업의 단계를 이해하고 자신들 사고 수준을 높이는데 필요한 기준이 무엇인지에 대해 피드백을 받는데 매우 유용하다.

- **1단계**: 표면(Surface). 1단계에서의 성찰은 상황의 한 가지 측면에만 집중해 종종 검증되거나 입증되지 않은 개인적인 신념들을 구체적인 증거로 사용하는 경향이 있다. 가치를 평가하거나 식별하지도 않은 채 이런 관점들을 인정할 수 있다. 이 단계에서, 학생들은 배운 사실들, 방문했던 장소, 그리고 이미 끝낸 과제의 제목을 작성할 수도 있다. 학생들은 서비스 현장에서 관찰한 특성이나 고객들의 행동 몇 가지를 사례로 제공하지만 자신들의 관찰 사유에 대한 통찰력은 거의 제공하지 못한다. 관찰은 1차원적이고 전통적인 방법이거나 학생들이 다른 사람들로부터 들었던 또는 책에서 얻은 내용을 이해하지도 못한 채 반복하는 정도이다.

- **2단계**: 출현(Emerging). 단일 관점을 기반한 성찰은 납득할만한 비판을 제공하지만, 어떤 이슈나 그 이슈와 관련된 상황을 더 넓은 맥락이나 시스템에서 이해하지 못해, 다른 요인들을 파악하기 어렵다. 학생들은 이슈와 관련된 학과목에 몇 가지 연결해서 생각할 수 있지만, 깊지도 않고 통찰력도 없다. 학생들은 관점, 이해, 그리고 선택 상의 타당한 차이점들을 인정하고 증거를 해석해서 합리적인 결론을 도출하는 능력을 입증해야 한다. 학생들은 2단계에서 일반적으로 입증되지 않은 개인적인 신념들을 계속해서 증거로 사용하며, 학생들은 1단계에서 보다 더 철저하고 복잡하게 분석하려고 하지만, 학생들은 더 넓은 맥락에 의지하기보다는 상황 기반으로 해석하려는 경향이 있다.

- **3단계**: 심화(Deep). 학생들은 여러 관점에서 고려하여 상황을 이해하고, 자신의 추론을 명확하게 입증할 수 있으며, 자신들의 경험들을 더 넓고, 미묘하고, 그리고 복잡한 맥락에서 생각할 수 있다. 학생들은 하나의 상황에 관련된 여러 사람들의 목표나 선택들에 있어 이해관계가 상충된다는 사실을 알고 있으며, 따라서 이해관계자들의 의견개진이나 의사결정 시 그들 간의 입장의 차이를 분석하고 평가할 수 있다. 가장 높은 수준에서 성찰하는 학생들은 의사결정과 그에 따른 행동이 맥락 의존적이라는 사실을 이해하고 그 과정에서 많은 요인들이 그 결정들과 행동들에 영향을 미친다는 사실을 인식할 수 있다. 학생들은 확실한 증거와 합리적인 추론에 근거하여 내린 판단에 대해 명확하게 설명할 수 있다. 이 단계에서 성찰하는 학생들은 서비스 환경에 개인들이 직면한 이슈들의 중요성을 그리고 서비스의 일부로 자신들이 가지고 있는 책임감의 중요성을 합리적으로 평가할 수 있다.

J. Bradley의 "학문적 기반의 서비스를 통한 학생 학습 평가 모델"에서 개작. M. Trope, *Connecting Cognition and Action: Evaluation of Student Performance in Service-Learning Courses.* Province, RI. Campus Compact, 1995. 사용승인을 받음.

제시문 2.5 강의 기반 비판적 성찰 평가 기준의 예

가정 폭력과 관련된 심리학 강의에서, Karen M. O'Brien은 학생들의 서비스 경험이 강의 내용과 어떻게 연관되는지를 비판적으로 분석한 서비스 분석지(service analysis paper)라 불리는 2쪽짜리 성찰문을 매주 작성하게 하고 다음과 같이 간단한 채점 기준표를 이용해 평가하여 등급을 나누었다(O'Brien, 2013).

등급 체계는 다음과 같다:

4점: 경험 분석을 통해 강의 개념들과 연구를 통합시킨 심도 있는 비판.
3점: 강의 개념들과 연구를 응용한 심도 있는 비판.
2점: 강의 개념들과 연구를 철저하게 통합시키지 못한 평균 이하의 분석.
0점: 과제를 완성하지 못함.

K. M. O'Brien, 심리학 319D: Community Interventions: Service Learning: Domestic Violence, Spring 2013을 개작하였음. 사용승인을 받음.

2.4 어떻게 비판적 성찰을 통해 봉사를 넘어 시민/정치적 참여의 형태로 나아갈 수 있게 만드는가?

1장 1.2와 2장 2.1에서 논의되었던 것처럼 Dewey는 비판적인 성찰을 서비스-러닝의 기본적인 실천으로 이야기했다. Dewey(1933)는 성찰적인 사고가 다양한 관점에서 문제해결을 조망하기 위하여 역사, 문화, 그리고 정치적인 맥락에서 경험을 더 폭넓게 이해하는데 도움이 된다고 언급하였다. Dewey에게 비판적 성찰은 좀 더 '회의적(skeptical)'인 사람이 되는 것을 의미한다. 이는 개인이 자신만의 신념을 만들고, 기존의 가정과 주장에 대해 의문을 가지며 굳건한 관점과 믿음에 도전하는 것을 뜻한다. 게다가 Dewey는 비판적 성찰이 우리를 사람들 간의 불평등과 불합리한 상황 그리고 풍요로운 삶을 방해하는 일련의 사회적 구조에 대해 도전할 수 있도록 만든다고 보았다. 대학생들은 서비스-러닝을 행함에 있어 모든 서비스는 항상 그들이 서비스 수혜자들이나 지역에 큰 이익을 가져다 준다고 믿는다. 때때로 그들의 이타적이고 자애로운 활동들이 학생들에게 무슨 이유로 부정적인 결과를 낳는지 이해하기 어려울 때가 있다. 편견이나 영속을 강요하는 행위가 이러한 예라고 할 수 있다.

서비스-러닝 교육자들은 학생들이 사회 문제와 불평등을 그들의 시스템 속에서 볼 수 있게 만들 수 있는지, 사회와 정치적인 변화의지를 학생들에게 심어 줄 수 있는지, 사회의 부정적인 측면들을 바꿀 수 있도록 만드는지, 정의가 부재한 사회를 인지할 수 있는 능력을 기를 수 있는지에 관련하여 '어떻게 하면 이 모든 것들을 가능하게 만들어 줄 수 있는 비판적 성찰을 만드는가?'에 대해 숙고해야 한다(Flanagan & Cristens, 2011). 학생들이 그들의 서비스를 필요로 하는 이유에 대해 이해하기 위해서 성찰은 학생들이 그들의 가치, 정체성, 그들과 다른 사람들에 대한 인식, 경험들에 대해서 심도 있는 생각을 할 수 있도록 만들어 주어야 한다. 우리는 학생들에게 다른 사람들의 의견이 어떻게 그들의 관점에 영향을 미치는지 성찰하고 분석하게 해야 하며, 특히 지역사회의 사람들과 소통할 수 있도록 만들어 주어야 한다. 학생들은 서비스-러닝에서 같이 일하고 싶은 사람, 같이 일하기 싫은 사람, 혹은 더 나아가 다른 사람과의 유사점과 차이점들이 서비스를 수행하는 지역이든 그 밖이든 어떻게 서로 소통을 해나가야 하는지를 반드시 알아야 한다(Mitchell, 2008, p. 59). 비판적 성찰은 학생들이 어떤 것을 배우고, 그들의 경험이 교육적 내용과 어떻게 연결 가능한지 그리고 그들이 이 세상에서 어떤 역할을 해야 하는지를 스스로 물어 볼 수 있도록 유도해야 한다. 학생들은 반드시 태도나 신념 그리고 가정이나 고정관념 등을 변화시킬 필요는 없다. 그들은 단지 자신의 태도, 신념, 가정이나 고정관념이 무엇인지에 대해 탐색하고 이해하고 질문하며 정치, 법, 사회 및 문화에 대해 혹은 교육 과정 내의 경험과 글, 토의점, 과제까지 전부 끊임없이 반문해보아야 한다.

서비스-러닝의 참여자들은 지역사회의 작업에 대한 비판적 성찰에 참여하게 될 때, '공감의 유혹'에 대해 피해야 한다(Bowdon & Scoot, 2003). 우리는 학생들이 '지역사회의 일원이 된다는 것은 무엇을 의미하는가?', '학생들이 지내던 상황과 다른 상황에서 살고 있는 사람들에 대한 관점과 경험을 어떻게 이해하는가?'와 같은 쟁점들을 생각하길 바람과 동시에 우리는 반드시 그들에게 어려움에 처한 사람들과 상대적으로 적은 시간을 보내는 것들이 그들의 어려움을 무시하는 처사가 아니라는 것을 이해시켜야 한다. 학생들이 노숙자가 빈곤한 사람들을 만난 이후에 '사회적으로 소외된 느낌이 무엇인지 알겠어'라는 말을 하는 대신, 교수자는 문제가 되는 상황을 해결할 수 있는 서비스-러닝 활동에 학습자의 참여를 유도해야 한다(Bowdon, 2013).

서비스-러닝에 있어 비판적 성찰은 학생들이 사회적인 변화의 필요성과 잠재성을 깨닫고 이를 위한 자신들의 능력까지 두루 살펴 볼 수 있도록 이끌어야 한다. 지난 십년간 출판된 몇몇 영향력 있는 책들과 보고서들은 학생들이 사회 구성원으로써 봉사에 참여 하지만 그 지역사회들은 반드시 그들을 시민적·정치적인 활동에 참여하도록 유도하지 않는다고 지적하고 있다(Colby, Beaumont, Corngold, 2007; Colby Beaumont, & Stephens, 2003; National Task Force on Civic Learning and Democratic Engagement, 2012). 예를 들어 학생들은 경제적 빈곤층 학생들을 위한 교육 봉사 활동에 열정을 가질지는 모르지만 그들이 왜 사회적 시스템 속에서 빈곤층이 됐고 어떠한 힘들이 이러한 불평등을 야기했는지 파악할 수는 없다. 또한 그들은 깨어 있는 시민으로서 환경오염에 대한 문제 의식을 가지거나 해결방안을 찾는 과정 없이 단순히 주변 환경을 정리하기만 한다. 때로는 대학생들이 양극화된 정치 시스템과 그 결과 일어나는 정치적 해석에 대해 불신함에도 불구하고, 시민들과 함께 적극적 형태의 사회참여를 통한 긍정적인 사회변화와 민주주의를 구현하고자 하는 활동에는 참여하지 않고 있다(Kiesa et al., 2007; National Task Force on Civic Learning and Democratic Engagement, 2012).

성찰과 함께 일어나는 서비스-러닝의 경험은 학생들이 그들의 서비스를 통해 '어떤 사회적 이슈를 다루는지', 서비스를 통해 '어떻게 민주주의적 참여를 이룩하는지', 그리고 그들이 원하는 지식과 기술을 '어떤 방식으로 얻을 수 있는지'와 같은 물음에 생각하고 답해봄으로써 새로운 관점들에 도달하게 만들어 준다. [제시문 2.2]에 나와 있는 성찰적 질문들의 예시들은 서비스-러닝 교육자가 비판적 성찰을 유도하여 학생들을 시민 운동과 정치적 활동에 참여할 수 있도록 만들어 주는 내용들을 담고 있다.

추가정보출처

Center for Civic Reflection. (2013, November). http://civicreflection.org/about/mission.

Owen, J.E., & Wagner, W. (2010). Situating service-learning in the context of civic engagement. In B. Jacoby & P. Mutascio (Eds.), *Looking In, Reaching Out: A Reflective Guide for Community Service-Learning Professionals*. Boston, MA: Campus Compact.

Welch, M. (2009). Moving from service-learning to civic engagement. In B. Jacoby (Ed.), *Civic Engagement in Higher Education: Concepts and Practices*, San Francisco, CA: Jossey-Bass.

2.5 어떻게 학문적 영역에서 성찰을 적용할 수 있을까?

전공영역이 무엇이든 간에 교수자는 종종 어떻게 성찰이 자신의 학문영역이나 특정 교과에서 실현될 수 있는지 묻곤 한다. 많은 사람들은 어떻게 서비스-러닝과 성찰이 다른 학문영역에서 이루어지는지 이해하고 있다고 말하지만 정작 자신의 학문 분야에서는 이해하지 못하는 경우가 많다. 교수자가 성찰을 특정 학문 분야와 교육과정에 학습의 성과로 어떻게 포함시켜야 하는지를 이 장에서는 제공하고자 한다. 또한 다양한 학문분야에도 호환할 수 있는 구체적인 예시들을 보여주고자 한다.

STEM(Science, Technology, Engineering, Mathematics) 영역에서의 교수자들은 서비스-러닝과 성찰이 인류적·사회과학적으로 어떻게 효과가 있는지를 알고 있다고 내게 말하였다. 하지만 그들은 'STEM에 관해서는?'이라는 생각에 걱정이 된다고 했다. 나는 STEM 교육에 참여하는 학생들에게 비판적 성찰은 특정한 과학 지식의 근간이 현재 세대의 커다란 사회 문제들을 해결할 수 있는 방안이 될 수 있는지 생각해 볼 수 있는 유의미한 기회를 제공해 준다고 생각한다. 과학과 수학교육의 기초교육과정에서 가장 우선시되는 학습 목표는 학생들이 기사나 인터넷에서 나오는 관련 내용들에 대한 가치를 규정하거나 그것들을 분석할 수 있는 과학적 혹은 수학적인 용어를 습득하는 데 있다. 일례로 중서부에 있는 종교 대학(faith-based institute)의 에이즈 관련 미생물학 코스의 기초를 공부하는 학생들은 생물학적이고 사회적인 영향력, DNA 구조와 기능, 단백질과 세포의 활동, 바이러스와 항바이러스의 구조 등에 대해 배우게 된다. 또한 그들은 글, 비디오 연설, 서비스 등을 통해 에이즈와 그 바이러스의 사회적 영향력을 익힌다. 이러한 과정 속에서 학생들은 에이즈와 바이러스가 개인, 가정, 지역사회, 고정관념과 편향적 태도, 더 나아가 인종, 교실, 문화, 성, 종교 등 다양한 문제에 영향을 끼치고 있음을 심리사회적 성찰을 통해 익히게 된다(Karagon, Rizzo, & Woodard, 2009).

STEM 교육의 기초나 고급 과정의 학생들 모두 방과후 학교에서 자주 행해지는 교습활동이나 보충학습에서처럼 기존에 있던 과학적 원리나 사실 또는 개념들을 단순하게 익히도록 강요받을 수 있다. 예를 들어 작고, 경쟁력이 없었던 한 학부대학의 경우 화학을 전공하는 대부분의 학생들은 그들의 학습목표를 달성하는 데 실패하고 과정을 끝마치지 못한다. 이에 교수진들은 전통적인 교육방법과 더불어서 관련 분야의 서비스-러닝이 적용된 교육과정을 함께 교육할 수 있도록 개정하였다. 이 교육과정에서 학생들은 일반 교육과정과 같은 내용을 배우고 같은 실험의 연구를 하지만, 이 모든 실험들과 경험들을 저소득층 학군의 초등학교 학생들과 같이 진행한다. 대학생들이 초등학교 학생들을 위한 수업을 준비하며, 아이들과 함께 그 실험들을 수행한다. 이 수업의 토의 내용을 살펴보면, 학생들은 관련된 주제에 관하여 '왜 화학을 배우는 것은 중요한가?', '화학을 배우지 않으면 개인적으로 혹은 사회적으로 어떤 일들이 일어날까?', '도전이란 무엇인가?', '왜 사람들은 화학을 배울 수 없다고 생각할까?', '어떠한 기술이 우리가 화학을 배우는데 도움을 주는가?'와 같은 질문을 아이들과 함께 끊임없이 던지며 '성찰'의 과정에 참여한다. 그 결과 서비스-러닝의 교육을 같이 병행한 학생들은 그렇지 않은 일반 학생들보다 전공분야의 공부를 더욱 완벽히 이수하고 더 높은 성적을 거두게 되었다.

임상 간호 교육과정에서 학생들은 '비판적이고 성찰적인 실천가들이라는 의미는 정확하게 무엇인가?'라는 의문을 던진다(Bowden, 2003, p. 28). 그들은 간호 실습에서 비판적인 성찰의 습관을 발전시키기 위해 구상된 여러 활동에 참여한다. 이러한 활동들은 이전에 획득한 그들의 노하우, 가치, 신념뿐만 아니라 이전에 획득된 지식들을 간호, 건강관리, 그리고 사회에 어떻게 적용하고 환원할 수 있는지에 관해 끊임 없이 반문하는 과정이다(Bowden, 2003). 예를 들어 학생들은 상당히 비판적이고 성찰적으로 전문성 있는 자신들의 의견을 서술, 제시한다. 이는 기존에 이미 결정된 객관적인 답이 있는 이론과는 다른 관점을 스스로 생각해 보고 기술해 보는 것이다. 이러한 추론 및 서술의 행위는 학생들에게 질문을 던지게 함으로써 더욱 성찰적인 생각을 풍부하게 하고, 그 결과 스스로의 가치와 인식에 지평을 넓히는 기회를 제공한다(Bowden, 2003). 일단 학생에게 '이전에 배웠던 교육과정이나 읽었던 책, 토의 혹은 다른 기회들을 통해 얻은 지식에 대해서 기술하게 하고, 너는 책에서 배우는 간호학에 관련된 지식 이외의 것들에 대해 생각해보았는지, 자신의 간호활동에 대한 영향을 주는 것들은 무엇이었는지, 어떠한 태도, 가치 그리고 가정들이 영향을 주고 있는지에 관한 성찰적 질문을 통해 임상 간호 전공 학생들은 자신의 전문성 준비에 큰 도움을 받을 수 있다. 이러한 과정들은 건강, 법, 회계, 교육, 사업 등 다양한 분야에 걸쳐 사용될 수 있으며 비전문적인 학생들을 진정한 전문가가 될 수 있도록 한다.

사회과학에서의 서비스-러닝의 대표적인 예는 미국의 노숙자에 대한 사회학 강좌를 들 수 있다. 이 강좌에서 학생들은 미국의 노숙자들의 역사, 이론, 원리, 인구학 등을 배운다. 그리고 일주일에 4시간씩 노숙자들 보호소에서 일한다. 교수진들은 학생들에게 비판적 성찰을 통하여 노숙자들에 관한 수많은 사회적·경제적 쟁점들의 영향력과 역학관계들을 이해할 수 있도록 촉진한다. 또한 학생들이 노숙자들과 함께 일하는 것에 대한 다양한 접근방식, 특정한 상황에서의 효율적인 대처방안, 노숙자들을 대하는 데에 성별, 문화, 인종, 사회적 경제 지표가 미치는 영향들 역시 이해할 수 있도록 지도한다. 게다가 교실 내에서의 성찰을 위해 학생들은 2쪽 이상의 성찰 노트를 매주 써서 제출하게 한다. 성찰 노트에는 참고자료들도 들어가 있으며 그들이 보호소에 방문했던 기간 동안 있었던 성찰의 내용에 대해 하나 이상의 단락을 써서 제출해야 한다. 교수진들은 성찰 노트가 경험과 교육과정에서 배우는 내용들과 관련하여 심도 있는 평론을 제시해야 한다고 명시한다. 또한 그 경험에 대해 학생들이 적절히 자신들의 감정을 표현할 수 있지만 성찰 노트는 최대한 어떻게 서비스 경험이 교육과정에서 배우는 내용들과 연결될 수 있는지 분석하는 데 초점을 맞추도록 지도한다. 이와 관련된 성찰 주제들은 '이번 주에 보호소 거주자들과 일하면서 나는 무엇을 배웠는가?', '나의 변화에 대하여 내가 어떻게 느끼는가?', '이번 주에 내가 잘한 일과 발전시켜야 하는 일은 무엇이 있는가?', '그 조직은 사람들이 요구하는 문제를 어떻게 성공적으로 해결하였는가?', '내가 배운 내용들과 내가 직접 경험한 것들 중 다른 것은 무엇이었는가?', '문화, 인종, 사회경제적인 부분들이 내 서비스에 어떠한 영향을 주었는가?', '간문화적인 쟁점들은 어떻게 해결되었는가?', '내가 만약 기관의 책임자라면 간문화적인 문제들을 어떻게 해결하려고 하였을까?' 등이 존재한다. 이러한 과정 속에서의 성찰은 노숙자 아이들이 쓴 글과 그들에게 제공되는 봉사, 그리고 학생들의 성찰에 초점을 맞춤으로써 '사회적인 일'과 '비영리적 경영'이라는 것에 대해 다시 생각할 수 있는 기회가 주어진다.

인류애 속에 서비스-러닝은 학생들에게 인간이 된다는 것은 무엇인가에 대한 성찰의 기회를 제공한다. 인류애란 '사람들이 비이성적이고 절망적이며 우울하고 어두운 세상에서 어떻게 뚜렷하고 도덕적이고, 정신적이며, 지식적인 삶과 우정, 희망, 그리고 삶의 이유들을 만들어 갈 수 있는지 밝히는 과정이다.'(Commission on the humanities, 1980, p. 1). 여기서 성찰은 기본적으로 인류에 관한 분야를 학습할 수 있는 방법이다. 이 분야에서는 '실마리는 제공하되 완벽한 답은 없다.'라는 가장 복잡한 문제에 대해 도전하게 된다 (Commission on the Humanities, 1980, p. 1).

게다가 인류애에 대한 예시들은 이 책의 4장 4.2에 포함되어 있다. 지방대학의 역사 전공과 연극영화 전공의 예시에서 보여지는 간학문적인 서비스-러닝의 사례는 성찰로 인해 어떻게 학생들이 두 개의 과목을 하나의 과정으로 통합하여 이해할 수 있는지 보여준다. 이 사례는 두 명의 교수들의 대화에서 발견할 수 있는데, 한 명은 학생들이 지역의 역사에 흥미를 느끼지 않음에 실망을 느끼는 역사학과 교수이고 다른 한명은 비전공자들이 연극영화과에 쉽게 입학하지 못하는데 실망감을 느끼는 연극영화과 교수이다. 그 당시에 지역의 극장들과 다른 작은 상가들은 중심지 근처에 위치하고 있었는데 그들은 정부가 마을에 관광객을 유치하기 위해 우회 고속도로 설치를 입법 통과시켰다는 것에 대하여 분쟁을 하고 있었다. 그 결과 교수들은 학생들이 마을을 지킬 수 있도록 학생 참여가 가능한 지역사회 역사연구 프로젝트를 마련하였다. 학생들은 우선 마을과 교회 기록, 사진, 오래된 주민과의 인터뷰 등을 통하여 자료를 수집하였고, 이후 이를 이용하여 그들이 기획하고, 대본을 작성하고, 직접 연극한 하나의 짧은 단편극을 만들어 냈다. 이 단편극은 학기말에 지역 극장에서 거주민들, 학교 학생들, 여행자들, 청소년들, 교수진 대학교의 교직원을 대상으로 공연되었다. 그들은 연극에서 역사 보존의 중요성과, 지역의 역사로부터 그들이 무엇을 배울 수 있는지, 왜 그들이 이전 세대에 대한 지식을 가져야 하는지, 역사를 보존하는 것은 누구의 책임이고, 지역사회의 극장들을 유지하는 것이 왜 중요한지 사람들에게 전달하였다. 학문 기반으로 된 서비스-러닝과 성찰들의 사례들은 4장 4.2에서 더 많이 제시하도록 하겠다.

2.6 연계 비교과과정 서비스-러닝에서 성찰의 역할: 일회성 또는 단기 경험 중심으로

교실도 아니고 학점도 부여할 수 없는 상황에서 어떻게 학생들의 성찰을 유도할 수 있을까?

어떻게 일회성 이벤트에서 성찰을 일으킬 수 있을까?

학생들이 학교 교육과정 밖에서 의미 있는 성찰에 참여하는 것은 사실 하나의 도전이라고 할 수 있다. 그러나 달성 가능한 목표를 설정하고 성찰이 일어날 수 있도록 그들의 경험을 구조화 한다면, 이 결과로 학습자의 긍정적인 학습과 성장으로 이어질 수 있을 것이다. 단기 연계 비교과과정 속의 서비스-러닝 경험에서의 성찰을 설계하고 수행하기 위한 가이드라인은 다음과 같다.

- 첫 번째는 성찰 외에 다른 용어의 사용하기이다. 학생들 중 일부는 성찰에 대해서 종교적 특성이나 강제성을 상기할 수도 있다. 이때는 친구들과 공유하기, 의논하기, 또는 친구와 나누기, 확인하기 등의 표현이 "성찰"이란 용어를 사용하는 것보다 더 효과적일 수 있다. 이를 위해 학생 대표에게 어떤 용어가 적합한지 물어보는 것도 도움이 될 수 있다. 하지만 종교적인 교육기관이거나 사제기반 프로그램의 맥락에서는 기도를 통해 성찰을 유도하는 것이 학생들에게 더 자연스러울 수 있다.
- "성찰 이전 단계"에 참여하는 사람들은 서비스 경험에 대해서 준비하고 서비스-러닝에 성찰의 주요한 역할에 대해서도 준비해야 한다. 학생들에게 그들이 해야 할 것, 왜 중요한지, 그들이 함께 일할 사람들이 누구인지, 큰 그림이 무엇인지를 명확하게 해주어야 한다. 학생들은 그들의 기대, 관심, 선입견에 대해서 말하고 그들의 관심과 기대를 조정하고 선입견이 무엇인지를 알아야 한다.
- 그룹 성찰을 위해서 간단한 규칙들을 만들어야 한다. 예를 들어 질문에 답하기보다는 자유롭게 물어볼 수 있도록 해야 한다. 서로에 대한 비난을 피하고, 주의 깊게 경청하며, 마음을 열고, 몇 단어로 표현하기보다는 완벽한 문장으로 표현하는

것이 좋다.

- 학생들에게 성찰의 다양한 방법을 제공해준다. 일례로 그룹에게 말하기를 주저하고 자신감이 없는 학생들은 온라인 토론, 일지, 미디어 방송을 통해서 성찰하기를 더 선호한다.
- 뚜렷한 목표와 그에 맞는 교수, 평가 전략을 제공한다.
- 성찰의 마지막 단계에서는 감정적인 이슈에 대해 집중해야 한다. 다음 세션의 끝에는 더 생각할 수 있도록 이슈 및 질문을 제공해준다.

단기 연계 비교과과정 속의 서비스-러닝 경험에서 성찰에 대한 틀을 사용할 때 '무엇을?', '그리고 나서 무엇을?' 또는 '지금은 무엇을?'이라는 모델이 자주 사용될 수 있으며 (제시문 2.6) 이는 5장에서 깊이 있게 논의될 것이다.

제시문 2.6 '무엇을?', '그리고 나서 무엇을?', '이제 무엇을?' 성찰 모델

- 무슨 일이 일어났는가? 여러분이 무엇을 보고, 듣고, 만지고, 말했는가? 무엇을 느꼈는가? 무엇이 여러분을 놀라게, 기쁘게, 낙담하게, 또는 화나게 만들었는가?
- 그래서 여러분은 무엇을 배웠는가? 여러분이 본 것과 배운 것 사이에 어떤 차이가 있었는가? 이제 무엇을 다르게 이해하는가? 여러분이 배운 것이 이전에 알던 지식, 아이디어, 이론들과 어떻게 연관되는가? 이 학습이 중요한 이유는 무엇인가?
- 이제 여러분은 무엇을 할 것인가? 그게 왜 문제인가? 그 결과 여러분은 무엇을 할 것인가? 여러분은 무엇을 다르게 할 것인가? 여러분은 무엇을 하지 않을 것인가?

K. Rice, "Becoming Reflective Community Service-Learning Professional"를 개작하였음. B. Jacoby & P. Mutascio(Eds.), *Looking In, Reaching Out A Reflective Guide for Community Service-Learning Professionals*. Boston, MA. Campus Compact, 2010. 사용승인을 받음.

결 론

성찰은 서비스-러닝의 개념과 실천의 가장 기초적인 요소로 성찰 없는 서비스-러닝의 이해란 없다고 볼 수 있다. 경험학습에 있어 가장 본질적이고 그 무엇으로도 대체할 수 없는 성찰은 서비스와 러닝을 의도적으로 연결시키는 주요한 기제로 하이픈(hyphen)으로 표현될 수 있다. 누구든 봉사할 수 있고 배울 수 있지만, 성찰은 서비스와 러닝이 만나 변화되는 그 과정 속에서 이루어진다. 우리가 무엇을 하고, 누군가를 만나고, 무엇을 알고, 또 무엇을 알기 위해 추구하는 그 모든 의미 있는 비판적 성찰의 과정을 통해서 우리는 스스로를 바람직한 방향으로 변화시킬 수 있다.

CHAPTER

03

서비스-러닝을 위한 학교와 지역사회 간 파트너십 개발 및 유지

ervice-LearningEssentials

Service-Learning Essentials

CHAPTER 03

서비스-러닝을 위한 학교와 지역사회 간 파트너십 개발 및 유지

나는 서비스－러닝에 대한 열성적인 관찰자, 실무자 및 옹호자로서 서비스－러닝의 높은 품질을 보장하기 위해서는 실제적이고 상호 이익이 되는 학교와 지역사회 간 파트너십이 기반이 되어야 한다고 확신한다. 그러나 지원금 신청서나 대학 홍보 팸플릿에 주로 등장하는 “이름만”의 파트너십이 너무 많은 것이 사실이다. 너무도 많은 지역사회 단체가 선의를 가진 대학에 의해 “학습 연구소”로 사용되거나 “끝이 보이는 협력”에 대해 불만을 나타내고 있다. 서비스－러닝 파트너십은 복잡하고 유동적이며 역동적이면서 한편으로는 깨지기 쉽다. 파트너십을 개발하기 위해서는 시간과 에너지, 인내를 필요로 하고, 시간이 지나면서 발전해 간다. 학생과 지역사회를 위한 서비스－러닝의 잠재력을 극대화하는 유일한 방법은 상호 파트너십을 창출하고 유지하는 것이다. 이 장은 학교와 지역사회 간 파트너십의 원칙, 사례, 형식 및 단계를 설명하고, 그 안에 포함된 기회와 도전과제도 함께 제시한다.

필요에 따라 서비스－러닝에는 교육 기관 내의 다양한 부서 간의 협력, 학교, 지역사회 및 지역사회 기관과의 협력, 다른 고등 교육 기관과의 협력, 모든 수준의 정부, 국가 및 지방 협회 및 재단, 대기업 및 중소기업과의 협력, 점차적으로 전 세계의 기관, 비정부기구와의 협력 등 광범위한 파트너십을 포함한다. 그러나 이 장에서는 평소 내가 간결함을 위해 서비스－러닝 파트너십으로 말하고 있는 학교와 지역사회 간 파트너십의 고유한 특성에만 의도적으로 집중해서 다루려고 한다. 또한 서비스－러닝 파트너십은 학교와 지역사회 모두에 영향을 미치지만 이 장은 교육 기관의 관점에서 쓰여졌다는 점에 유의할 필요가 있다.

3.1 서비스-러닝을 위한 학교와 지역사회 간 파트너십의 정의와 기본 원칙은 무엇인가?

강한 파트너십의 특징은 무엇인가?
서비스-러닝을 위한 파트너십은 다른 유형의 기관 간 관계와 어떻게 다른가?

파트너십은 모든 당사자들에게 상호 이익이 되므로 다른 유형의 기관 간 관계와는 차별화된다. 협력이라고도 불리는 진정한 상호 파트너십은 "상호 목표의 정의, 공동으로 개발한 구조와 책임 공유, 성공에 대한 상호 권한과 의무, 책임뿐만 아니라 보상도 공유한다는 약속"을 근거로 잘 정의된 관계이다(Mattessich & Monsey, 1992, p. 7). 내 생각에 서비스-러닝 파트너십은 "파트너십 시너지"를 달성하기 위해 노력한다는 점에서 구별된다. 파트너십 시너지는 "한 그룹의 사람들과 조직이 상호 보완할 수 있는 지식, 기술 및 자원을 결합하여 그들 스스로 달성할 수 있는 것보다 더 많은 것을 성취할 수 있게 하는 성공적인 협업 프로세스"이다(Center for the Advancement of Collaborative Strategies in Health, 2013, p. 2).

성공적인 서비스-러닝 파트너십을 위한 로드맵이나 레시피는 없지만 이를 안내하는 원칙과 프레임워크는 있다. 이 원칙들은 처방적이거나 문자 그대로 적용되도록 의도된 것이라기 보다는, 파트너십을 형성하거나 주기적으로 진전 상황에 대해 성찰할 때 논의의 출발점을 제공하기 위한 것이다(Community-Campus Partnerships for Health Board of Directors, 2013). 학교과 지역사회 간 파트너십을 위한 Campus Compact 기준(Torres, 2000)은 "진정한 민주적인" 파트너십의 여덟 가지 필수적인 특징을 제공하는데, 이는 일부 겹쳐지는 파트너십 개발 단계를 대략적으로 세 단계로 분류하고 있다(p. 5). 이 기준의 서문은 이 기준들이 고등 교육 기관에 대한 것이라고 밝히고 있고, "협동과 협력 모델은 대학만의 고유한 것은 아니"라고 말하고 있다(Torres, 2000, p. 3) 1단계에서는 모든 파트너가 공유

비전과 실질적인 혜택을 기반으로 파트너십을 개발하는 데 중점을 둔다. 2단계는 신뢰와 존중에 기반하여, 다차원적으로 잘 조직되고 유도된 협력 관계 구축을 포함한다. 3단계의 요소는 지속적으로 파트너십을 유지하는 것으로, 이는 파트너 기관의 사명과 시스템에 통합시키는 것, 원활한 의사소통과 기타 프로세스, 정기적인 평가 등을 포함한다. 이러한 기준은 [제시문 3.1]에 제시되어 있다. 원문에서는, 이 기준에 프로그램 예시와 추가적으로 고려되어야 하는 질문들이 함께 제공되고 있다(Torres, 2000).

제시문 3.1 학교와 지역사회 간 파트너십을 위한 Campus Compact 기준

1단계: 파트너십 설계

진정한 민주적 파트너십은 공유 비전과 명확하게 표현된 가치에 기초한다.

파트너십은 참여자가 자신과 서로의 이익을 위해 개선하고자 하는 공동체의 구성원이라는 생각에서 출발한다. 협력적인 대화를 통해 파트너는 그들이 살고 일하는 지역사회가 직면하고 있는 환경을 어떻게 강화할 수 있는지에 대한 비전을 개발한다. 자원과 기술을 공동으로 모으고 활용해서 파트너십이 비전을 실현하도록 돕는다.

진정한 민주적 파트너십은 파트너가 된 기관들에게 이익이 된다.

파트너십의 노력은 파트너에게 실질적인 혜택을 제공한다. 이는 고유한 자신의 이익뿐만 아니라 그룹의 공유된 이익을 충족시킨다. 구체적인 혜택은 기관들이 파트너십에 충실할 수 있는 중요한 이유 중에 하나이다.

2단계: 협력적인 관계 구축

강력한 협력 관계를 구축하는 진정한 민주적 파트너십은 신뢰와 상호 존중에 기반한 대인 관계로 구성된다.

강력한 관계는 구축하는 데 시간이 걸리고, 유지하는 데 에너지가 쓰이지만, 파트너십은 이들 없이는 존재할 수 없다. 진정한 민주적 파트너십은 사람들 사이에 형성되는 유대를 소중히 여기며, 시간과 경험의 공유를 통해 공고해지는 개인 간 관계의 네트워크를 통해 강력한 공동체 건설이 이루어짐을 인정한다. 강력한 협력 관계는 의도적이며 다음과 같은 특징이 있다: 신뢰와 상호 평등한 발언권; 책임 공유; 위험과 보상; 빈번하고 열린 커뮤니케이션을 지원하는 포럼; 책임의 명확한 범위; 비전 공유; 상호 이익.

강력한 협력 관계를 구축하는 진정한 민주적 파트너십은 다차원적이다. 즉, 복잡한 문제를 해결하는 여러 부문의 참여가 필요하다.

다차원적 관계는 어느 기관도 독자적으로 해결할 수 없는 지역의 문제 또는 문제들의 네트워크를 해결하기 위해 다양한 기관 간에 형성되는 관계이다. 사회 여러 부문의 참여가 필요하며 포괄적이다. 파트너 기관은 각 파트너의 고유 자산을 적극적으로 찾고, 각 파트너는 파트너십이 종합적인 문제 해결 전략을 가질 수 있도록 기여한다. 그러나 파트너십 기관은 다중 부문 접근법을 사용할 때 발생할 수 있는 문화 충돌에 대비해야 한다.

강력한 협력 관계를 구축하는 진정한 민주적 파트너십은 명확하게 조직되고 역동성을 발휘한다.

파트너십은 참여자가 자신의 책임을 이해하고 이것이 업무 전체와 어떤 관계가 있는지를 이해하고 있을 때 가장 잘 작동한다. 명확한 책임의 범위와 열정적인 리더십의 결합은 효과적인 변화에 필수적인 명확한 목적과 영감으로 파트너십을 북돋는다.

3단계: 지속적인 파트너십 유지

지속적으로 유지될 진정한 민주적 파트너십은 파트너십 기관의 사명 및 지원 시스템에 통합된다.

파트너십을 유지하는 가장 효과적인 방법은 영향력 있는 지역 기관의 지원을 확보하고, 기관 전체에 파트너십을 통한 성과를 확산하는 것이다. 성공적인 파트너십은 주로 교육과정과 연계된 기관의 사명과 일치하며 완전한 제도적 지원을 받는다. 중요한 질문은 다음과 같다: 귀 기관의 가치는 무엇이며 파트너십의 업무는 그 가치와 어떤 관련이 있는가? 파트너십의 작업이 교육과정에 어느 정도 연결되어야 하는가? 그리고 이 연결은 어떻게 만들어 질 수 있을까? 이상적으로는 파트너십은 후원 기관의 우선 순위를 반영하고 이에 영향을 미쳐야 한다.

지속적으로 유지될 진정한 민주적 파트너십은 의사 소통, 의사 결정, 변화의 시작을 위한 "협력 과정"에 의해 유지된다.

강력한 파트너십 프로세스는 의견 및 아이디어 공유에 충분한 기회를 제공한다. 이는 파트너가 지속적으로 협력하겠다는 의지를 굳건히 하고, 주변 세상의 변화에 맞춰 방향을 수정하고 업무를 재정의하도록 촉진한다. 세 가지 주요 요소가 강력한 파트너십 프로세스의 기반을 형성한다: 파트너십의 전제를 다시 논의하는 방법; 발전과 성장을 가능하게 하는 구조; 파트너십 내에서 인접한 커뮤니티와의 잦은 의사 소통을 지원하는 실천

지속적으로 유지되는 진정한 민주적 파트너십은 방법과 결과에 초점을 두고 정기적으로 평가된다.

파트너십은 참여하는 그룹(특히 지역사회)에 미치는 영향, 파트너십의 성과, 그리고 산물이 성취되는 프로세스의 여러 수준에서 동시에 평가될 수 있다. 평가 결과는 향후 업무를 안내하고 기존 방식을 수정하는 데 사용될 수 있다. 때때로 평가는 파트너 및 이해 관계자를 소집할 수 있는 맥락을 제공할 수 있다. 이런 식으로 평가활동 자체는 참여자들을 분석적 대화에 참여시키는 중요한 목적을 수행한다.

허가에 따라 수정됨: J. Torres(Ed.), *Benchmarks for Campus/Community Partnerships*. Providence, RI: Campus Compact, 2000, pp. 5–7.

Community–Campus Partnerships for Health(CCPH)는 보건 전문가 교육의 핵심 구성 요소로서 그리고 파트너십 개발 수단으로서 서비스–러닝을 장려하고 있다. 그들의 "파트너십 지도 원칙"은 보건 분야 외의 파트너십에도 쉽게 일반화될 수 있다. Campus Compact 기준과 마찬가지로 진정성과 의미있는 성과 및 상호 신뢰 관계를 개발하는 것을 포함하고 있다. 또한 개인, 기관 및 지역공동체뿐만 아니라 사회 정의로 이끄는 과학

및 지식의 변화, 그리고 정치적 변혁을 비롯한 다양한 수준에서 일어나는 변화를 강조한다(Community-Campus Partnerships for Health Board of Directors, 2013). CCPH 원칙에 대한 요약은 [제시문 3.2]에 제시되어 있다.

제시문 3.2 Community-Campus Partnership for Health의 지도 원칙

다음의 CCPH 파트너십 원칙은 처방적이거나 그대로 적용되는 것이 아니라, 오히려 파트너십 원칙을 개발하기 위한 논의 또는 모델로 사용되는 것을 의미한다.

1. 파트너십은 구체적인 목적을 달성하기 위해 형성되며 시간이 지남에 따라 새로운 목표를 맡을 수 있다.
2. 파트너십은 사명, 가치, 목표, 측정 가능한 성과 및 책임에 대한 절차에 동의한다.
3. 파트너십을 맺은 파트너 간의 관계는 상호 신뢰, 존중, 진정성 및 헌신을 특징으로 한다.
4. 파트너십은 확인된 강점과 자산을 기반으로 하지만, 모든 파트너의 요구 사항을 충족시키고 역량을 향상시키기 위해 노력한다.
5. 파트너십은 파트너 간의 힘의 균형을 유지하고 파트너 간의 자원 공유를 가능하게 한다.
6. 파트너들은 상대방의 필요와 자기 이익을 이해하고 공통 언어를 개발하기 위해 노력함으로써 파트너십에서 명확하고 개방된 의사소통을 지속적으로 우선시한다.
7. 특히 모든 의사 결정과 갈등 해결을 위한 파트너십의 원칙과 프로세스는 모든 파트너의 의견과 동의로 수립된다.
8. 파트너십의 모든 이해 관계자들의 피드백은 파트너십과 그 성과를 지속적으로 개선하는 것을 목표로 한다.
9. 파트너들은 파트너십의 성과를 공유한다.
10. 파트너십은 해산될 수 있으며, 이를 위해 파트너십을 종료하는 프로세스를 계획해야 한다.
11. 파트너십은 설계, 평가 및 지속 가능성의 원칙으로 존재하는 환경의 특성을 고려한다.
12. 파트너십은 여러 종류의 지식과 삶의 경험을 중요시한다.

출처: Community-Campus Partnership for Health Board of Directors. (2013). "Position Statement on Authentic Partnership." Seattle, WA: Community-Campus Partnership for Health. http://ccph.memberclicks.net/principles-of-partnership.

추가정보출처

Center for the Advancement of Collaborative Strategies in Health. (2013, October). *Partnership Self-Assessment Tool.* New York Academy of Medicine. http://depts.washington.edu/ccph/pdf_files/project%20site%20final.pdf.

Community-Campus Partnerships for Health Board of Directors. (2013). *Position Statement on Authentic Partnerships.* Seattle, WA: Community-Campus Partnerships for Health. https://

ccph.memberclicks.net/principles-of-partnership.
Jacoby, B. (2003b). Fundamentals of service-learning partnerships. In B. Jacoby (Ed.), *Building Partnerships for Service-Learning*. San Francisco, CA: Jossey-Bass.
Torres, J. (Ed.). (2000). *Benchmarks for Campus/Community Partnerships*. Providence, RI: Campus Compact.

3.2 서비스-러닝 파트너십의 다른 유형은 무엇인가?

다양한 유형의 학교와 지역사회 간의 파트너십이 있으며 이를 분류하는 것은 여러 측면에서 복잡하다. 예를 들어, 파트너십은 초점, 범위, 복잡성, 강도, 목적, 수명, 참여한 파트너 수 및 형식 수준으로 특징지어질 수 있다. 서비스-러닝 파트너십에서 취할 수 있는 몇 가지 유형을 이해하기 위해 가장 간단한 것에서 가장 복잡한 것까지의 개요를 제공하고자 한다. 여러 경우에, 양해 각서 또는 서면 합의가 바람직한데, 이러한 문서를 만들기 위한 템플릿의 예는 많은 서비스-러닝 센터의 웹 사이트에서 찾을 수 있다.

한 명의 교수 또는 교직원, 하나의 지역사회 파트너

이 모델에서 단일 학교 기반의 개인은 지역사회 기반 기관을 위해, 그 기관과 함께, 또는 그 기관에 학생들을 참여시킨다. 예를 들면 학생 리더가 구성한 프로그램으로 서비스-러닝 참여 학생이 그 기관을 위해 일회성 프로젝트를 수행하거나 여러 학기 동안 동일한 기관과 교수 또는 교직원이 맺은 관계에 학생들을 참여시키는 파트너 관계가 있다.

하나의 학생 조직, 하나의 지역사회 파트너

교수 또는 교직원의 지원 여부에 관계없이 지역사회 기관과 파트너 관계를 맺고 있는 많은 학교의 학생 조직 사례가 있다. 이런 일은 걷기 대회 또는 다른 주요 행사에 자원하는 학생과 같은 일회성일 수도 있고, 또는 방과 후 숙제 봐주기나 지역 축구 리그 코치와 같이 정기적으로 진행될 수도 있다.

한 학교 파트너, 여러 지역사회 파트너

교수 또는 교직원은 여러 지역사회 단체와 협력할 수 있다. 교과과정의 예에서, 경영관리 및 컨설팅에 관한 대규모 수업을 담당하는 교수진은 학생들을 4-6명의 팀으로 구성하고, 각 팀이 장단기 사업 계획의 개발과 관련하여 비영리 단체에 자문을 제공하도록 할 수 있다. 공동 교육과정의 사례는 학생 담당 부서 또는 서비스-러닝 센터의 직원이 조직하는 프로그램으로 학생 주도의 팀이 여러 지역사회 기관에서 매주 서비스를 제공하고 함께 성찰하는 것을 포함한다.

여러 학교 파트너, 하나의 지역사회 파트너

이러한 유형의 파트너십에서는 학사 부서, 행정 부서 또는 대학과 학교 또는 커뮤니티 센터와 같은 단일 지역사회 파트너 기관 간에 합의 또는 양해 각서가 있는 경우가 많다. 학교 기반 파트너십의 예로는 개인교습, 기술 향상 및 방과 후 스포츠 및 심화 프로그램을 포함한 다양한 서비스를 제공하는 여러 학사, 학생 업무 및 행정 부서가 참여한다. 다른 예를 들어, 대학교의 공중보건대학은 지역사회 센터에서 다양한 건강 평가, 검진 및 교육 프로그램을 제공한다.

많은 지역사회 단체와 파트너가 되는 서비스-러닝 센터

서비스-러닝 센터가 학사 부서나 학생 부서에 기반을 두고 있는 이 모델은 모든 유형의 대학에서 공통적이다. 센터와 지역사회 파트너 간의 관계는 데이터베이스의 목록처럼 간단할 수도 있고 매년 갱신되는 서면 합의와 같은 정교한 관계로 원하는 결과와 각 당사자의 책임을 포함하여 관계의 세부 사항을 포함할 수도 있다. 데이터베이스는 일반적으로 조직, 다루는 문제, 대상 집단, 서비스 및 프로젝트와 관련된 요구, 서비스-러닝 참여 학생의 수와 자격, 서비스-러닝 참여 학생이 필요한 시간 등에 관한 정보를 제공한다. 일부 서비스-러닝 센터는 데이터베이스 목록에서 선정된 파트너 또는 특별 파트너의 등급에 이르기까지 두 가지 이상의 파트너십 수준을 제공한다. 지역사회 파트너가 특정 등급을 신청하고 심사를 거친 후에는 지역사회 기반 연구를 수행하거나 서비스-러닝 과정을 가르치는 교수진과의 연계, 학교 행사 초대, 지원금 신청에 포함, 인증식 참여 등의 혜택을 받을 수 있다. 합의 또는 양해 각서가 필요할 수 있다.

지역 기반 또는 이슈 기반 파트너십

전체 기관이 공통된 위치와 지역의 관심사에 따라 지역사회 또는 시와 협력할 때 다양한 파트너십 모델이 나타날 수 있다. 경우에 따라 대학 내 여러 부서가 경제 개발, 교육, 교통, 안정된 주거, 건강 및 환경적, 경제적, 사회적 지속가능성과 같은 공동 관심사를 해결하기 위해 시와 제휴하는 경우와 같이 복잡한 파트너 관계를 수반할 수 있다. 일부 대학은 도시 또는 지역의 거점 대학으로서 자신을 부동산 개발자, 고용주, 재화 구매자, 사업가, 인적 자본 개발자 및 도시 및 농촌 지역 활성화의 파트너 역할을 하는 경제 기구로 보고 있다. 광범위한 기관적 공동체 참여는 3장 3.9와 9장 9.5에서 더 논의된다.

3.3 서비스-러닝 파트너십을 개발하는 단계는 무엇인가?

서비스-러닝을 위한 지역사회 파트너십을 어떻게 시작해야 하는가?
내 과정 또는 프로그램에 "적합"한지를 결정하기 위해 잠재적인 지역사회 파트너에게 어떻게 접근해야 하는가?

서비스-러닝에 익숙하지 않은 사람들에게 가장 난처한 것 중 하나는 지역사회 파트너십을 시작하는 방법이다. 다행스럽게도, 많은 대학들이 일반적으로 잠재적인 교내 파트너와 서비스-러닝 파트너십을 개발하고자 하는 지역사회 기관의 대표자 모두를 위해 서비스-러닝 센터 또는 지역사회 협력 부서의 직원으로 단일 연락처를 설정하고 있다. 이 접근법은 양 당사자, 특히 캠퍼스 파트너와의 연결을 도와줄 대학의 적합한 사람을 찾는 것이 어려울 수 있는 잠재적 지역사회 파트너를 위해 프로세스를 실질적으로 단순화시키고 있다. 교수자 또는 교직원이 서비스-러닝을 고려할 의지는 잠재 파트너에 대한 제안을 제공하거나 지역사회에 대한 초기 접촉을 할 수 있는 지역사회에 대한 지식이 풍부한 정보원을 갖는 것에 달려 있다. 일부 서비스-러닝 센터는 박람회 또는 행사를 개최하여 지역사회 기관 대표자가 교수진, 직원 및 학생을 만나 서비스-러닝 참여 학생을 위한 요구와 기회에 대해 논의할 수 있도록 한다. 변형된 형태로 교수진, 교직원 및 학생 리더가 각각의 잠재적인 지역사회 파트너와 2~5분 정도 시간을 보내고, 느긋하게 보다 심도 있는 대화의 시간을 갖는 "스피드 미팅" 이벤트가 있다.

학교와 지역사회 간 파트너십을 누가 시작하는가 보다 더 중요한 점은 학교와 지역사회 간 파트너십을 어떻게 시작하고 유지하느냐이다. 다음에 제시되는 단계와 지침은 이 장의 첫 번째 절에서 기술한 파트너십 개발 원칙을 기반으로 한다. 이 책은 주로 고등교육 기관을 대상으로 기술되었으므로 그 관점에서 아래의 단계들이 구조화되었음을 유의해야 한다. 이 단계들은 나의 연구, 파트너십 경험 및 지역사회 파트너, 전 세계 여러 기관의 교수, 직원 및 학생과의 다양한 상호 작용을 통해 개발되었다.

Step 1: 온라인, 미디어 및 개인 자료를 통해 잠재적 파트너에 관한 모든 정보를 학습하라.

서비스-러닝 센터, 기관 봉사 활동 또는 지역사회 참여 부서, 기타 서비스-러닝 교수, 지역 자선단체, 지역사회 자원 봉사자 정보 센터, 시장실 및 교회는 잠재적인 지역사회 파트너 연락처의 원천이다. 잠재적인 파트너를 확인하면 기관의 웹 사이트, 지역 신문 및 소셜 미디어 검색을 통해 유용한 배경 정보 및 최근 활동을 확인할 수 있다. 입소문은 잠재 파트너를 찾고 전문적 및 개인적 차원에서 알아가는 데 있어서 가장 유용한 정보원이 될 수 있다.

Step 2: 만들어내고자 하는 노력의 성격을 신중하게 고려하라.

교수, 교직원 및 학생이 지역사회 기관에 매우 진지하게 어느 정도의 노력을 기울일 수 있는지를 분명히 밝히는 것이 중요하다. 파트너십에 기여할 수 있는 자신의 시간과 에너지의 양을 결정하는 데 시간을 할애할 가치가 있다. 대부분의 지역사회 기관은 적은 직원과 제한된 예산으로 운영되기 때문에 기관의 장은 당신과 학생 모두가 제공할 수 있는 시간과 전문성을 토대로 자원 또는 서비스 제공 결정을 내릴 것이다. 잠재적인 지역사회 파트너가 물을 수 있는 첫 번째 질문 중 하나는 계획된 참여의 기간 및 빈도에 관한 것이다. 제한된 참여는 지역사회 파트너의 관점에서는 유용하지 않을 것이다. 한 학기 동안 10시간 또는 그 이하의 단기 서비스 프로젝트가 특정 요구 사항에 초점을 맞춰 특별히 고안되지 않는 한 실제로 지역사회 기관에는 순손실을 초래할 수 있다. 학생들이 더 깊고 의미있는 경험을 하길 원한다면 파트너 조직에 대한 더 많은 노력을 제공할 것을 고려해야 한다.

집중적인 경험을 계획할 때는 시기가 고려되어야 한다. 겨울 방학은 대학과 학생들에게 편리한 시간이지만, 지역사회 기관에게는 적합하지 않을 수 있다. 일부 지역사회 기관은 서비스-러닝을 동시에 하고자 하는 모든 겨울 방학 참가자를 수용할 수 없다. 또한, 요구는 주로 계속되고, 중요한 행사가 반드시 학사 일정과 일치하지는 않는다. 겨울 방학 대체프로그램으로 학생들이 하고 싶은 일과 그 시기에 진행되어야 할 일 사이에는 괴리가 발생할 수도 있다. 예를 들어, 지역사회는 건강 검진 및 교육이 필요할 수 있지만 수확기에는 필요하지 않을 수 있다.

Step 3: 빨리 시작하라.

잠재적 지역사회 파트너는 강좌 또는 프로그램이 시작되기 전에 접촉이 이루어지길 바란다. 지역사회 기관은 일반적으로 대학의 요구에 "아니오"라고 말하는 것을 원치 않고, 친절히 도와주기 위해 열심히 노력한다. 하지만 집중적인 봉사나 많은 수의 학생들이 참여하는 경우 학생들에게 의미있는 업무를 배정할 수 있는 충분한 시간을 주지 않고 요구하는 경우 업무를 방해하거나 시간 소모를 지나치게 초래할 수 있다. 교수들은 가능한 한 일찍 잠재적 지역사회 파트너에게 강의 계획을 제공할 것을 권한다. 이를 통해 지역사회 파트너는 학생들이 자신들의 서비스를 통해 무엇을 배우길 기대하는지 이해할 수 있고, 적합성 여부를 조기에 파악할 수 있으며, 학생들이 서비스-러닝 경험을 보다 더 잘 준비할 수 있도록 학습 내용에 관한 정보를 추가할 수 있는 기회를 제공하고, 관련 문제에 대한 학습을 증진시킬 수 있다.

Step 4: 인간적으로 서로를 알아갈 수 있는 시간을 가져라. 항상 의사 소통이 핵심임을 기억하라.

첫 번째 의사 소통은 이메일이나 전화를 통해 이루어져도 괜찮지만 지역사회 현장에서 면대면 의사소통을 대신할 수는 없다. 기관 간의 파트너십은 개인 간의 관계로 시작된다. 잠재적 파트너들은 개인적이면서도 전문적인 인사 대화가 진행되어야 한다. 가족, 고향, 배경에 관한 비공식적인 대화를 통해 각자가 파트너십에 가져 오는 것들과 각각의 요구에 대한 솔직한 대화의 기반을 마련한다. 대부분의 지역사회 기관이 서비스-러닝 참여자를 고용하는 주된 이유는 그들의 역량과 생산성을 높이기 위함이지만 그렇다고 자기 이익에 대해서만 생각하지는 않는다. 대부분의 지역사회 파트너는 관련된 이슈에 대한 학생들의 교육과 그들이 열정을 가지고 있는 주민에게 기여하는 것, 전반적인 사회적 문제에 참여하는 것, 자신들 기관의 우선 순위를 발전시키기 위해 대학과 협력하는 것에 관심이 있다.

Step 5: 호환성이 있는지 확인하라.

어느 유형의 파트너십이든, 특히 서비스-러닝 파트너십은 협력 프로세스이다. 협력 프로세스에서 호환성은 관련된 개인이나 조직이 개별적으로 작업하는 것보다 함께 작업함으로써 더 많은 성과를 달성하고 보다 효과적일 수 있음을 의미한다. 서비스-러닝 파트너십의 호환성은 여러 수준에서 존재해야 한다. 첫째, 서비스-러닝 참여자가 원하는 학습 성과는 기관의 사명과 기관이 요구하는 과제 또는 프로젝트와 호환될 수 있어야 한다. 일정과 필요한 시간도 호환되어야 한다. 예를 들어 강좌나 프로그램이 한 학기이고 지역사회의 요구가 해당 기간을 초과하면 호환성이 부족할 수 있다. 세 번째 호환성 문제는 기관이 학생들에게 시키고자 하는 업무에 대해 학생들이 지식, 기술 및 준비를 갖추고 있느냐의 문제이다. 예를 들어, 가정 폭력 심리 학부 과정의 학생들이 피해 여성을 위한 쉼터에서 근무한다면, 그들은 폭력을 당한 여성의 자녀들과 집단 활동에 참여할 수 있도록 적절하게 준비되었을 수 있지만 피해 여성에게 상담을 제공할 수는 없다.

Step 6: 올바른 질문을 하라.

당신과 지역사회 파트너가 원하는 결과가 일치한다고 판단되면 논의해야 할 여러 가지 구체적인 질문들이 있다. 기관은 몇 명의 학생이 필요한가? 어떤 기술과 지식이 필요한가? 어느 정도 자주? 어느 정도의 기간 동안? 얼마나 많은 서비스가 필요한가? 구체적인 업무는 무엇인가? 기관에서 일하게 될 학생을 선발하는 데 있어 지역사회 파트너가 원하는 역할은 무엇인가? 서비스는 어디에서 실시되는가? 지역사회 파트너가 성찰과정에 참여하기를 원하는가? 그렇다면 어떻게? 교수자는 학생과 함께 봉사할 것인가, 그렇지 않다면 정기적으로 현장을 방문할 것인가? 누가 필요한 훈련을 제공할 것인가? 예방접종, 지문인식 또는 배경 확인과 같은 보안 절차가 필요한가? 서면 합의서가 필요한가?

Step 7: 연락을 유지하라.

정기적으로 의사 소통하는 가장 효과적이고 생산적인 방법을 파악하는 것은 일관된 의사 소통과 상대방에게 원치 않는 부담을 가중시키는 것 사이에 정교한 균형을 찾아준다. 어떤 방식으로 결정하든 간에 정기적인 의사 소통은 일이 원활하게 진행되도록 하고 작은 문제가 커지는 것을 예방하고, 관계를 발전시키는 데 필수적이다.

Step 8: 파트너십의 성공 정도를 어떻게 알 수 있는지 확인하라.

파트너십에서 추구하는 결과에 대한 사전 대화를 토대로, 두 파트너 모두가 기대했던 결과가 어느 정도 달성되었는지를 평가하는 데 사용할 측정 도구 및 기타 기준을 결정해야 한다. 평가에 대한 자세한 논의는 6장에 제시되어 있다.

Step 9: 성공을 자축하라.

강좌나 프로그램이 끝날 때뿐만 아니라 과정 중에도 성공을 축하하는 데 시간을 투자하는 것이 중요하다. 서비스-러닝 참여자가 지역사회 현장을 떠나면서 "외침"을 통해 또는 소셜 미디어를 통해 성찰의 요소로 진행될 수 있다. 경험이 끝나면 지역사회 또는 교내 간담회, 지역사회 또는 학교 간행물의 보도 또는 지역 및 학교의 공식적인 인정을 통해 축하가 이루어질 수 있다.

이러한 단계는 고등 교육 기관의 관점에서 제시되었지만, 서비스-러닝 파트너십 개발 과정에서 지역사회 기관의 지도자와 지역사회 구성원을 안내하는 데 유용한 자료들도 있다. Campus Compact는 특히 지역사회 파트너를 위한 안내서(Scheibe, Bowley, & Jones, 2005)를 출판했으며, 일부 대학에서는 상황에 맞는 온라인 지역사회 파트너 안내서를 개발했다. 다음 절에서 그 예시들이 제시된다.

추가정보출처

California State University-Monterey Bay: Service-Learning. (2014, February). *Community Partner Guide*. http://service.csumb.edu/community-partner-guide.

Jones, S.R. (2003). Principles and profiles of exemplary partnerships with community agencies. In B. Jacoby (Ed.), *Building Partnerships for Service-Learning*. San Francisco, CA: Jossey-Bass.

Jones, S.R., & Palmerton, A. (2010). How to develop campus-community partnerships. In B. Jacoby & P. Mutascio (Eds.), *Looking In, Reaching Out: A Reflective Guide for Community Service-Learning Professionals*. Boston, MA: Campus Compact.

Scheibel, J., Bowley, E.M., & Jones, S.R. (2005). *The Promise of Partnerships: Tapping into the College as a Community Asset*. Boston, MA: Campus Compact.

Stoecker, R., & Tryon, E.A. (2009). *The Unheard Voices: Community Organizations and Service Learning*. Philadelphia, PA: Temple University Press.

University of Tennessee-Knoxville: Service-Learning. (2014, February). *Community Partner Guide to Service-Learning*. http://servicelearning.utk.edu/community-partner-resources/communitypartner-guide-to-service-learning.

3.4 서비스-러닝 파트너십과 관련된 실행상의 문제는 무엇인가?

"악마는 디테일에 있다"는 오래된 견해는 서비스-러닝을 위한 파트너십과 관련하여 특히 그렇다. 프로세스의 세부 사항을 관리하는 것은 관련된 모든 사람들을 위한 서비스-러닝 경험의 성공에 있어 중요하다. 학교에 서비스-러닝 센터가 있는 경우, 센터의 직원은 많은 실행상의 문제에 대해 교수, 직원 및 학생 리더를 도울 수 있으며, 아마도 그 중 일부에 대한 관리를 맡을 수 있다.

봉사 프로젝트 및 *지역사회 단체와 학생들을 연결*시키는 것과 관련된 몇 가지 쟁점이 있다. 어떤 경우에는 학생들이 서로 다른 지역사회 단체와 개별적으로 일하는 반면, 다른 지역에서는 소규모 그룹 또는 다 같이 단일 단체와 일할 수도 있다. 일부 지역사회 파트너는 자신의 현장에서 또는 고객과 일하게 될 학생을 선발하는 과정에 참여하기를 원할 수 있다. 다른 상황으로는, 어떤 학생은 특정 기관과 일할 수 없거나 그 곳에서 일하는 것이 편안하지 않은 타당한 이유가 있을 수 있다. 예를 들어 암에 걸린 어린 형제자매를 잃은 학생이 말기 질환을 앓고 있는 어린이들과 함께 일하는 것이 편하지 않을 수도 있다. 또한 어떠한 학생도 정치적, 종교적 또는 도덕적 갈등을 야기하는 방식으로 기관과 협력하도록 해서는 안된다. 독실한 카톨릭 신자인 학생을 산아 제한 및 낙태 상담을 제공하는 단체에서 함께 봉사하도록 해서도 안된다. 해당 기관이나 학생이 협력하는 것이 가능하지 않다고 생각되는 경우, 비슷한 범위와 복잡성을 가진 관련 업무를 학생들에게 제공하는 예비 현장을 준비하는 것이 중요하다.

*지역사회 현장으로의 통근*은 학생들이 자동차를 소유하고 있지 않을 때, 대중 교통이 충분하지 않거나 비용이 많이 드는 경우 또는 학교에서 멀리 떨어진 곳에 현장이 있을 때 다양한 문제를 야기할 수 있다. 대학은 통근 문제를 해결할 수 있는 다양하고 창의적인 방법을 내놓았다. 일부는 현장까지의 카풀을 조율하고 더 나아가 학생 운전자에게 유류비 지원을 제안한다. 다른 이들은 학교 또는 시립 버스 서비스의 정기 노선이나 특별한 노선을 개발하여 지역사회 현장으로의 교통편을 제공한다. 지역 자동차 회사나 자동차 렌트 회사로부터 구입, 임대 또는 기부받은 자체 밴을 갖춘 서비스-러닝 센터의 사례도 있다.

봉사를 위해 학생들을 철저히 준비시키는 것의 중요성은 아무리 강조해도 부족하다. 학생들이 일을 시작하기 전에 알아 두어야 할 사항과 각자 제공할 정보를 지역사회 파트너와 결정하는 것이 중요하다. 오리엔테이션 및 교육에는 모든 참가자를 위한 서비스－러닝의 바람직한 성과; 문제, 지역공동체, 기관, 서비스의 대상에 대한 정보; 일정과 소요시간, 학생들이 맡게 될 업무에 대한 자세한 설명; 학생들의 기대, 전체가 포함되어야한다. 지역사회, 조직 및 서비스가 다루는 대상자에 관한 정보; 시간 약속 및 일정; 학생들이 수행할 과제에 대한 자세한 설명; 학생의 기대, 가정, 고정 관념, 봉사를 시작하기 전의 우려에 대한 고려; 현장의 위치, 교통, 적절한 복장과 행동을 포함하는 모든 실행상의 문제들이 다루어져야 한다. 복장과 관련해서 긴 바지, 안전모, 또는 앞이 막힌 신발이 필요한가? 보석, 지갑, 휴대폰, 카메라는 어떤가? 짧은 치마, 꽉 맞거나 혐오스러운 티셔츠는 절대로 적합하지 않다. 휴대폰을 포함한 카메라는 어린이, 가정 폭력 피해자 또는 서류 미비 이민자가 있는 상황에서는 허용되지 않을 수 있다.

또한 어떤 도구와 자료가 필요한지와 그것을 누가 제공할지를 결정해야 한다. 많은 경우 도구 및 자료는 지역사회 현장의 조직에서 제공한다. 다른 경우에는 서비스－러닝 센터에서 제공하거나 현지 상인이 기부하기도 한다.

위험 관리는 여러 차원으로 이루어져 있으며 서비스－러닝의 운영에 중점을 두고 7장에서 자세히 다루어진다. 위험 관리와 책임은 지방정부 단위로 처리되기 때문에 여기서 구체적인 지침을 제공하기는 어렵다. 기관의 법률 자문은 필요한 조언과 양식을 제공할 수 있다. [질문 7.8]에서 지적했듯이, 지문 인식, 배경 조사, 결핵 선별, 접종 증명과 같은 보안 절차가 필요할 수 있다. 이러한 절차는 시간이 많이 걸리고 비용이 많이 들 수 있으므로, 학생들이 적정한 기간 안에 봉사를 완료할 수 있도록 이에 대해 일찍 확인하고, 적시에 수행하고 지불할 수 있는 방법을 조사하는 것이 중요하다. 비용은 지역사회기관, 대학 또는 개별 학생이 부담할 수 있다. 지문 인식, 결핵 검진 또는 기타 절차에 대한 접근 권한을 얻기 위해 학생 교육 및 보건 전문 분야의 현장 작업과 같이 지역사회에 학생들이 참여하는 기관의 다른 프로그램과 협조할 수 있다.

파트너십을 지원하는 서비스－러닝 센터의 폭넓은 정보는 7장에서 제공한다.

3.5 파트너십을 개발하고 유지하기 위해 가장 좋은 방법은 무엇인가?

파트너십이 지속되도록 하는 것은 무엇인가?
어떻게 우리는 지역사회와 "과도하게 연계되는" 것을 피할 수 있는가?

파트너십을 시작하는 것과 이를 개발하는 단계에 대한 조언 외에도 대학과 지역사회에 모두 도움이 되는 몇 가지 좋은 방법들이 있다. 첫째, 파트너십은 각 조직의 역사, 문화, 임무, 기대, 도전 과제 및 역량에 의해 형성된다는 점을 상기하는 것이 중요하다(Ramaley, 2000). 지역사회에 의해 확인된 그 지역사회의 요구와 역량이 파트너십에 대한 접근 방식을 정의해야 한다. 하지만 지역사회 파트너는 여러 유형의 대학이 서로 다른 목적과 자산을 갖고 있으며 가장 크고 권위있는 대학을 포함하여 모두 자신의 역량과 제공할 수 있는 자산에 한계가 있음을 인식해야 한다.

Judith A. Ramaley가 말한 것처럼, "이상적인 파트너십은 대학의 학문적 강점과 목표를 지역사회의 자산 및 관심사와 부합시킨다"(2000, p. 241). 예를 들어, 연구 중심 대학은 높은 수준의 기술 지원과 교수, 대학원생 및 학부생 연구를 지역사회 문제에 집중할 수 있는 능력을 제공할 수 있다. 그러나 대부분의 연구 중심 대학은 지역사회 기반의 연구보다는 전통적 연구를 중요하게 생각하고 보상하며, 교수진이 글로벌 이슈와 글로벌 맥락에서 연구를 수행하도록 장려한다. 반면에 지역 대학은 그들이 기반으로 하는 지역사회와 밀접하고, 직접적이며, 불가분의 관계에 있다. 비록 연구가 그들의 주요 초점은 아니지만, 대다수는 지역 문제와 요구를 다루는 서비스-러닝에 참여한다. 종교 기반 기관은 사회 정의의 사명을 완수할 수 있는 파트너십을 추구할 수 있다. 대학이 도시, 교외 또는 농촌 어디에 있는지에 따라 지역사회의 역량, 자산 및 요구도 다르다.

대도시의 지역사회 조직은 인구가 적은 지역에 비해 규모가 크고 직원이 더 많지만 고객의 서비스 요구 수준에 압도당할 수 있으므로 서비스-러닝 참가자를 수용하는 것이 쉽지 않으며, 그곳에서 일하고자 하는 자원 봉사자의 수를 감당할 수 없게 된다. 교외 또는 농촌 지역의 사람들은 학교와의 거리나 대중 교통의 부족으로 인해 서비스-러닝 참가자가 현장에 접근할 수 있는 방법에 대한 어려움에 직면할 가능성이 더 크다. 또한 농촌 지역사회 단체는 규모가 작고, 서비스-러닝 참가자가 참여할 수 있는 기회가 상대적으로 매우 부족하다.

둘째, 모든 잠재적 파트너는 "지역사회는 누구인가?" 또는 "대학은 누구인가?"라는 질문에 대해 쉽게 대답할 수 없음을 깨달을 필요가 있다. 서비스-러닝을 위한 학교와 지역사회 간 파트너십에 관한 문헌에서 우리는 "학교", 또는 "대학"과 "지역사회"라는 용어가 종종 하나의 통합된 실체를 나타내는 것처럼 말한다. 실제로 각각은 공식적으로 정의되고 표기된 것들과 그렇지 않은 것들을 포함하여 복잡한 관계로 구성되어 있다. 지역사회 또는 대학을 구성하는 다양한 요소와 다른 사람들이 소속감을 어떻게 다른 방식으로 경험하는지를 이해하려면 시간과 노력이 필요하다. 어느 쪽도 획일적이지 않기 때문에 대학 또는 지역사회에 대해 말할 수 있는 사람을 찾아내는 것은 쉽지 않다. 종종 파트너십은 각 파트너 간의 갈등적 이해관심의 결과로 형성되고 유지되기 어렵다. 예를 들어, 지역사회 조직의 직원, 고객, 선출된 지방 공무원 및 비공식 지역 지도자는 모두 파트너십을 통해 충족시키고자 하는 요구 사항에 대해, 그리고 이를 다루는 방법에 대해 서로 다른 견해를 갖고 있다. 마찬가지로 고등 교육 기관에서는 고위 관리자, 교수, 서비스-러닝 센터 직원 및 학생이 파트너십에 다른 관심사, 기대 및 자산을 가진다.

각각의 잠재적 파트너 기관과 관련된 다양한 수준의 개인들이 참여하는 인내와 관점 수용을 동반하는 지속적이고 진솔한 대화는 이러한 차이점과 문제를 해결하는 데 도움이 된다. 파트너십에 관련된 다양한 지지층과 관련된 복잡성과 이를 해결하는 경계 확장자의 역할은 9장 9.5에서 더 논의된다.

학교와 지역사회 간 파트너십과 관련하여 자주 인용되는 또 다른 좋은 방법은 역량 강화이다. 지역사회 조직의 관점에서 보면, 이는 학교가 조직이 역량을 개발하여 효과적인 파트너가 될 수 있도록 도울 수 있는 방법을 확인하는 것으로부터 적절하게 시작될 수 있다. 예를 들어, 대학은 스케줄링, 소요 시간 및 완료된 작업을 기록하기, 오리엔테이션 및 교육 제공, 필요한 물품 준비 등 현장에서 서비스-러닝 참가자의 업무를 조정하는 학생 직원이나 인턴을 제공할 수 있다. 또한 서비스-러닝 참가자는 웹 사이트 디자인, 기금 모금 행사 기획, 사업 계획 개발과 같이 기관이 수행할 수 있는 시간이나 능력이 없는 프로젝트를 수행함으로써 조직의 역량을 강화할 수 있다.

파트너십을 위한 역량을 강화하는 다른 방법으로는 연구 진행 및 보고, 지원금 신청 지원, 다른 기관의 자원과 조직을 연결하는 일 등이 있다. 대학은 지역사회 기관과 협력하여 대학 혼자서는 불가능한 정부 기금 또는 재단 기금에 접근함으로써; 학생들이 서비스-러닝, 현장 실습, 인턴십 및 지역사회 기반 연구에 참여할 수 있는 기회를 증가시킴으로써; 교수 연계 장학금에 대한 지원을 확대함으로써 파트너십을 위한 역량을 개발할 수 있다. "초기의 열정은 피로와 소진으로 대체될 수 있다"는 Ramaley의 주의를 피하는 데는 역량 강화가 매우 중요하다(2000, p. 241). [질문 3.6]은 서비스-러닝 파트너십을 위한 기관의 인프라 모델을 제공한다.

넷째, 특히 규모가 크고 분권화된 대학은 다양한 봉사 활동, 참여 및 파트너십 노력을 조정하기 위한 수단을 가져야 한다. Ramaley는 우리에게 "일부 지역사회는 고갈된 지점과 제휴하고 있다"(2000, p. 241)는 점을 상기시킨다. 설문조사에 의하면, 한 대학에서 하나의 인근 고등학교에서 동시에 진행되는 70가지가 넘는 개별 서비스 및 서비스-러닝 프로젝트가 있었으며, 다른 서비스보다 더 성공적인 프로젝트가 일부 있었다. 결과적으로 광범위한 노력의 중복, 해결되지 않은 학교의 문제들, 교사 및 교직원에 대한 과도한 부담, 서비스-러닝 참가자와 교직원 모두 업무의 질 저하 및 긍정적인 결과에 대한 좌절감이 있었다. 일부 교육 기관의 서비스-러닝 센터 직원은 서비스-러닝 파트너십의 게이트키퍼 역할을 하며, 지역사회 파트너가 잘 지원받고, 서비스-러닝 참가자가 좋은 경험을 하고, 교수진은 파트너십을 개발하고 유지하는 데 있어 적절한 안내와 지원을 받을 수 있도록 보장해야 한다.

마지막으로, 지역사회 및 대학의 관점에서 파트너십의 바람직한 결과를 명확하게 명시하고, 평가 계획을 수립하고, 평가 결과를 함께 검토하는 것은 모든 파트너십의 기본 요소이다. 이를 통해 파트너들은 작은 성공일지라도 인지하고 축하할 수 있다. 또한 모든 참가자의 관점에서 파트너십이 얼마나 잘 작동하는지 평가하는 것은 파트너십 초기에 관심 분야를 파악하고 조정하는 데 도움이 된다. 그러나 경우에 따라 필요하거나 또는 파트너들의 가장 큰 이해 속에 파트너십을 종결할 수 있다는 것을 인식하는 것이 중요하다. 좋은 의도와 프로세스에도 불구하고 다른 파트너십과 마찬가지로 서비스-러닝 파트너십이 단순히 작동하지 않는 경우도 있다. 파트너십을 종료한다고 해서 반드시 실패한 것을 의미하지는 않는다. 시간, 에너지 및 기타 자원 투자에 대한 수익에 근거해서 각 측면에서 투입한 노력이 더 이상 가치가 없을 수도 있다. 또는 다른 거래와 마찬가지로 양측이 주고 받은 것에 만족하고 관계에 대한 더 이상의 기대나 요구가 없을 수도 있다. 어떠한 경우든, 성과와 교훈을 남기면서 파트너십을 좋은 조건으로 끝내기 위한 시간과 노력을 최종적으로 투자할 가치가 있다. 지역사회 조직이 같은 대학의 다른 교수와 더 잘 맞을 수 있는 가능성을 열어 두거나 교수가 강좌의 학습 성과와 밀접하게 연계된 기회를 제공할 수 있는 다른 기관을 찾을 가능성을 열어 두는 것도 중요하다. 지역사회 파트너가 파트너십의 비용 편익 비율을 평가할 수 있도록 설계된 평가지는 [제시문 6.1]에 제시되어 있다.

추가정보출처

Hammerlinck, J., & Plaut, J. (Eds.). (2014). *Asset-Based Community Engagement in Higher Education*. Minneapolis, MN: Minnesota Campus Compact.

Jones, S.R., & Palmerton, A. (2010). How to develop campus-community partnerships. In B. Jacoby & P. Mutascio (Eds.), *Looking In, Reaching Out: A Reflective Guide for Community Service-Learning Professionals*. Boston, MA: Campus Compact.

Stoecker, R., & Tryon, E.A. (2009). *The Unheard Voices: Community Organizations and Service Learning*. Philadelphia, PA: Temple University Press.

3.6 학교와 지역사회 간 파트너십을 개발하고 지속시키기 위해서 학교는 어떤 기본 체제가 준비되어 있어야 하는가?

모든 학교에서 사용할 수 있는 단일 모델, 방법 또는 구조가 없다는 것은 분명하지만, 서비스-러닝의 효과가 학교와 지역사회 모두에게 돌아가길 원하는 대학들은 파트너십을 지원하는 기본 체제를 학교 전반에서 개발해야 한다. 대학의 수만큼 기본 체제를 구축하는 방법도 다양하다. Barry Checkoway는 "모든 대학에 맞는 단일 구조는 없으며, 핵심은 구조를 상황에 맞추는 것이다."라고 인정했다(1997, p. 312). 그러나 유용하게 사용될 수 있는 세 가지 기본적인 모델로 설명할 수 있다. 세 번째 모델이 가장 바람직하지만, 다른 두 모델 역시 학교와 지역사회 모두에게 중요한 이익을 제공한다.

첫 번째 모델은 파트너십 집중 모델로 [그림 3.1]에 있는 그림 속의 화살표들은 폐쇄회로를 나타낸다. 파트너십의 목표는 제한적이며, 활동은 대학의 고립된 개별 부분에 위치한다. 파트너십에 전념하는 개인과 자원은 이러한 단위에 집중되어 있으며, 학교의 다른 분야에서는 주로 그 업무에 대해 거의 알지 못하거나 전혀 알지 못한다. 이 관계는 학교 자원에 대해 지역사회의 접근이 주로 최소한으로 단방향으로 이루어진다(Pigza & Troppe, 2003).

두 번째 파트너십 모델은 단편화가 특징이다. 접촉과 의사소통이 더 광범위하고 자원이 보다 자유롭게 이동할 수 있지만, 파트너십을 위한 노력이 주로 체계적이지 않다. 결과적으로 대부분의 학교 구성원은 이러한 노력과 노력이 가져온 관계를 인식하지 못한

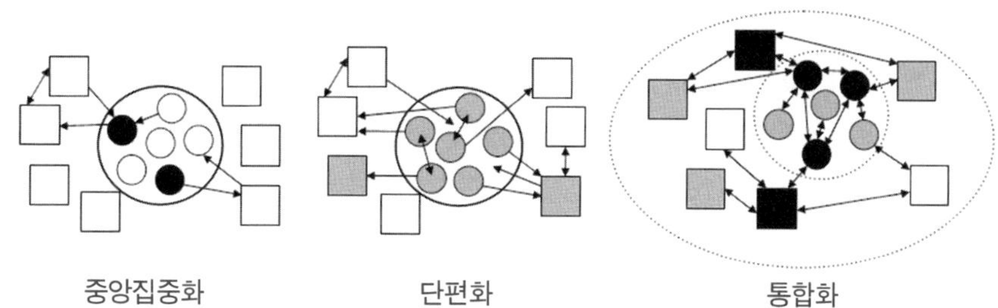

중앙집중화	단편화	통합화
의사소통 지역사회와의 소통은 단 방향으로 대학에 의해 조정됨. 대학 내부의 의사소통은 매우 빈약	**의사소통** 대학 내 제한적인 의사소통 지역사회 파트너와의 의사소통은 증가	**의사소통** 대학 내부 외부의 의사소통이 수립된 연결에 의해 촉진됨. 파트너십에 대한 공동의 지속적인 평가와 사정이 의사소통의 일부임.
접근 대학에 대한 지역사회의 접근 장벽이 높음. 파트너십 매우 적음	**접근** 보다 많은 파트너십과 용이한 접근	**접근** 대학의 진입 장벽이 낮고, 대학을 지역사회의 일부로 여김.
자원 지역사회의 강점, 지식, 자원이 인정되지 않음.	**자원** 대학의 부서들이 지역사회의 강점, 지식, 자원들을 인정하기 시작	**자원** 지역사회와 대학에 있는 전문성이 인식됨. 자원은 가능할 때 기꺼이 공유됨.
참여 참여는 특정한 단체에 의해 특정한 방식으로 일어남.	**참여** 폭 넓고 다양한 참여 전문성과 정보에 대한 조정 미비	**참여** 미래 성공을 위해 사회적 자본을 구축하고, 시간이 지남에 따라 성장하고 적응됨. 관계는 공동으로 정의한 목적과 목표에 의해 형성됨.
책임 참여에 대한 책임은 대학 내 지정된 부서에 집중되고 한정됨.	**책임** 대학의 많은 부서의 기여가 적음. 노력에 대한 중앙 조정이 없음.	**책임** 전문성과 자원은 대학과 지역사회의 특정 부서에 집중됨. 조정되고 증진된 참여는 전체 시스템을 통해 이루어짐.

그림 3.1 서비스-러닝과 참여를 위한 기본 체제 모델

출처: J.M. Pigza and M.L. Troppe, 2003, pp. 110-111. 저자로부터 사용승인을 받음.

다. 지역사회의 관점에서 지역사회 기관은 여러 대학 단위에 의해 자주 "활용"되며, 학교 내에서의 노력이 종종 중복될 수 있으며, 지역사회 구성원의 질문이 유실되거나 잘못 전달될 수 있다. 그림의 화살표는 학교와 지역사회 파트너 간의 활동과 의사 소통의 증가를 나타낸다. 하지만 학교의 집중된 조정과 책임의 부재는 지속적으로 낼 수 있는 최대의 효과를 방해한다(Pigza & Troppe, 2003).

세 번째는 통합 모델로 "대학과 잠재적 지역사회 파트너 간의 벽은 보다 스며들기 쉬워지며 지역사회에서 분리가 아닌 지역사회의 일부로서 대학을 더 크게 이해하는 것이 강하다"고 할 수 있다(Pigza & Troppe, 2003, p. 113). 이 모델의 그림에 있는 화살표는 학교와 파트너, 학교 단위 부서 및 지역사회 파트너 간의 서비스-러닝 노력에 관한 의사 소통 및 조정을 나타낸다. 음영처리된 원은 파트너십 촉진 센터를 나타낸다. 예를 들어, 소규모 대학에서는 서비스-러닝 센터를 나타내는 단 하나의 음영처리된 원만 있을 수 있다. 규모가 크고 조직적으로 복잡한 대학의 경우 지역사회 활동 부서, 강력한 지역사회 파트너십을 가진 학과나 단과 대학과 같이 추가적인 전문성이나 촉진 센터가 있을 수 있다. 지역사회 파트너십에 대한 전반적인 책임은 하나 또는 몇몇의 부서에 있지만, 이 단계에서는 참여의 문화가 학교에 스며들어 있다. 강조점은 단순히 즉각적인 필요를 충족시키기 보다는 파트너십 노력의 지속 가능성에 있다. 통합 모델이 서비스-러닝을 위한 효과적인 인프라의 특성과 이점을 제공하고는 있지만, 이 모델을 그대로 받아 들여 학교의 조직 구조에 올려 놓을 수는 없다는 점을 다시 한번 알아야 한다. 각 대학의 고유한 사명, 문화 및 조직에 맞춰 지속적으로 조정되고 개발되어야 한다.

추가정보출처

Pigza, J.M., & Troppe, M.L. (2003). Developing an infrastructure for service-learning and community engagement. In B. Jacoby (Ed.), *Building Partnerships for Service-Learning*, San Francisco, CA: Jossey-Bass.

3.7 학교와 지역사회 간 파트너십에는 기업 파트너가 포함되어야 하는가? 방법은?

고등 교육 기관과 기업 모두 지역 및 국제 사회의 활력을 높이는 데 보다 깊이 관계되기 때문에 이들이 학교와 지역사회 간 파트너십에 참여하는 데 따른 혜택과 책임에 대한 문제를 논의할 필요가 있다. 거대한 다국적 기업에서부터 소규모 지역 기업에 이르기까지 기업은 재정 지원 이외에도 인적 자원, 전문성, 기술, 시장에 대한 지식 및 시장 지배력 등 제공할 수 있는 다양한 자원을 가지고 있다. 대학과 기업 간 파트너십은 여러 형태로 존재하며 오래된 엇갈린 역사가 있다. 서로 간 협력을 통해 각자가 얻는 이익에 관계없이, 기업과 대학은 다른 사명을 갖고 있다. 기업의 목적은 사회적 제약 속에서 재정적 이익을 극대화하는 것이고, 고등 교육 기관은 재정적 제약 내에서 사회적 이익을 극대화하려고 노력한다(Likins, 2013). 고등 교육에 대한 기업의 참여에 대한 비판은 연구 주제 및 운영에 대한 기업의 과도한 영향과 기업 훈련과 유사한 교육과정 접근을 우려한다. 그럼에도 불구하고 기업은 연구 파트너십, 막대한 기부 및 후원, 이사회 참여, 수업에서 강의하는 임원진 및 학생들을 위한 인턴십 및 현장실습을 통해 고등 교육 기관에 깊고 광범위하게 관여한다.

기업 시민 의식 또는 사회적 책임의 개념과 실천은 전통적인 자선 사업을 훨씬 넘어서 확장되었다. 전통적인 단방향 자선 사업이 여전히 중요하지만, 점차적으로 상호 파트너십 형성으로 이어지고 있다. 이러한 맥락에서 기업은 지역사회와 글로벌 사회에 적극적이고 참여적이고 조직적인 참여를 통해 인적 자원과 재원을 동원하여 지역사회의 삶의 질을 향상시키는 것을 목표로 하고 있다(Tichy, McGill, & St. Clair, 1997). 기업 시민 의식은 결과적으로 번영하는 지역사회가 기업의 제품 및 서비스를 소비할 뿐만 아니라 가능성 있는 직원과 건전한 사회를 제공해 기업을 지원할 수 있는 좋은 위치에 있음을 인식하는 이타주의와 자기 이익을 결합하고 있다.

호혜주의는 모든 당사자가 상호 존중 및 공동 이익의 맥락에서 상황을 개선하고자 하는 파트너임을 의미한다(Jacoby, 1996c). 호혜적인 학교와 지역사회, 기업 파트너십에서, 기업은 학교 및 지역사회와 긴밀히 협력하여 지역사회 및 학교의 자산을 늘리고 지역사회의 요구를 해결한다. 지역사회와 학교는 기업을 파트너십의 성공에 필수적이며 지원하는 것이 가치있다고 본다. 상호 유익하고 지속 가능한 학교-지역사회-기업 파트너십을 구축하고자 할 때, [질문 3.1]에 설명되어 있고 [제시문 3.1] 및 [제시문 3.2]에 있는 학교-지역사회 파트너십의 원칙을 적용하는 것이 중요하다.

이 원칙을 구체적으로 언급하거나 고등 교육 기관을 파트너십 공식에 포함시키지는 않았지만, Shirley Sagawa와 Eli Siegel은 기업과 사회 조직 간의 장기적이고 높은 이익을 내는 파트너십을 개발하는 데 도움이 되는 "새로운 가치 창출 파트너십" 모델을 제공하였다(2000, p. 213). 그들은 그러한 파트너십을 두문자어 COMMON(Communication: 커뮤니케이션, Opportunity: 기회, Mutuality: 상호성, Multiple levels: 다양한 수준, Open-endedness: 개방성, New value: 새로운 가치)으로 형성하는 요소들을 통해 특징지었다. 이러한 요소들은 학교-지역사회 파트너십 원칙의 요소를 반영하고 있다.

초기의 효과적인 의사 소통이 파트너십을 시작하는 데 필수적인 것처럼, 진솔하고 지속적이고 잦은 의사 소통은 지속 가능성에 필수적이다. 관계가 발전함에 따라 파트너들은 그들의 공유 이익을 증진시킬 수 있도록 함께 일하는 새롭고 다른 방법에 대해 끊임없이 창의적으로 생각하고, 스스로 제시하는 기회에 대해 열려 있어야 한다. 상호성은 학생, 교직원, 지역사회 지도자 및 구성원, 기업의 관리자와 직원 등 모든 참여자가 서로 고유의 잠재적인 기여를 존중하고 서로를 학습자로 함께 바라봄으로써 권력의 차이를 최소화할 때 생겨난다. 파트너 기관의 여러 수준에서의 참가자들의 참여는 직접 용역이나 자선활동에서부터 전략적 계획이나 정책 수립에 이르기까지 다양한 수준에서 동시에 일어나는 일을 가능하게 하며, 한두 명의 핵심인사가 빠져도 파트너십의 지속가능성을 보장한다. 새로운 가치를 창출하는 파트너십은 또한 개방적이다. 프로젝트가 완료에 가까워지고 목표가 달성됨에 따라, 파트너들은 새로운 방향, 목표 및 프로젝트를 지속적으로 찾고 확인한다. 끝으로, 새로운 가치는 파트너들이 파트너십과 성과 모두의 가치와 상태를 정기적으로 평가한다는 의미이다. 호혜주의 정신에 맞춰, 모든 파트너들은 협력 기관 및 기관에 속한 개인의 성공뿐만 아니라 파트너십 자체의 성공을 자축한다.

추가정보출처

Riemer, S., & McKeown, J. (2003). Involving corporate partners. In B. Jacoby (Ed.), *Building Partnerships for Service-Learning*. San Francisco, CA: Jossey-Bass.

Sagawa, S., & Segal, E. (2000). *Common Interest, Common Good: Creating Value Through Business and Social Sector Partnerships*. Boston, MA: Harvard Business School Press.

3.8 서비스-러닝을 위한 국제적인 파트너십을 위한 주요 문제는 무엇인가?

이 장에서 제공되는 파트너십의 원칙, 사례, 단계 및 유형은 국제적인 서비스-러닝 파트너십에도 매우 적절하게 적용할 수 있다. 국제적인 서비스-러닝의 운영을 위한 다양한 옵션 및 실행에 대한 세부적인 사항은 7장 7.10에서 자세히 논의되고 있지만, 여기에서는 국제적인 파트너십에 영향을 미치는 중요한 문제에 주목할 필요가 있다.

국내 서비스-러닝에 적용되는 모든 실행에 대한 세부사항은 국제적으로도 적용되지만, 더 많은 문제를 야기할 수 있다. 학생들을 현장 및 프로젝트와 연결하기, 현장 간 교통, 학생에 대한 감독, 사정 및 평가와 같은 프로세스는 국제 환경에서 더욱 어려워진다. 게다가 시기, 해외 지역으로의 여행, 멀리 떨어져 있고 익숙하지 않은 환경에서 생활하고 일할 수 있도록 학생들을 준비시키기, 위험 관리, 학생 비용 관리, 숙소 및 학생 지원 서비스 제공과 같은 문제는 국제적인 서비스-러닝 파트너십의 개발에 있어 반드시 다루어져야 하는 추가적인 문제들이다. 이러한 문제를 해결하기 위해 국내 파트너십과 마찬가지로 국제적인 파트너십에서도 의사 소통이 필요하다. 그러나 언어, 문화 및 시간대의 차이로 인해 더 많은 어려움을 겪을 수 있다.

3장 3.3에서 언급했듯이, 지역사회의 요구가 학기의 날짜나 기간과 일치하지 않을 수 있기 때문에 시기와 기간은 고려해야 할 중요한 문제이다. 해외 서비스-러닝과 관련하여 최근에는 보다 짧은 경험을 하는 경향(때로는 1~3주 정도의 기간)은 지역사회에 대단한 영향을 미칠 수 있다(Jacoby & Brown, 2009). IPSL(International Partnership for Service-Learning and Leadership)의 원칙에 명시된 바와 같이 "서비스의 시간과 품질은 프로그램 계획, 감독 및 평가에 소요된 단체의 시간을 상쇄하기에 충분해야 하며, 그렇지 않다면 대학과 학생들은 그들을 돕고자 하는 바로 그 사람들을 착취하는 것이다."(2013).

Robbin D. Crabtree와 동료들은 미국 대학의 학생들이 해외의 가난한 지역사회에서 봉사할 때 권력 차이로 인해 발생할 수 있는 다른 문제들을 강조하고 있다. 가장 어려운 것 중 하나는 학생 프로젝트가 지속적인 후원을 필요로 하는 지역사회에 집중된다는 사실이다(2008). 해외 서비스-러닝과 관련된 딜레마는 8장 8.9에서 논의된다.

추가정보출처

Chisholm, L. (2003). Partnerships for international service-learning. In B. Jacoby (Ed.), *Building Partnerships for Service-Learning*. San Francisco, CA: Jossey-Bass.

Nolting, W., Donahue, D., Matherly, C., & Tillman, M. (2013). *Internships, Service Learning, and Volunteering Abroad: Successful Models and Best Practices*. Washington, DC: NAFSA-Association of International Educators.

3.9 서비스-러닝을 위한 소규모의 파트너십을 어떻게 더 넓고 깊은 조직의 참여로 유도할 수 있는가?

거래적 및 변혁적 학교-지역사회 간 파트너십의 차이점은 무엇인가?

서비스-러닝을 위한 파트너십 구축(Jacoby, 2003)에서 자주 인용되는 장에서 Sandra Enos와 Keith Morton은 리더십을 연구하는 데 사용된 이론(Burns, 1978)을 각색하여 어떻게 서비스-러닝을 위한 학교와 지역사회 간 파트너십이 "단지 일이 진행될 수 있도록 하는 능력뿐만 아니라, 개인, 단체, 기관 및 지역사회를 보다 좋은 방향으로 변화시킬 수 있는 능력을 가지고 있는지를" 설명하고 있다(2003, p. 23) 거래적 관계란 더 큰 계획이나 장래성 없이 과제를 완료하도록 설계된 것이며, 많은 경우 모든 참가자 각자의 만족도를 높인다. 각 파트너들은 서로가 서로를 유용하게 생각하기 때문에 함께 참여하게 된다. 대부분의 서비스-러닝 과정과 프로그램은 거래적 파트너십을 기반으로 한다.

거래적 파트너십은 파트너십에 포함된 모든 당사자들에게 완벽하게 적합할 수 있는 변혁적 파트너십으로의 진화가 반드시 일어나는 것은 아니다. 변혁적 파트너십을 체결하기로 한 결정은 의도적인 것이어야 하며 학교와 지역사회 파트너 모두 파트너십을 통해 그들을 변화시킬 수 있다는 인식을 포함해야 한다. 변혁적 파트너십에서 파트너들은 크고 작은 방식으로 변화될 수 있는 지속적인 가능성을 스스로에게 열어둔다. 이러한 파트너십은 대학과 지역사회의 정체성에 의문을 제기한다. 대학과 지역사회 파트너는 공동의 문제, 공동의 이익, 공동의 자원, 서로를 완전한 방식으로 만들어가는 공통의 능력을 가진 동일한 공동체의 일부라는 이해를 공유한다(Enos & Morton, 2003).

[제시문 3.3]은 거래적 파트너십과 변혁적 파트너십의 차이점을 요약한 것이다. 거래적 파트너십은 중요하다. 이러한 교환 기반의 관계에서 각 당사자는 상대 파트너가 필요한 것을 가지고 있다. 최종 목표는 소비자가 상품이나 서비스를 구매할 때와 마찬가지로 교환을 통한 만족이다. 파트너십이 강조하고 있는 필요성의 특성은 즉각적이고 적어도 상당히 구체적이다. 거래적 관계에서 파트너의 역할은 사람, 프로세스 및 자원의 훌륭한 관리자가 되는 것이다. 프로젝트는 파트너 기관의 기존 목표를 지원한다. 파트너십의 작업은 기관의 조직 체제와 구조 내에 존재하며 기관의 정체성의 변화를 지향하지 않는다는 파트너십에 대한 기여는 시간, 인원 및 당면한 특정 프로젝트에 사용될 다른 자원의 측면에서 제한되고 잘 정의된다. 변화가 없을 것으로 예상되며 일반적으로 조직의 정상적인 업무에 거의 방해가 되지 않는다(Enos & Morton, 2003).

반면에, 변혁적 파트너십 참여자들은 실용주의적 차원을 넘어서는 목적에 집중한다. 공동의 열망이 크게 증가한다. 파트너들은 자신의 역할을 다차원으로 여기고 변혁적 파트너십의 필요성을 뒷받침하는 복잡한 사회적 문제를 해결하려고 노력한다. 그들은 기관

제시문 3.3 거래적 관계와 변혁적 관계

범주	거래적 관계	변혁적 관계
기본 관계	교환 기반, 실용적	실용을 넘어선 목표에 중점
최종 목표	교환을 통한 만족	열망의 상호 증가
목적	당면한 요구에 대한 만족	보다 큰 의미를 창출하기 위한 요구에 대한 각성
파트너의 역할	관리자	리더
현재 기관 목표의 지원	기관의 목표를 수용	기관의 목표를 검토
경계	파트너의 이익을 만족시키기 위해 시스템 내에서 작업	보다 큰 의미를 창출하기 위해 자신의 이익을 초월
파트너의 정체성	기관의 정체성을 유지	지역사회의 보다 넓은 정의로 그룹의 정체성을 변화
기여의 범위	구체적인 교환을 위한 제한된 시간, 자원, 인원	기관 전체가 가능한 무제한적인 교환에 참여

출처: Enos and K. Morton, 2003, p. 25. 사용승인을 받음.

의 기존 목표와 문제를 정의하고 접근하는 방법, 사업 방식에 대해 의문이나 이의를 제기할 수도 있다. 결과적으로 새로운 가치, 우선 순위, 실천 및 관계가 나타날 수 있다. 파트너들은 지식과 성과를 공동으로 만들 수 있다. 기여의 범위와 관련하여 변혁적 파트너십의 작업은 기관 전체가 참여하며, 직접적인 봉사에서부터 공통된 관심사를 다루기 위한 완전히 새로운 구조의 창출에 이르기까지 다양한 수준에서 발생한다. 파트너 조직의 모든 수준의 참가자가 적극적으로 참여하고 기존 계층 구조에 정면으로 도전할 수 있는 수준의 유동성이 권장된다(Enos & Morton, 2003).

변혁적 파트너십으로 발전한 거래적 관계의 예로 도시 대학의 서비스-러닝 센터, 학자금 지원 부서 및 사범대학은 수료율이 낮은 열 개의 중등학교를 위한 방과후 숙제 지원 프로그램 개발을 위해 지역의 학교 시스템과 협력한다. 대학생 튜터는 튜터링 활동을 통해 장학금을 받는 근로 학생이다. 이러한 교환 기반의 관계에서, 학교는 가장 어려운 과학, 수학 및 작문 과목에서 학생들을 돕는 튜터링 프로그램의 이점을 누린다. 대학은 지역사회 봉사직에서 일하는 학생의 임금에 기관의 근로 학생의 7%를 배정하도록 규정하는 정부의 요구 사항을 충족시키기 때문에 이 프로그램의 혜택을 받는다. 또한 대학은 튜터 학생 중 일부가 교사 교육을 전공하여 시들해진 사범대학 등록률을 높이길 원한다.

대학과 지역의 학교 시스템 모두를 변화시키고자 하는 파트너십을 시작하는 결정은 튜터링 프로그램의 성공 여부를 평가하는 과정에서 시작된다. 대학과 지역의 파트너는 고등학교 졸업률이 낮아짐에 따라 결과적으로 그 대학에 지원할 수 있는 지역의 고등학교 졸업자가 줄어드는 것에 대한 고충을 공유했다. 또한 그들은 교사 교육 프로그램의 졸업생 중 소수만이 지역의 학교, 특히 경제적 어려움을 겪고 있는 지역의 학교에서 가르치고자 한다는 공동의 문제를 해결하기를 원한다는 것에 동의했다. 결과적으로 주 교육위원회와 대학의 교육공학과는 기존 기관들을 통합하여 대학 수준의 학업에 적합한 학생을 준비시키는 차터 고등학교를 만드는 파트너십을 형성했다. 결과적으로 차터 학교 학생들이 대학 과정에 등록할 수 있게 해주는 과정이 개발되었으며, 여러 분야의 서비스-러닝 학생들에 의해 지원되었다. 결국, 학생들이 고등학교를 졸업할 때까지 온라인을 포함해서 60학점을 이수할 수 있도록 예비 대학 프로그램이 추가되었다. 교육공학과는 대학 교수진과 차터 스쿨 교사가 그들의 학생들이 서로 그리고 전 세계의 학생들과 상호작용할 수 있도록 하는 교육용 프로그램 및 연수를 제공했다. 사범대학은 성취도가 낮은 학생들의 대학 진학 준비를 돕는 예비 교사 및 현직 교사를 위한 교육과정을 개정했다. 교사 교육을 받는 학생들은 성취도가 낮은 학교에서 근무하는 것을 더 철저히 준비하기 위해 학교에서 관찰 및 교육 실습을 실시한다. 또한, 사범대학은 도시 환경에서의 학교 심리학의 새로운 석사 학위 프로그램을 만들었다. 서비스-러닝에 참여하는 근로 장학생은 자신들의 학문에 대한 학습을 증진하면서 차터 학교 학생들을 위한 교사나 멘토 역할을 계속하게 된다.

대학 전체를 지역사회와 연결하는, 주로 지역사회 참여라고 할 수 있는 대규모 파트너십은 이 책에서 다루지 않지만 단일 코스 및 단일 지역사회 조직을 포함하여 변혁적 서비스-러닝 파트너십은 9장 9.5에서 논의된 바와 같이 광범위하고 심오한 대학의 참여를 이끌어 낼 수 있다. 또한 Community-Campus Partnership for Health의 파트너십에 대한 진술에 강조 표시된 바와 같이, 파트너십에서 변혁은 성찰을 통한 개인적인 변화, 대학의 시스템 및 정책의 변화, 지역사회의 변화, 과학과 지식의 변화, 사회 정의를 포함한 정치적 변화 등 다양한 수준에서 일어날 수 있다(Community-Campus Partnerships for Health Board of Directors, 2013). 다음 문헌들은 더 많은 정보와 사례를 제공한다.

추가정보출처

Beere, C.A., Votruba, J.C., & Wells, G.W. (2011). *Becoming an Engaged Campus: A Practical Guide for Institutionalizing Public Engagement*. San Francisco, CA: Jossey-Bass.

Bringle, R.G., Games, R., & Malloy, E.A. (1999). *Colleges and Universities as Citizens*. Needham Heights, MA: Allyn & Bacon.

Ehrlich, T. (Ed.). (2000). *Civic Responsibility and Higher Education*. Phoenix, AZ: Oryx.

Kecskes, K. (Ed.). (2006). *Engaging Departments: Moving Faculty Culture from Private to Public, Individual to Collective Focus for the Common Good*. Bolton, MA: Anker.

Saltmarsh, J., & Hartley, M. (Eds.).(2011). *"To Serve a Larger Purpose": Engagement for Democracy and the Transformation of Higher Education*. Philadelphia, PA: Temple University Press.

결 론

서비스-러닝을 위한 강력하고 호혜적인 파트너십은 학생과 지역사회를 위한 학습 및 권한 부여 측면에서 상당한 성과를 가져올 수 있다. 이 장에서 설명한 바와 같이, 학교와 지역사회 간 파트너십은 사실상 무한한 가능성과 잠재력을 지닌 "유기적이고 복잡하며 상호 의존적인 시스템"이다(Sigmon, 1996). 이 장에서는 이러한 파트너십의 약속과 가능성, 그리고 그러한 파트너십을 개발하기 위한 프로세스와 단계에 대해 설명했다. 학교와 지역사회 간 파트너십의 평가는 6장 6.6에서 다루고, 미래의 서비스-러닝 파트너십에 대한 더 많은 논의는 9장 9.5에서 찾아 볼 수 있다.

CHAPTER

04

서비스-러닝을 교육과정에 통합하기

Service-
Learning
Essentials

서비스-러닝을 교육과정에 통합하기

이 장에서는 여러 학문 분야의 교수들이 새로운 서비스-러닝 교과과정을 개발하거나 서비스-러닝을 기존 교과목에 통합할 때 필요한 정보와 자원을 제공한다. 그리고 서비스-러닝이 처음인 교수는 물론 경험이 많은 교수들에게도 자주 받는 질문들에 대해 답변하고 있다. 이 장에는 학문적인 서비스-러닝을 촉진하고 지원하며 고품질의 교수 및 학습을 하는 사람들에게 유용한 많은 정보가 포함되어 있다. 또한 대학 행정실무자들은 이 장에서 교수진과 학생, 지역공동체가 서비스-러닝의 혜택을 얻을 수 있도록 교수진 개발과 지원, 인정 방법에 필요한 것들을 습득하게 될 것이다.

4.1 서비스-러닝이 교과과정에 적합한 교육이 될 때는 언제인가?

기존 교과과정에 서비스-러닝을 어떻게 통합할 수 있는가?
서비스-러닝이 학생들로 하여금 어떻게 교과과정 내용을 배우게 할 수 있는가?

서비스-러닝이 모든 교과과정에 적합한 것은 아니지만, 모든 전공 분야에서 효과적일 수는 있다. 서비스-러닝은 추상적 개념화를 통해서 가장 잘 학습하는 이론적 학습자부터 능동적이고 구체적인 경험을 통해서 가장 잘 학습하는 학습자에 이르기까지, 광범위한 학습 스타일의 학생들에게 적합하다. 교과과정을 설계하는 것과 마찬가지로, 서비스-러닝의 설계도 바람직한 학습 성과로부터 시작하는 것이 중요하다. 바람직한 학습 성과에 대하여 고려할 질문들은, 교과과정을 수강한 결과로서 학생들이 무엇을 알기를 혹은 할 수 있기를 원하는가? 어떠한 새로운 인식, 지식 또는 기술을 학생들이 습득하기를 원하는가? 현재 가르치고 있는 교과과정의 학습 성과 중, 학생들의 성취도가 가장 낮을 것 같은 것은 어떤 것인가? 등이다.

서비스-러닝은 학생들이 복잡한 과목을 배우고 나중에 적용해야 할 기본 원리를 깊이 이해하도록 도와준다. 그것은 다음과 같은 학습 성과를 달성하는 데에 특히 효과적이다.

- 가능한 여러 가지 해결책으로 복잡한 문제를 해결하기 위한 정보의 종합과 분석
- 새로운 맥락에서 실천할 수 있는 개념과 지식의 적용
- 효과적인 구두, 서면 및 시각적 의사소통
- 타인, 특히 나와 다른 다양성을 지닌 사람들과의 협업
- 합리적 판단의 연습
- 학습한 것을 자기 것으로 만드는 것
- 전공 분야의 지식 기반을 활용하여 사회적 문제를 해결
- 비판적인 반성적 사고의 기술과 습관 개발
- 조작하기, 관련짓기, 구조화하기, 개발하기, 해석하기, 의사결정하기, 우선순위 정하기 등의 기술과 관련된 기타 성과

서비스-러닝은 또한 학생들이 교과과정 내용을 철저하고 깊이 배울 수 있도록 동기를 부여한다. 지식을 그 자체로만 습득하는 것은 학생들에게 학습하고자 하는 동기가 거의 부여되지 않으며, 학습자가 참여하는 경우에만 학습이 일어난다. 교실 안팎에서의 강의와 여타 전통적인 활동 중에 지루함과 이탈은 흔한 일이다. 서비스-러닝은 본질적으로 능동적 학습이다. 실제 문제와 요구 사항을 다루기 때문에, 학생들은 학습에 더 많은 시간과 노력을 투자할 것이다. 학생들은 교수진, 동료 및 지역사회 구성원들과 실질적인 문제에 참여하고 실제 경험을 통한 그들의 학습의 적절성을 발견한다. [질문 1.4]는 학생들을 위한 서비스-러닝의 다른 이점에 대해 서술하고 있다.

나는 교수들에게 서비스-러닝을 소개하면서, 봉사 경험을 교재와 비교하고 어떻게

그것이 교수와 학습에 필수적일 수 있을지를 설명하는 것이 도움이 된다는 것을 알았다. 이 비유에서 봉사 경험은 교과과정을 위한 잠재력 있는 교재이다. 교수는 학생들이 교과 내용을 배우고 적용할 수 있도록 가장 효과적이라고 생각하는 교재 혹은 봉사 경험을 선택한다. 봉사는 교과과정과 동시에 "쓰여진다"는 점에서, 분명히 전통적인 의미의 교재는 아니다.

그러나 봉사를 교재로 생각할 때 몇 가지 실질적인 이점이 있다(Morton, 1996). 첫째, 봉사는 잠재력을 학습하는 데에 있어 전통적 교재와 동등하며, 봉사 경험과 여타 교과목 자료들 모두 사실은 코스의 내용이다. 교재에 비유하는 것은, 또한 교수가 어떠한 교재 혹은 봉사 경험이 코스에 적합한지와 학생들이 수행하도록 요청되는 봉사 혹은 "읽기"의 양 등을 결정한다는 것을 의미한다. 또 다른 고려 사항은 교재 또는 봉사가 필수인지 혹은 선택인지에 관한 것이다.

교수들은 전체 교재(즉, 단일 구조에서의 집중적인 봉사) 또는 선집(즉, 다양한 구조에서의 여러 짧은 경험들)을 사용할지를 결정하는 "읽기"(즉, 서비스 경험)를 내준다. 또한 교수들은 학생들이 교재를 읽고 분석하고 토론할 수 있는 구조를 만든다(Morton, 1996). 교재와 봉사를 유사한 것으로 보았을 때, 학생 평가 및 성적 부여가 단지 봉사 수행(즉, 교재 읽기)에 의존하지 않고, 그보다는 학생들이 입증하고, 통합하고, 적용할 수 있는 학습에 근거해야 한다는 것을 보여준다.

어떤 코스를 개발할 때, 대부분의 교수진은 가능한 광범한 교재와 교수법을 고려하고 학생들이 학습 성과를 성취할 가능성이 가장 높은 교재와 교수법을 선택한다. 이는 서비스-러닝에도 동일하게 적용된다. 서비스-러닝이나 여타 교수법은 단순히 기존 교과과정에 추가하기만 해서는 안된다. 기존 교과과정에 서비스-러닝을 통합하는 과정에서, 교수진은 현재의 교재 및 과제를 학생의 학습과 과목의 성과 달성을 더욱 용이하게 할 것 같은 봉사 경험 또는 "교재"로 대체하여야만 한다.

추가정보출처

Campus Compact. (2003). *Introduction to Service-Learning Toolkit: Readings and Resources for Faculty* (2nd ed.). Providence, RI: Campus Compact.

4.2 자신의 전공 분야에서 서비스-러닝은 어떻게 이루어지는가?

서비스-러닝이 인문학에 어떻게 적용될 수 있는가?

사회 과학과 예비 전문직 과정에서 서비스-러닝은 가치가 있다. 그러나 과학 · 기술 공학 · 수학의 STEM 분야에서는 어떨까?

학제 간 교과과정에서 서비스-러닝은 어떻게 이루어지는가?

성찰의 경우와 마찬가지로, 교수진은 "다른" 학문 분야에서는 서비스-러닝이 어떻게 시행될지 이해하지만 자신의 분야에서는 어떻게 시행될 수 있을지를 알지 못한다고 말하곤 한다. 놀랍지도 않게, 그들은 자주 서비스-러닝이 행동 과학, 사회 과학, 보건 전문가, 교육, 그리고 농업 분야에서 잘 정립되어 있음을 관찰하곤 한다. 본 절에서는 처음에는 잘 운영되지 않을 듯 불길하였던 학문 분야에서 서비스-러닝이 어떻게 잘 운영되는지에 대한 구체적인 실제 사례를 제공한다.

다양한 수준의 글쓰기 과정에서 서비스-러닝의 많은 사례가 있지만, 여타 전통 문학 분야의 교수진은 철학, 언어, 문학, 예술, 음악, 역사와 같은 분야에서의 서비스-러닝의 적용 가능성에 대해 궁금해 한다. 최근에 열렸던 서비스-러닝 워크숍에서, 한 독일 문학 교수는 "순수한" 인문학 분야에서 서비스-러닝을 상상할 수 없다고 말하면서 공개적으로 어떻게 자신의 교과목 중 한 과목에 서비스-러닝을 접목시킬 수 있을지 보여 달라고 요청하였다. 나는 학생들이 충분히 참여하지 않거나 교수자가 학생들이 도달해야 한다고 기대하는 정도까지의 바람직한 학습 성과를 성취하지 못 하고 있는 그의 수업 중 하나의 사례를 제시해 주길 요청하였다. 그는 독일의 동화에 관한 일반 교과과정을 가르치고 있는데, 민속 문화에 대한 반성적 숙고, 국가 수준의 문학의 형태, 어린이들의 이야기, 대중 영화 채택의 주제, 잔인하고 폭력적인 장면을 제거하여 이야기를 건전하게 보이도록 시도한 검열 주제, 그리고 제 3 제국에 의해 사용된 선전으로서의 독일 동화의 여러 가지 중요한 역할에 중점을 두고 있다고 하였다. 그는 학생들이 그 소재를 어린 아이의 평범한 것으로 일축해버려 흥미유발이 어렵다고 했다.

나는 그 강의 과정을 서비스-러닝 과정으로 재구성하여 가까운 저소득층 인근 지역 초등학교 학생들에게 동화에 바탕을 둔 촌극을 읽고 발표하도록 제안했다. 이런 방식으로, 아이들은 그들의 교육과정의 범위 안에 없는 강화물을 받게 될 것이고, 서비스-러닝 참여자들은 아이들에게 미치는 이야기의 효과를 관찰하고 더 나아가 사회와의 관련성과 힘에 대한 그들 자신만의 이해를 향상시킬 수 있을 것이다. 비판적 성찰의 초점이 문학의 사회적 역할, 검열의 장·단점, 민담의 지속적인 가치, 빈곤 지역 학교에서의 교육 불평등의 현상과 같은 주제에 맞춰질 수 있을 것이다. 독일인 교수는 자신의 동화 교과목에 서비스-러닝을 도입하기 시작했으며, 후에 나에게 연락하여 그 결과에 얼마나 만족하는지 말해 주었다.

STEM(과학·기술·공학·수학) 분야의 교과과정에 서비스-러닝을 통합하는 것은 교수진에게 보람이자 도전이다. 전공 교과과정으로 설계되지 않은 교양 교육 교과과정을 가르치는 STEM 교수진은 서비스-러닝을 통해 학생들로 하여금 교과과정 내용과 실제 문제의 관련성을 발견할 수 있는 적극적인 학습 경험에 참여하면서 학습을 동기화 하도록 하는 경향이 높아지고 있다. STEM에서 서비스-러닝의 또 다른 이점은 학생들의 수학적, 과학적 문해력을 향상시켜 그들이 지식을 사용하여 대중 문제, 정책 개발 및 의사 결정을 이해하고 미디어와 인터넷에서 볼 수 있는 정보의 신뢰성 및 정확성을 평가할 수 있다는 것이다. STEM 분야의 전문가, 교수 또는 연구원이 되기를 원하는 학생들을 위하여, 교수진은 학생들을 서비스-러닝에 참여시켜 그들이 학문분야에서의 윤리적, 법적, 민주주의적, 사회적 차원의 이해를 심화하도록 한다.

한 지역 대학에서 제공된 대여섯 개의 미생물학 교과목으로부터 도출한 복합적이고 가설적인 사례에서, 교수들은 서비스-러닝을 교수법으로 선택했다. 왜냐하면 미생물학 입문 교과목이 그 대학에서 가장 낮은 학생 출석률, 성공률 및 이수율을 보이는 과목 중 하나였기 때문이다. 그 때 한 교수는 학생과 일반 대중의 다양한 활동을 위해 광범위하게 사용되었던 대학 캠퍼스에 있는 호수의 하수와 범람에 대해 관심을 가지기 시작했다. 그 교수는 여러 학기에 걸쳐 미생물학 입문 교과목에서 학생들에게 수년 동안 사람이 사용하기에 안전한지의 여부가 검증되지 않았던 호수에 관련된 서비스-러닝 활동에 참여하도록 하였다. 학생들은 시료 샘플을 수집 및 분석하고 자료를 문서화하면서 표본 추출, 검증, 실험 기법을 학습했다. 그들은 또한 호수에서 식물과 동물 표본을 수집하고 확인했다. 후속 수업으로 학생들은 미래의 수집물과 비교하기 위한 기준으로 사용될 수 있는 기존 동식물 종의 기록을 만들었다. 그 호수가 동식물은 지원할 수 있지만 사람이 사용하기에는 너무 오염되어 있어 안전하지 않다고 판단한 후, 학생들은 분석에 대한 보고서를 작성하여 유관 정부기관 및 비영리 단체에 제공하고, 정치인들과 영향력 있는 출판물의 편집자들에게 그 호수를 정화하는 것을 지지하는 편지를 썼다. 반성적 성찰의 주제에는 환경 청지기로서의 시민의 역할, 공공 장소에 대한 규제 감독의 장단점, 부유한 지역사회와는 달리 빈민 지역사회에서 오염된 물의 보급 등에 대한 것이 포함되었다. 학생들의 출석, 성적, 서비스-러닝 형태의 교과목 이수 완료 가능성이 실질적으로 증진되었다.

상담이 전문적인 활동인 다른 분야와 마찬가지로 STEM 분야에서도 서비스-러닝을 통해 학생들은 그들의 봉사가 아니면 그것을 가질 여유가 없는 지역사회 단체 및 여타 비영리 단체에서 봉사를 하면서 상담 기술을 배우고 실습할 수 있다. 그래픽 디자인, 마케팅, 관리, 회계, 웹 개발 등의 분야에서 학생들이 비영리 부문의 기관에 어떻게 봉사를 제공할 것인지 상상하는 것은 그리 대단한 일은 아니다. 그러나 작문과 수학 수업의 입문과 심화 수준 모두에서도 학생들은 그들의 학습을 향상시키고 가치 있는 봉사를 제공하는 서비스-러닝에 참여할 수 있다. 전문적인 작문 수업의 학생들은 보조금 제안서, 분기별 혹은 연례 보고서, 브로슈어 및 웹사이트 텍스트와 같은 고품질의 해설문을 요구하는 여러 과제를 통해 비영리 단체를 도울 수 있다. 시간이 걸리고 집중력이 필요한 이 작업은 직원들이 고객에게 서비스를 제공하고 비영리 단체 운영을 위한 일상 업무를 관리하면서 수행하기에는 어려운 일이다. 미분 방정식과 수학적 모델링과 같은 주제를 다룬 교과과정에서 심화 수학 수업의 학생들은 이러한 개념을 적용하여 인구 증가 및 인구 과잉, 자연 자원의 과도한 수확, 질병의 확산과 인간과 다른 종과의 상호 작용의 영향을 포함한 광범위한 사회 문제를 연구하는 데에 이러한 개념을 적용할 수 있다. 이러한 교과과정의 학생들은 수학적 모델링과 정부와 기업의 정책 결정의 상호 작용을 다루어 생각해 보고, 현지 및 다국적 기업을 관할하는 주정부 및 연방 정부 기관과 학생들이 고려하는 현안과 관련된 비영리 단체에 그들 과제의 성과물을 제공한다. 그들의 성찰은 모델링이 기후 변화와 수산자원의 격감을 예측할 수 있음에도 불구하고 왜 사회가 보호 조치를 취하는 것이 그렇게 어려운지 등의 문제에 초점을 맞출 수 있다. 2장 2.5에서는 전공 분야 전반의 교과과정에서 서비스-러닝의 성찰의 추가적인 예를 보여준다.

서비스-러닝은 학제 간 교과과정, 특히 지속 가능성, 국제 지역 연구, 도시 계획과 같이 단일 학문분야를 통해서는 해결할 수 없는 매우 광범위하고 복잡한 쟁점들에 초점을 맞춘 교과과정을 위한 훌륭한 교육이다. 이러한 교과과정을 통해, 학생들은 여러 분야에 걸친 팀에서 다른 분야의 관점을 경험하면서 동시에 자신의 분야의 통찰력을 제공하며 일할 수 있다. 예를 들어, 라틴계 이민에 대한 교과목에서 이민자 커뮤니티의 요구를 평가하고 처리할 때 건강 교육, 간호, 스페인어, 법률 분야에 학생들을 참여시킬 수 있다. 인간 발달, 운동 과학, 공학 그리고 조경 건축 분야의 학생들은 인간과 건축 환경에 대한 교과목에서 인근 지역을 위한 공동체 정원과 운동장을 설계하고 건설하기 위하여 함께 일할 수 있다.

추가정보출처

Bowdon, M. (Ed.). (2013). *Engaging STEM in Higher Education: A Faculty Guide to Service-Learning*. Tallahassee, FL: Florida Campus Compact.

Campus Compact. (2013g, December). *Faculty Resources: Syllabi*. www.compact.org/category/syllabi/.

Cooksey, M.A., & Olivares, K.T. (Eds.). (2010). *Quick Hits for Service-Learning: Successful Strategies by Award-Winning Teachers*. Bloomington, IN: Indiana University Press.

Heffernan, K. (2001). *Fundamentals of Service-Learning Course Construction*. Providence, RI: Campus Compact.

Morton, K. (1996). Integrating service-learning into the curriculum. In B. Jacoby (Ed.), *Service-Learning in Higher Education: Concepts and Practices*. San Francisco, CA: Jossey-Bass.

4.3 서비스-러닝은 학문적으로 엄정한가?

서비스-러닝은 학문적인 교과과정에 적합한가?
얼마나 많은 서비스-러닝이 엄정성을 충분히 확보하고 있는가?
어떻게 모든 학문적 내용을 다루면서 서비스-러닝을 교과과정에 통합할 수 있는가?

2001년, Jeffrey Howard는 「봉사와 학습을 결합한 올바른 실천 원리」(Porter-Honnet & Poulsen, 1989)를 토대로 한 서비스-러닝 교육의 원리를 발전시켰다. [제시문 4.1]에서 제시된 원리들 중 두 번째는 "학문적 엄정성을 해치지 말라"(Howard, 2001, p. 16)는 것이다. 원리들은 봉사가 아닌 학습에 대해 학점으로 인정하는 것과 같은 학문적으로 엄정한 실천을 매우 강조한다. 그것은 학습 목표와 봉사 지역 선정을 위한 기준을 명시하기, 지역공동체로부터의 배움을 위하여 학생들을 준비시키기, 지역공동체 학습의 가치를 교실에서의 학습과 동일시하기 등이다. Howard는 "지역공동체 봉사를 '부드러운' 학습 자극으로 명명하는 것은 심각한 오해를 보여준다"(2001, p. 16)며 경고한다. 사실, 서비스-러닝 참가자는 전통적인 교과과정에서와 마찬가지로 학문적 내용을 숙달해야 하며 또한 지역사회 상황에 그것을 적용하여야 한다. 그들은 또한 비구조화되었거나 잘 구조화되지 않은 지역사회 경험으로부터 배우는 방법과 지역사회를 기반한 학습을 다른 교과과정 학습 자료 및 활동으로부터의 학습과 연결시키는 방법을 배워야 한다(Howard, 2001).

교수진은 어떻게 서비스-러닝을 교과목에 통합하고 필요한 모든 학문적 내용을 포함하는 것이 가능한지 자주 궁금해한다. 4장 4.1에서 언급한 바와 같이, 서비스-러닝은 기존 교과과정에 단순히 추가되기만 해서는 결코 안된다. 서비스-러닝은 교과목의 교수법으로 선정되어야만 하는데, 왜냐하면 학생들이 여타 교수법들보다 교과 학습자료와 기술을 숙달하는 것을 포함하여 바람직한 학습 결과의 최소한을 성취할 수 있게 할 가능성이 더 있기 때문이다. 예를 들어, 3학점 교과목의 학생들은 수업 시간에 2~3시간 단위로 공부하거나 그렇지 않으면 한 시간 단위로 매 시간마다 수업에서 교과 내용에 참여해야 한다는 일반적인 기대에 따라, 봉사 및 반성적 사고는 학생들의 교과목에 투입해야 하는 대략 6~9시간의 교실 밖 시간을 고려해야 한다.

제시문 4.1 서비스-러닝 교육을 위한 올바른 실천 원리

1. 학점은 배움에 대한 것이지 봉사에 대한 것이 아님.
2. 학업적 엄정성을 해치지 말 것.
3. 학습 목표 수립하기.
4. 봉사 배치 선정을 위한 기준 설정하기.
5. 지역공동체 학습을 수확하고 교과목 학습 목표를 실현하기 위한 교육적으로 건전한 학습 전략을 제공하기.
6. 지역공동체로부터의 배움을 위하여 학생들을 준비시키기.
7. 학생들의 지역공동체 학습 역할과 교실 학습 역할 사이의 구별을 최소화하기.
8. 교수의 교수 역할에 대해 다시 생각해보기.
9. 학생의 학습 결과의 다양성 및 통제력의 상실에 대비하기.
10. 교과과정의 지역공동체 책임 지향을 극대화하기.

J. Howard, 2001, pp. 16-19. 사용승인을 받음.

또 다른 자주 듣는 질문은 교과목이 서비스-러닝으로 지정되기 위해서는 어느 정도의 봉사가 필요한지에 관한 것이다. 전통적인 교과목에서 몇 페이지의 읽기 또는 쓰기가 필요한지에 대한 질문에 답이 없듯이, 분명한 정답은 없다. 기간이나 강도와 관계없이, 중요한 문제는 강의, 독해, 연구, 수업 토론, 문제 해결, 그리고 다양한 형태의 성찰과 같은 여타의 학습 경험과 함께 봉사 경험을 교과에 짜 넣어야 한다는 것이다. 그러한 경험의 조합이 학생들로 하여금 교과목의 학습 결과를 성취할 수 있도록 한다.

요청되는 봉사 시간 수에 상관없이, 학습의 장으로서 지역공동체가 추가될 때는 신중하게 선정되어야 하며, 원하는 교과과정의 목표 결과와 명확하게 관련되어야 하며, 교과과정에 철저하게 통합되어야 한다. Howard가 주목한 것처럼, "학생들에게 서비스-러닝 과정의 일환으로 지역공동체를 기반으로 하는 기관에서 봉사하도록 요구하는 것은 학생들에게 전통 교과의 일부로 책을 읽도록 요구하는 것과 마찬가지이다(2001, p. 17)." 마찬가지로, 학생들은 그들의 학습 성과 성취를 가장 가능하게 하는 종류의 봉사 활동에 참여해야 한다. 예를 들어, 교육 정책 교과에서 학교 행정 사무실의 서류들을 정리하는 것은 학교 직원에게는 유용할지라도 적절한 봉사 활동이 아니다. 서비스 경험을 교과 내용과 유목적적으로 연결하는 신중하게 구조화된 비판적 성찰은 엄정한 교수 및 학습 전략이며 깊이 있는 학습을 발생하게 하는 핵심이다(Clayton & O'Steen, 2010). 앞서 2장에서는 고품질 서비스-러닝의 근본으로서 비판적 성찰에 대해 철저하게 논의했다.

서비스-러닝 과정에서 평가 및 성적 매기기는 여타 학문 교과에서처럼 엄정해야 한다. 전통적인 교과의 학생들이 단순히 텍스트 읽기를 했다고 성적이나 학점을 받지 못하는 것처럼 서비스-러닝 참가자는 단순히 봉사를 수행했다고 해서 성적이나 학점을 받지 못한다. 오히려, 배움이 입증된 것에 대해 성적과 학점이 부여되는 것이다. 더 자세한 내용은 4장 4.6을 참조하라.

4.4 서비스-러닝을 교육과정에 통합시키는 다양한 방법에는 어떤 것들이 있는가?

교육과정의 서비스-러닝은 어떠한 형태로 되어 있는가?
서비스-러닝이 필수인가, 선택인가?
다양한 형태의 서비스-러닝의 장점과 단점은 무엇인가?
서비스-러닝은 교양교육 교육과정 혹은 전공 교육과정에 어떻게 통합되는가?

서비스－러닝을 포함하기 위하여 새로운 교과를 개발할 목적이든 기존 교과를 재구성할 목적이든 서비스－러닝이 교육과정에 어떻게 통합될 수 있는지에 대한 몇 가지 기본 모형이 있다. 아래에 설명된 모형은 포괄적이지도 상호 배타적이지도 않다. 그러나 모형들을 밝히고 각각 기술함으로써 그것의 목표, 도전 과제 및 고유한 측면을 강조할 수 있다. 각 모형 내에서 교양교육 교육과정이나 전공에서 강좌들을 제공할 수 있으며, 그것들 대부분은 필수 또는 선택이 될 수 있다. 그것들은 학문 분야 기반이거나 학제 간일 수 있다. 봉사 경험은 캠퍼스에서 가까운 곳에서 혹은 먼 곳에서 일어날 수 있고, 또 국내 혹은 해외에서 일어날 수 있다. 어떤 경우에는, 학생들은 수업계획서에 구체화된 기준에 따라 안내되거나 교수진이나 서비스－러닝 센터로부터 제공되는 선택 메뉴를 통해 봉사－경험을 선택한다. 다른 경우에는, 교수와 한 개 이상의 지역사회 단체와 함께 개발한 지속적인 파트너십을 기반으로 한 필수 봉사－경험이 있다. 봉사 활동은 개별적으로 또는 팀 단위로 진행될 수 있으며, 교과 학습 결과, 지역사회 요구, 학생들의 지식, 기술 및 경험 수준에 근거한다. 교과 기반 서비스－러닝 활동에는 직접적인 고객과의 상호작용, 프로젝트, 상담, 그리고 지역사회 기반 연구가 포함될 수 있지만 분명 이에 국한되지는 않는다. 이 교과는 오프라인 캠퍼스, 온라인 혹은 이 둘 조합의 수업의 형태로 진행될 수 있다. 서비스－러닝 교과과정 모형들 각각의 장점, 단점, 그리고 예시가 아래에 제시되어 있다.

서비스－러닝이 필수인 교과과정. 교과과정의 모든 학생들은 서비스－러닝에 참여한다. 성찰은 교과과정 전반에 걸쳐 통합되고 학습 결과와 연결된다. 이러한 교과과정은 교양교육 교육과정이나 전공 교육 교육과정에서 가능하며, 전공분야 기반이거나 학제 간일 수 있다.

이점 : 모든 학생들이 봉사 경험에 참여하기 때문에 학급 토론과 집단 성찰에 공감이 형성된다.

단점 : 일부 학생들은 직장, 가족의 책임, 종교적 혹은 정서적 문제와 같은 봉사에 참여하는 것이 어렵거나 불가능한 정당한 이유가 있을 수 있다.

사례 : 화학 입문 교과 수업의 학생들은 지역사회 파트너와 함께 인근 저소득 지역의 노후 주택의 벽 페인트에 대한 분석을 실시하여 납으로 오염된 안전하지 않은 집들을 식별한다. 학생들은 납 중독의 해로운 영향, 특히 어린이에 대한 영향에 관해 연구하고, 저소득 지역에서 납 오염으로 인한 사회 경제적 영향을 고려하며, 학교 교직원 및 학부모를 교육하여, 영향을 받은 가족들을 도울 수 있는 자원을 연구한다.

서비스-러닝이 선택인 교과과정. 서비스-러닝, 사례 연구, 연구 논문, 기타 프로젝트 등 교과과정의 목표를 달성하기 위한 교수법이 두 가지 이상 제시되면, 학생들은 이 중 한 가지를 선택한다.

이점 : 매우 많은 교과목의 부담 또는 여타 책임을 지닌 학생, 봉사를 논리적으로 또는 정서적으로 어려운 도전이라고 여기는 학생, 봉사 참여를 꺼리는 학생들은 서비스-러닝을 선택하지 않을 수 있다. 참여하는 학생이 적으면 교과목 내용에 잘 부합하면서 지역사회 파트너를 압도하지 않는 봉사 경험을 찾고 감독하는 것이 더 쉬울 수 있다.

단점 : 신중하게 설계된 경우를 제외하고는 봉사가 교과과정에 통합되기보다는 단순히 추가된 것처럼 보일 수 있다. 서비스-러닝을 선택하지 않은 학생의 경우 서비스-러닝을 선택한 학생들과는 대조적으로 다른 다양한 자극과 여러 형태의 성찰이 필요할 수 있다.

사례 : 학생들이 웹 사이트를 설계하는 컴퓨터 과학 교과.

서비스-러닝 참여자는 지역사회 기관에 대해 배우고, 수요에 대해 그리고 고객에 봉사하기 위하여 웹 사이트를 설계한다. 다른 학생들은 가정된 기관을 위한 웹 사이트를 개발할 것이다.

학생들이 추가적인 서비스-러닝 학점을 얻을 수 있는 교과과정. 교수가 기본 교과과정을 보충하는 서비스-러닝 구성 요소를 설계하기 위해 학생과 협력하는 교과목에서, 학생들은 교수와 학습 계약을 협상할 수 있다. 학습 계약서에서는 일반적으로 봉사 경험의 본질, 교과과정과의 관계, 학생이 완료할 봉사 시수, 그리고 반성적 성찰 방법을 구체화한다. 보고서 혹은 수업 발표와 같은 최종 성과물도 포함하곤 한다.

이점 : 학생들은 교과과정에 서비스-러닝을 추가하는 것을 시작부터 참여할 수 있으며, 때로는 학생들이 교수에게 서비스-러닝의 도입을 제안하는 역할을 하기도 한다.

또는 교수가 전체 수업계획표를 수정하지 않고 서비스-러닝을 선택적으로 할 수 있다. 이는 봉사 경험 제안 및 학습 방법 입증에 대한 책임을 학생에게 부여함으로써 교수의 작업량을 줄일 수 있다. 서비스-러닝 참여자가 그들의 학습에 관하여 수업에서 발표하는 경우, 다른 학생들은 타인의 경험을 통하여 또 다른 배움의 혜택을 경험할 수 있다.

단점 : 학생들이 개별적으로 봉사할 기관을 선정하면, 교수는 발생 가능한 갈등을 중재할 수 있는 위치에 있지 않게 된다. 대부분 이러한 경우, 학생들에게 집단 성찰의 기회를 제공하지 않는다. 또한 마치 여러 독립적인 연구를 감독하는 것과 같은 추가적인 일이

교수에게 부여된다.

사례 : 사회 문제에 관한 사회학 교과에서, 추가 학점을 선택하는 학생들은 지역사회 기관에서 계획된 봉사 시간을 이수하기 위하여 사회 문제 중 하나를 해결하고 그들이 학습한 자료와 이론이 봉사를 통한 그들의 경험과 어떻게 관련되는지를 수업에서 발표하는데, 이러한 내용을 교수와 학습 계약을 맺는다.

1학년 체험. 서비스－러닝은 1학년 세미나 또는 교과에 통합되어 학생들에게 서비스－러닝의 개념, 대학이 위치한 지역사회, 학생이 경험적 학습을 통하여 글쓰기, 비판적 사고, 내용 영역에서의 기술을 습득하는 방법을 소개하곤 한다. 전공 분야의 1학년 교과과정에서는 현장 전문가들이 하는 일과 그 분야에서 사회 문제가 어떻게 다루어지는지를 설명하기 위하여 서비스－러닝을 적용하기도 한다.

이점 : 대부분의 신입생은 지역사회－봉사 경험을 가지고 대학에 입학한다. 1학년 교과과정에 서비스－러닝을 포함시키면, 학생들에게 그들 대부분이 적어도 건성으로 할 수도 있을 비판적 성찰의 개념과 실천을 소개하면서 그 경험을 쌓을 수 있도록 할 수 있다. 학생들이 집단으로 봉사를 하고 반성적 성찰을 할 때, 동료들과 만나고 그들로부터 배울 수 있는 기회를 갖게 된다. 또한 대학의 성과로서 학생들이 지역공동체 구성원이 된다는 것의 의미와 시민권 및 시민 참여의 중요성을 논의하는 데에 학생들을 참여시키는 좋은 방법이다.

단점 : 교과목은 1학점에서 3학점까지 다양하며 일반적으로 대학 생활 적응과 관련된 다양한 주제를 다루기 때문에, 봉사 경험이 너무 짧으면 의미가 없을 수 있으며 또한 교과목과 관련이 없는 것처럼 보일 수 있다. 게다가 어리고 경험이 없는 신입생들은 지역공동체 파트너가 기여한 시간과 에너지를 능가해 그들이 혜택을 받게 되는 봉사를 제공하는 데 필요한 지식과 기술이 부족할 수 있다.

사례 : 8주간의 1학점 1학년 세미나인 「대학생활 입문」에서는 학생들을 5시간의 봉사 경험, 일지쓰기를 통한 개별 반성적 성찰, 대여섯 차례 집단 성찰에 참여시킨다. 그 다음에는 학생 조직, 1일 행사, 봉사 여행(alternative break), 그리고 서비스－러닝 교과목들을 포함한 서비스－러닝에 참여할 수 있는 또 다른 기회들에 대하여 서비스－러닝 센터에서 일하는 학생 인턴의 발표가 이어진다. 전공 기반 사례로는, 대학의 역사 연구에 새로운 역사 전공을 도입하는 교과에서 소규모 지역 박물관에서 사진을 카탈로그로 만드는 지속적인 서비스－러닝 프로젝트에 학생들을 참여시켜 역사 학문 분야가 실제에서는 어

떻게 작용하는지 알게 할 수 있다. 학생들은 원본 자료를 연구하는 것의 중요성, 그것들을 보존하는 데에 생기는 도전적인 문제들, 지식 창출 및 보존에 있어 박물관의 역할과 그것의 공적 공간으로서의 역할에 대하여 깊이 숙고한다.

서비스-러닝 인턴십 또는 독립적인 연구. 이러한 집중적인 경험을 통해 학생들은 더 많은 시간(일반적으로 주당 최소 10시간) 동안 지역사회를 기반으로 하는 일을 할 수 있다. 개별적으로 또는 세미나 형식으로 학생들은 교수와 만나게 되는데, 때로는 아주 최소한의 시간만 만난다. 이러한 만남은 온라인 또는 대면으로 가능하다. 학생들은 직접적인 봉사, 프로젝트, 또는 상담 등을 하면서 지역사회 기관의 일을 진전시키기 위하여 그들의 지식과 기술을 적용한다. 그들은 또한 그들의 경험을 학문적 자료와 연결시키는 지속적인 반성적 성찰에 참여한다. 어떠한 학과는 인턴십이나 독립적인 연구를 위한 교과목을 특정 학점만큼 이수하도록 하고 있어서 학생들이 다양한 학점을 취득할 수 있다. 이때 학습 계약이 요구되기도 한다.

이점 : 학생들은 중요한 실습 경험을 쌓을 수 있고, 취업 및 대학원 지원에 도움이 되는 가치 있는 지식과 기술을 개발할 수 있는 기회를 갖는다. 학생들은 또한 지역사회 기관에 크게 기여한다. 독립적인 연구는 독특한 관심사를 가진 학생들에게 유연한 선택이 된다.

단점 : 학생들이 지역사회에서 봉사할 곳을 찾는 일을 담당하지 않는다면, 교수는 인턴십 및 독립적인 연구에 적합한 집중적인 서비스-러닝 경험을 개발하고 감독하는 데에 많은 시간과 노력을 들여야 한다. 직원의 행정지원이 제공되지 않으면, 교수에게는 상당히 어려운 일이 된다. 또한 지역사회 기관이 이러한 집중적인 경험에 필요한 수준의 감독을 제공하는 것도 도전적이며 어려운 일이다. 학생 입장에서는, 인턴십이 무보수일 수 있다는 것이 제시되는 것도 중요하다.

사례 : 여성학을 전공하는 학생들은 여성 문제에 중점을 둔 지역사회 기관과의 필수 4학년 인턴십을 수행하여야 한다. 봉사의 성격은 기관의 고객과 직접 접촉하는 것부터 여성의 일에 대한 동등한 임금의 확보에 대해 지지하는 것까지 다양하며, 미혼모를 위한 양육 매뉴얼을 만드는 등과 같은 일을 포함한다. 국제법 교과에서는, 학생은 아동의 노동에 반대하는 국제기구와 독립적인 연구를 수행하기로 계약할 수 있다. 학생은 다양한 국가들의 아동 노동법을 비교하는 연구를 수행하고 조직의 온라인 저널에 일련의 기사들을 작성할 수 있다.

현장 직무 서비스-러닝. 교사 교육, 법률, 보건 전문직, 그리고 기타 인적 서비스 분야와 같은 전문직 프로그램의 학생들은 종종 지역공동체에서 일한다. 가끔은 교과과정을 통해서 대여섯 회, 일반적으로 횟수를 더해 갈수록 더 오랜 기간 동안 지역공동체에서 일한다. 현장 교육이 서비스-러닝으로 간주되기 위해서는 상호 협력 파트너십, 비판적 성찰, 학문적 내용과의 의도적인 통합이 필수적이다.

장점 : 학생들은 서비스-러닝을 하지 않았다면 접해보지 못했을 환경에서 주민들과 일하는 기회를 갖는다. 그들은 실제로 이론을 검증할 수 있고 그들이 연구한 통계학을 인적인 측면에서 이해할 수 있다. 병원, 학교, 상담소 등의 지역사회 기관들은 상당한 이익을 얻는데, 교수진 및 여타 전문직 양성 대학의 자원에 알려질 뿐만 아니라 직원들을 돕는 숙련된 견습자들을 꾸준히 확보할 수 있는 것 등이다.

단점 : 모든 학생에게 충분히 적절한 실습 자리를 배치하는 것은 어려울 수 있다. 일부 대학들은 현장 직무 서비스-러닝 참여자가 아니면 제공될 수 없는 봉사를 학생들에게 하도록 하면서 실습 자리 수를 늘리고 기관의 역량을 향상시키는 하나 이상의 지역사회 기관들과 협력관계를 맺고 지속적인 프로그램을 공동으로 개발하고 있다.

사례 : 가정 폭력에 대한 과목을 수강하는 사회복지 전공의 학생들은 가정 폭력의 원인과 영향에 관한 이론을 학습하고 폭행을 당한 여성을 위한 쉼터 거주자들과 일한다. 대학의 언어 및 청각학과는 지역사회 센터에서 주말 클리닉을 연다. 그 곳에서 교수들의 안내에 따라 서비스-러닝 참여자들은 저소득 주민에게 청각 및 언어 테스트 및 치료를 제공한다. 대학 법학과의 학생들은 아동 발달에 관한 프로그램에 협력하여 양육권 및 입양, 교육권, 교육적 과정에서 아동 권리 보호법, 친권 등 어린이 복지와 관련된 문제에 관한 학부모, 교육자 및 기타 지역공동체 구성원을 위한 일련의 워크숍을 설계하고 실시한다.

지역사회 기반 연구. 교수의 감독 하에 학생들은 모든 협력자들에게 이익이 되도록 설계된 지역공동체와의 연구에 참여한다. 지역사회 구성원들은 연구 주제를 확인하고 연구 절차의 모든 단계에 참여한다. [제시문 4.2]는 서비스-러닝으로서의 지역사회 기반 연구에 대한 더 많은 정보와 사례를 보여준다.

장점 : 학생들은 학부 연구의 모든 이점을 누릴 수 있는데, 이는 파급 효과가 큰 교육 실습에 관한 연구의 결과에 잘 설명되어 있다. 그 연구 결과는 지적 기능 향상, 연구 절차 이해, 의사소통 및 팀워크 기술, 자신감, 진로 명확화 등을 포함한다(Kuh, 2008). 교수는 연구팀을 위해 추가적인 구성원을 확보하는 반면, 지역사회 기관은 그들이 고객에게 더 나은 서비스를 제공할 수 있을 정보와 아이디어를 얻는다.

제시문 4.2 **지역사회 기반 연구와 서비스-러닝**

소위 참여 학문 또는 지역사회 참여 학문이라고도 하는 지역사회 기반 연구는, 대학과 지역사회 에이전트들을 학문 분야 및 지역공동체 모두에 이익이 되는 학문적으로 엄격한 학문에 참여시킨다(Paul, 2009, Stanton, Connolly, Howard & Litvak, 2013). 이러한 용어에 대한 여러 정의가 있지만, 지역사회 기반 연구의 두드러진 특징은 학문적 엄격함에 대한 학문 분야의 기준 충족, 공익 사업에의 기여, 연구 과정의 모든 측면에의 지역사회 구성원의 참여, 지역사회와 학계 모두에게로의 연구 결과의 전파를 포함한다. 게다가 지역사회가 지식과 전문성이 부족하다는 것을 인식하고 지역사회 파트너와 함께 목표와 접근 방식을 개발하고 연구를 실시하고 보급하는 데에 있어서의 권한을 공유하는 것을 포함한다.

지역사회 기반 연구를 수행하는 많은 교수들은 서비스-러닝 과목을 개발하는데, 그 과목에서는 학생들이 과목 학습 성과를 달성할 수 있도록 고안된 반성적 성찰과 함께, 학생들을 진행 중인 프로젝트의 공동 연구자로서 참여시킨다. 학부 연구 및 서비스-러닝 모두가 영향력 있는 교육 실제로서 확인되어 왔기 때문에(Kuh, 2008), 교수의 학술적 의제와 직접 관련이 있는 지역사회 기반 연구에 학부생을 참여시키는 서비스-러닝 과목이 점점 더 많아지고 있다. 예를 들어, 최근의 라틴계 이민자들의 삶과 공헌, 도전에 대해 연구한 한 인류학 교수는 여러 지역사회 단체, 교회, 그리고 인근 지역 지도자들과 파트너십을 맺어 작은 지역 박물관을 만들고 그들의 경험에 집중한 일련의 공개 전시회를 열었다. 그녀는 이러한 연대와 함께 여러 연구의 설계 및 수행, 유물 수집, 비디오그래피를 통해 개인 역사 기록 등을 하는 연구 계획을 개발하고 실행한다. 그녀는 가을 학기와 봄 학기 모두 전공과 비전공 교과목을 개설하여 학생들이 연구의 모든 측면에 참여하도록 가르치고 있다.

지역사회 기반 연구는 또한 서비스-러닝 독립 연구 및 캡스톤 교과의 기초로서 기여한다. 경우에 따라 중요한 서비스-러닝 경험이 있는 독립 연구, 학위 논문 또는 캡스톤 프로젝트를 하고자 하는 학생들은 그들의 관심 주제에 대한 전문성을 갖춘 교수진을 찾고, 학습 계약을 발전시키고, 교수의 지도를 거의 받지 않거나 혹은 많이 받으면서 프로젝트를 완료한다. 일부 대학은 독립적인 지역사회 기반 연구 프로젝트를 위한 기금을 제공하는 장학금을 제안한다. 다른 모형에는 교과 혹은 세미나가 포함된다. 교수가 학문 분야와 관련된 공익 주제를 선정하고 각 학생이 주제와 관련된 독립적인 지역사회 기반 연구 프로젝트를 수행하는, 필수 학문 기반 캡스톤 교과목이 한 사례가 될 수 있다. 스탠포드 공공 서비스 학부 프로그램(Stanford Public Service Scholars Program)은, 1994년 하스 공공 서비스 센터(Haas Center for Public Service)를 설립했으며, 엄격한 학술 연구와 공공 서비스를 결합한 학위 논문을 작성하기를 원하는 학생들을 참여시키고 있다. 이 프로그램은 공공 서비스 4학년 연구인 Urban Studies 198에 등록한 학과 혹은 학제 간 프로그램의 학생들에게 열려 있는데, 그들의 마지막 학년의 가을, 겨울, 봄 학기 동안 총 9학점이 열려 있다. 학생들은 세미나에서 매주 만나는데, "세미나는 연구의 이론과 실천을 봉사의 형태로 탐구하고, 학생들에게 소그룹으로 작문을 공유하고, 협력하여 문제를 해결하고, 논문 계획, 개념적 틀, 연구 방법론을 비평하는 기회를 제공하기 위하여 설계된다(Stanford University, 2013)". 학생들은 그들의 연구결과를 학계와 지역사회에 발표한다.

단점 : 학생들은 주제 분야에 대한 전문성과 지역사회에의 노출이 제한되어 있다. 이러한 제한은, 흔히 한 학기라는 기간과 함께, 학생들의 연구에서 공부하고 있는 문제가 적절하게 다루어질 수 있을 가능성을 최소화시킨다. 그러므로 학생들의 연구에 기반된 복잡한 문제에 대한 해답이나 해결책을 과도하게 약속하지 않는 것이 중요하다.

사례 : 문화 유산 설명가를 위한 스페인어 과목의 학생들은 지역사회 단체와 협력하여 최근 라틴 아메리카 출신 이민자인 고객에 기반한 요구를 연구하는 프로젝트를 설계한다. 학생들은 기관의 고객과 인터뷰하고, 인터뷰 결과를 주제별로 유목화하며, 기관의 상세화 방식대로 기관에 정보를 제공하면서 언어 실력을 개발시킨다.

서비스-러닝 캡스톤. 서비스-러닝 캡스톤은 지역사회 문제 혹은 수요를 다루는 고도로 지적이고 창의적인 작업을 통해 학생들이 대학 생활 전반에 걸친 그들의 배움을 통합하고 적용할 수 있도록 하는 최고 수준의 경험이다. 캡스톤 경험은 학문 분야 또는 학제 간을 기반으로 하며 종종 연구 프로젝트 또는 집중적인 서비스 경험을 포함하는데, 이는 비판적 분석과 보고서 혹은 발표와 같은 실질적인 최종 성과물을 포함한다. 프로젝트는 개별적으로 또는 그룹으로 진행될 수 있으며 인턴십, 독립적인 연구(Independent study), 지역사회 기반의 연구, 현장 직무 또는 기타 교육과정 상의 서비스-러닝 유형을 포함할 수 있다. 프로젝트 작업을 수반하는 교과목이나 세미나가 있을 수도 있고 없을 수도 있다. 지역사회와의 상호 호혜적인 관계와 지속적인 비판적 성찰에 참여하는 학생들은 서비스-러닝 캡스톤이 다른 고학년의 학습 경험과 다른 독특한 차이가 있다는 것을 구별하게 된다.

장점 : 캡스톤 경험을 통하여 학생들은 이전에는 동떨어졌던 지식과 기술을 보다 일관된 전체로 통합하여 그들의 지식과 경험에 의미를 부여하는 기회를 갖게 된다. 학생들은 대학 생활을 되돌아보고, 자신이 알고 있는 것과 할 수 있는 것을 인식하게 될 뿐만 아니라, 자신이 가진 지식과 기술 사이에 존재하는 격차를 알 수 있다. 서비스-러닝 캡스톤을 통해 학생들은 지역사회, 국가 또는 세계가 직면한 과제를 다루는 데에 그들이 가진 지식을 적용할 수 있게 된다. 반성적 성찰은 시민으로서 참여하는 학자와 전문가가 되기 위한 준비에 중점을 두곤 한다.

단점 : 서비스-러닝 캡스톤이 학생들과 지역사회에 바람직한 성과를 달성하기 위해서는, 선행 교육과정이 학생들에게 고품질의 프로젝트나 성과를 설계하고 구현하는 데에 필요한 지식, 기술 및 서비스-러닝 경험을 제공해야 한다. 인턴십 및 독립적인 연구와

마찬가지로, 캡스톤은 교수들에게 많은 시간을 요구한다. 교수들의 업무 부담이 늘어나는 것에 따른 효과가 설명되어야 한다.

사례 : 경영학 분야의 캡스톤 과목에서 학생 소집단들은 지역 단체에 상담가로서 함께 장·단기 사업 계획 수립을 하며 봉사한다. 다양한 분야의 학생들로 구성된 학제 간 캡스톤 수업에서, 개별 학생은 공공의 문제를 선정하고, 그것의 양상을 다루기 위한 연구를 설계하고 수행하며, 그 연구 자료를 학급에서뿐 아니라 해당 문제에 관심이 있는 대중에게 모두 발표한다. 학생들과 교수는 매주 세미나에서 만나 자신의 일에 대해 서로 논의하는데, 이 과정에서 해당 문제에 대해 서로에게 배우기도 하고, 자신의 학문 분야의 시각을 서로에게 제공하기도 한다.

몰입 경험. 집중 서비스-러닝 유형인 몰입 경험은 대안 봄 방학, 3주간 겨울 방학, 또는 여름 또는 학기 중 국내 또는 해외 환경에서의 경험을 포함한 교과목과 같이 다양한 형태로 이루어진다. 몰입 경험 동안, 학생들은 그들이 일하는 지역사회에서 산다. 학생들은 일반적으로 자신과는 아주 다른 환경과 문화에 몰입되어 집중된 반성적 성찰을 하기 때문에, 중요한 문화적 차원의 몰입이 있다. 문화적 몰입은 남아메리카의 고립된 마을에서 홈스테이를 하든 애팔래치아 농촌 지역에서 홈스테이를 하든 일어날 수 있다. 이러한 교과목들에는 종종 몰입 중에 학생들이 하는 일과 관련된 몰입 경험 전후의 지역사회에서의 봉사도 포함하곤 한다.

장점 : 가정과 대학 캠퍼스 모두로부터 멀리 떨어져, 낯선 문화에 살고, 일정 기간 동안 자신들과는 다른 삶을 사는 사람들과 긴밀히 일하면서, 지속적인 반성적 성찰에 의미 있는 시간을 보내는 것은 강력한 학습 경험이 될 잠재력이 있다.

단점 : 고품질의 몰입 경험을 설계하는 것은 복잡하고, 시간이 많이 걸리며, 일반적으로 계획 단계에서 최소한 한 번의 현장 방문이 필요하며, 주거, 여행 준비, 위험 관리, 재정적 원조에 대한 지원을 포함한 제도적 자원에 따라 달라질 수 있다. 특히 장거리와 장기간의 경험으로 인해 학생당 상당한 비용이 들 수 있다. 이로 인해 참여가 어려운 학생들이 있을 수 있다.

사례 : 아메리카 원주민 사회에 대한 사회학 교과목은, 교수가 여러 번 방문하여 부족 원로에 의해 제기된 문제에 대해 공동체 기반 연구를 수행한 사우스 다코타 주의 지역 공동체에서의 3주간의 경험으로 구성된다. 학생들은 연구에 참여하고 아메리카 원주민 보호 구역 청소년의 지도력 개발 활동에도 동참한다.

가을 학기의 고급 토목 공학 과목에서, 학생들은 태국 엔지니어와 인터넷을 통해 태국 남부의 시골 지역을 위한 물 여과 시스템을 설계한다. 그들은 현지 기술자와 함께 시스템을 구축하는 현장에서 겨울 방학을 보낸다.

교과과정 계열성. 학생들은 이전의 작업을 바탕으로 한 일련의 교과목들을 수강하며, 보다 집중적으로 진행되는 봉사와 점점 더 깊이있고 비판적인 반성적 성찰을 하게 된다. 학생들은 계열을 통해 같거나 다른 지역공동체 기관과 파트너가 될 수 있다. 여기에는 학문 분야 또는 학제 간 접근이 포함될 수 있다. 일련의 교과목들은 교양교육 교육과정이나 선택 교육과정의 일부로써 필요할 수 있고, 이 때 이수 완료 시 수료증이 수여되거나 성적증명서에 표기될 수 있다.

장점 : 신중하게 설계된 교과목의 계열성을 따르는 학생들은 이론 및 기타 학문적 내용을 학습하고, 그러한 그들의 지식을 점점 더 복합적인 방식으로 적용하며, 그들의 전공분야의 사회적 맥락을 이해하고, 비판적이고 통합적인 사고 기술을 개발할 수 있다.

단점 : 일련의 지역공동체 기반 교과과정이 요구되는 경우, 여러 수준의 학문적 검토 및 승인뿐만 아니라 지역공동체 및 기관과의 수많은 깊고 지속적인 파트너십을 포함하여 전체 학부 교육과정의 재설계가 필요하다. 이러한 일련의 교과과정이 선택형이라고 하더라도 신중한 설계, 여러 단계의 승인 및 지속적인 파트너십이 필요하다.

사례 : 뉴욕의 스태튼 아일랜드(Staten Island)에 있는 바그너 대학(Wagner College)에서, 바그너 플랜(Wagner Plan)은 학부생별로 첫 해에 1개 학습공동체, 중간 학년에 1개, 그리고 졸업 학년에 전공에서 1개씩 3개 학습공동체를 완료하도록 명시하고 있다. 서로 다른 학문 분야의 두 명의 교수가 가르치는 1학년 학습공동체는 두 개의 교양교육 과정과 "반성적 성찰 개별 지도"라는 세 번째 과정의 결합이다. 학생들은 일반적으로 주당 3시간을 공동체 조직의 소그룹에서 보내면서, 조직, 실제 및 역학을 관찰한다. 중간 단계의 학습공동체에서는 학생들이 다양한 관점 간의 사회적 및 지적 연결을 볼 수 있도록 학제 간 주제를 다루고, 비판적 사고를 촉진하는 통합된 최종 프로젝트가 있다. 일부 학생들은 1학년 때와 같은 공동체 조직에서 작업한다. 고학년이 끝나갈 무렵, 모든 학생들은 자신의 전공에서 반성적 성찰 개별 지도를 통해 학습공동체를 성공적으로 완성해야 한다. 이 경험은 총괄적인 전공 과목과 100시간의 경험적 구성요소를 포함한 반성적 성찰 개별 지도, 상당하고 정교한 서면 프로젝트, 그리고 발표로 구성된다. 어떤 경우에는, 학생들은 1학년 때부터 함께 했던 같은 지역사회 단체와 계속 일하기도 하며, 4학년의 경험 및 반

성적 성찰 개별 지도로 이어질 작업을 3학년에 시작할 수도 있다(Wagner College, 2013).

서비스-러닝 전공, 부전공, 또는 인증서. 상대적으로 새로운 현상인 전공, 부전공, 그리고 인증 프로그램들이 점점 증가하고 있으며, 목적 및 내용이 다양하게 변화하고 있다. 전공은 일반적으로 학과 내에서 이루어지며 지역사회 상황에서는 전공 학문의 적용에 중점을 둔다. 부전공은 어떠한 분야의 학생들에게든지 그들 분야의 시민적 및 사회적 측면을 다루는 일련의 서비스-러닝 교과목들을 수강할 수 있는 기회를 제공할 수 있다. 인증 프로그램은 일련의 연계된 교과목들을 포함하곤 한다. 일부 프로그램들은 원하는 학습성과를 성취하는 수단으로 서비스-러닝을 사용하기도 하는 반면, 다른 프로그램들은 서비스-러닝을 일종의 철학, 교수법, 그리고 실제로써 검토하기도 한다.

장점 : 서비스-러닝에서 전공, 부전공, 그리고 인증은 학생들이 교과과정과 지역사회간의 깊은 연관성을 탐구하고 실제 경험할 수 있는 기회를 제공한다. 학생들이 실천에서 서비스-러닝을 비판적으로 검토한다면, 그것의 실천을 증진시키는 데에 상당한 기여를 할 수 있을 것이다.

단점 : 고등교육 기관에서 인증, 부전공, 전공 프로그램을 구성하는 것은, 새로운 교과과정의 개발과 여러 단계의 학문적 검토 및 승인을 필요로 하는 느리고 신중한 과정이다. 그러한 프로그램의 초점과 내용, 그리고 기존 프로그램 및 교과과정과 어떻게 다른지 혹은 그것들을 기초로 하여 어떻게 확대할 수 있을지를 명확하게 밝히는 것이 중요하다.

사례 : 대부분의 전공, 부전공, 인증 프로그램들은 서비스-러닝의 개념과 실제를 소개하는 입문 교과목뿐 아니라 포트폴리오, 보고서, 혹은 실질적인 지역사회 기반 프로젝트와 같은 최종 성과물을 필요로 하는 캡스톤 경험을 가지고 있다. 프로그램들은 다음과 같은 제목으로 표현되는 다양한 초점들을 가지고 있다. 지역사회 기반 공중 보건, 지역사회 연구, 지역사회 예술 및 서비스-러닝, 청소년과 지역사회 연구, 시민 참여, 지역사회 서비스-러닝, 지도력과 공공 봉사 등이 그것이다. 캘리포니아 산타 크루즈 대학(the University of California-Santa Cruz)에서 지역사회 연구 전공은 학생들이 사회 정의 운동, 비영리 부문 지지, 공공 정책 결정, 사회적 기업, 지역사회 연구 및 사회 변혁과 관련된 역사적 및 이론적 관점에 대해 학습하는 핵심 중핵 교육과정을 포함한다. 또한 학생들은 6개월간의 상근 현장 학습을 통해 "사회 정의 사명을 가진 기관에서 거주하고 참여하면서 특정 지역사회와 관계를 맺으며", 그 후로는 통합적인 고학년 캡스톤이 뒤따른다(University of California-Santa Cruz, 2013).

벤틀리 대학교(Bentley University)는 매사추세츠 주(Massachusetts) 월섬(Waltham)에 소재한 경영학 중심 대학으로 다른 방식의 접근을 하고 있다. 서비스-러닝 인증서를 획득하는 것에 관심이 있는 학생들은 2학년에 지원을 하게 되고, 졸업 때 시민적 참여와 사회적 책임에 있어서의 리더라는 것이 성적증명서에 명기되고 대학으로부터 인정을 받는다. 인증서를 위해서는 120시간의 봉사가 요구되는데, 이는 서비스-러닝 교과목들, 4학점 선택 과목들, 인턴십, 벤틀리 대학의 국제 서비스-러닝 프로그램, 학점이수 이외의 체험학습 및 지역사회 실무 프로그램을 통해 수행할 수 있다(Bentley University, 2013).

추가정보출처

Enos, S.L., & Troppe, M.L. (1996). Service-learning in the curriculum. In B. Jacoby (Ed.), *Service-Learning in Higher Education: Concepts and Practices*. San Francisco, CA: Jossey-Bass.

Heffernan, K., & Cone, R. (2003). Course organization. In *Introduction to Service-Learning Toolkit: Readings and Resources for Faculty*. Providence, RI: Campus Compact.

4.5 어떻게 서비스-러닝 과정 개발을 시작할 것인가?

새로운 서비스-러닝 과정을 설계하기 위한 단계는 무엇인가?

새로운 서비스-러닝 과정을 위한 혹은 서비스-러닝을 기존 과정으로 통합하기 위한 수업계획서를 개발하는 단계 중 일부는 여타 과정 개발 단계와 유사한 반면, 서비스-러닝에만 고유한 단계들도 있다.

다음과 같은 간략한 개요는 서비스-러닝에 구체적으로 중점을 두고 있으며, 추가 세부 사항을 제공하는 이 책의 부분들에 대한 참조를 포함한다.

1단계: 바람직한 학습 성과를 진술하라.

과정을 이수한 결과로서 학생들이 알아야 하거나 할 수 있어야 하는 것뿐만 아니라 그들이 획득할 것으로 예상되는 새로운 인식에 대해 설명하기 위하여, 행동 동사와 구체적이고 측정 가능한 용어를 사용하는 것은 중요하다. 학습 성과가 명확하게 진술되면 학생들은 서비스-러닝이 왜 과정의 중요한 중심인지를 더 쉽게 이해하게 된다.

2단계: 서비스-러닝을 통했을 때 최적화된 학습 성과를 선택하라.

4장 4.1에서 언급한 바와 같이, 서비스-러닝은 새로운 상황에서 지식과 개념을 실제에 적용하는 성과에 선호되는 교육방법이다. 즉, 사전 지식이나 신념을 분석, 질문, 재검토하는 것, 인과 관계를 탐구하는 것, 권력과 특권이 개인과 사회에 미치는 영향을 이해하는 것, 여러 해법을 가진 복잡한 문제를 해결하기 위해 정보를 통합하고 분석하는 것, 합리적인 판단을 행사하기, 타인과 협력적으로 일하기, 효과적으로 의사소통하기 등이다.

3단계: 기본 과정 "교재"로 제공될 봉사 경험을 상상하라.

잠재적인 지역사회 파트너들에게 다가가기 전에, 당신은 학생들이 학습 성과에 도달할 수 있을 것이라 믿는 유형의 봉사 경험 혹은 경험들을 생각해 보기를 원할 것이다. 스스로에게 다음과 같은 문제제기를 해 볼 필요가 있다. 봉사가 꼭 필요한가? 그렇다면, 봉사를 할 수 없거나 하지 않기를 원하는 학생들에게 가능한 어떠한 대안이 있는가? 봉사가 직접적, 간접적, 혹은 비직접적일 것인가? 서비스 경험의 본질은 무엇인가? 둘 이상 있을 것인가? 봉사지가 한 곳일 것인가 여러 곳일 것인가? 학생들은 얼마나 많은 봉사를, 얼마나 자주, 얼마나 오래 할 것인가?

4단계: 기타 과정 내용 및 교육방법을 선택하라.

학습 성과가 최소한 초안 형태로 작성된 후에는, 교육방법과 학문적인 내용을 어떻게 조합하는 것이, 주어진 학생의 배경과 과정의 수준에서, 봉사 경험을 가장 잘 보완하고 바람직한 학습 결과에 부합할지를 결정할 때이다. 전통적인 학문적 내용 외에도, 서비스-러닝 과정을 위한 과목 내용은 서비스-러닝의 이론과 실제, 지역사회 및 사회적 맥락, 관련 역사적 및 이론적 관점, 해결해야 할 요구, 이러한 요구의 근본 원인, 학생들이 봉사 경험에서 사용하게 될 특별한 지식과 기술과 같은 다양한 영역을 망라한다. 서비스-러닝 과정에서 자주 사용되는 기타 교육 실제의 예로는 읽기, 연구 논문, 수업 토의 및 발표, 창의적인 작업, 초청 연사, 그리고 사례 연구, 문제 기반 학습, 견학, 모의실험과 같은 다양한 형태의 경험학습 등이 있다.

5단계: 잠재적인 지역사회 파트너를 찾아라.

과정의 교재로서 적합한 봉사 경험을 구상한 후에는, 잠재적인 지역사회 파트너를 고려해야 할 때이다. 대학 캠퍼스에 서비스-러닝 센터 또는 지역사회와 참여적인 일을 하는 인사가 있는 경우, 그로부터 시작하는 것이 좋다. 경우에 따라 센터 또는 참여 인사가 가능한 파트너를 제안할 수 있으며 첫 연결을 시도하는 것을 선호할 수도 있다. 잠재적 파트너가 명확해지면, 학습 성과 초안이나 예비 수업계획서를 미리 보내고 지역사회 현장을 방문하는 것이 바람직하다. 이를 통해 잠재적인 파트너는 당신이 제시한 바람직한 학습 성과와 당신이 계획한 봉사 경험을 과정의 교재로 활용할 방법이 서로 부합한지, 또 다른 측면에서는 기관의 사명, 고객 집단, 요구, 일정, 서비스-러닝 참여자의 수와 필요한 수준의 학생 경험, 지식, 기술이 서로 부합한지를 고려할 수 있게 된다. 한 가지 활동 또는 프로젝트에서 한 지역사회 파트너와 일하는 것이, 여러 파트너와 혹은 프로젝트로 일하는 것보다 관리하기가 더 쉽다. 그러나 단일 파트너와 둘 이상의 프로젝트와 활동을 조직하는 것 혹은 둘 이상의 파트너와 일하는 것은 학생들에게 자신들의 일정에 맞추어 봉사 경험을 할 수 있도록 더 많은 기회를 부여하는 것이 될 수 있다.

6단계: 비판적인 성찰을 과정에 철저하게 통합하라.

비판적 성찰이 봉사와 여타 학습 내용 및 경험 사이의 다리 역할을 하면서 학습을 의도적으로 촉진할 수 있도록 과정 전반에 걸쳐 비판적 성찰을 통합하는 것은 기본적인 것이다. 이 때 다음과 같은 질문 등이 고려되어야 한다. 언제, 어디에서, 어떠한 방법을 통하여, 얼마만큼의 간격으로, 성찰이 일어날 것인가? 깊은 성찰을 조성하기 위하여 어떠한 자극을 제공할 것인가? 어떻게 피드백을 제공할 것인가? 등이다. 비판적 성찰의 내용, 이유, 방법은 2장에서 자세히 다루었다.

7단계: 학생과 지역사회의 성과를 평가할 계획을 개발하라.

서비스-러닝에서의 사정과 평가는 지역사회의 관점에서 다루어져야 한다는 점에서 전통적인 과목의 그것들과 다르다. 이것은 4.6의 주제이지만, 관련 질문들을 정리한 것은 다음과 같다. 학생들은 어떻게 그들의 학습을 보여줄 것인가? 학생 성취를 평가할 때 지역사회 파트너의 역할은 무엇인까? 어떤 점에서 학습을 평가할 것인가? 성적을 어떻게 결정할 것인가? 지역사회의 관점에서 서비스-러닝 성공의 정도를 어떻게 결정할 것인가? 과정과 결과에 대한 개선점을 어떻게 평가할 것인가?

8단계: 실행 계획상의 문제를 다뤄라.

3장 3.4와 4장 4.8에서 자세히 기술된 바와 같이, 서비스-러닝은 많은 실행 계획상 문제를 다루는 것을 필요로 한다. 이러한 실행 계획 문제들에는 과정을 가르치는 데에 필요한 승인 취득, 예비 봉사지 혹은 프로젝트 파악, 도구 및 자료, 특정 작업을 위한 학생 오리엔테이션 및 훈련, 책임 및 위험 관리, 안전 및 보안, 교통, 그리고 지역사회 현장에서의 적절한 행동 등이 포함된다. 이러한 실행 계획상 문제는, 서비스-러닝 센터, 학장실, 공공 안전부 혹은 캠퍼스 법률 직원의 도움을 적절하게 이끌어 내면서, 사전에 지역사회 파트너와 잘 해결하는 것이 중요하다.

추가정보출처

Campus Compact. (2003). *Introduction to Service-Learning Toolkit: Readings and Resources for Faculty*. Providence, RI: Campus Compact.

Heffernan, K. (2001). *Fundamentals of Service-Learning Course Construction*. Providence, RI: Campus Compact.

Jacoby, B. (2012). Service-Learning Course Design Workshop. Madison, WI: Magna Publications Online Workshop. www.magnapubs.com/catalog/service-learning-course-design-workshop.

4.6 서비스-러닝을 어떻게 평가하고 성적을 부여해야 하는가?

서비스-러닝을 통한 학생의 학습 성과에 대한 성취도 평가를 어떻게 할 수 있는가?
서비스-러닝의 평가와 등급 결정 사이의 차이점은 무엇인가?
지역사회 파트너는 학생 평가에 어떻게 참여해야 하는가?

교수들은 다른 학문적 과목에서와 마찬가지로 엄격한 수준으로 서비스-러닝 과목에서 평가 및 성적 등급을 부여해야 한다. 그러나 최근 활성화된 교수 워크숍에서, 한 참가자는 "서비스-러닝 과목에서 평가 및 등급 매기기는 시험을 치르는 것만큼 쉽지 않다!"고 말했다. 4장 4.3의 학문적 엄정성 논의에서 강조한 바와 같이, 필요한 읽기를 할 때 성적이 부여되지 않는 것처럼 봉사를 수행하는 것에 대해 성적과 학점이 부여되지 않았다. 오히려 교수들은 학생들이 나타내는 학습된 바를 평가하고 등급을 매긴다. 서비스-러닝에서 교수들은 읽기, 강의, 수업 참여, 실험실 작업, 연구 논문, 그리고 기타 과제뿐만 아니라 지역공동체 경험을 통해 배운 것을 학생들이 성공적으로 증명할 수 있는 정도에 따라 성적 등급을 배정한다. 서비스-러닝 담당 교수는 학생들이 특정 지역사회 맥락에서 배운 것을 얼마나 잘 적용하는지도 평가한다. 또한 학문적 내용과 경험 간의 연관성에 대한 학생들의 비판적 성찰과 분석의 질을 평가하기도 한다.

서비스-러닝 과목에서의 평가는 여러 가지 목적을 달성할 수 있다. 학생들이 과목에서 어떻게 발전하고 있으며 그들의 봉사와 학습을 개선할 수 있는 방법은 무엇인지를 이해할 수 있도록, 학생들에게 형성 및 총괄 피드백을 제공하기 위해 활용될 수 있다. 또한 이는 학생들이 얼마나 잘 학습하고 있는지에 대하여 교수에게 피드백을 제공하는 역할을 할 수 있다. 이로써 학생들이 과목을 수강하는 동안 그리고 차후의 과목들에서 그들의 학습을 증진시킬 수 있도록, 교수는 수업계획서와 가르치는 것을 수정할 수 있다. 루브릭과 같은 평가 도구에 근거하여 학생의 학습 결과를 반영하여 채점하는 것은, 학생이 한 가지 이상 수업의 학습 성과를 얼마나 잘 달성했는지 그리고 학생들이 성과에 달성할 수 있도록 수업이 얼마나 효과적이었는지를 측정한다. 즉, 평가 혹은 채점은 특정 학습 활동 또는 수업에 대한 등급을 부여할 목적으로 평가 도구를 사용하는 과정이다. 과목 평가 계획은 이상적으로는 6장 6.2에 설명된 방법 중 적어도 하나 이상을 포함해야 한다. 서비스-러닝 과목에서 평가의 독특한 요소에는 철저한 성찰 학습에 대한 평가와 지역사회 파트너의 잠재적 역할이 포함된다. 성찰을 평가하고 등급을 매기는 방법과 이를 위한 명료하고 포괄적인 루브릭에 대한 논의는 2장 2.3에서 찾을 수 있다.

지역사회 파트너는 학생들이 현장에서 한 일이나 기관을 위해 일한 성과물, 예를 들어 웹 사이트, 서면 자료, 혹은 연구 보고서 등을 평가하는 역할을 원할 수도 있다. 어떤 지역사회 파트너는 평가가 성적 등급 결정에 사용될 경우에만 학생 평가에 참여할 것이다. 또 어떤 파트너들은 학생 평가에 한몫을 한다는 것을 너무 부담스럽게 여기며 교수에게 전적으로 맡기는 것을 선호하기도 한다. 중요한 것은 수업계획서와 성적 평가 계획을 완성하기 전에 지역사회 파트너와 함께 이 문제를 조정해야 한다는 것이다.

공학에서 입문 서비스-러닝 과목의 성적 계획은 다음과 같을 수 있다.

- 25%: 학생 포트폴리오(전문 웹 페이지 창작, 과제, 주 1회 저널 포함)
- 20%: 격주로 퀴즈

- 20%: 중간 고사
- 20%: 집단 공동체 설계 프로젝트(개인 기여 점수 10%, 집단 등급 점수 10%)
- 15%: 최종 시험

이와 같은 예시에서, 학생들의 설계 프로젝트 참여를 위한 개인 및 집단 점수는 지역사회 파트너와의 협의를 통하여 결정된다는 것이 중요하다.

영양 과목에서, 학생들은 아동 영양을 공부하고, 지역사회 파트너의 요청에 따라 부모를 위한 일련의 소규모 워크숍과 건강한 식생활에 대한 안내 자료를 개발한다. 성적 평가 계획은 다음과 같이 네 가지 요소로 구성된다.

- 15%: 수업 토의에 적극적 참여
- 15%: 연구 기반 워크숍 발표 참여
- 30%: 안내 자료를 위하여 면밀하게 연구된 챕터
- 40%: 주 1회 성찰 저널

앞선 공학에서의 예와 마찬가지로, 지역사회 파트너는 학생들이 제작한 워크숍과 챕터에 대한 피드백을 제공한다.

이는 교과과정 자체에 관하여 학생으로부터 형성 및 총괄 피드백을 수집하는 것에 도움이 된다. 서비스-러닝 담당 교수는 학생들에게 저널을 통하여 혹은 수업 시간에 구두로, 찬반 거수로, 혹은 수업 끝에 짧은 질문에 대한 답을 빠르게 적어 보는 것을 통하여, 교과과정의 다양한 측면을 숙고하도록 요청하곤 한다. 다음과 같은 질문을 포함할 수 있는데, 오늘 수업에서 가장 크게 얻어가는 것은 무엇인가? 오늘 수업에서 당신을 혼란스럽게 한 것은 무엇인가? 우리가 하지 못했지만 오늘 우리가 했으면 했던 것은 무엇인가? 여전히 당신에게 큰 질문으로 남아있는 것은 무엇인가? 등이다. 형성 평가는 현재 교과과정에서 "중간 수정(mid-flight corrections)"을 하거나 향후 동일한 과목 혹은 다른 서비스-러닝 과목을 가르칠 때 개선을 위해 사용될 수 있다. 표준화된 과목 평가는 서비스-러닝에 특화된 정보를 제공하지 않을 수 있으므로, 서비스-러닝 과목을 가르치는 교수는 학기 말 교과과정이 끝날 때 학생들에게 교과목에 대한 그리고 학생 자신의 학습에 대한 추가적인 평가를 완료하도록 요청할 수 있다. 예를 들어, 매우 동의부터 매우 반대까지의 범위를 나타내는 5점 리커트 척도를 사용하여 학기 말 교과 수업 평가에서 다음과 같은 문항들을 물을 수 있다. 이 교과과정의 서비스-러닝 경험은 수업의 주제를 더 잘 이해하는 데 도움이 되었다, 지역사회 현장 대신 교실에서 더 많은 시간을 보냈다면 이 교과과정으로부터 더 많은 것을 배웠을 것이다, 서비스-러닝은 직장에서 활용 가능한 기술을 배우는데 도움이 되었다, 등이다. 다음과 같은 두 개 정도의 질문은 개방형 문항으로 물을 수 있는데, 이 서비스-러닝 과정에서 한 가지 개선점은..., 나에게 있어 이 교과의 서비스-러닝에서 가장 좋았던 것은..., 등이다.

6장 6.1에서 언급한 바와 같이, 평가 자료는 교과목에서 혹은 더 광범위한 수준에서 학생의 성취를 입증하기 위해서 뿐 아니라 서비스-러닝 과목에서의 성취도를 동일한 과목에서 서비스-러닝을 하지 않았을 경우와 비교하기 위해서 집계될 수 있다. 평가 목적으로 점수 또는 등급을 사용하려면 각 부문 또는 과목에 거쳐 일관되게 성적이 매겨져야 한다. 이것은 도전적이고 어려운 일인데, 일반적으로 교수들은 학생의 수행을 성적 매기는 것에 익숙하고, 가치를 두고, 신중을 기하기 때문이다. 결과적으로, 성적 분포는 학생들이 바람직한 학습 성과를 달성하는 정도를 다양한 부문이나 과목에 거쳐 결정하는 데에는 별로 유용하지 않다(Cartwright, Weiner, & Streamer-Veneruso, 2009).

사정과 평가에 대해 다루는 6장에서는 더 많은 정보와 여러 추가적인 예시가 제공된다. [질문 6.5]는 지역사회 관점에서의 서비스-러닝에 대한 평가를 다룬다.

추가정보출처

Gelmon, S.B., Holland, B.A., Driscoll, A., Spring A., & Kerrigan, S. (2001). *Assessing Service-Learning and Civic Engagement*. Providence, RI: Campus Compact.

Seifer, S.D., Holmes, S., Plaut, J., & Elkins, J. (2009). *Tools and Methods for Evaluating Service-Learning in Higher Education*. *https://www.nationalserviceresources.gov/*tools-and-methodsevaluating-service-learning-higher-education.

4.7 서비스-러닝 수업계획서의 독특한 요소는 무엇인가?

좋은 서비스-러닝 수업계획서에는 좋은 수업계획서의 모든 보편적인 요소와 더불어 다음과 같은 몇 가지 중요한 다른 요소가 포함되어 있다.

서비스-러닝의 정의와 이론적 근거. 많은 학생들이 서비스-러닝 경험이 없기 때문에, 특히 학문적 과정 중에는 그 개념과 실제에 익숙하지 않을 수 있다. 어떠한 학생들은 왜 과정 필수 요건으로 봉사 혹은 "자원 봉사"를 해야만 하는지에 대해 궁금할 수도 있다. 또 어떤 사람들은 스스로 자원해서 수행한 봉사 혹은 행정지원이 미흡한 상태로 졸업 필수 요건이라 수행했던 고등학교 "서비스-러닝"에서 만족스럽지 못한 경험을 하고 그로 인하여 서비스-러닝에 대한 오해를 가지고 있기도 하다. 결과적으로 서비스-러닝을 정의하고 봉사 경험을 과목의 학습 결과와 분명하게 연결함으로써 명확한 이론적 근거를 제공하는 것이 중요하다.

서비스-러닝이 선택사항인 교과목 「대학작문 Ⅱ」의 수업계획서에서는 다음과 같이 명확하게 정의하고 있다. "서비스-러닝은, 확인된 지역사회의 요구에 부응하여 조직된 봉사 활동에 학생들이 참여하면서 겪는 교육 경험으로, 학점이 부여된다. 학생들은 과목 내용에 대한 더 깊은 이해, 학문에 대한 폭넓은 인식, 고취된 시민의 책임 의식을 얻는 방법으로써 봉사 활동을 성찰한다. 학생들은 서비스-러닝에 참여할 때, 서비스-러닝 참여자의 참여 없이는 그러한 서비스가 미치지 못할 정도로 지원이 부족한 집단 혹은 지역사회의 특정한 요구에 적합하게 봉사를 제공해야 한다. 진정한 봉사는 필요한 도움과 모든 이해 관계자들 사이의 시민 참여를 증진시키는 도움을 제공하는 것이다"(Adolph, 2008). 인류학 과목 「좋은 사회」의 수업계획서에서, 교수진은 다음과 같은 진술을 통하여 서비스-러닝을 위한 이론적 근거를 제공하고 있다.

> 봉사 경험을 통해 사물들이 왜 그러한 방식으로 존재하는지에 대해 깊이 탐구하고 사물들이 다를 수 있는 방식을 상상하는 것을 도전해 보아라. ... [지역사회 서비스-러닝] 수업은 지역사회를 교실로, 교실을 다시 지역사회로 가져온다 ... 지역사회 봉사 경험은 사회 정의와 같은 이슈들을 학문적 추상화가 아닌 지속적인 투쟁으로 고려하도록 허용하고 자극한다. 그 투쟁은 일상의 우리 삶과 지역사회 파트너의 삶, 그리고 실제로 이 나라의 모든 시민의 삶에 닿아 있다. 봉사 경험은 우리가 민주주의에 참여하는 것이 무엇을 의미하는지를 능동적으로 숙고하도록 만든다(Keene, Felton, Hennigar, & McCormack, 2013, pp. 2, 4).

봉사 경험, 책임 및 실행 계획의 성격. 서비스-러닝 수업계획서는 읽을 자료 및 기타 과제와 함께 봉사 경험에 대한 상세한 설명을 제공해야 한다. 필수로 요구되는 봉사가

무엇인지를 상세히 설명하는 것은 매우 중요한데, 이는 학생들이 그 경험에 온전히 참여할 수 있을지 혹은 참여하기를 원하는지를 가능한 빠르게 결정할 수 있도록 하기 때문이다. 실질적인 학업, 일 또는 가족에 대한 책임이 있는 학생들의 경우, 가능한 한 빨리 상세 사항을 알아야 봉사에 참여할 수 있도록 스케줄을 조정할 수 있다. 또한 경험에 대한 충분한 설명은 참여를 선호하지 않는 학생들이 일정을 조정하는 기간 동안 과목 수강을 취소할 수 있도록 한다. 다른 과목에서 요구 사항을 만족스럽게 충족시키지 못하는 것과 달리, 서비스-러닝 과목에서 봉사 기대를 충족시키지 못하거나 지역사회 현장에서 부적절한 행동을 보이는 것은, 기관의 고객, 파트너십, 그리고 기관의 평판에 해를 끼칠 수 있다. 유용한 정보가 되려면, 봉사 활동의 유형, 위치, 고객 대상 집단, 봉사가 필수인지 혹은 선택인지, 봉사가 얼마나 요구되는지 등과 같이 봉사 빈도 및 구체적 일정이 포함되어야 한다. 교통편, 잠재적인 안전 문제, 적절한 복장 및 행동, 필수 보안 절차, 그리고 여타 실행 계획상의 문제들을 구체화하는 것 또한 도움이 된다.

서비스-러닝 참여자가 긍정적인 태도를 유지하고 적절한 행동을 보이는 등, 좋은 매너로써 자신의 책임을 수행하지 못한다면 부정적인 결과가 초래될 여지가 있다. 그러므로 식민지 시대 미국에 대한 역사 과목의 수업계획서에는 위에 열거된 모든 세부 사항 외에도 지역 초등학교에서 멘토 역할을 함으로써 서비스-러닝에 참여하는 것을 선택하는 것의 중대함에 관한 진술을 다음과 같이 포함해야 한다. "멘토링 의무: 참여하기를 선택한다면 ... 당신은 한 학기 동안 학생의 멘토가 되겠다는 의무적인 약속을 하는 것이다. 학기 중 최소 10회 멘토링을 수행해야 한다. 배정된 멘티와 10시간 이상 10회 멘토링을 수행하지 않으면, 의무 시간을 충족할 때까지 추가 방문을 해야 한다. 이 과목 이수를 포기하거나 직접 멘토링을 선택한 것이 아니더라도 10회/10시간 멘토링 의무를 이행할 것에 동의해야 한다"(Navin, 2008, emphas in original).

비판적 성찰의 역할. 학생들은 이전에 학문적인 과목의 맥락에서는 비판적 성찰에 참여하지 않았을 가능성이 크다. 또는 학생들은 소위 말하는 성찰을 솜털 같이 사소한 것으로 보았거나 혹은 학업 과정과 연결되지 않았던 경험을 했을 수도 있다. 그러므로 수업계획서에 성찰은 일반적으로 서비스-러닝에서, 특히 해당 과정에서 불가결한 것이며, 그것은 해당 과목의 성과와 직접적으로 연관되어 있으며, 평가와 성적 등급의 주요 요인이 될 것이라는 점을 분명히 밝혀야 한다. 생물학과 철학에서 모두 교차 목록에 올라있는 동물 인지 및 의식에 관한 과목에서, 학생들은 동물 보호소에서의 봉사 활동을 수행한다. 수업계획서에서는 성찰이 얼마나 필수적인 것인지 그리고 정기적이고 구조화된 성찰 일

정이 어떻게 있을지 다음과 같이 명시하고 있다. "... 수업에 오기 전에 동물 보호소에서 당신의 경험을 성찰해 보는 것이 좋다. 수업 초반부 10분 동안 수업에서 공지한 특정 주제에 대해 당신의 의견을 적어볼 것이고, 수업 시간에 학습한 철학적 이론을 그 새로운 주제에 적용할 것이다"(Waller, 2013). 논의는 자유로운 형태로 이루어지고 논의를 촉진할 활동들이 있을 것이라고 설명하고 있다. 또한 "우리가 감정적인 경험에 대해 성찰하는 동안, 논의의 주요 요점은 당신의 철학적 견해와 경험이 그러한 견해를 어떻게 바꾸었는지 혹은 더 강화하였는지를 평가할 수 있도록 그 장을 제공한다는 데에 있다"(Waller, 2013).

봉사와 성찰에 등급을 매기는 방법. 서비스-러닝을 자원 봉사 혹은 교과 연계 비교과 지역사회 봉사 활동과 동일한 것으로 보는 학생들은 봉사를 학문적 교과에서의 학습의 한 형태로 여기지 못할 수도 있으며, 성찰이 개인적인 것이며 성적 부여의 목적으로 평가되어서는 안 된다고 생각할 수도 있다. 그러나 이러한 것들이 학문적으로 도전적인 학습 경험으로서 수업계획서에 설명되어 있는 경우, 학생들은 봉사와 성찰이 과목의 목표와 직접적으로 연결된다는 것을 좀 더 쉽게 이해할 수 있다. 위에서 언급한 동물 인지 및 의식에 관한 과목에서, 교수는 동물 보호소에서 수행하는 봉사를 통하여 학생들이 인지 비교 행동학, 즉 동물의 인지 행동에 대한 과학적이고 객관적 연구의 기법 및 실제를 적용할 수 있게 된다고 설명한다. 성적의 25%에 해당하는 한 과제는 각각 6~8페이지 정도의 짧은 논문 4편으로, 봉사 경험 상황에서 발견되었던 질문이나 쟁점에 대한 학생 입장을 잘 입증하여 밝히는 것과 함께 현재 읽고 있는 자료의 내용 요약으로 구성된다. 또한 강의 계획서에는 성적의 최소 25%는 구조화된 성찰 기간 동안 학생의 수업 참여도에 따라 결정된다고 명시되어 있다(Waller, 2013).

추가정보출처

Campus Compact. (2013g, December). *Faculty Resources: Syllabi*. www.compact.org/category/syllabi.

4.8 서비스-러닝 과목을 가르치는 데 관련된 실행 계획상의 문제는 무엇인가?

실행 계획상의 문제를 처리하는 데에 있어 도움을 받을 수 있는 곳은 어디인가?
서비스-러닝을 어떻게 관리할 수 있는가?
서비스-러닝 과목을 가르치기 전에 어떠한 승인이 필요한가?

서비스-러닝 과정을 처음 가르치려는 교수들은 종종 압도적인 실행 계획상의 문제와 세부 사항이 두렵다고 말하곤 한다. 여기에서는 교수들이 서비스-러닝 교과를 개발하고 가르치는 과정에서 직면할 수 있는 구체적인 문제와 이를 지원하는 데 활용 가능한 교내와 지역의 자원들을 다룬다. 본 장에서 추가 정보로 제시하는 다양한 자료들과 웹 사이트 정보는 견고한 출발점이 될 것이다. 교내에 서비스-러닝 센터 또는 담당자가 있는 경우, 가장 좋은 첫 번째 단계는 제공할 수 있는 봉사와 지원을 파악하는 것이다. 또한 대부분의 센터는 해당 대학의 교수진을 위해 특별히 개발된 인쇄 및 온라인 정보와 개별 상담을 제공한다.

교육과정 개발. 서비스-러닝과 구체적으로 관련된 자원 외에도, 많은 대학에서는 워크숍, 웹 세미나, 교수진 학습 커뮤니티, 소액 보조금, 직원 혹은 동료 상담 등을 포함한 기타 교수진 개발 기회를 제공하는 교수-학습 센터가 있다. 물론 이러한 기회들이 서비스-러닝에 특화된 것이 아닐지라도 그것에 적용될 수 있는 과목 개발과 교수의 다양한 측면을 다룬다. 강의 내용에 관한 한 지역의 자원 봉사자 코디네이터 및 미국 자선단체인 United Way의 직원 등 지방 공무원과 비영리 단체 지도자들은 지역사회와 그 지역사회의 역사, 인구 통계, 자산, 요구와 관련한 읽기 자료 및 강연자로써 훌륭한 자원이 될 수 있다.

교과과정 승인. 학과 혹은 학장실에서는 기존 교과목 학수번호 체계 혹은 또 다른 합리적 체계를 사용하여 긴 과정을 시작하는 것을 우회하는 방법이 있는지 뿐만 아니라 새로운 과목의 승인 절차를 상담해 줄 수 있다. 학과, 학장실, 혹은 교무처에서는, 일반교육인지 혹은 전공 필수 이수 과목인지 표시하는 것과 같이 서비스-러닝 과목임을 보다 명확하게 식별 가능하도록 하기 위하여 다양한 교과 지정 절차에 대한 정보를 안내할

수도 있다. 서비스-러닝 과목 지정은 4장 4.10에서 다루고 있다.

지역사회 현장 파악. 서비스-러닝 센터가 있는 대학에는, 지역사회와 파트너십을 시작하고자 하는 교수에게 도움을 줄 수 있는 직원이 있을 것이다. 이러한 서비스가 가능하지 않은 경우, 아마도 지역 United Way, 자원 봉사자 사무실 또는 교회가 도움을 줄 수 있을 것이다. 대학 캠퍼스 목사, 학생처 직원, 그리고 다양성 부서 담당자는 지역 비영리 단체와 관계를 맺을 수 있을 것이다. 사회적 네트워킹 현장과 입소문은 서비스-러닝 현장이 될 수도 있는 잠재적인 지역사회 현장을 파악하는 효과적인 수단이 될 수 있다.

의무 및 위험 관리. 서비스-러닝 센터는 이러한 문제에 대한 양식과 지침을 언제나 제공한다. 캠퍼스 내에 센터가 없는 경우, 교육 실습, 인턴십, 현장 학습, 운동 경기와 같은 캠퍼스 밖 활동과 관련된 다른 프로그램을 다루는 교수진 및 직원들이 그들의 정책과 절차를 공유할 수 있다. 캠퍼스 법률 고문은 교수가 다른 캠퍼스 밖 프로그램에서 사용되는 양식이나 절차를 기반으로 개발하거나 수정한 양식 혹은 절차를 검토해야만 한다.

교통. 도보로 혹은 캠퍼스나 지역 공공 교통편으로 접근 가능한 지역사회 현장을 선정하는 것이 가장 좋다. 대안으로는 학생 카풀을 조직하고, 캠퍼스 안전부서에 연락하여 서비스-러닝 참여자에게 한정된 교통편을 제공할 수 있는지 여부를 확인하고, 교통편이 없는 학생에게는 캠퍼스 내의 서비스-러닝을 제공한다.

보안 절차. 유치원 및 초·중등학교를 포함하는 일부 지역사회 현장에서는, 서비스-러닝 참여자와 여타 자원 봉사자들이 지문 채취, 개인 배경 조사, 신체 검사, 공증된 진술서 제공, 사진이 있는 신분증 확보와 같은 보안 절차를 따라야 한다. 이러한 절차는 시간과 비용이 많이 든다. 건강, 경비 혹은 경찰, 등록 기관, 또는 인적 자원과 관련한 캠퍼스 부서에서 이를 지원할 수 있는 자원이 있을 수 있다. 그렇지 않으면, 개인 진료를 받는 지역의 진료소, 병원, 혹은 의사가 저렴한 비용 혹은 무료로 검사를 제공할 수 있다. 경찰서에서는 지문 채취 수수료를 면제할 수 있으며, 은행은 서비스-러닝 참여자에게 공증 서비스를 무료로 제공하는 것으로 알려져 있다.

비용. 보안 절차와 관련된 비용 외에도 학생들이 수행할 봉사와 관련된 다른 비용이 있을 수 있다. 예를 들어, 어떤 지역사회 기관은 도구와 자료를 제공하겠지만, 다른 상황에서는, 특히 가난한 지역사회와 협력할 때는, 필요한 모든 재료를 봉사 현장에 가져가야 할 수도 있다. 다양한 캠퍼스의 사무실들에서 물품 및 기타 현물을 제공할 수도 있다. 학생들은 재료를 구입하거나 캠퍼스에서 멀리 있는 현장으로 이동하기 위한 경비를 충당하기 위한 돈을 모으려고 빵을 만들어 파는 등의 기금 모금 활동에 참여할 수도 있다. 지역

교통 서비스는 서비스-러닝 참여자가 무료 또는 저렴한 요금으로 이용할 수 있도록 기꺼이 협조할 수도 있다.

성찰 지원. 경험이 부족한 교수진의 경우 성찰을 설계하고 촉진하는 것이 어려울 수 있다. 리더십 개발, 학생 활동, 친목 단체 및 여학생회 생활, 기숙사, 그리고 오리엔테이션과 같은 경험을 가지고 있어서, 성찰 및 집단 과정 경험이 있고 자원을 기꺼이 공유하거나 하나 이상의 성찰 세션을 촉진할 수 있는 학생처 직원, 대학원생 조교, 그리고 학부생 리더가 있을 수 있다. 다양성 및 포용 관련 부서의 직원들은 집단 간 대화와 다른 형태의 성찰에 숙련된 촉진자이기도 하다.

테크놀로지. 학생들이 온라인에서 봉사와 성찰 모두 혹은 일부를 수행할 수 있는 e-서비스-러닝을 희망하는 교수는 교수-학습 테크놀로지 관련 직원에게 도움을 요청해야 한다. 그 직원들은 캠퍼스 학습 관리 시스템에 의해 제공되는 폭넓은 가능성뿐만 아니라 교수진이 사용가능한 강의 동영상 촬영, 웹을 통한 전 세계 지역사회 파트너와의 연결, 원격 학습 등의 서비스의 실례를 보여줄 수 있다.

4.9 온라인 또는 블렌디드 수업에서 서비스-러닝은 어떻게 이루어지는가?

온라인 서비스-러닝 혹은 e-서비스-러닝은 아직 개발 초기 단계에 있지만, 그 실제 및 적용 범위를 다룬 고등 교육 관련 문헌들은 증가하고 있다. 온라인 서비스-러닝 과정에서는 최소한의 봉사, 수업 혹은 성찰이 온라인상에서 일어난다. e-서비스-러닝의 몇몇 모형들이 대두되고 있으며, 대부분이 온라인과 현장 봉사, 수업, 성찰이 섞인 혼합형이다. 학생들이 온라인으로 봉사를 수행하고 교실에서 교수와 정기적으로 만나는 과목의 예로 생물학 입문 블렌디드 수업이 있다. 학생들은 대표적인 읽기 자료, 강의, 교실 활동을 통해 핵심 개념을 학습한다. 봉사 경험으로 인터넷을 통해 무료 온라인, 쌍방향 생물 학습 도구들을 검색하고 그 지역의 학교 시스템을 위한 도구들의 도서관을 만든다. 그들은 또한 그 도구들을 자신의 학습을 강화하는 데에 사용한다.

현장에서 봉사가 수행되고 수업 및 성찰이 온라인에서 이루어지는 모형으로, 유아 발달에 대한 과목의 학생들은 여러 지역 유치원 중 한 곳에서 봉사를 수행하고 읽기 자료 독서 및 온라인 강의를 통해 교과 내용을 학습하고 온라인 일지를 통하여 성찰할 수 있다. 국내 또는 국제 사회 공동체에서 일주일 동안의 집중 경험 이외에는 모두 온라인으로 실시되는 과목의 사례도 있다. 학생들은 봉사를 할 지역사회와 봉사를 통해 다루게 되는 문제들을 온라인으로 학습하고, 이메일과 스카이프로 지역사회 파트너와 의사소통하면서 봉사를 계획하고 조직하며, 온라인 토론 및 성찰 일지를 통하여 그들의 경험을 성찰할 수 있다. 예를 들어, 경영학 혹은 컴퓨터 과학에서 완전히 온라인에서 이루어지는 e-서비스-러닝 과목에서는, 학생들이 비영리 조직에 대한 온라인 조사를 수행하고, 교수에 의해 설계된 온라인 시뮬레이션을 통해 봉사를 준비하며, 지역사회 파트너를 위한 경영 계획 또는 웹 사이트를 각자 개발할 수 있다. 또한 학생들이 서비스-러닝 센터의 도움을 받거나 받지 않고도 교수가 제공한 기준에 부합하는 자신만의 봉사지를 선정하도록 하는 e-서비스-러닝 과목도 있다.

전통적인 형태의 서비스-러닝처럼, e-서비스-러닝에도 이점과 한계가 있다. e-서비스-러닝의 이점은 지역사회 기관이 거의 없고 학생들이 봉사 현장으로 갈 때 이용할만한 대중 교통 수단이 거의 혹은 전혀 없는 시골 지역의 대학에서 특히 유용할 수 있어, 지리적 및 장소로 인한 제약으로부터 서비스-러닝을 자유롭게 한다는 점이다. 또한 학생들은 전 세계에 위치한 파트너와 온라인 봉사를 수행할 수 있는데, 지역사회 파트너와 온라인으로 상호 작용하고 원거리 현장 근처의 대학의 학생들과도 교류할 수 있다. 봉사와 수업 중 하나 또는 둘 모두가 온라인으로 진행될 때, 빡빡한 일정, 많은 업무, 가족에 대한 책임이 있는 학생들은 그들의 바쁜 일상에 e-서비스-러닝 과목을 선택하는 것을 훨씬 용이하게 느낄 수 있다. e-서비스-러닝은 또한 온라인 교육과정에서 종종 부족한 경험학습과 참여 기회를 제공함으로써 온라인 수업을 대부분 혹은 전부 수강하는 학생들의 학습을 향상시킬 수 있는 잠재력이 있다. 그러나 지역사회 현장에서 시간을 보내고, 낯선 환경을 경험하고, 지역사회 구성원들과 상호 작용하고, 실제로 체험하며 일하고, 동료, 현장의 사람들, 그리고 교수들과 면대면 성찰에 참여하는 것을 대체할 만한 것이 없다는 사실이 한계점이다. 서비스-러닝 과목을 개발하고 이행하는 데에 따르는 난제와 더불어, 온라인상에서 성찰을 가르치고 촉진하는 것은 이러닝 경험이 거의 없거나 전혀 없는 교수진에게 추가적인 도전이다. 개인 및 집단 성찰을 촉진하는 어려움은 모든 온라인 과목에서 존재하지만, 모든 형태의 서비스-러닝에서 성찰은 필수적인 역할을 하기 때문에 e-서비스-러닝에서 특히 두드러진다. 교수가 봉사 현장에 접근하기 어렵거나 학생이 자신의 봉사 현장을 선택해야 하는 책임이 있는 경우, 교수들은 지역사회 현장과 관계를 맺지 않는다. 이는 결과적으로 통제력 결여로 오해와 여타 유감스러운 상황을 초래할 수 있다. 발생할 수 있는 다른 문제로는 캠퍼스와 지역사회 파트너 간의 테크놀로지 능력의 차이와 교수진, 학생을 위한 테크놀로지 교육 제공의 필요성 등이 있다.

서비스-러닝이 수반하는 실행 계획상 문제와 위험 관리 문제 중 일부는 e-서비스-러닝에 적용될 것이며, 7장 7.8과 7.9에서 자세히 다루고 있다.

추가정보출처

Center for Digital Civic Engagement. Minnesota Campus Compact. (2013, June). Service-learning in online courses. http://cdce.wordpress.com/service-learning-in-online-courses.

Matthews, P.H. (2011). Incorporating online education with service-learning courses. In C. Clark (Ed.), *Teaching with Technology Volume 2: The Stories Continue*. Learning Technology Consortium. http://ltcessays.wordpress.com.

Strait, J. (2009). Service-eLearning: What happens when service-learning and online education unite? In J.R. Strait & M. Lima (Eds.), *The Future of Service-Learning: New Solutions for Sustaining and Improving Practice*. Sterling VA: Stylus.

4.10 서비스-러닝 과목은 정식으로 지정되어야 하는가?

서비스-러닝 과목 지정의 이점은 무엇인가?
그 기준은 무엇인가?

많은 기관들이 서비스-러닝 과목의 공식 지정을 위한 정책과 절차를 마련했다. 서비스-러닝 과목 지정은 제도적 맥락에서 서비스-러닝을 명확하게 정의하고, 과목이 고품질 서비스-러닝의 일관된 기준을 충족하도록 보장하며, 성적표 표기가 가능하도록 하는 등 여러 가지 이점이 있다. 또한 학생들은 서비스-러닝 과목을 쉽게 식별할 수 있어서 필수 이수 요건을 충족하거나 매력적인 선택 과목을 선택하거나 이미 많은 책임들이 있는 상황에서 서비스-러닝의 어려움까지 추가하는 것을 피할 때 유용하다. 정년 및 승진을 신청한 교수진은 서비스-러닝 과목의 엄정성과 가치에 대한 제도적 인정으로부터 혜택을 누릴 수 있다.

실질적으로 서비스-러닝 지정을 위한 모든 제도적 기준은 교수위원회에 의해 개발되고, 학사 정책 기구에 의해 승인되며, 일반적으로 봉사와 학습을 결합하기 위한 Wing spread 원리(Porter-Honnet & Pcmlsen, 1990)와 특히 「봉사와 학습을 결합한 올바른 실천 원리」(Howard, 2001)에 기반을 두는데, 이것들은 각각 [제시문 1.1]과 [제시문 4.1]에서 제시되고 있다. 기준들은 보통 수업계획서에는 봉사 경험과 학업 내용 간의 직접적이고 의도적인 연결, 성찰이 일어나는 방법, 그리고 학생들은 봉사 필수 요건을 완료만 하는 것이 아니라 이를 통한 학습을 나타내는 성적과 학점을 취득해야 한다는 것을 분명히 말하고 있다. 과목 지정 기준에는 학기당 20시간 혹은 각 학점 시간당 5시간, 또는 과목 평가 계획에서 서비스-러닝 구성 요소가 차지하는 비율과 같은 봉사 시간 수에 대한 최소 요구 조건을 포함할 수도 있고 포함하지 않을 수도 있다.

일단 기준이 수립되면 대학은 과목 지정 신청 및 접수 절차를 개발해야 한다. 일반적으로 교수들에게는 수업계획서 초안과 해당 과목이 최선의 서비스-러닝 실제의 원리를 어떻게 따르고 있는지 등과 같은 몇 가지 질문에 대한 답변, 지역사회와의 파트너십의 특성 등을 포함한 신청서를 학년도 특정 기간에 혹은 상시 제출하도록 요청된다. 교수진, 학사 운영 관리자, 서비스-러닝 센터 직원으로 구성된 위원회는 일반적으로 신청서를 검토하고 승인 혹은 기각하여 신청자에 대한 의견 및 제안을 제공한다. 또한 서비스-러닝 지정을 받은 과목들이 여러 학기에 걸친 교수의 수업계획 수정에 따라 지정 기준을 지속적으로 충족시키도록 하거나, 과목 지정을 받았던 교수가 그 수업을 그만둘 때 해당 과목이 다른 교수에게 배정되는지 확인하는 절차를 개발하고 관리하는 것이 중요하다. 이러한 경우 3년마다와 같이 주기적으로 교수가 강좌 지정 갱신 신청을 하도록 한다.

과목 지정 기준 및 절차의 많은 사례를 온라인상에서 찾아볼 수 있다. "서비스-러닝 과정 지정"을 검색하면 유사한 상황의 대학들의 적절한 사례를 쉽게 찾을 수 있을 것이다.

4.11 교수진이 서비스-러닝을 실천하도록 장려하고 지원하기 위한 조치에는 어떠한 것들이 있는가?

교수진에게 장애가 되는 요인은 무엇인가?
서비스-러닝을 위한 교수진 개발의 방법에 있어 대학은 무엇을 제공하여야 하는가?

서비스-러닝 센터와 교수-학습 센터 관련 직원 및 교수들이 자주 묻는 질문이 있는데, 이는 교수들이 서비스-러닝을 하나의 교육법으로 채택하고 오랜 시간 동안 계속 참여하도록 동기를 부여하는 방법에 대한 것이다. 이에 나는 교수진 개발, 지원 및 인센티브, 서비스-러닝을 촉진시키는 정책 수립과 같은 세 가지 유형의 지원이 필요하다고 생각한다.

교수진 개발. 대부분의 사람들과 마찬가지로, 교수들은 종종 알지 못하거나 이해하지 못한 것을 받아들이는 것을 주저한다. 그들은 서비스-러닝, 지역사회 봉사, 체험 학습, 공공 봉사 등과 관련된 용어의 정의에 대해 혼란스러워하곤 한다. 어떤 교수들은 새로운 방식으로 가르치는 것, 과목의 필수적인 내용을 다 다루지 못하게 되는 것, 지역사회 및 잠재적 파트너, 교과목, 행정적 문제, 실행계획상의 문제에 대한 지식이 부족한 것 등에 대한 어려움과 같은 알려진 장애요소들에 겁먹기도 한다.

또한 STEM과 인문 과목을 비롯한 일부 분야의 교수들은 서비스-러닝이 그들의 과목과는 관련이 없다고 생각하는 경향이 있다. 그들은 서비스-러닝에 관한 워크숍에 참석할 가능성이 적기 때문에, 서비스-러닝을 소개하는 좋은 방법으로 효과적인 교육 실천 혹은 체험 학습 등과 같은 더욱 일반적인 주제에 대한 워크숍에 서비스-러닝을 포함시킬 수 있다. 한 번 교수들의 관심이 자극되면, 그들은 서비스-러닝 과정 설계의 기본적인 것들을 알 필요성을 느낀다. 서비스-러닝 과정을 설계하거나 가르치는 중인 교수들은 비판적 성찰, 평가 및 등급 매기기, 지역사회 파트너와의 협력, 학생이 처한 사안 처리, 실행계획 관리, 그리고 제기될 수 있는 여타 많은 문제들과 같이 서비스-러닝의 구체적인 면에 집중할 수 있는 기회가 필요하다.

워크숍과 더불어 교수들은 자신의 학문 분야와 다른 분야에서 서비스-러닝 과목을 가르치는 다른 사람들과 상호 교류할 기회에 대한 진가를 인정하곤 한다. 한 달에 한 번

씩 자유로운 점심 도시락 모임부터 워크숍에서 유사 특성을 공유하는 교수 간의 구조화된 서비스-러닝 교수진 동료 프로그램 그리고 경험 많은 촉진자와의 정기적인 모임에 이르는 다양한 교수진 학습 공동체 모형이 있다. 이 프로그램 중 일부는 아래에 설명된 바와 같이 지원금을 포함한다.

캠퍼스 기반의 교수진 개발 기획 이외에도, 미국 대학 및 대학교 협의회, Campus Compact, 건강을 위한 지역사회-대학 파트너십, 뉴잉글랜드 고등교육 자원 센터와 같은 국가, 지역, 주립 기관들을 통하여 제공되는 온라인 자원 및 회의 등이 많다. 점점 더 많은 학회들이 학술대회에서 서비스-러닝 및 참여형 학문에 대한 세션을 제공하고 있다. Magna Publications와 Academic Impressions와 같이 교수진 개발을 위해 영리를 목적으로 서비스를 제공하는 곳에서는 웹 세미나 및 서비스-러닝과 관련된 다른 온라인 및 인쇄 자료들을 제공한다.

지원 및 인센티브. 교수들에게 서비스-러닝의 개념과 실천이 소개되고 나면, 교수들은 곧 서비스-러닝 과목을 개발하고 가르치는 것이 노동 집약적이며 시간이 소요된다는 것을 깨닫게 된다. 교수들에게 지원과 도움을 제공하는 것은 그들이 서비스-러닝을 시도하고 장기적으로 하기를 결정하는 데에 차이를 만들 수 있다. 이러한 지원에는 잠재적인 지역사회 파트너를 파악하고, 학생의 봉사를 관리 감독하며, 훈련된 대학원생 혹은 학부생 교육 조교를 제공하고, 성찰 그리고 교통, 의무 및 위험 관리, 그리고 보안 절차와 같은 실행계획상 및 행정상의 문제에 대한 지도와 지원을 제공하는 것 등이 있다. 또한 부분적으로는 교수진이 지역사회 파트너에게 할 수 있는 의무의 결과로서, 학생들이 서비스-러닝 과목을 수강하도록 교수의 학생 모집을 돕는 것도 가치가 있다.

지원 외에도 서비스-러닝 과정을 개발하기 위한 여름방학 지원금, 교수진 학습 공동체 혹은 동료 프로그램에 참여하는 것에 대한 지원금, 과목 수업 시수 면제 또는 행정 책임 면제, 참여형 학문을 위한 안식년 장려금 등의 인센티브로 인해 교수들이 서비스-러닝 과정을 개발하고 가르치는 데에 필요한 시간과 노력을 전념할 수 있다. 국가 혹은 지역 회의 및 협회 참석에 대한 기금에 또한 매력적인 인센티브이다.

서비스-러닝을 촉진시키는 정책 및 실제. 대학이 서비스-러닝을 위한 교수진 참여 지원을 실시할 수 있는 몇 가지 유형의 정책이 있다. 서비스-러닝 과목 지정을 위해 교수가 결정해야 할 기준을 포함하여 서비스-러닝 과목들을 위한 명확한 정의와 지침이 제공되는 것이 유용하다. 서비스-러닝을 1학점에서 4학점까지 선택적으로 설정하도록 하는 방안은 교수진으로 하여금 전체 수업을 개발하지 않고도 서비스-러닝을 덜 부담스

럽게 도입해 볼 수 있도록 한다.

서비스-러닝의 가치를 인정하는 학사 정책 결정자는 주요 교육과정과 교양교육 교육과정 모두에서 새로운 서비스-러닝 과목 개발을 지원하는 제도적 환경을 조성할 수 있다. 교육과정위원회는 개강 전에 과정을 승인해야 하기 때문에, 승인 과정에서 불필요한 장애 요인을 제거하기 위하여 서비스-러닝의 학문적 엄정성 및 교육학적 이점에 대한 위원회 구성원의 교육이 중요하다. 대학이 교양교육 교육과정을 개정할 때, 능동적 학습을 장려하는 전제를 설정하고 공공 차원의 장학금을 마련하게 되면 서비스-러닝 과목 개발이 촉진된다.

가장 중요한 학사 정책 쟁점은 임용, 승진, 종신 재직권과 관련된 문제이다. 종신적 신분이 인정되는 과정에 있는 교수들은, 특히 연구 중심 대학의 경우에는, 학과장이나 멘토로부터 종신적 지위가 확보될 때까지는 서비스-러닝에 참여하지 말 것을 권고받는다고 한다. 교수의 연구, 교육, 봉사 업적에서 서비스-러닝이 구체적으로 인정받는 정책 수립은, 교수가 다음과 같은 질문에서 기술되는 바와 같이, 자신이 하는 일이 승진 및 종신 재직권에 있어서 가치있게 평가될 것이라는 믿음을 갖게 하는 데 있어 필수적이다.

4.12 교수 업적 평가, 진급, 종신 재직 보장 과정에서 서비스-러닝은 어떻게 평가될 수 있는가?

교수 임용에서 서비스-러닝이 어떻게 유리하게 고려되어야 하는가?
자신의 포트폴리오에 서비스-러닝을 어떻게 통합해야 하는가?
승진과 종신 재직 보장에 대한 어떠한 제도적 정책이 서비스-러닝을 지지하는가?

지난 몇 년 동안 모든 유형의 대학에서 교수들이 서비스-러닝과 참여형 학문 업적에 부분적으로 근거하여 종신 재직 보장을 받거나 승진을 할 수 있도록 하는 교수진 보상 정책의 개정에 많은 진전이 있었다. 학문적 엄정성에 학문 분야의 기준을 충족하고 지역공동체에 참여하고 이익을 주는 참여형 학문 업적에 대한 동료 평가 및 제도적 검토를 위한 지침이 개발되고 공표되어 왔다(Stanton, Connolly, Howard, & Litvak, 2013). 재임용 평가 과정에서 교육 영역의 구성 요소로서 서비스-러닝을 평가하는 기준에 교수들의 서비스-러닝 교육 기여도가 학문 영역과 관련이 있는지, 지역사회 요구에 부응하는지, 지속적으로 영향을 미치도록 설계되었는지, 지역사회와 파트너십을 유지하며 수행되고 있는지, 학문적 내용과 관련되고 적극적인 시민성에 대한 이해를 심화시키는 비판적 성찰에 학생들을 참여시키고 있는지 등을 구체적으로 명시할 수 있다(Stanton, Connolly, Howard, & Litvak, 2013).

또한 서비스-러닝을 통해 교수들이 자신의 교육, 연구, 봉사 업적을 강조할 수 있도록 사용가능한 지침들이 생겨나고 있다. 이는 서비스-러닝이 교수 자신의 학문 및 교육에 미친 긍정적인 효과를 문서화하고, 새로운 혹은 수정된 서비스-러닝 강좌를 혁신적인 교수법으로 강조하고, 서비스-러닝 과목 및 교육법으로써 서비스-러닝으로 인해 학생과 지역사회가 받은 이점에 대한 학술 발표를 하고 학술지 논문을 작성하며, 학생의 성찰 일지를 동의하에 발췌하여 포함시키고, 교수의 서비스-러닝 업적의 긍정적인 영향에 대한 학생 및 지역사회 파트너로부터 서한을 구하는 것을 포함한다(University of Missouri-St. Louis, 2013). 또한 교수의 봉사에 대한 정의가 지역사회에 대한 봉사뿐만 아니라 대학 및 학문 분야에 대한 봉사까지로 확대되고 있다.

Campus Compact에 의해 소집된 연구 중심 대학 시민 참여 네트워크(The Research University Civic Engagement Network, TRUCEN)는 연구 중심 대학을 위한 참여형 학문 툴킷을 만들었다. 이는 연구 중심 대학이 다른 유형의 대학보다 지역사회 기반 연구에서 뒤처질 수는 있지만, "연구 중심 대학들은 지역사회 참여형 학문을 발전시킬 수 있는 훌륭한 입장에 있으며, 실제로 이것이 가장 큰 잠재력을 지닌 지역사회 참여 운동에 기여할 수 있다"는 전제에 기반을 두고 있다(Stanton, Connolly, Howard, & Litvak, 2013). 이러한 종합적인 자료는 연구 중심 대학의 교수들을 위한 (모든 유형의 대학의 교수진들에게도 또한 적절하고 유용한) 도구와 지침을 제공하는데, 이는 교수들이 보상 및 승진을 위하여 참여형 학문 업적을 문서화 하고 보상 및 승진에 대한 동료 및 기타 제도화된 심사 위원의 참여 학문 업적에 대한 평가를 가능하게 한다(Stanton, Connolly, Howard, & Litvak, 2013).

참여형 학문 컨소시엄(The Engaged Scholarship Consortium), 서비스-러닝 및 지역공동체 참여 연구에 관한 국제 학회(The International Association for Research on Service-Learning and Community Engagement), 그리고 9장 9.3에 열거된 여러 다른 기관들은 워크숍 및 콘퍼런스를 제공하며, 교수 개인에게는 종신 재직 보장과 승진을 위한 서류 준비에 대한 지침, 단과대학과 대학교에는 엄격한 참여형 학문과 결부된 캠퍼스와 지역사회 간 강한 파트너십 구축에 대한 지원을 제공하고 있다.

대학이 강력한 영향력을 지닌 교육 실천을 수용하면 할수록, 신임 교원 채용 기준은 서비스-러닝 및 참여형 학문에 점점 더 유리해진다. 최근에 내가 컨설팅한 한 도시의 대학 교무처장은 지속적인 지역사회와의 파트너십을 유지하여 참여형 학문과 서비스-러닝을 위한 지원과 함께 그러한 연구 기회를 제공하는 것이 중요하다고 말하였는데, 그 이유는 캠퍼스를 방문하는 예비 교수인 지원자들이 이에 대한 문의를 하기 때문이라고 했다. 서비스-러닝의 미래와 관련된 승진 및 종신 재직 보장과 관련한 쟁점들은 9장 9.3에서 논의된다.

추가정보출처

Engagement Scholarship Consortium. (2014, August). *About the ESC.* www.engagementscholarship.org/about.

Stanton, T., Connolly, B., Howard, J., & Litvak, L. (2013). *Research University Engaged Scholarship Toolkit* (4th ed.). Boston, MA: Campus Compact www.compact.org/initiatives/trucen/trucen-toolkit.

4.13 어떻게 서비스-러닝이 전체 학과의 폭넓고 깊이 있는 참여를 이끌 수 있는가?

참여 학과는 어디인가?

시간이 지나도 서비스-러닝이 지속되도록 하는 데에 있어 해당 학과의 역할은 무엇인가?

참여 학과 툴킷(The Engaged Department Toolkit)의 첫 장에서, 저자들은 서비스-러닝의 중심으로서 학과의 중요성은 아무리 높이 평가해도 지나치지 않다고 말한다. "... 학과를 등한시 하는 것은, 대단히 독립적이며 안전지향적이고 이미 주변인이 되어버린 소수의 교수들을 제외하고, 거의 모든 교수의 참여 노력이 오래 가지 않을 것이라고 어느 정도 단언하는 것이다"(Battistoni, Gelmon, Saltmarsh, Wergin, & Zlotkowski, 2003). 참여 학과는,

바람직한 학습 성과를 달성하기 위한 교육법으로써 서비스-러닝을 폭넓고 깊이 있게 활용하고, 지역사회 혹은 지역사회 기반 기관들과의 진정성 있고 상호 이익이 되는 파트너십을 유지하고, 교수와 학생의 지역사회 기반 연구를 지원함으로써, 지역사회 참여를 통합, 확장, 심화하기 위한 학과 차원의 접근 방식을 취한다.

참여 학과에서 서비스-러닝은 하나 이상의 방식으로 교육과정에 필수적이다. 서비스-러닝은 1학년 세미나에서, 캡스톤 과목에서, 혹은 전공 과목뿐만 아니라 전체 학생들에게 제공되는 교양 교육 과목에서 필수가 될 수 있다. 어떤 학과에서는 서비스-러닝으로 지정된 과목을 정기적으로 개설하며 다양한 교수진이 가르칠 것이다. 서비스-러닝 과목을 한 명의 특정한 교수가 맡는 상황에서는, 해당 교수가 안식년을 가거나 대학을 떠났을 때는 그 과목이 개설되지 않을 가능성이 있으며, 지역사회와의 파트너십도 대개는 일시 중지되거나 종료된다.

참여 학과의 교수들은 학문 분야와 지역사회 모두에 중요한 기여를 한 연구, 교육, 봉사에 대하여 종신 재직 보장 및 승진 평가 과정에서 보상 받는다. 학생들은 과목 기반 봉사 및 연구 활동을 통하여 그리고 학과 기반 학생 조직을 통하여 지역사회와 관계맺음을 한다. 지역사회 파트너십은 단일 교수보다는 전체 학과와 이루어지며, 종종 양해 각서 또는 기타 서면 합의를 통해 공식화된다.

서비스-러닝 과목이 참여 학과로 이어질 수 있는 방법으로 메릴랜드 대학교의 행동 및 지역사회 보건 학과의 사례가 있다. 1990년대 중반, 보건 교육 학과의 한 교수는 메릴랜드 주 시트 플레전트 시의 지역사회 기반 연구 프로젝트에 학생들을 참여시키기 시작했다. 그 곳의 거주자 중 90% 이상이 아프리카계 미국인이고, 대략 거주자의 20%의 소득 수준이 빈곤 수준보다 낮다. 그 교수와 학생들은 시 공무원과 주민들을 만나 지역사회 건강에 대한 조사를 계획하고 실시했다. 학생들과 교수는 연구 자료를 분석하여 지역사회 지도자들과 구성원들에게 보고하였다. 그 후에 이어진 과목에서 학생들은 그 설문 조사에서 확인된 문제를 해결하기 위해 일련의 건강 검진 및 교육 프로그램을 수행하였다. 학과와 시 당국은 양해 각서를 협상하고 서명했으며 대학의 다른 학과, 학교, 구청 및 도청, 기업, 교회, 그리고 지역사회 기관들이 플레전트 시와 매릴랜드 대학교 간 컬리지 파크 보건 파트너십(The City of Pat-Pleasant-Maryland College Park Health Partnership)에 참여하였다(University of Maryland, 2013).

추가정보출처

Battistoni, R.M., Gelmon, S.B., Saltmarsh, J., Wergin, J., & Zlotkowski, E. (2003). *The Engaged Department Toolkit*. Providence, RI: Campus Compact.

Kecskes, K. (2006). *Engaging Departments: Moving Faculty Culture from Private to Public, Individual to Collective Focus for the Common Good*. Bolton, MA: Anker.

Kecskes, K. (2013). The engaged department: Research, theory, and transformation of the academic unit. In P.H. Clayton, R.G. Bringle, & J.A. Hatcher (Eds.), *Research on Service Learning: Conceptual Frameworks and Assessment, Vol. 2B: Communities, Institutions, and Partnerships*. Arlington, VA: Stylus.

결 론

결론적으로, 개별 교수와 전체 학과 모두 '서비스-러닝 교육법'이 학생들로 하여금 다른 교육법 혹은 다른 교육법들과 결합한 것보다 더 효과적으로 바람직한 학습 결과를 성취할 수 있게 할 것이라고 믿기 때문에 서비스-러닝 과정 개발을 선택한다. 이 장에서는 교육과정에서 여러 형태의 서비스-러닝에 대해 설명하고, 개별 교수와 이를 지원하는 담당자들이 고려해야만 하는 문제를 다루었으며, 학생, 교수, 대학, 그리고 지역사회가 고품질의 서비스-러닝에 참여함으로써 얻으려고 하는 것들의 사례를 제공했다.

C H A P T E R

05

연계 비교과과정 서비스-러닝의 설계 및 실행

Service-Learning Essentials

CHAPTER 05

연계 비교과과정 서비스-러닝의 설계 및 실행

1장 1.1에 명시된 바와 같이, 서비스-러닝에 대한 정의는 성찰과 호혜성의 근본적인 실천을 포함하는 한 공식 교육과정 안과 밖 모두의 경험을 포괄할 수 있도록 의도적으로 충분히 넓다. 공식 교육과정 밖에서 양질의 서비스-러닝 경험을 개발하는 것은 어려울 수 있지만 세밀하게 설계되고 실행된 연계 비교과과정의 경험은 학생 참가자가 학문 분야 또는 학업 과정 내용과 유사하거나 혹은 추가적인 학습 성과와 성장의 결과를 얻을 수 있도록 한다. 이 장에서는 다양한 유형의 교육과정으로서의 서비스-러닝 경험, 그 이점과 과제, 그리고 학생과 관련한 부서에서 실행하는 방법에 대해 설명하고자 한다.

5.1 연계 비교과과정 서비스-러닝이란 무엇인가?

정규 교과과정의 일부가 아니어도 진정한 서비스-러닝이 가능한가?
연계 비교과과정 서비스-러닝의 이점과 과제는 무엇인가?

연계 비교과과정 서비스-러닝은 바람직한 학습 결과를 얻기 위해 설계된 성찰을 위한 구조화된 기회와 함께 사람과 지역사회의 필요를 다루는 정규 교육과정 외의 활동에 학생들을 참여시킨다. 학생과 지역사회의 성과뿐만 아니라 봉사와 성찰 활동은 정규 교육과정으로서의 서비스-러닝과 다를 수 있지만 성찰과 호혜성의 근본적인 요소는 모든 형태의 서비스-러닝에 적용된다. 연계 비교과과정 서비스-러닝은 설정된 학습 성과, 요구되는 수업 및 과제, 학점 및 성적 등 정규 교육이 갖는 고유한 구조의 이점을 누리지 못한다. 결과적으로 서비스-러닝 교육자는 한 번 경험이더라도 고품질의 서비스-러닝의 원칙과 실천을 수용할 수 있는 구조를 구축해야 한다.

1장 [질문 1.4]는 서비스-러닝이 모든 참여자와 이해 관계자에게 주는 이점에 대한 개요를 제공한다. 연계 비교과과정 서비스-러닝에 참여하는 학생들의 혜택은 일반적으로 개인적인 성장과 대인 관계 발전의 영역이다. 연계 비교과과정 서비스-러닝에 참여하는 학생들이 성취가능한 성과는 자기효능감, 정서적 성숙, 삶의 목적과 가치에 대한 개발 및 명확성, 인종, 계층, 성, 성적 취향, 능력과 같은 요소와 관련된 자신의 정체성에 대한 깊은 인식, 그리고 지역 및 국제 사회에서 자신의 역할에 대한 보다 넓은 감각 등을 포함하는 심리사회적 및 정체성 발달과 관련된다.

교실 이외의 상황에서 서비스-러닝에 참여한 학생은 복합적 사고, 윤리 개발 및 도덕적 추론, 그리고 자신의 믿음과 영감의 명확성에 대한 성취를 보여줄 수 있다(McEwen, 1996). 기숙사 및 학생 단체와 같은 학생 공동체는 다른 유형의 실제적이고 유의미한 프로젝트를 통해 협력함으로써 보다 강한 관계, 공유된 목적 및 공동체 의식의 강화라는 이득을 얻을 수 있다. 1장 1.4에서 언급했듯이 서비스-러닝 및 다른 형태의 지역공동체 참여는 대학 경험 만족도와 학위 취득 가능성에 기여한다. 또한 서비스-러닝을 포함하여 공동의 선을 위한 자원 봉사와 단체 행동에 참여하는 청소년과 청년에 대한 최근의 연구들은 낙관주의와 희망, 자기 효능감, 자존감, 자신감, 삶의 의미에 대한 인식, 자신의 잠재력에 대한 인식을 포함하는 여러 가지 사회심리적 안녕감 지표와 관련이 있다(Flanagan & Bundick, 2011).

연계 비교과과정 서비스-러닝은 교과목 일정이나 학기 기간으로 반드시 제한되지 않기 때문에 교과목과 연계된 과정보다 융통성이 있을 수 있다. 봉사와 성찰은 저녁과 주말에 쉽게 일어날 수 있다. 연계 비교과 경험에 대해 보통 객관적이기보다는 주관적인 성찰은 일반적으로 자신에 대한 깊은 이해, 지역공동체와 국제적인 공동체의 맥락에서 다른 사람과의 관계를 맺어가는 방법, 자신의 가치와 신념을 탐색하는 데 초점을 맞춘다. 예상되는 단점은 학생들이 교과목의 일부가 아니기 때문에 진지하게 성찰하지 않을 수도 있다는 점이다. 결과적으로 Sigmon의 유형이 보여주는 서비스와 학습의 섬세한 균형을 달성하는 것이 더 어려울 수 있다(1.2 참조). 교과 서비스-러닝은 서비스보다는 학습(sL)을 강조하는 경향이 있지만, 연계 비교과과정 서비스-러닝은 학습보다는 서비스를 강조하는 경향이 더 클 수 있다(Sigmon, 1994). 일부의 관점에서 볼 때, 연계 비교과과정 서비스-러닝은 정규 강좌에 통합되어 있지 않기 때문에 경험 교육으로서의 타당성이 부족하다.

지역사회 관점에서 보면, 서비스가 강좌의 일부가 아닌 서비스-러닝 참여자는 학업 내용이나 강좌 기반 학습 결과와 직접 관련이 없는 과제를 수행할 가능성이 더 크다. 그들의 서비스 경험은 종종 학기 일정에 의해 제한되지 않거나 특정 강좌의 프로젝트와 관련이 없기 때문에, 다양한 형태의 연계 비교과과정 서비스에 참여하는 학생 참가자는 아마도 더 복잡하고 도전적인 방식으로 시간이 지나도 지역사회 조직과 일하는 것을 계속하고자 할 수 있다. 반면에, 연계 비교과과정 서비스-러닝의 어려운 문제는 프로젝트와 조직에 대한 학생의 참여를 유지하는 것이다.

정규 교육과정 외의 서비스-러닝은 교과 기반 서비스-러닝에 비해 학생이 시작하고 주도할 가능성이 더 크다. 5장 5.8에 설명된 바와 같이 서비스-러닝에서 파트너로서 봉사하는 학생들의 사례가 많이 있다. 서비스-러닝의 학생 리더는 종종 열정적이고 헌신적이며 창의적이다. 일부는 지원 직원 및 지도교수와 같은 준전문가 역할로 서비스-러닝을 용이하게 한다. 다른 학생들은 서비스-러닝 센터, 기숙사 학습 공동체 및 다른 학생 조직을 통해 서비스-러닝 경험을 구성한다. 그들은 종종 자신의 노력에 동참하는 동료를 모집하는 데 탁월하다. 성찰 촉진자로 훈련받은 학생들은 어른들이 할 수 없는 방식으로 동료의 관심을 끌고 유지할 수 있다. 대부분의 경우, 학생 리더는 지도교수 및 직원, 멘토의 지도 및 지원에 의지할 수 있을 때 보다 효과적이다. 그러나 그러한 지도와 멘토십을 제공하는 것은 상당한 노력과 시간을 요구할 수 있다. 왜냐하면 한편으로는 성과와 파트너십에 대한 책임을 유지하는 것과 다른 한편으로는 학생이 실수를 통해 배울 수 있는 기회를 허락하는 융통성 간에 아슬아슬한 줄타기를 포함하고 있기 때문이다. 일부 지도교수는 권한을 포기하고, 학생 리더십과 동반되는 모호성을 감수하며, 학생 리더들이 계속 발전하면서 지역사회 파트너십을 유지하는 것이 어렵다는 것을 알고 있다(Fisher & Wilson, 2003).

5.2 서비스-러닝과 학생의 발달 간의 관계는 무엇인가?

정교하게 설계되고 주도면밀하게 시행되는 연계 비교과과정 서비스-러닝은 학생들로 하여금 엄청난 발달 성과를 얻을 수 있게 한다. 발달은 본질적으로 보다 복잡하고 더 뚜렷한 방식으로 자아를 재정의하는 동시에 모든 부분을 통합된 방식으로 어우르는 것이다. 발달이 일어나기 위해서는 두 가지 조건, 즉 개인의 준비 상태와 그의 심리적 평형을 깨뜨릴 정도로 개인에게 도전하는 자극이 있어야 한다. 발달에 대한 도전의 관계에 대한 Nevitt Sanford의 연구는 발달은 이 도전과 지원 간의 정교한 균형을 필요로 한다고 설명하고 있다. 도전 또는 불평형이 너무 큰 경우, 개인은 물러서고 성장과 발달에 필요한 위험을 감수하지 않을 것이다. 반면에, 지원 시스템이 너무 크고 충분한 도전이 없다면, 개인은 침체되고 앞으로 나아가지 않을 것이다(Sanford, 1967). 서비스-러닝 교육자는 서비스와 성찰의 경험을 통해 새로운 반응을 요구하는 도전 과제를 제시하면서 동시에 학생들이 어려움에 직면했을 때 편안함을 느낄 수 있도록 해주는 충분한 지원을 제공함으로써 발달을 촉진할 수 있다. 또한 개인은 자신의 인지 및 도덕 발달 수준을 한 단계 넘어서는 정도의 추론의 복잡성만을 이해하고 참여할 수 있다는 것을 인식하는 것도 중요하다.

서비스-러닝 경험의 설계와 촉진에 도움이 되는 여러 가지 학생 발달 이론의 그룹들이 있다.

인지-구조적 발달 이론들은 학생들이 내용이 아니라 생각의 과정을 어떻게 생각하고 있는지 이해하는 데 도움을 준다. 예를 들어 생각은 단순한 것에서부터 복잡한 것, 구체적인 것에서 추상적인 것까지 다양하다. 이 이론의 그룹 내에는 지적, 윤리적 발달, 성에 관련된 사고방식, 도덕적 발달 및 영적 발달이 속한다.

*사회심리적 발달*이란 대학생들의 발달 내용을 말한다. 학생들이 대학 시절에 직면하는 문제와 발달 과제에 초점을 둔다. 성인 발달 및 경력 개발 이론이 이 범주에 속한다. 경력 개발은 개인이 일의 세계와 그 안에서 자신의 역할을 관련지으면서 자신을 이해하게 되는 과정으로 볼 수 있다. 경력 개발 이론은 개성과 환경, 자아 개념과 경력 선택, 자기 효능감, 진로 목표와 관련된 기대성과 사이의 상호 작용을 다룬다.

사회적 정체성 발달 이론은 학생들이 인종, 민족, 성별, 성적 성향, 능력, 종교 및 사회 계층과 같은 자신의 정체성에 관한 다양한 요소와 이러한 정체성들의 교차점을 이해

하는 방법을 설명한다. 정체성 발달 이론들은 학생들이 자신의 고유한 정체성을 무엇이라 생각하고 정체성에 대해 어떻게 생각하는지에 대해 다룬다(McEwen, 2003).

Self-authorship[1]과 같은 통합적 발달의 틀은 인지, 자신 및 대인 관계 개발을 위한 다양한 기회를 통합한다(Baxter Magolda, 2000). Self-authorship의 틀은 학생들이 사람들과 상황을 어떻게 인식하고, 지식을 받아들이며, 서비스와 성찰에 참여하고, 서비스-러닝의 다양한 복잡성을 이해하는지에 영향을 미치는 서로 다른 발달 과정에서 서비스-러닝에 참여하게 된다는 것을 상기시켜 준다. Baxter Magolda는 학생들을 self-authorship의 경로에 있는 유능한 참가자로 보고, 내부 권한을 수립하는 방향과 실천을 제공하고, 학생들이 동료들과 공동체를 형성하도록 돕고, 고루하고 더 단순한 관점에서 새롭고 보다 복합적인 관점으로 나아가기 위한 노력을 지원한다(Jones, Gilbride-Brown, & Gasiorski, 2005).

이러한 발달 이론들 외에도 서비스-러닝에 영향을 미치는 몇 가지 *성격과 학습 스타일 유형*이 있다. Kolb의 경험학습 모델은 1장 1.2에서 설명한 대로 서비스-러닝에 가장 직접적으로 적용될 수 있다. 이 모델은 구체적인 경험, 경험에 대한 관찰 및 성찰, 경험과 성찰에 기반한 추상적 개념의 형성, 새로운 개념의 시험 등 학습 과정을 구성하는 네 가지 요소로 구성된다. 학습자는 어느 시점에서든지 이 사이클에 들어갈 수 있으며, 이 사이클을 반복하면서 학습이 일어난다.

또한 Kolb는 경험학습의 주기에 포함된 요소인 수렴적 학습자, 조절적 학습자, 발산적 학습자 및 동화적 학습자와 직접 관련된 네 가지 학습 스타일을 설명하고 있다. 수렴적 학습자는 특정 문제에 초점을 맞추기 위해 가설 연역적 추론을 통해 지식을 체계화함으로써 아이디어의 실제 적용에 강하다. 이 모델에서 가장 눈에 띄는 학습 능력은 추상적인 개념화와 적극적인 실험이다. 그들은 사람들보다는 사물을 다루는 것을 선호한다. 조절적 학습자의 지배적인 학습 능력은 적극적인 실험과 구체적인 경험이다. 가장 큰 강점은 분석기술보다는 사람과의 협력에 의지해 문제를 직관적으로 해결하는 데 있다. 발산적 학습자는 조절적 학습자와 같이 사람에 관심이 있지만 이들의 가장 큰 장점은 상상력에 있다. 다양한 관점에서 상황을 바라보고 의미있는 방식으로 관점들과 관계들을 구성하는 데 탁월하다. 그들의 지배적인 학습 스타일은 구체적인 경험과 성찰적 관찰이다. 마지막으로, 동화적 학습자들의 가장 큰 강점은 귀납적 추론을 통해 이론적인 모델을 만들고 서로 다른 관찰을 통합된 전체로 결합시키는 능력에 있다. 그들은 사람이나 이론의 실

1) Self-authorship은 아직 국내에서는 적절한 학문 용어로 번역되어 있지 않기 때문에 원어를 그대로 사용함(역자 주).

제 적용보다는 추상적 개념에 더 관심이 있다. 그들의 지배적인 학습 능력은 성찰적 관찰과 추상적 개념화이다(Kolb, 1984; McEwen, 1996).

학습자 발달 및 학습 스타일 이론에 대한 이해는 서비스-러닝 교육자, 교수, 학생지원 전문가, 지역사회 리더, 학교 목사 및 학생 리더에게 발달적으로 적절한 결과를 선택하고 모든 참가자가 참여할 수 있는 서비스-러닝 경험을 창출하는 데 굳건한 기초를 제공한다(McEwen, 1996). 이 이론은 원하는 결과가 학문적 내용에 기초하기보다는 개인적 발달에 관한 것일 가능성이 높은 연계 비교과과정 서비스-러닝을 위해 더욱 두드러진다.

초기 발달 단계의 학생들이 봉사 및 성찰 경험을 통해 제기된 도전으로부터 이득을 얻기 위해서는 더 큰 지원이 필요하다. 이 학생들은 새로운 경험을 탐구하고, 돕고 싶고, 참여하고자 하지만 그들은 앞으로 닥칠 도전과 인지된 도전에 대해 두려워 할 수도 있다. 그러한 학생을 위한 서비스-러닝 경험을 설계할 때는 명확한 기대치, 고도로 구조화된 단기 활동 및 긴밀한 지도를 제공하는 것이 중요하다. 봉사 경험 전 성찰은 그들이 만날 사람, 그들이 수행해야 할 구체적인 과제, 그리고 그들이 보고 느끼게 될 것에 대해 학생들을 준비시켜야 한다. 서비스 활동 중 또는 서비스 활동 간 휴식을 취하면서 기록을 하는 형태로 짧은 성찰을 하는 것은 문제가 되기 전에 곤란해 질 수 있는 문제를 파악하는 데 도움이 될 수 있다. 봉사 중 발생하는 요구와 문제에 압도당하는 느낌, 차이를 만들 수 있는 능력에 대한 자신감 부족과 좌절, 자기 자신과는 다른 사람들과 관계 맺는 방법에 대한 혼란과 같은 참가자의 문제를 해결하기 위해 사후 성찰을 설계하는 것이 중요하다.

학생들이 발달 단계에 따라 진행할 때, 학생들은 보다 지속적이고 독립적인 업무, 보다 복잡한 업무 및 지역사회 구성원과의 더 많은 접촉에 참여할 준비를 할 수 있다. 봉사 경험을 준비하는 것 외에도, 학생들이 직면할 수도 있는 도덕적 딜레마, 개인과 공동체의 상황에 대한 책임과 관련된 질문, 그리고 그들이 상대하고 있는 사람들이 그들과 어떻게 비슷하고 다른지 그것들이 어떻게 비슷하고 다른지에 대해 신중하게 검토할 수 있도록 성찰이 의도적으로 설계되어야 한다. 학생들은 균형있는 도전과 지원의 제공과 그들이 직면하는 문제와 상황에 대해 더 복잡하게 생각하도록 유도하는 구조화된 개인 및 그룹 성찰을 위한 기회를 제공받아야 한다.

높은 수준의 발달 단계에 있는 학생들은 사회 정의와 억압 구조와 관련된 문제를 탐구하고, 자신의 여러 정체성과 그것이 교차하는 방식에 대해 질문하고, 삶의 중대한 결정을 내리는 과정에서 더 많은 의도성을 갖도록 하는 서비스-러닝 경험으로부터 혜택을 받을 것이다. 그러한 학생들은 더 강한 강도와 긴 기간의 경험으로부터 혜택을 얻고, 지도교수, 동료 및 지역사회 구성원들과의 더 깊은 관계에 참여할 수 있다. 그들은 또한 성찰 촉진자, 봄 방학 여행 지도자, 봉사 단체 회장 및 지역공동체 팀 리더와 같은 서비스-러닝 리더십 직책을 맡을 준비가 되어 있을 수 있다. 보다 발전된 발달 단계에서 학생들은 세상의 변화에 대한 그들의 믿음을 인식하고 진술하고, 사회 변화를 위해 일해야 하는 자신의 책임과 헌신을 비판적으로 성찰하려고 애쓰게 된다. 서비스-러닝 교육자는 이러한 도전 과제를 인식하고, 특히 가족과 친구들을 통해 나타나는 자신의 가치관, 사회적 이슈에 대한 견해 및 직업과 생활 방식 선택에 대해 직면할 수 있는 추가 과제에 비추어 학생들을 지원해야 한다. 교육자들은 학생들이 자신의 추론과 판단을 보다 명확하게 표현하고 그룹 토의를 통해 그들의 사고를 발전시키기 위해 서로 도울 수 있도록 성찰을 구조화해야 한다.

Kolb의 경험학습 모델은 서비스-러닝의 설계와 촉진을 위한 몇 가지의 시사점을 제시하고 있다. 첫째, 서비스-러닝 경험은 학생들이 완전하게 자주 학습주기를 진행할 수 있는 다양한 기회를 제공하도록 구성되어야 한다. 이 모델은 학습 과정에 대한 성찰의 본질적인 역할을 강조하며, 효과적인 학습은 서비스-러닝 경험이 순차적으로 구조화되어 성찰이 구체적인 경험을 따르고 추상적 개념화에 선행할 때 발생할 가능성이 가장 높다. 또한 다른 학습 스타일을 가진 학생들은 서비스-러닝에 다르게 접근한다는 것을 인식하는 것이 중요하다. 예를 들어 발산적 학습자들은 구체적인 경험과 성찰적 관찰을 통한 학습을 선호한다. 따라서 그들은 서비스-러닝의 의도적인 활동과 그것을 성찰할 기회의 조합에 익숙할 것이다. 수렴적 학습자는 원칙과 이론을 실제에 적용하는 것을 즐기고, 사람들과의 상호 작용을 포함하지 않는 과제를 선호하며, 특히 그룹에서의 성찰을 어려워할 가능성이 있다. 서비스-러닝 교육자가 다른 형태의 봉사와 성찰을 계획하고 실행할 때, 조절적 학습자와 동화적 학습자처럼, 수렴적 학습자와 발산적 학습자는 반대의 학습 강점을 가지고 있다는 점을 인지할 필요가 있다(McEwen, 1996).

추가정보출처

Baxter Magolda, M.B. (Ed.). (2000). *Teaching to Promote Intellectual and Personal Maturity: Incorporating Students'Worldviews and Identities into the Learning Process* (New Directions for Teaching and Learning, no. 82). San Francisco, CA: Jossey-Bass.

Baxter Magolda, M.B. (2004). *Making Their Own Way: Narratives for Transforming Higher Education to Promote Self-Development.* Arlington, VA: Stylus.

Evans, N.J., Forney, D.S., Guido, F.M., Patton, L.D., & Renn, K.A. (2010). *Student Development in College: Theory, Research, and Practice* (2nd ed.). San Francisco, CA: Jossey-Bass.

Flanagan, C., & Bundick, M. (2011). Civic engagement and psychosocial well-being in college students. *Liberal Education,* 97(2). 20-27.

Fowler, J.W. (1981). *Stages in Faith: The Psychology of Human Development and the Quest for Meaning.* San Francisco, CA: Harper.

Jones, S.R., & Abes, E.S. (2013). *Identity Development of College Students: Advancing Frameworks for Multiple Dimensions of Identity.* San Francisco, CA: Jossey-Bass.

McEwen, M.K. (1996). Enhancing student learning and development. In B. Jacoby (Ed.), *Service-Learning in Higher Education: Concepts and Practices.* San Francisco, CA: Jossey-Bass, 1996.

McEwen, M.K. (2003). The nature and uses of theory. In S.R. Komives & D.B. Woodard (Eds.), *Student Services: A Handbook for the Profession* (4th ed.). San Francisco, CA: Jossey-Bass.

5.3 연계 비교과 서비스-러닝의 다양한 형태로는 무엇이 있는가?

1장 1.7에서 언급했듯이, 교육 기관은 빈도, 기간, 강도, 헌신의 정도에서 다양한 수준의 교과과정 및 연계 비교과과정의 서비스-러닝 경험을 제공해야 한다. 많은 서비스-러닝 센터는 봉사의 날과 같은 일회성 경험에서 캡스톤 과정과 방학 중 학생 리더 역할과 같은 깊은 참여에 이르기까지의 연장선상에서 교육 기관의 서비스-러닝 옵션을 제공한다. 교육과정 서비스-러닝과 마찬가지로, 연계 비교과과정 서비스-러닝에도 많은 형태가 있다. 봉사 경험은 학교와 가깝거나 혹은 멀 수도 있고, 혹은 국내일 수도 있고 해외일 수도 있는 지역사회 현지에서 발생할 수도 있고 아닐 수도 있다. 대부분의 기관에서 연계 비교과과정 서비스-러닝 경험은 학생 담당 부서, 단과대학 및 학과, 해외 유학 및 인턴십 프로그램, 학교교회 및 학생 단체와 같은 서비스-러닝 센터 이외의 여러 캠퍼스 조직에 의해 제공된다. 아래에서 설명하는 연계 비교과과정 봉사는 가능한 모든 유형이 포함되어 있지는 않지만, 학교에서 제공할 수 있는 옵션의 범위를 보여주고 있다.

입문, 일회성, 단기 경험. 봉사의 날이라고 불리는 일회성 봉사 경험을 제공하는 대학을 찾기는 쉽다. 이러한 경험은 오리엔테이션 프로그램, 서비스-러닝 센터, 학과, 학

습 또는 신앙 공동체, 다양성 존중 부서 또는 학생 단체에 의해 제공될 수 있다. 학교나 특정 학과나 학습 공동체에 대한 오리엔테이션의 일환으로, 봉사의 날 행사는 신입생에게 서로 만나고, 커뮤니티를 구성하는 프로세스를 시작하고, 학교가 속해 있는 지역사회에 익숙해 지고, 경험학습을 대학 경험의 중요한 부분으로 인식하기 시작하고, 더 나아가 서비스-러닝에 관심을 갖기 시작하는 기회가 될 수 있다. 많은 서비스-러닝 센터는 주간 또는 월간 간격으로 주말에 일련의 봉사의 날을 제공한다. 학교 전통이나 마틴 루터 킹 주니어의 생일과 같은 휴일이나 4월의 크리스마스 또는 사랑의 달리기와 같은 국가적 행사의 일환으로 개최되어 학교 전체가 참여하는 대규모의 연례 행사도 일반적이다. 대규모의 학교 행사는 학생 외에도 교수진과 교직원, 더 넓게는 지역공동체의 구성원을 참여시킬 수 있다. 교수진, 학생 담당 직원 또는 학생 리더가 강의하는 학점 인정 신입생 세미나는 학생들에게 수업 과제로 1회 이상 봉사의 날에 참여하도록 요구하기도 한다. 학생 단체와 신앙 공동체는 모든 학생과 그룹 회원이 참여할 수 있는 봉사의 날을 자주 개최한다.

서비스-러닝은 또한 예비 대학이나 단기 몰입 또는 대체 주말과 같은 단기적인 경험에 통합되기도 한다. 이러한 경험은 캠퍼스 내, 주변, 또는 캠퍼스에서 멀리 떨어진 곳에서도 있을 수 있다. 예를 들어, 새 학기가 시작되기 직전 3일간의 단기 몰입과정은 신입생들을 봉사활동 그리고 성찰과 연계된 챌린지 코스나 아이스 브레이킹과 같은 팀 구성 경험에 참여시킬 수 있다. 종교 대학에서의 단기 몰입 프로그램은 교육 기관의 종교적 사명과 그것이 서비스와 학습에 어떻게 관련되는지에 초점을 맞출 수 있다. 대체 주말은 일 년 중 언제라도 진행할 수 있다. 대체 주말은 특정 학술 프로그램, 학생회, 캠퍼스 사역 조직에 포함된 학생 또는 전체 학생을 위해 그리고 이 학생들에 의해 구성될 수 있다. 일부는 학교 주변의 지역사회, 지방 또는 교외에 위치한 학교를 위한 도시 지역 또는 도시에 위치한 학교를 위한 지방에서의 봉사와 성찰을 통해 사회적 이슈에 집중한다. 일반적으로 저비용의 숙식을 준비하여 비용과 시간을 절약하면서 참가자가 장기간의 봉사를 통한 이점을 얻을 수 있도록 한다.

나는 서비스-러닝에 관심이 있는 동료들 및 학생 지도자들과 일회성 또는 단기간의 경험이 이를 조직하는 데 소요되는 시간과 에너지만큼의 가치가 있는지에 관해 많은 이야기를 나누었다. 많은 사람들이 이러한 경험이 실제로 고품질의 서비스-러닝이 될 수 있는지 궁금해 하는 것이 사실이다. 성찰과 호혜성을 포괄할 수 있는가? 그 이익이 지역사회 파트너의 비용보다 클 수 있는가? 정당하게 서비스-러닝이라고 할 수 있는 간단한 경험을 설계하고 구현하는 것은 실제로 어려운 일이다. 하지만 기대치가 신중하게 관리되고 서비스-러닝의 필수적인 실행이 포함된다면, 학생들에게 의미 있고 지역사회에 도움이 되는 간단한 경험을 설계하는 것도 가능하다. 이러한 관점에서 5장 5.6에 설명된 연계 비교과과정 서비스-러닝을 계획하고 구현하는 단계는 유용할 것이다.

지속적인 연계 비교과과정 경험. 지속적인 연계 비교과과정 경험을 찾고 있는 학생들 중 특정 사회 문제 또는 대상에 관심이 있는 학생, 또는 신앙이나 진로 포부와 관련된 기회를 찾는 학생들은 일회성 또는 단기 경험을 통해 서비스-러닝에 관심을 갖게 될 것이다. 서비스-러닝 센터, 학교 부서, 학교 사역부, 다양성 부서 또는 학생 단체를 기반으로 하든, 이러한 경험은 때로는 학생 또는 학생의 요청에 의해 시작된다. 또한 많은 프로그램들이 학생들에 의해 진행된다.

여러 가지 유형의 지속적인 연계 비교과과정 서비스-러닝 프로그램은 대부분 서비스-러닝 센터를 기반으로 한다. 하나의 공통된 모델은 특정 커뮤니티 사이트에서 학생들의 봉사를 촉진하는 학생 리더 팀 중심으로 구성된다. 수많은 변형이 있을 수 있지만, 각 학생 리더는 지역사회 파트너와 서비스-러닝 센터 간의 주요 연락 담당자 역할을 하며, 사이트와 협력하여 학생 봉사의 목표와 필요를 결정하고, 참가자를 모집하고, 봉사 시간을 계획하고 관리하며, 참가자의 성찰을 독려하고, 사정과 평가를 지원한다. 참가자는 일반적으로 적어도 한 학기는 참여해야 한다. 학생 지도자는 상당한 교육을 받고 주로 정기적으로 만나서 성공과 도전을 공유하고 성찰한다. 이 모델을 통해 서비스-러닝 센터는 지속적인 서비스-러닝을 위한 다양한 옵션을 제공할 수 있다.

학과, 학습 공동체 및 장학 프로그램은 교과과정을 보완하기 위해 종종 연계 비교과과정을 통한 서비스-러닝 경험을 제공한다. 이러한 경험의 대부분은 학업 프로그램의 전공 또는 학제 간 초점에 관련이 있다. 예를 들어 건축조경학과는 학교, 요양원, 노숙자 보호소 및 기타 지역사회 공간 중 치유 공원을 설치해도 좋을 만한 곳을 찾기 위해 서비스-러닝 센터와 협력한다. 교수진의 지도 아래 건축조경학과 학생들은 지역사회 파트너와 협력하여 공원 계획을 수립하고 시공 및 식재를 수행하게 된다. 학생들은 정기적으로 만나서 서로 상의하고 교수와 상담하게 된다. 또 다른 예로, 신입생과 2학년으로 구성된 아동 권리 옹호에 중점을 둔 2년간의 학제 간 학습 공동체는 대부분의 가정이 미혼모인 저소득층의 지역 초등학교에서 아동을 대상으로 하는 방과후 학습지도 및 심화학습 프로그램을 시작했다. 학교에서 일주일에 두 번 자원봉사하는 것 외에도, 학생들은 매주 만나서 자신들의 경험을 공유하고, 아이들을 대신하여 아동의 권익 보호를 위한 문제와 길을 모색한다.

학교 사역부는 오랫동안 기도를 포함할 수도 있고 그렇지 않을 수도 있는 성찰과 봉사를 결합시킨 연계 비교과과정 경험을 제공해 왔다. 성공적으로 진행 중인 프로그램의 예는 학생들이 일요일에 AIDS 및 기타 중병으로 외출할 수 없는 사람들에게 식사를 제공하는 것이다. 학생 참가자들은 주중엔 성찰을 위해 만나고, 주일엔 예배에서 학생들이 제기한 문제가 설교, 전례 및 기도에 포함될 때 만나게 된다. 다양성 부서에 기반한 문화간 프로그램에서 진행되는 또 다른 특히 성공적인 사례는 무슬림, 카톨릭 및 유대인 여성들이 노숙자 쉼터에서 봉사하며 일주일에 한 번 모여서 봉사가 개념화되고 실행되는 방법에 관해 자신의 종교적 전통에서 유사점과 차이점을 논의하는 것이다.

거의 모든 학교에는 최소한 하나 이상의 지역사회 봉사를 목적으로 하는 학생 조직이 있다. 이러한 조직은 단일 학교에 존재하거나 국내 또는 국제기구의 지부일 수도 있다. 유감스럽게도 그들 중 대부분은 구성원 및 다른 학생들을 일회성 봉사 행사에 주로 참여시키고 대부분 성찰을 포함하지 않는다. 이는 지속적인 봉사 활동도 마찬가지이다. 그러나 교육과정 내부 또는 외부에서 서비스-러닝을 통해 비판적 성찰을 경험한 학생들을 끌어 들이는 더욱더 많은 예외도 있다. 일부 학생 봉사 단체는 독립적으로 활동하는 반면, 다른 학생 봉사 단체는 서비스-러닝 센터, 다양성 부서 또는 학과나 프로그램의 직원 또는 교수진과 긴밀히 협력하고 지도를 받는다. Washington, Bellingham에 있는 Whatcom 대학의 서비스-러닝 클럽 회원들은 매달 만나서 지역사회의 요구 사항을 논의하고, 요구 사항을 해결하기 위한 봉사 활동을 계획하고 참여하며, 경험을 함께 성찰한다(Whatcom Community College, 2014). College Park의 Maryland 대학에서 변화를 위한 Terps의 사명은 학생들을 지역공동체와 "지속적이고 협조적이며 의미있는 서비스-러닝"을 통해 연결하는 것이다(University of Maryland, 2014). 변화를 위한 Terps는 참가자들이 최소한 한 학기의 참여를 약속하고, 최소한 주당 2~3시간을 자원하며, "비판적 성찰 및 서비스-러닝과 사회 변화를 향한 운동에 대한 깊은 이해에 초점을 맞춘 월례 대화 행사"에 적극적으로 참여하도록 하는 학생 주도의 조직이다(University of Maryland, 2014).

지속적인 연계 비교과과정 서비스-러닝의 과제 중 하나는 학생의 봉사에 대한 헌신을 유지시키고, 비판적 성찰에 참여시키고, 학생 지도자가 나아갈 때 진행되는 프로그램과 조직 또한 나아갈 수 있도록 하는 것이다. 분명히 교육과정으로서의 서비스-러닝에 의해 제공되는 구조없이 학생들의 관심과 참여를 유지하기 위해서는 교수진과 교직원뿐만 아니라 학생 리더의 더 많은 노력이 필요하다. 그러나 초기에 기대치를 명확히 하고, 프로그램 목표에 대한 동의를 얻고, 서비스와 성찰이 연결되어 있고 의미가 있음을 확인하고, 프로그램이나 학기 중 그리고 끝날 때 적절한 인센티브를 제공하는 것은 지속적인 연계 비교과과정으로서의 서비스－러닝이 학생 및 지역사회 파트너 모두에게 유익하도록 만드는 데 큰 도움이 될 수 있다.

기숙형 프로그램. 점점 많은 기관들이 서비스－러닝 기숙사 또는 공간을 제공하고 있다. 기숙형 모델의 장점은 서비스－러닝에 대한 일반적인 관심이 있는 학생들 또는 특정 이슈에 관심이 있는 학생들이 함께 살면서 성찰을 위해 공식적 또는 비공식적인 모임을 쉽게 가질 수 있도록 하는 것이다. 또한 이러한 프로그램들은 학생들이 시간이 지남에 따라 봉사 현장에 대한 그리고 서로에 대한 헌신을 유지할 가능성을 높인다. 대부분의 기숙형 프로그램에는 신청 절차가 필요하다. 어떤 경우에는 전체 학생들이 참여할 수 있는 봉사 활동을 서비스－러닝 기숙사에서 조직하기도 하는데, 많은 경우 학생들의 주도로 이루어진다.

주제 기반의 기숙형 학습 프로그램은 종종 프로그램 주제 및 목표와 관련된 일회성 및 지속적인 서비스－러닝 경험에 학생들을 참여시킨다. 예를 들어, 예술 및 사회 관련 프로그램은 어린이 댄스 스튜디오, 지역 예술위원회 및 지역 극장 등 지역 예술 단체와의 지속적이고 다양한 파트너십에 학생들을 참여시킨다. 이러한 프로그램은 주로 학생들을 성찰하도록 하여 학생들의 수업과 서비스－러닝 활동의 연결을 이끌어낸다.

정부재정지원 프로그램. 대학은 대학 등록금 및 기타 경비를 충당하기 위해 노력해야 하기 때문에 정부지원 근로 장학 프로그램과 AmeriCorps[2]를 통해 서비스－러닝에 참여할 수 없는 학생들에게 연계 비교과과정 서비스－러닝 기회를 제공할 수 있다. 정부지원 근로 장학 프로그램에 적용되는 법에 따라 정부지원 근로 장학금을 배정받는 각 대학은 캠퍼스 안팎에서 지역공동체 봉사에 참여하는 학생에게 배정액의 7% 이상을 사용해야 한다. 또한 이 요구 사항을 충족시키기 위해 대학이 고용한 학생 중 최소한 한 명은 취학 연령 아동 또는 초등학생을 대상으로 가족문해활동 또는 읽기 개인 교습을 해야 한다. 이러한 사회 봉사 활동 및 수학 과외 활동을 원활하게 하기 위해 이러한 활동을 수행하는 학생의 급여는 정부에서 지원하는 재정으로 전액 지급될 수 있다. 그렇지 않은 경

2) 미국 내 지역사회 봉사 단체로 회원들은 집짓기, 집수리, 공원 청소 등의 봉사를 하고, 학비를 지원받기도 함.

우, 대학은 급여의 일부를 부담해야 한다(Campus Compact, 2013b; U. S. Department of Education, 2013).

클린턴 행정부에 의해 시작된 America Reads와 America Counts Challenges에 따라 읽기 및 수학 과외 프로그램을 시작한 많은 기관에서 정부지원 근로 장학생을 다른 사람들과 함께 고용하여 계속해서 운영하고 있다. 이 프로그램의 대부분은 학생들에게 상당한 교육과 지속적인 성찰을 필요로 한다. 일부 대학에서는 정부지원 근로 장학생을 대상으로 캠퍼스 내에서 기초 영어 및 수학 수업에서 동료를 가르치는 TRIO[3]와 같은 캠퍼스 기반 프로그램에서 일할 수 있도록 한다. 이 프로그램에서 일하거나 지역사회 단체에서 독립적으로 근로 장학 급여를 받는 학생들은 성찰을 위한 구조화된 기회를 가질 가능성이 적다.

대학들은 AmeriCorps의 봉사 프로그램을 통해 학생들이 1년 동안 300, 600 또는 900시간 동안 일하고, 근무 시간에 따라 생활비와 등록금을 받을 수 있는 파트 타임 AmeriCorps 프로그램을 만들 수 있는 보조금을 신청할 수 있다(Corporation for National and Community Service, 2013a). 대학 내 AmeriCorps 회원 수는 보조금 액수와 각 회원이 근무하는 시간 수에 따라 다르다. 일반적으로 학생들은 개인적으로 또는 그룹으로 지역사회 조직과 협력한다. 재정지원을 모색하고 있는 대학들은 성찰을 프로그램에 통합하여 AmeriCorps 보조금 신청서를 돋보이게 한다. 그러나 정부지원 근로 장학생 프로그램과 마찬가지로 정기적인 성찰이 일어나기도 하고 그렇지 않을 수도 있다.

교육과정의 일부로서 연계 비교과과정의 요구사항. 일부 대학에서는 전문직업 교육생 또는 학부생이 지정된 시간 동안 전공 또는 학업 프로그램과 관련이 있을 수도 있고 없을 수도 있는 연계 비교과과정 서비스-러닝을 완료하도록 요구한다. 전문직업 프로그램에서 이 시간은 교육과정에 포함된 현장 실습 요구 사항에 추가된다. 일반 의과대학의 예에서, 학생들은 처음 2년 동안 75시간의 연계 비교과과정의 서비스-러닝에 참여해야 한다. 이 프로그램은 학생 개개인의 관심에 따라 노약자, 노숙자, 중독자 또는 장애인과 같이 취약 계층을 돌보는 일에 초점을 맞춘 1년 동안의 심층적인 경험에 학생들을 참여시킨다. 프로그램의 목표 중 또 하나는 이러한 다양한 계층의 구성원이 의대생의 교육에 참여할 수 있는 기회를 제공하는 것이다. 학생들은 자신의 봉사 외에도 인문의학, 건강교육, 사회 구조, 의학 및 정치 활동과 같은 주제를 강조하는 월례 세미나에 참석한다.

3) 불우한 환경의 개인을 찾아서 봉사를 제공하도록 고안된 미국 정부의 복지 및 학생 서비스 프로그램.

또 다른 일반적인 예에서, 약학대학은 각 학생에게 여러 약물을 필요로 하는 건강 문제가 있거나, 노인, 유아, 영어에 익숙하지 않거나, 또는 지적 장애가 있는 지역사회 구성원과 매주 만나도록 한다. 약학대학 학생들은 환자와의 관계를 형성하여 환자가 질병을 이해하고 건강한 생활 방식을 유지하며 보다 효과적으로 치료할 수 있도록 한다. 미래의 약사들은 자신의 직업의 인간적인 면에 대해 배우고, 의사는 치료하고, 약사는 무엇을 할까?와 같은 질문을 성찰한다.

학생들이 사회적 이슈와 관련된 실습에 참여하고 배우는 서비스-러닝 과정을 제공하는 것 외에도 많은 법학대학은 2학년 및 3학년 학생들에게 학교 또는 지역사회 기반의 법률 클리닉 또는 일대일 상담실에서 가족법, 이민법, 소비자보호법, 아동복지 등과 관련된 문제가 포함된 사례에 대해 변호사 멘토와 함께 일하는 연계 비교과과정에 참여해야 한다. 혁신적인 사례로는 1학년 학생에게 팀으로 소액 청구 소송의 기본 절차와 친자 확인, 양육권, 후견인, 파산 및 처분과 같은 문제에 대해 소송당사자들을 위한 주간 워크숍을 준비하고 실시하도록 법률 지원 센터와 협력한 경우가 있다. 이 프로그램을 통해 학생들은 구체적인 법률 자문보다는 법률 시스템의 측면에 관한 일반적인 정보를 제공하도록 한다. 서면, 토론 및 온라인을 통한 정기적인 성찰은 법률 서비스에 대해 충족되지 않는 많은 요구와 학생들이 앞으로 어떻게 시민 전문가가 될 수 있는지에 초점을 맞추고 있다.

학부생에 관한 한 일부 교육 기관들은 일부 핵심적인 영역에서의 학습은 교과과정과 연계 비교과과정이 의도적으로 연결될 때 가장 효과적이라고 인식하고 있다. 예를 들어, 많은 교육 기관에서는 교양교육 교과과정의 일환으로 학생들이 다양성의 측면에서 최소한 하나의 과정을 수강할 것을 요구한다. 이 과정들 중 일부는 다인종 사회의 가능성과 문제 그리고 공정하고 공평한 사회를 이루기 위해 반드시 지켜져야 할 도전에 중점을 둔다. 다른 과정들은 더 개인적이며, 학생들이 가치, 정체성, 활동뿐만 아니라 인간의 차이와 공통성과 관련된 문제들에 대해 깊이 생각할 기회를 제공한다. 일부 대학에서는 학생들이 하나 이상의 특정 학습 성과를 달성할 수 있도록 보완적인 연계 비교과 서비스-러닝 경험을 요구하고 있다. 한 대학에서 학생들은 처음에는 자신과 다르다고 인식되는 다른 사람들과 교제하는 다양한 서비스-러닝 경험 중에서 하나를 선택하고, 차별의 체제와 구조의 영향에 대해 직접 체험으로 배우며, 왜 특정 그룹이 계속해서 오늘날의 사회에서 끊임없이 소외되는지 성찰한다.

교과과정과 관련이 꼭 필요하지 않은 예로서, 일부 대학은 박물관, 극장, 뮤지컬 공연, 리더십 개발 워크숍, 진로탐색 세미나 또는 체육활동에 참여하는 등의 자기 개발을 위해 최소한의 몇 시간과 서비스-러닝으로 지정된 최소한의 시간으로 구성된 연계 비교과 이수 조건이 있다. 학생들은 대학이 주최하는 프로그램이나 자신이 선택한 조직에서 일함으로써 서비스-러닝 시간을 마칠 수 있다. 서비스-러닝은 학생들로 하여금 새로운 경험을 하거나 구성된 환경에서 지정된 현장 관리자와 함께 새로운 기술을 습득할 수 있게 해야 한다. 학생들은 기관 및 서비스-러닝 경험을 설명하고, 근무 시간 수를 지정하며, 학습 성찰을 포함하여 현장 관리자가 서명한 완성된 양식을 제출한다.

교과 및 연계 비교과과정 서비스-러닝의 이수는 학생들과 지역사회에 명백한 이점이 있지만, 수강생에 대한 많은 고려사항과 주의사항이 있다. 8장 8.2에서 설명한 바와 같이, 대학은 학생들을 충분히 적절하게 배치할 수 있는 기관을 개발하고 관리할 수 있는 역량이 있는지를 판단해야 한다. 또한, 7장 7.9에서 지적한 바와 같이, 봉사가 선택이 아니라 필수적인 경우, 더 많은 부담을 지게 된다.

집중적인 몰입 경험. 4장 4.4에서 설명한 바와 같이 자체적으로 또는 교과과정의 일부로 학점 인정을 받는 집중적인 서비스-러닝 경험의 훌륭한 사례가 많이 있지만, 연계 비교과과정 기반으로 훨씬 더 많은 서비스-러닝 경험이 제공되고 있다. 이들 중 가장 일반적인 것은 방학 중에 단기간으로 진행되는 집중적인 연계 비교과과정 서비스-러닝 경험으로 일반적으로는 같은 대학의 그룹들로 진행된다. 봉사 여행은 모든 고등 교육 분야에서 빠르게 성장하고 있다. 방학 봉사 단체는 일반적으로 잘 훈련된 학생 리더가 이끌고 종종 교수 또는 교직원이 지도하기도 한다. 교과과정 기반 경험과 마찬가지로, 방학 봉사활동은 봄, 여름, 겨울 방학 동안 진행되며, 학교 주변 또는 원격지에서, 또는 국내외 모두에서 진행될 수 있다. 참가자가 준비할 수 있는 충분한 시간을 주기 위해 출발 6개월 전까지 선정한다.

준비 과정에서 꼭 한정되지는 않지만, 지역사회와 해결해야 할 문제에 대한 학습, 파트너 조직의 사명과 목표 이해, 참가자의 기대와 그들이 직면하게 될 현실에 대한 "사전 성찰", 팀 빌딩, 학생들이 필요로 할 구체적인 기술 훈련, 방학 중 봉사 프로젝트와 관련된 지역사회에서의 봉사가 포함된다. 많은 방학 중 봉사 프로그램은 고등교육기관 및 비영리단체에 안내, 훈련, 정보 등을 제공하여 고품질의 방학 중 봉사 프로그램을 개발하는 것을 지원하고 촉진하는 Break Away라는 국가 비영리 단체의 지원을 받는다. Break Away는 학생 참여자가 그들의 지역사회에 참여하고, 사회 문제와 관련하여 정치적으로 활발하게 활동하며, 긍정적인 사회 변화를 가져올 수 있는 직업을 추구하는 것을 진지하게 고려하도록 권장한다(Break Away, 2013).

또한 학생들이 비영리 단체 또는 정부 기관에 참여하는 비학점인정 서비스-러닝 인턴십, 개인 경험 등이 있다. 이들은 주당 10시간에서 40시간까지 강도가 다양하며, 필수 또는 선택 사항이다. 서비스-러닝 인턴십은 (연방 노동법을 준수한다고 가정하고) 임금이 지불되거나 지불되지 않을 수 있으며, 학점으로 인정될 수도 있다. 학점으로 인정되지 않거나 학생들이 학점을 원하지 않는 인턴십의 이점은 학생들이 학비를 지불할 필요가 없다는 것이다. 연계 비교과 인턴십은 성찰 요소를 포함하고 있지 않다는 점에서 비판받아 왔다. 하지만 서비스-러닝 인턴십은 비영리 단체와 함께 하는 서면 저널, 정기 성찰 세미나 또는 최종 총괄 프로젝트 또는 논문 등의 성찰 활동에 학생들을 참여시킨다. 대부분의 경우 학생들은 인턴십의 요구 사항을 명시하는 합의 또는 학습 계약서에 서명한다.

집중적인 서비스-러닝 경험의 장점 중 하나는 학생들이 다양한 문화와 환경에 자신을 몰입시키고 자신의 경험과 관점으로 다른 사람들과 일할 수 있다는 것이다. 이러한 경험을 계획하고 조직하려면 많은 시간과 노력이 필요하다. 다른 과제로는 학생의 동기와 준비도 평가, 학생 및 지역사회에 대한 바람직한 성과 달성을 위한 프로그램 설계, 학생들의 의미있는 성찰 및 무수히 많은 행정 및 실행상의 문제가 포함된다. 이러한 경험은 또한 서비스-러닝 센터 또는 교내 다른 부서의 상당한 지원을 필요로 한다.

졸업생을 포함하는 경험. 더 많은 학생들이 실질적인 서비스-러닝을 경험하고 졸업하고 있기 때문에, 동문회는 서비스-러닝 센터와 파트너 관계를 맺어 동문들이 서비스-러닝에 계속 참여하고 재학생들과 경험 및 성찰을 공유할 수 있는 기회를 개발한다. 경우에 따라 동문회는 전국의 지역 동문회와 서비스-러닝 경험을 기획하고 실행하기 위해 동문 자원 봉사자를 참여시키기도 한다. 또 다른 대학들은 동문회나 서비스-러닝 센터를 통해 동문들을 초대하여 현재 서비스-러닝 참가자와 의미있는 방식, 예를 들면 학생 서비스 조직이나 방학 중 봉사 여행의 자문, 서비스-러닝 학생 리더에 대한 멘토링 또는 워크숍 발표 등을 통해 교류할 수 있다.

이러한 프로그램들은 졸업생들을 지역사회, 사회 문제 및 대학과의 관계를 유지하거나 회복하도록 하는데 많은 이점이 있다. 또한 재학생들에게도 풍부한 네트워킹 기회를 제공한다. 캠퍼스에서 멀리 떨어져 있는 프로그램을 개발 및 실행하고 서비스-러닝 센터, 학과 및 단과대학, 학생관련 부서, 동문회 및 개발 부서와 같은 캠퍼스 단위 간의 노력을 조정하는 것이 과제이다.

추가정보출처

Break Away. (2013, July). *About Break Away.* www.alternativebreaks2013.org/about.

Campus Compact. (2013b. July). *Earn, Learn, and Serve: Getting the Most from Community Service Federal Work–Study.* www.compact.org/initiatives/federal–work–study.

Corporation for National and Community Service. (2013b, July). AmeriCorps. www.nationalservice.gov/programs/americorps.

Jacoby, B. (Ed.). (1996). *Service–Leaming in Higher Education: Concepts and Practices.* San Francisco, CA: Jossey–Bass.

5.4 연계 비교과과정 서비스–러닝이 어떻게 다양한 학생들의 삶의 영역에 통합될 수 있는가?

학생부서 전문가는 서비스–러닝을 통해 어떻게 학생의 학습과 개발을 위한 바람직한 결과를 달성할 수 있는가?

대학의 의사결정권자들과 학생 리더뿐만 아니라 학교 내 모든 부서의 학생 업무 전문가는 정규 교과과정에 기반하지 않는 양질의 서비스–러닝 경험을 제공할 수 있다. 또한 여기서 이들 중 많은 사람들이 교과기반의 서비스–러닝을 포함하는 수업도 가르치고 있음을 유의해야 한다. 또한 서비스–러닝을 촉진하는 데 직접적으로 관여하고 있지 않은 학생 업무 전문가들도 학생들의 서비스–러닝 경험을 토대로 학생들을 성찰하게 할 수 있다.

*학생 그룹*은 서비스–러닝을 계획하고, 조직하고 참여하는 방식으로 공유 목적 개발, 내부 및 외부와의 의사소통 개선, 다양한 사람들과의 공동 작업, 조직 역학, 구성원 모집 및 유지와 같은 다양한 조직의 문제를 다룰 수 있다. 예를 들어, 내가 영어 우등생 단체의 임원들과 상담을 할 때, 그들은 조직의 주요 활동이 신입 회원 입회식일 정도로 회원 유지의 어려움을 토로하였다. 우리는 읽기에 어려움을 겪고 있는 학생들을 위한 방과 후 읽기 심화 프로그램을 지역 초등학교와 함께 개발하는 서비스–러닝 프로젝트를 개발하였다. 프로젝트가 뿌리를 내리면서 조직의 구성원 참여 및 유지가 증가했다. 그룹

의 회의는 회원들이 학교에서 일하는 방법을 향상시키는 방법과 그들의 경험이 대학원 및 직업 선택에 관한 그들의 생각을 어떻게 돕는지에 관한 성찰에 함께 참여하면서 목적의식을 갖게 된다.

*기숙사 또는 기숙사의 같은 층*에 함께 사는 학생들은 5.3에 설명된 바와 같이 서비스-러닝에 함께 참여함으로써 공동체 의식, 상호 이익 및 서로에 대한 그리고 조직에 대한 헌신을 발달시킬 수 있다. 함께 살기 때문에 즉석으로 또는 계획된 토론을 통한 그룹 성찰을 쉽게 할 수 있다. 성찰을 요구하는 문자로 된 또는 예술적 메시지가 담긴 대형 종이를 벽에 붙여 두는 것처럼 간단하게 참여를 유도할 수도 있다.

*오리엔테이션 프로그램*은 학생들을 동료, 학교 주변 공동체, 체험 학습 및 성찰을 소개하는 등 다양한 목적을 달성하기 위해 서비스-러닝에 신입생을 참여시킨다. 성과는 지역 공동체의 의미를 탐구하고, 타인, 예의, 공동체의 행동 기준과의 관계에서 자신을 이해하는 것을 포함할 수 있다.

*다양성 및 다문화 프로그램*에서 일하거나 또는 특정 인종, 민족 또는 성적 취향의 학생들과 함께 일하고 있는 학생 리더 또는 직원은 학생들이 심오한 방식으로 자신의 정체성을 탐색할 수 있는 서비스-러닝 경험을 개발할 수 있다. 예를 들어, 한 명은 아프리카계 미국인이고 다른 한 명은 아프리카인인 두 명의 학생 리더들은 다양성 부서의 직원들과 협력하여 흑인 청소년을 위한 멘토링 프로그램을 개발하였다. 그들의 그룹 성찰은 흑인 대학생들이 미국 태생인지 여부와 그들이 청소년들과 자신의 경험을 어떻게 나눌 수 있었는지에 따라 유사점과 차이점에 중점을 두었다. 다문화 및 다종교 간 서비스-러닝 경험을 통해 학생들은 공동체 환경에서 함께 일하고, 그룹 성찰을 통해 유사점과 차이점을 탐구할 수 있다.

교목(校牧)과 신앙 기반 조직의 지도자는 학생들을 국제 선교 여행을 포함하여 일회성 프로그램부터 집중적인 프로그램까지의 서비스-러닝 경험에 참여시킨다. 이 경험들은 종교적 교리와 직접 관련이 있을 수도 있고 그렇지 않을 수도 있다. 예를 들어, 서비스-러닝 경험은 학생들이 "많이 맡겨진 자에게서 훨씬 더 많이 물을 것이다"(누가복음 12:48, 2013) 또는 "유대교인에게 봉사란 무엇인가"라는 누가의 설교에 초점을 맞추도록 설계될 수 있다(Repair the World, 2013). 기도 또는 묵언의 명상이 성찰과 결합될 수 있다.

진로개발 전문가는 학생들에게 서비스-러닝 경험을 통해 얻은 가치를 추구할 수 있는 개인, 공공 및 비영리 분야의 직업을 고려하도록 조언할 수 있다. 사회 정의에 헌신하는 많은 학생들은 자신의 진로 탐색은 비영리 단체로 제한된다고 생각한다. 그러나 진로

상담가는 기업의 사회적 책임, 사회적 가치 창출, 사회적 기업가 정신 및 직원 공동체 서비스를 중요시하는 영리 회사를 조사하는 데 도움을 줄 수 있다. 상담가들은 학생들이 세 분야의 직업을 비교하고 그들의 사회적 관심사를 추구할 수 있는 대학원 프로그램 및 졸업 후 국가 및 국제적 봉사 기회를 고려할 수 있도록 지도할 수 있다. 또한 학생들을 서비스-러닝에 참여시키는 교수진과 교직원은 진로 선택 문제를 성찰에 반영할 수 있다.

*건강 및 건강 교육 분야*의 전문가들은 수업, 그룹 및 기숙사의 학생들에게 교육 프로그램을 제공하는 고도로 숙련된 동료 리더와 협력하곤 한다. 그들은 학생 지도자들과 함께 청소년들 사이에 임신, 범죄, 마약 등이 널리 퍼져있는 지역의 고등학교, 지역 센터 또는 교회에서 약물 남용, 안전한 성관계, 성폭력 인식 및 예방과 같은 주제로 교육을 제공하는 것을 확장할 수 있다. 동료 교육자들은 그런 문제들과 빈곤 사이의 상호 관계에 대한 성찰에 함께 참여할 수 있다.

*사법적으로 규정된 사회 봉사*는 법원 및 학생 품행 부서가 법규위반에 책임이 있는 학생에게 부과하는 흔한 제재이다. 종종 위반을 저지른 학생은 특정 봉사 시간을 완료했다는 확인서를 제출해야 하고 위반 결과와는 관련 없는 "성찰 보고서"를 제출해야 한다. 학생 품행 부서 직원 및 학생 사법위원회 구성원은 위반자에게 시민권의 권리와 의무, 공동체 속의 자신, 위반의 특성과 직접적으로 관련되는 문제와 같은 상황별 학습성과에 기반한 잘 설계된 서비스-러닝 및 성찰에 참여하도록 대체할 수 있다.

*리더십 개발 프로그램*은 효과적인 커뮤니케이션, 의견 청취, 회복성, 신뢰 구축, 타인의 능력 개발 및 권한 부여, 비전 제시, 문제 해결, 다양성의 활용 및 가치 부여와 같은 리더십 역량을 개발할 수 있도록 신입 또는 경험이 풍부한 서비스-러닝 리더를 참여시킨다. [질문 5.5]는 사회 변화를 위한 리더십 개발에 대한 서비스-러닝의 관계를 더 탐구한다.

많은 학생 부서의 동료들은 남학생 및 여학생 클럽 구성원, 학업 및 리더십 우등생 단체, 학생 운동 선수 등이 자선 활동 및 봉사 프로젝트에 헌신하는 시간과 에너지에 깊은 인상을 받았다고 여러 해 동안 말해 주고 있다. 그러나 많은 사람들이 이러한 경험이 지역사회나 관련된 문제에 대한 성찰이나 깊은 참여를 거의 포함하지 않는다는 상실감도 공유하고 있다. 실제로 현재는 서비스-러닝 분야의 대표적인 한 동료는 그녀가 대학시절에 참여한 여학생 클럽이 알츠하이머 병 연구를 위한 기금 모금에 깊이 관여했지만 그게 무엇인지도 전혀 배우지 못하고 대학을 졸업했다고 전해주었다. 이 장의 내용이 대학의 학생 리더들과 함께 일하고 있는 사람들에게 학생 참여자와 봉사하고 있는 지역사회와 조직 모두에게 이미 가치있는 봉사 활동의 가치를 높이는 서비스-러닝의 개념과 실천을 불어넣을 수 있도록 영감을 주었으면 한다.

5.5 서비스-러닝과 리더십 교육 간에는 어떠한 관계가 있는가?

서비스-러닝은 사회책임 리더십, 서번트 리더십, 사회적 기업가 정신 등 사회적 변화를 위한 리더십의 개념과 실천에 참여하는 강력한 도구가 될 수 있다. 리더십 교육자들은 교과과정과 연계 비교과과정 프로그램을 통해 리더십 기술을 배우고 무엇을 위한 리더십인가?라는 질문에 대답할 수 있도록 서비스-러닝에 학생들을 자주 참여시켜야 한다.

리더십 개발의 사회 변화 모델은 리더십을 개인과 집단이 다른 사람들의 향상을 가져오는 포괄적인 과정으로 정의한다. 이 모델은 세 가지 구성 요소로 분류되는 일곱 가지의 성과 또는 가치로 구성된다. 즉, 자신, 조화, 헌신의 개인적 가치, 협동, 공동의 목적, 및 예의에 대한 논의인 그룹의 가치; 그리고 시민권의 공동체 가치이다. 여덟번째 결과인 변화는 다른 일곱개 요소의 행동의 결과이다(Higher Education Research, 1996). 많은 리더십 교육자들은 사회 변화 모델의 가치를 공동체 조직, 공동체 회원 및 동료와의 파트너십에 학생 리더를 참여시키는 프로그램을 설계하고 실행할 때 기대하는 학습 성과로 사용한다(Jacoby, 2013).

Robert Greenleaf가 발전시킨 철학과 실천인 서번트 리더십은 "주로 자신이 속해 있는 사람들과 공동체의 성장과 복지에 초점을 맞추고 있다". 전통적인 리더십은 일반적으로 피라미드 구조의 최상층에 있는 한 명에 의한 권력의 축적 및 행사를 포함하는 반면에 서번트 리더십은 이와는 다르다. 서번트 리더는 권력을 공유하고 다른 사람들의 요구를 우선적으로 생각하며 사람들이 가능한 한 많이 성장하고 성과를 내도록 돕는다(Robert K. Greenleaf Center for Servant Leadership, 2013). 서번트 리더십의 철학은 서비스-러닝의 기본 원칙인 호혜주의를 분명하게 일깨워주며, 지역공동체를 위한 것이라기보다는 지역공동체와의 협력의 의미뿐만 아니라 지역사회를 자산이자 요구의 관점에서 볼 수 있는 성찰을 촉진하는 데 매우 효과적으로 사용될 수 있다. 또한 서번트 리더십은 권력과 특권의 영향과 지도자가 다른 사람들이 지역 문제를 해결하고 사회 변화 관리자가 되어 일할 수 있도록 권한을 부여하는 방법에 대한 풍부한 성찰의 발판이 될 것이다.

사회적 기업가 정신은 대규모 사회 변화에 관한 것이지만 서비스-러닝에서 참고할 수 있는 리더십의 한 형태이기도 하다. 사회적 기업가는 혁신적이고 확장 가능하고 지속 가능하며 측정 가능한 접근법을 적용하여 사회적 문제를 해결하기 위해 노력하는 리더이다. 서비스-러닝을 통해 나타나는 사회적 기업가는 기업가 정신을 작은 규모로 사용하여 자신들의 접근 방식에 대한 사회적 맥락에서 지역사회의 요구와 자산을 배울 수 있다. 예를 들어, 컴퓨터 과학 및 경영학 교수진이 개발한 교과 서비스-러닝 프로젝트는 학생들을 사회 문제를 해결하거나 지역사회 조직의 문제를 해결하는 휴대 전화 애플리케이션을 개발하는 데 참여시킬 수 있다. 학생 참여자는 지역사회의 리더와 회원을 인터뷰하고, 모바일 기술이 어떻게 도움이 될 수 있는지 성찰하고, 애플리케이션을 디자인하는 방법에 대한 워크숍에 참석하고, 애플리케이션 테스트에 지역사회를 참여시키고, 애플리케이션을 완성 및 구현하고, 성공을 평가할 수 있다. 사회적 기업가 정신은 9장 9.10에서 서비스-러닝의 미래와 관련하여 더 논의된다.

추가정보출처

Ashoka, U. (2013, November). http://ashokau.org/.

Komives, S.R., & Wagner, W. (Eds.). (2012). *leadership for a Better World: Understanding the Social Change Model of leadership Development*. San Francisco, CA: Jossey-Bass.

Longo, N.V., & Gibson. C.M. (Eds.). (2011). from *Command to Community: A New Approach to Leadership Education in Colleges and Universities*. Lebanon, NH: University Press of New England.

Robert K. Greenleaf Center for Servant Leadership. (2013, July). www.greenleaf.org.

Vasan, N., & Przybylo, J. (2013). *Do Good Well: Your Guide to leadership, Action, and Social Innovation*. San Francisco, CA: Jossey-Bass.

5.6 연계 비교과과정 서비스-러닝 경험을 개발하는 단계는 무엇인가?

고품질의 연계 비교과과정 서비스-러닝 경험을 개발하기 위해서는 교과과정 계획과 동일한 관리 표준이 필요하다. 연계 비교과과정 경험이 서비스-러닝이라고 인정될 만큼 가치가 있으려면, 성찰과 호혜주의라는 실천을 필수적으로 수용해야 한다. 장기간 및 집중적인 경험과 학교에서 멀리 떨어진 곳에서의 경험이 계획 및 실행에 더 많은 노력을 필요로 하지만, 모든 연계 비교과과정 서비스-러닝 경험을 설계하기 위해서는 몇 가지 기본 단계를 따라야 한다. 이 단계는 학생과 관련된 업무 영역에서 일하는 사람들에게 특히 유용하다. 학교에 서비스-러닝 센터가 있는 경우, 여기에서 시작하는 것이 좋다. 장기적, 집중적 또는 수업 기반의 경험을 계획하고 있다면, 4장 4.5에서 제시한 교과과정 서비스-러닝 설계 단계를 고려하기 바란다.

1단계: 성취 가능한 학습 성과를 선정하라.

여느 학습 경험과 마찬가지로 학생들의 발달 수준과 학습 준비 정도, 제안된 경험의 기간과 강도, 학생들을 서비스-러닝에 참여시키는 목적에 따라 원하는 성과를 신중하게 선택하는 것이 중요하다. 학생들이 알아야 하거나 할 수 있어야 하는 것뿐만 아니라 경험에 참여함으로써 얻을 수 있는 새로운 인식에 대해 행위 동사와 구체적이고 측정 가능한 용어를 사용하여 명확하게 기술하는 것이 중요하다.

2단계: 기대되는 성과를 성취하기에 어떤 봉사 경험이 참여자들에게 가장 적합한지를 고려하라.

잠재적인 지역사회 파트너와 접촉하기 전에 학습 성과를 달성하는 데 가장 효과적인 서비스 경험의 종류들을 고려해야 한다. 서비스가 직접, 간접 또는 비지향적이어야 하는지 여부를 고려해야 한다. 어떤 일이 관련되어 있는지, 얼마나 많은 지역사회 파트너와 봉사 장소가 필요한지, 학생들이 얼마나 많이, 그리고 어떤 빈도와 기간으로 봉사할 것인지 등이 고려되어야 한다.

3단계: 잠재적 지역사회 파트너와 접촉하라.

지역사회 기관과 연락하기 전에, 어떤 기관이 기간, 일정, 참가자 수 및 경험 수준,

원하는 학습 성과를 수용할 수 있는지 조사할 필요가 있다. 특히, 계획상 많은 수의 학생들, 서비스-러닝이나 과제에 익숙하지 않은 학생, 또는 짧은 준비 기간을 포함할 경우, 이러한 요소에 대해 매우 분명히 해야 한다. 지역사회 파트너 또는 파트너들과 초기 논의를 통해 그들의 관점에서 구체적이고 이상적으로 정량화할 수 있는 바람직한 성과를 정의하는 것이 중요하다. 잠재적인 파트너가 서비스-러닝 과정을 통해 학생들과 일하는 것에 익숙한지 물어 보는 것도 도움이 된다. 그렇다면 교과이수를 위한 필수사항으로 서비스 시간을 완료해야 하는 학생들과 자원 봉사자 간의 잠재적인 차이점에 대해 언급하는 것이 좋다. 3장에서는 지역사회 파트너와 협력하여 합리적인 기대치와 달성 가능한 목표를 세부적으로 설정하는 과정을 다루었지만, 연계 비교과과정 서비스-러닝을 위한 잠재적인 파트너를 확인하고 접근할 때 물어야 할 주요 질문은 기관의 사명, 요구, 필요한 학생 수, 일정, 경험, 지식 및 기술 수준이 서비스-러닝의 설계와 호환가능한 정도에 관해 조율해야 한다.

4단계: 경험을 세밀하게 계획하라.

연계 비교과과정 서비스-러닝은 포괄적이고 상세한 계획이 필요하다. 특히 경험이 장기간 또는 집중적이거나 학교를 벗어난 경우 또는 프로젝트 주최자가 서비스-러닝 또는 프로젝트 관리 경험이 거의 없는 경우는 더 그렇다. 목표와 실행 단계를 계획하고, 각 단계와 작업에 대한 책임을 할당하며, 명확한 일정을 수립하고, 사용 가능하고 필요한 자원을 결정하고, 잠재 장벽과 해결 방법을 확인하고, 의사 소통 방법을 설정하며, 성공의 근거가 될 내용을 지정하고, 모든 참가자에게 경험이 성공적으로 적용되었는지를 평가하는 프로세스의 개요를 작성하는 등의 신중한 계획수립 과정에 담당하고 있는 개인이나 팀이 참여할 수 있는 시간을 갖는 것이 좋다.

5단계: 학생들을 경험에 어떻게 준비시킬 것인지를 결정하라.

연계 비교과과정 서비스-러닝 학생 참가자의 철저한 준비는 계획적으로 경험의 설계에 통합되어야 한다. 연계 비교과과정은 강의계획, 정규 수업 시간, 과제 및 성적과 같은 교과과정에 포함된 구조에 의존할 수 있는 교과과정 경험보다 어려울 수 있다. 준비의 형태와 양은 서비스-러닝 경험의 특성에 달려 있으며, 일일 경험은 장기간, 집중적인 또는 원격지의 경험보다 덜 요구된다. 일회성 또는 단기간의 경험이더라도 주최자는 학생들이 이전에 수행한 봉사나 서비스-러닝 경험을 파악하는 것이 중요하다. 뉴스 기사, 웹

사이트 및 온라인 비디오와 같은 학습 자료를 쉽게 통합시킬 수 있다. 2장 2.6에서 설명한 바와 같이, 참가자가 자신의 기대치를 이해하고 불확실성과 두려움을 처리할 수 있도록 때로는 "사전 성찰"이라 불리는 경험에 앞선 성찰이 필수적이다. 준비에는 교통, 안전, 특정 임무, 적절한 복장 및 행동, 필요한 양식 등과 같은 현장, 봉사대상인 사람들과 지역사회에 관한 정보와 문제의 기본적인 사항들이 포함되어야 한다.

6단계: 참가자에게 적합하고 의미있는 활동을 선정하라.

기대하는 성과를 달성하기 위해서는 참여자가 가치있게 생각하는 연계 비교과과정 서비스-러닝 경험을 계획하고 실행하는 것이 대단히 중요하다. 조직자는 현장을 방문하는 것 뿐만 아니라 참가자가 수행할 활동에도 참여해 보아야 한다. 이것은 학생들이 당면할 수 있는 도전과 시행되어야 하는 준비, 지원 및 성찰의 종류를 파악하는 가장 좋은 방법이다. 예를 들어, 무료 급식소에서 상품을 간단히 분류하는 학생은 선별 시스템을 통해 수혜자가 원하든 원하지 않든 사전에 구성된 급식 봉투를 받지 않고 잘 정리된 선반에서 원하는 품목을 선택할 수 있다는 사실을 알지 못하면 자신의 업무가 중요하지 않다고 생각할 수도 있다.

7단계: 경험 전반에 걸쳐서 비판적 성찰을 통합하라.

봉사 경험 이전에 성찰하는 것 외에도, 경험 전반에 걸쳐서 비판적인 성찰이 통합되어야 하며, 참가자들은 최종적이고 총괄적인 성찰을 해야 한다. 고려해야 할 사안들은 성찰이 언제, 어디에서 일어나는지, 누가 성찰을 촉진할 것인지, 집단 활동이 될지 개인 활동이 될 것인지, 어떤 방법을 사용할 것인지, 깊은 성찰을 장려하기 위해 어떤 메시지를 줄 것인지, 그리고 어떻게 피드백을 제공할 것인가를 포함해서 교과과정 경험과 유사한 것들이다. 비판적 성찰의 내용, 이유 및 방법은 2장에서 깊이있게 다루어지고 있으며, 특히 2장 2.6의 연계 비교과과정 서비스-러닝과 관련이 있다.

8단계: 실행 상의 문제를 다루어라.

일회성 서비스-러닝 경험일지라도 여러 가지 실행 상의 문제를 다루어야 한다. 여기에는 필요한 승인 획득, 자원 확보, 도구 및 자료 구성, 특정 작업, 책임 및 위험 관리, 안전 및 보안, 교통 및 적절한 행동에 대한 참가자 오리엔테이션 및 교육이 포함될 수 있다. 이 과정은 시간이 많이 걸리는 일이지만, 주최자는 사전에 문제를 해결하는 과정을 시작해야 한다. [질문 7.8]과 [질문 7.9]는 이러한 문제를 충분히 기술하고 있다.

9단계: 학생의 성취와 지역사회의 성과를 측정할 계획을 개발하라.

사정과 평가가 초기 계획에 포함되어 있지 않다면, 연계 비교과과정 서비스-러닝 경험 주최자는 평가나 사정 과정에서 거의 또는 아무것도 안 하기가 매우 쉽다. 지역사회의 관점에서 볼 때, 포장된 음식 또는 대접한 음식의 수, 공원 또는 산책길의 준비 여부 또는 학생들의 방문 후 요양원 거주자의 태도와 같은 구체적인 성과가 달성되는 정도를 평가하는 것이 중요하다. 학생들이 기대되는 성과를 어느 정도 성취하였는지를 알아야 할 필요가 있고, 이는 향후 계획에 사용될 수 있는 정보이다. 학습 성과의 성취도 이외에 평가에는 참가자가 서비스-러닝을 더 많이 수행할지 여부와 같은 다른 결과가 포함될 수 있다. 모든 참가자들의 관점에서 계획과 과정을 평가하는 것도 유용하다. 무슨 일이 있었는가? 무엇이 더 나아질 수 있었는가? 다음에 다르게 할 수 있는 일은 무엇인가? 경험이 비용 편익 측면에서 지역사회 조직에 가치가 있었는가? [질문 5.7]은 연계 비교과과정 서비스-러닝 경험에서의 학생의 학습 평가에 대해 논의하고 있고, 제6장에서는 모든 참여자의 관점에서 서비스-러닝 평가에 대한 상세한 개요를 제공하고 있다.

10단계: 종결 시점을 탐색하라. 성공을 인정하고 축하하라.

교과과정 서비스-러닝과는 달리, 연계 비교과과정 서비스-러닝 경험은 마지막 수업, 학기말, 기말 논문 또는 시험, 성적과 같이 흔히 있는 종결이 결여되어 있다. 세밀하게 설계된 최종 성찰은 학생들이 무엇을 배웠고, 남아 있는 큰 문제가 무엇인지, 그리고 그들이 취할 수 있는 다음 단계는 무언인지를 인식하는 데 도움이 될 수 있다. 마지막 성찰은 일일 경험에서도 필수적이며, 촉진자가 학생들이 의미를 찾아낼 수 있도록 돕지 않으면 쓸모없고 관련이 없는 것으로 여겨질 수도 있다. 봉사 여행과 같은 몰입형 경험에 참가하는 학생들은 종종 봉사 현장에서 개인과 공동체가 직면한 어려움에 대한 분노, 더 많은 일을 할 수 없었던 좌절감, 그들이 삶의 선택뿐만 아니라 사회적 구조와 문제에 대한 생각과 느낌이 왜 바뀌었는지를 설명하는 어려움과 같은 중요한 재진입 문제를 가지고 있다. 성공을 인정하고 축하하는 것은 연계 비교과과정 서비스-러닝의 중요한 요소이며 참가자의 참여 수준에 따라 다양하다. 예를 들어, 필수 입학 전 1일 봉사 행사에 참가하는 신입생에게 그들의 경험과 학교를 나타내는 티셔츠를 제공하는 것이 적절할 수 있다. 서비스-러닝 인턴십을 마친 학생은 포스터나 비디오 프레젠테이션을 준비하여 학교 교직원, 지역사회 파트너 및 동료를 위한 행사에서 전시하고 토론할 수 있다. 연계 비교과과정용 수료증이 있는 대학은 공식적으로 실질적인 서비스-러닝 경험을 인정하는 수단으로 이를 사용해야 한다. 뛰어난 헌신을 보여주는 학생 리더는 서비스-러닝 또는 그들에게 중요한 사회적 이슈에 대한 콘퍼런스에 참가할 수 있는 기금과 같은 대학 및 외부의 보상이나 상을 통해 인정받을 수 있다.

추가정보출처

Jacoby, B. (Ed.). (1996). *Service-Learning in Higher Education: Concepts and Practices.* San Francisco, CA: Jossey-Bass.

5.7 연계 비교과과정 서비스-러닝에서 학생들의 학습은 어떻게 사정될 수 있는가?

일회성 경험에 대해서는 어떤 사정이 이루어져야 하는가?
집중적인 경험에 대해서는?
학생들의 성장은 어떻게 사정하는가?

경험으로 기대되는 성과에 대한 정보가 구조와 실행에 포함되어 있다면, 사정과 평가는 쉽게 따라 갈 수 있다(Albert, 1996). 6장 6.2에서 설명한 많은 평가 방법들이 연계 비교과과정 경험에 적용될 수 있다. 집중적인 경험과 보다 긴 기간의 경험은 일회성 경험보다는 더 포괄적인 사정과 평가를 요구한다.

일회성 경험에 대해서는 참가자의 만족도를 계산하고 사정하는 단순한 평가로도 충분할 수 있다. 서비스-러닝 센터에서 제공하는 일일 서비스-러닝 경험에 대한 바람직한 결과 중 하나가 학생들이 서비스-러닝 과정에 등록하도록 장려하는 것이라면 센터 직원이 학생 참가자의 ID 번호를 수집한 다음 수강신청 데이터베이스를 참조하여 그들 중 몇 퍼센트가 실제로 등록했는지 판단할 수 있다. 신입생 오리엔테이션에서 참가자들이 서로 만날 수 있고 캠퍼스 공동체 구성원으로서 보다 편안하게 느낄 수 있도록 하기 위한 봉사의 날이 포함된 경우, 평가에는 다음과 같은 Likert 척도의 질문이 포함될 수 있다: 나는 오늘 만난 사람 중 적어도 한 사람은 다시 만나고 싶다; 오늘 만난 사람 중 적어도 한 사람과 연락 정보를 교환했다; 그리고 나는 오늘의 경험 이후부터는 학생식당에 혼자 가는 것을 더 편안하게 느낄 것이다. 또한 참가자들과 학생 리더들에게 다음과 같이 간단한 질문을 함으로써 경험에 대한 만족도 자료를 수집하는 것도 유용하다: 오늘 경험에서 가장 좋은 점은 무엇이었습니까? 가장 나쁜? 제안하고 싶은 것은 무엇입니까?

지속적인 집중적 경험은 학생의 학습 및 성장의 하나 이상의 측면과 관련하여 보다 복잡한 결과를 얻기 위해 설계되는 경향이 있다. 한 번의 특정한 경험의 결과로는 발달이 거의 발생하지 않기 때문에 발달 결과에 대한 평가는 어렵다. 하지만 6장 6.2에서 소개된 대부분의 방법에 하나 이상의 결과의 성취 정도를 평가하는 데 사용될 수 있다. 예를 들어, 직접 평가는 일지 또는 그룹 토론의 관찰을 기록한 체크리스트를 통한 학생의 성찰을 평가하는 성과를 구체화한 루브릭을 사용하여 이루어질 수 있다. 지역사회의 관점에서 볼 때 지속적인 또는 집중적인 연계 비교과과정 서비스-러닝의 결과로는 보다 실질적인 성과를 기대하는 것이 적절하며, 이러한 성과에 대한 평가가 필수적이다. [질문 6.5]는 지역사회의 관점에서 서비스-러닝에 대한 평가를 더 논의한다.

자기보고식 설문 조사는 학생들의 태도, 지식 또는 기술 습득에 대한 인식 및 향후 계획뿐만 아니라, 다양한 측면에서 경험에 대한 만족도에 대한 가치있는 정보를 제공한다. 태도와 관련하여 샘플 Likert 척도 항목으로는 '이번 경험의 결과로... 나는 지역 문제에 대해 관심이 생겼다; 나는 문화 및 인종적 다양성을 통해 지역사회가 어떻게 풍요롭게 되었는지 인정한다; 나의 지역사회를 더 강하게 만들기 위해 노력하는 것은 나의 책임이다; 나는 사회 시스템의 변화를 위해 노력해야 한다고 믿는다' 등을 포함할 수 있다. 지식 및 기술과 관련된 항목의 예로는 '나는 사회 문제에 대한 나의 지식을 높였다; 나는 지역사회 문제를 해결하기 위한 자원을 보다 쉽게 확인할 수 있다; 나는 다른 사람들의 의견이 나와 다를 때 더 훌륭한 경청자이다; 나는 팀 구성원으로서 보다 효과적으로 일할 수 있다 등이 있다. 학생들의 미래 의도에 대한 평가는: 나는 계속 지역사회에 봉사 할 것이다; 나는 내 생애 전반에 걸쳐 시민으로서 참여할 것으로 기대한다; 내 경력을 통해 사회를 개선하는 것은 중요하다'와 같은 항목에 대한 응답을 수집할 수 있다.

행동의 집계 및 관찰은 또한 다양한 학생 관련 영역에 유용한 데이터를 제공할 수 있다. 예를 들어, 학교 경영층에서 후원하는 지속적인 서비스-러닝 프로그램에 참여한 참가자들의 주중 예배 출석률은 높아지는가? 기숙사생이 정기적으로 서비스－러닝에 참여하는 기숙사에는 부정적인 행동이 적게 일어나는가? 방학 중 봉사 프로그램에 참여한 학생들이 졸업 후 더 많이 국가 서비스 프로그램을 신청하거나 친사회적 경력을 모색하는가?

서비스－러닝의 영향에 관한 평가의 중요한 근거는 주로 기숙사 보조 사감, 오리엔테이션 조언자, 성찰 촉진자, 방학 중 봉사 여행 리더, 수업 조교, 지역사회 연락담당자, 서비스－러닝 경험 코디네이터와 같은 역할을 수행하는 학생 서비스－러닝 리더가 경험한 심오한 학습이다. 이러한 중요한 학생 리더들이 원하는 학습 및 성장 결과를 결정하고, 그들의 성취를 평가할 수 있는 최상의 방법을 결정하는 것이 적합하다.

5.8 서비스－러닝 교육자는 학생들에 의해 시작되거나 진행되는 서비스－러닝을 어떻게 지원할 수 있는가?

학생들이 서비스－러닝을 시작하거나 진행할 때 일어날 수 있는 문제들은 무엇인가?
학생 서비스－러닝 조직의 자문가 또는 서비스－러닝의 리더로서 나의 역할은 무엇인가?
학생들을 서비스－러닝의 파트너로서 어떻게 참여시킬 수 있는가?

1984년의 Campus Outreach Opportunity League 창립으로 서비스－러닝에서 학생들의 리더십에 대한 전국적인 관심이 일어났지만, 학생들은 이미 오랫동안 동료 학생들을 위한 서비스－러닝 경험의 주도자이자 리더였다. 이 장에서는 연계 비교과과정 서비스－러닝 경험을 촉진하는데 학생 리더의 중요한 역할을 강조하고자 한다. 또한, 학생 리더들은 수업 조교, 성찰 촉진자 및 지역사회 현장과의 연락 담당자로서 교과과정 서비스－러닝 경험을 설계하고 구현하는 데 있어 교수진과 긴밀하게 협력한다. 대부분 교수진을 돕는 서비스－러닝 학생 리더는 서비스－러닝 센터의 직원에게 교육을 받고 관리된다. 나는 종종 서비스－러닝을 주도하는 학생들에게 '자문 역할을 하는 사람들이 어떻게 학생들이 성공할 수 있도록 가장 효과적으로 도울 수 있는지'에 대한 다음과 같은 질문을

받곤 한다: 학생들이 고품질의 서비스-러닝과 관련된 모든 문제와 세부 사항을 관리하는데 어떻게 도울 수 있는가? 학생 리더들이 나아가고 졸업을 하더라도 공동체 참여의 지속성을 어떻게 보장할 수 있는가? 우리는 지역 및 세계적인 재난에 대해 대응하는 것에 열정을 보이는 학생들이 생산적으로 그렇게 할 수 있도록 어떻게 도울 수 있는가? 우리는 학생들이 의미있는 성찰을 통해 동료들을 이끌도록 어떻게 도울 수 있는가?

나는 이러한 실천을 학생 서비스-러닝 리더와의 강하고 유익하며 상호 존중하는 관계를 개발하고 유지하는 데 지침으로 제공하고자 한다. 이 지침은 내 자신의 경험, 많은 동료들이 나와 공유한 경험, Lacretia J. Flash와 Carrie W. Howe(2010)의 훌륭한 제안을 기반으로 한다.

정직하고 진실되라. Flash와 Howe가 언급한 바와 같이 "학생들이 당신이 누구인지, 당신이 믿는 것이 무엇인지, 그리고 당신에게 중요한 것이 무엇인지 알게 하라"(2010, p. 145). 학생들은 우리가 하는 말보다는 행동에서 훨씬 더 많은 것을 배운다. 우리는 고품질의 서비스-러닝 및 상호 파트너십의 원칙을 포용할 뿐만 아니라 행동한다는 것을 보여줄 때에만 진실된 것으로 여겨진다. 서비스-러닝은 우리가 대답할 수 없는 많은 질문을 제기하고 이 문제들과 더불어 학습자라는 사실에 관해 학생들에게 정직해야 한다는 것도 중요하다.

학생들을 신뢰하라. 하지만 기대와 책임을 설정하기 위해 함께 하라. 학생들은 지역사회뿐만 아니라 전 세계의 위기에 대응하고, 봉사 여행과 같은 서비스-러닝 경험을 통해 그들이 함께 일했던 공동체를 위한 봉사를 지속할 수 있는 방법을 모색하거나, 서비스-러닝 수업에서 그들이 겪었던 지역사회의 문제를 해결할 그룹을 만들고자 할 수도 있다. 학생들은 급하게 행동하고 싶어하지만, 복잡한 문제의 모든 측면, 예기치 못한 행동의 파문, 성공에 대한 정의 방법 및 성공 가능성을 높이는 방법을 고려하도록 도와 줄 수 있다.

학생들이 창출하고 행동할 수 있도록 권한을 부여하라. 자문가로서 우리는 학생 서비스-러닝 리더에게 최적의 도전과 지원의 균형을 유지하기 위해 노력하는 아슬아슬한 곡예를 하고 있다. 우리는 학생들에게 그들이 창출하고 성장할 수 있는 공간을 제공하면서 그들이 책임감을 갖도록 권고하고 책임감 있게 행동할 필요가 있다. 학생들이 창의적

인 아이디어를 창출할 때, 그 아이디어를 다듬고 세부 사항을 완성하도록 도와야 한다. 우리는 정보를 제공하고, 연결을 촉진하고, 자원을 공유할 수 있다. Flash와 Howe에 의하면 "그들이 존중을 받지만 사소한 부분까지 관리된다고 느끼지 않도록 적극적인 투자와 일반적인 관리 사이의 균형을 만들어... 그들이 당신들로부터 진정으로 필요로 하는 것과 자신이 스스로 할 수 있는 것을 구별하라"(2010, p. 143, 145).

유의미한 성찰을 안내하도록 학생들을 도와라. 동료들을 성찰하도록 안내하는 학생 서비스-러닝 리더를 교육하는 것은 서비스-러닝 자문가의 중요하고도 보람있는 역할이다. 성찰 기술, 활동 및 프롬프트를 공유하는 것이 필요하지만, 서비스-러닝에 익숙하지 않은 동료들의 경우 사회 문제, 다양한 정체성, 자신의 권력과 특권에 관해 학생 리더들처럼 깊이 있고 복잡하게 생각할 수 없다는 것을 리더들이 이해할 수 있도록 도움이 되는 것도 중요하다. 학생 리더들은 자신들의 학습에 대해 성찰할 시간을 갖지 못하고 실행을 위한 세부 사항에 쉽게 빠질 수 있기 때문에, 우리는 또한 학생 리더들과 그들의 경험에 대해 함께 성찰할 필요가 있다.

유연하라. 학생들이 서비스-러닝 경험을 개발하고 실행함에 있어 학생들을 지도하는 것은 인내심을 요한다. 우리는 방향의 변화에 열려 있어야 하며, 느슨한 일정을 다루고 실수를 받아 들일 준비가 되어 있어야 한다. 학생들이 실수를 범하면, 악영향을 바로잡고, 여기서 배울 내용을 학습할 수 있도록 도울 필요가 있다. Flash와 Howe가 인용한 학생의 현명한 말로, "혼란스러움을 받아 들이세요."(2010, p. 144)가 있다.

접근을 용이하게 하되, 제한을 둬라. 동료 및 지역사회 파트너와 함께 서비스-러닝 프로젝트에 참여하게 되면, 학생들은 복잡한 상황을 협상하고 의사 결정을 하는 데 도움을 주기 위해 자문가들이 있다는 것을 알 필요가 있다. 집중적인 경험을 하는 동안과 같은 경우 학생들이 24시간 내에 접근할 수 있는 확실한 시간이 정해져 있는 것이 적절하다. 그러나 주중 저녁이나 주말에 만남이 가능한지 여부, 주중에 약속을 정하거나 혹은 아무 때나 잠깐 들르는 것을 선호하는지 여부, 휴가 중 전화나 이메일에 응답할 수 있는지 여부 등을 고려하고 학생 리더에게 알려줌으로써 제한을 설정하는 것도 중요하다.

학생의 성취를 인정하라. 자문가는 형식적으로나 비공식적으로 학생의 성취, 리더십

및 학습에 대한 칭찬을 아끼지 않아야 한다. 학생들이 잘한 일을 칭찬하기 위해 프로젝트가 끝날 때까지 기다릴 필요는 없다.

추가정보출처

Fisher, I., & Wilson, S.H. (2003). Partnerships with students. In B. Jacoby (Ed.), *Building Partnerships for Service-Learning*. San Francisco, CA: Jossey-Bass.

Flash, L.J., & Howe, C.W. (2010). Developing your strategy for working with students. In B. Jacoby & P. Mutascio (Eds.), *Looking In, Reaching Out: A Reflective Guide for community Service-Learning Professionals*. Boston, MA: Campus Compact.

Jacoby, B. (2013). Student partnerships in service learning. In P.H. Clayton, R.G. Bringle, & J.A. Hatcher (Eds.), *Research on Partnerships and Service Learning, Vol. 2B: Communities, Institutions, and Partnerships*. Sterling, VA: Stylus.

Zlotkowski, E., Longo, N.V., & Williams, J.R. (Eds.). (2006). *Students as Colleagues: Expanding the Circle of Service-Learning Leadership*. Providence, RI: Campus Compact.

결 론

연계 비교과과정 서비스-러닝에 관한 이 장을 끝내기 위해 나는 Patricia King과 Marcia Baxter Magolda의 "성공적인 교육 경험은 인지적 이해와 개인 성숙 및 대인 관계 효과성 감각을 동시에 증가시킨다."는 관찰을 제안하고 있다(1996, pp. 163-164). 공식 교육 과정의 안과 밖 모두에서 서비스-러닝은 학생들로 하여금 인지적으로나 정서적으로 학습할 수 있도록 한다. 교과과정 및 연계 비교과과정 서비스-러닝 경험을 연속선상에서 제공하는 것은 완벽한 학습 환경을 조성하고 대학 공동체의 모든 구성원이 교육자라는 원칙을 강조하는 데 보탬이 된다. 전 부서의 학생 관련 전문가, 교목, 학생 리더들은 교과과정을 보완하고, 학생의 학습 및 성장을 향상시키며, 학생들이 비판적 성찰을 삶의 습관으로 습득하도록 하는 학습 기회를 만들기 위해 지역사회 파트너와 협력할 수 있다.

CHAPTER

06

서비스-러닝의 평가

ervice-LearningEssentials

Service-
Learning
Essentials

서비스-러닝의 평가

서비스-러닝과 관련하여 가장 일반적으로 제기되는 우려 중 하나는 평가(assessment)이다. 서비스-러닝을 통해 학생이 무엇을 배우고 있는지 어떻게 아는가? 지역공동체는 정말 혜택을 얻게 되는가? 서비스-러닝이 그만한 시간, 노력, 재원을 투자할 가치가 있는가? 이 장에서는 서비스-러닝의 포괄적인 평가 전략의 개발 및 실행에 대한 지침을 제시한다. 이는 대학 수준에서 서비스-러닝 관리나 평가에 책임이 있는 사람들에게 특히 유용할 것이다. 모든 대학에게 혹은 심지어 특정 유형의 모든 대학에 효과가 있을 "모두에게 적용되는" 평가 접근법은 존재하지 않는다는 점을 염두에 두어야 한다. 평가 접근법 선택에서 고려해야 할 여러 사안과 무수히 많은 가능한 방법들을 이 장에서 다루는 문제에 대한 답에서 확인할 수 있다. 학생 성찰(reflection) 평가는 2장 2.3에 다루었다. [질문 4.6]과 [질문 5.7]은 개별 과정과 정규 과목 병행 서비스-러닝 경험의 평가에 대해 각각 추가 정보를 제시한다.

6.1 서비스-러닝 평가는 무엇을 수반하는가?

서비스-러닝 평가는 왜 중요한가?
각기 다른 서비스-러닝 평가 유형에는 무엇이 있는가?
서비스-러닝은 어떤 목적으로 실시되는가?
종합적인 서비스-러닝 평가 계획의 요소는 무엇인가?

서비스-러닝 평가는 운영자나 참여자, 지원자, 구성원, 예산 제공자가 학생, 교수, 지역공동체 지도자나 구성원, 대학 및 고등 교육과 사회에 대한 서비스-러닝의 가치에 관해 이해할 수 있도록 한다. 이는 또한 기대 성과를 달성하는 데 있어서의 효율성, 모든 관련자들을 위한 비용-편익 비율, 서비스-러닝의 가치와 성과 강화에 필요한 요소들이 무엇인지 나타낸다.

여기서 *평가*(assessment)란 용어는 정보의 체계적 수집 및 결론에 도달하기 위해 이를 처리하는 것을 일컫는 다른 용어들, 예를 들어, 계산(counting), 사정(evaluation), 벤치마킹(benchmarking), 성과 측정(outcome measurement), 연구(research)와 같은 용어들을 포괄하는 상위 개념으로 사용될 수 있다(Hatcher & Bringle, 2010). 학생 학습 및 발달의 맥락에서 평가는 또한 특정 결과나 결과들의 집합이 개인 혹은 집단에 의해 달성된 정도를 확인하는 과정을 나타낸다. 이 책에서는 Hatcher와 Bringle의 평가에 대한 폭넓은 정의와 학습 성과에 주로 관련된 평가에 대한 보다 구체적인 정의를 모두 사용하였다.

서비스-러닝이 복잡한 과정이며 여러 이해 관계자들을 포함하기 때문에 여러 형태와 수준의 평가를 필요로 한다. 서비스-러닝 평가에 대한 종합적인 계획의 잠재적 구성요소를 간략하게 제시하면 다음과 같다.

서비스-러닝에서 *계산*(counting)은 서비스-러닝 과목, 지역사회 파트너 조직, 학생 참여자, 봉사 시간, 청소 중 강에서 끌어낸 수많은 쓰레기의 양, 교습을 받은 학생과 관련된 수(numbers)에 관한 질문에 답하는 데 도움을 준다. 수는 비록 학생, 지역사회, 대학에 미치는 서비스-러닝의 *영향력*(impact)을 나타내지는 않지만 *산출*(output)에 대한 하나의 측정치이다. 수는 지원금 신청서나 다른 예산 지원 신청, 연차 보고서, 캠퍼스 협정 회원 조사(Campus Compact's Member Survey)와 같은 국가적 조사, 지역사회 봉사활동 대통령상(President's Community Service Honor Roll)이나 카네기 선정 지역사회 참여 인정 제도(Carnegie Elective Community Engagement Classification)와 같은 표창 신청에 요구된다.

계산과 같이 *사정*(evaluation) 역시 산출(output)에 관한 개념이다. 이는 참여자의 만족도뿐 아니라 프로그램이나 과정의 질과 효과성을 측정할 수 있다. 이는 구체적인 개입에 중점을 두며 주로 설계나 실행을 향상시키기 위해 내부적으로 사용된다. 사정은 그 설계를 통해 과정이나 프로그램의 실행이 얼마나 일관되었는지 여부나 이것이 그 일정(timeline)을 지켰는지 여부, 그 실제 비용이 예산에 맞는지 여부, 목표를 얼마나 잘 충족했는지를 측정하기 위해 사용될 수 있다(Hatcher & Bringle, 2010). 계산과 함께 사정은 예산 지원 프로그램에 대한 보고서에서 필요로 하는 가장 흔한 평가 유형이다. 사정의 결과는 보통 일반화될 수 없다.

벤치마킹(benchmarking)은 흔히 대학의 서비스-러닝 프로그램의 한 가지 이상의 측면이 확립된 표준, 국가적인 다른 대학들의 프로그램 혹은 잘 운영되고 있는 동료 대학의 프로그램과 어떻게 비교되는지를 결정하기 위해 사용된다. 과정, 참여자, 직원 구성원의 수, 교육 과정이나 정규 과목 병행 제공물의 유형, 사용된 관행에 대한 정보를 얻어 비교하는 것은 꽤 쉽다. 이 작업을 수행하고 있는 몇몇 다기관 그룹(multi-institutional groups)이 있지만, 학생 및 지역사회에 미치는 영향력과 같은 결과를 비교하는 것은 더 어렵다.

서비스-러닝 *결과 평가*(outcomes assessment)는 더욱 구체적인 평가의 정의이며 학생, 지역사회, 교수, 대학을 위해 바람직한 결과가 달성되는 정도를 측정한다. 그 목적은 실무 향상을 통한 성과 달성 증대를 위해 다양한 형태의 증거를 모으고 분석하여 해석하는 것이다.

서비스-러닝의 맥락에서 *연구*(research)는 교육적 현상을 이해하고 기술하며 예측하거나 통제하기 위해 데이터를 모아 분석하고 해석하며 사용하도록 설계된 체계적이고 과학적인 탐구이다(Mertens, 2005). 이는 구체적인 성과가 일어나거나 일어나지 않는 이유 혹은 프로그램이 특정 결과를 만들어 내거나 그렇지 않는 이유에 대한 정보를 생산한다. 연구는 이론적 및 개념적 틀을 사용하고 제시한다. 질 높은 연구는 구체적인 연구 모집단을 넘어서 사용될 수 있도록 연구 결과를 일반화할 수 있다.

일반적으로 말해서 평가는 복합적인 수준에서 발생할 수 있다. 개인이 분석의 단위일 때 평가는 개인 혹은 이들 상황의 변화를 확인하고자 한다. 서비스-러닝 학생 참여자의 경우 특정 과목 혹은 연계 교육 과정의 경험, 여러 서비스-러닝 경험의 결과로서 전공, 혹은 전체 대학 경험을 포괄하여 학생의 학습 성과 달성 정도를 조사할 수 있을 것이다. 지역사회 파트너 조직의 개별 고객의 경우를 예를 들어 아이의 읽기 이해도, 최근 이민자의 언어 능력, 노인의 소근육 운동 기능 사용 능력의 향상을 측정할 수 있을 것이다.

개인의 데이터는 과목, 전공, 프로그램, 경험, 기관적 수준에서 분석을 위해 표본 추출되고 종합될 수 있다. 예를 들어 특정 전공의 1학년 서비스-러닝 세미나에서 특정 학습 성과 달성에 대해 표출되고 종합되고 요약된 데이터는 학생들의 비판적 사고법 향상 정도를 확인하기 위해 같은 전공의 최고 성취도 4학년 과정의 표출, 종합되고 요약된 데이터와 비교될 수 있을 것이다. 학습 성과 성취 평가에서 얻은 종합적인 학생 데이터는 또한 지역 대학 인증 협회 등에서 요구된다. 세분된 데이터는 하위 학생 집단이 얼마나 성공적인지 나타낼 수 있다. 지역사회에 관한 한 종합 데이터는 서비스-러닝 참여가 지역사회의 개인 삶에 전반적으로 긍정적인 영향을 주었는지 여부를 연구하기 위해 사용될 수 있다. 예를 들어, 공중위생학의 서비스-러닝 과정을 가르치는 교수와 비만과 당뇨를 가진 수많은 사람들이 있는 지역사회 사이의 지속적인 파트너십으로 학생들은 여섯 학기 동안 거주자들에게 건강 교육 및 검사를 제공했다. 지역사회 거주자에 대한 방문 조사에서 얻은 종합 데이터는 거주자의 건강이 학생의 개입 기간 중 향상되었는지 여부를 확인하기 위해 사용될 수 있을 것이다. 세분된 데이터는 예를 들어 여성의 건강이 남성의 건강보다 더 많이 향상되었음을 보여줄 수 있으며 이는 교수와 학생들이 남성 거주자들에게 자신들의 메시지를 전달하는 대안적인 방법을 고려하도록 하였다.

프로그램 및 기관적 수준에서 평가는 또한 서비스-러닝을 위한 기초 시설, 서비스-러닝에 지원이나 장벽으로 작용하는 환경적 요소들, 비용 효율성과 같은 분야를 조사할 수 있다. 대학 내외 서비스-러닝 파트너십의 평가는 이러한 영역들과 이 파트너십이 지역사회 삶에 영향을 주는 폭넓은 구조 변화를 만들어냈는지 여부를 다룰 수 있다.

서비스-러닝에 대한 포괄적 평가 계획은 다양한 유형과 수준의 평가를 포함한다. 평가 계획의 개발은 반응적(reactive)인 것에서 능동적(proactive)인 것까지 몇 가지 방법으로 접근될 수 있다. 예를 들어 과목 목록, 서비스-러닝 과목의 학습에 관한 교수 평가, 일반적인 프로그램 평가와 같이 정보를 얻을 수 있는 기존 데이터의 출처 목록과 함께 기관 보고서, 국가적 조사, 표창 및 수상 신청서와 같은 연간 데이터를 위한 필요 사항 목록을 가지고 간단한 평가 계획을 시작해볼 수 있을 것이다. 필요 사항을 기존 데이터와 비교함으로써 어떠한 평가가 필요한지 확인하는 것이 가능하다. 보다 능동적이고 유용한 평가 계획은 학생, 교수, 지역사회 파트너, 대학이 기대한 성과와 이를 얻기 위해 설계된 서비스-러닝 경험을 확인하는 그리드(grid)에 기반을 둘 것이다(Hatcher & Bringle, 2010). 평가팀은 그 후 어떤 평가 유형과 방법이 성과가 달성되는 정도에 대한 정보를 제공하는지 확인할 수 있다. 모든 성과를 매년 평가하는 것은 비현실적이나 계획은 어떤 평가가 특정한 해에 수행될 것인지에 대한 일정을 개발하는 데 사용될 수 있다.

추가정보출처

Hatcher, J.A., & Bringle, R.G. (2010). Developing your assessment plan: A key component of re-flective practice. In B. Jacoby & P. Mutscio (Eds.), *Looking In, Reaching Out: A Comprehensive Guide for Community Service-Learning Professionals*. Boston, MA: Campus Compact.

6.2 서비스-러닝을 평가하기 위해 가능한 방법은 무엇인가?

평가 방법의 수, 어떤 방법이 특정 목적에 잘 맞는지 결정하는 것은 실행의 복잡성에 대한 다양한 수준으로 인해 혼란스러워지기 쉽다. 게다가 중요한 것이라고 해서 모두 측정될 수 있는 것이 아니며 측정되는 것이라 해서 모두 중요한 것은 아니라는 알베르트 아인슈타인의 충고에 서비스-러닝은 잘 들어맞는 좋은 예다. 서비스-러닝 평가는 질적 및 양적 방법과 직접적 또는 간접적 평가로 구성될 수 있다. 서비스-러닝 평가에 유용한 정보 수집 방법의 전반적 목적, 이점, 불이익을 포함하여 관련된 내용이 아래에 제시되었다. 다음으로 이러한 방법들이 서비스-러닝의 다양한 참여자와 이해 관계자들로부터 그들에 관한 정보를 모으기 위하여 어떻게 사용될 수 있는지 제시하고 있다.

설문조사. 계산과 더불어 설문 문항이나 체크 리스트를 포함하는 설문조사는 서비스-러닝 평가에서 가장 흔히 사용되는 양적 방법이다. 이는 위협적이지 않은 방식으로 빠르고 쉽게 정보를 얻을 수 있다. 설문조사(Surveys)는 온라인이나 종이로 저렴하게 실행할 수 있으며 익명으로 작성하고 수많은 사람들에게 많은 데이터를 얻을 수 있다. 태도, 만족도, 인지된 학습이나 향상과 같은 구성 요소를 측정하기 위해 기존의 많은 설문조사 도구가 사용될 수 있다. 복잡한 통계적 비교가 요구되지 않는 한 데이터 분석은 상대적으로 간단하다. 숫자 데이터는 수, 표, 해설을 통해 쉽게 전해질 수 있다.

그러나 설문조사는 직접적인 평가를 통해 얻을 수 있을 결과를 반영하거나 혹은 반영하지 않는 자기 보고(self-reported) 결과를 제공한다. 게다가 설문조사는 흔히 사용되므로 응답자는 "설문조사 피로"를 겪으며 다 작성하지 않거나 충분히 생각하지 않고 답을 할 수도 있다. 질문의 단어 선택은 답에 편향을 갖게 할 수도 있고 산출된 데이터는 상세 설명이나 내용이 부실할 수도 있다.

성취도 검사. 서비스-러닝 경험이 학업 내용의 학습을 강화하기 위해 과목에 통합될 때 객관형 및 단답형 검사와 같은 양적 방법을 통한 성취도 검사(Achievement Testing)는 학생들이 내용을 얼마나 잘 학습했는지를 나타낼 수 있다. 아주 유사한 과정이 서비스-러닝 없이 제공되고 동일한 검사가 이 두 형태의 과목에 실시되지 않는 한 서비스-러닝이 학업 내용 학습을 강화했는지 여부나 그 정도를 확인하는 것은 어렵다. 이러한 평가

유형이 사용된 기초 화학 과목의 예가 2장 2.5에 제시되어 있다.

학생 작업의 내용 분석. 내용 분석(Content Analysis)은 주제와 패턴을 확인함으로써 의사소통 내용을 연구하기 위해 사회 과학자들이 사용하는 연구 방법론이다(Steinberg, Bringle, & Williams, 2010). 학생 학습 평가의 가장 일반적인 방법은 성찰 산출물(reflection product)을 분석하는 것이다. 2장에서 논의했듯이 성찰은 여러 형태를 띠는데 여기에는 저널, 수필, 프레젠테이션, 창작 표현, 포트폴리오가 포함된다. 학생 학습 평가의 가장 종합적인 수단은 포트폴리오를 통한 것이다. 포트폴리오는 다차원적인 작업과 성찰 산출물의 모음이며 시간에 따른 진행 상황을 보여준다. 개인 평가의 유용성과 더불어 포트폴리오에서 얻은 데이터는 과정, 프로그램, 기관 수준의 평가 목적으로 통합될 수 있다. 서비스-러닝 평가에서 루브릭(rubrics)은 평가 과정을 간소화하고 일관성을 더하기 위해 흔히 사용된다. 특정한 기대 학습 성과를 평가하기 위해 사용되거나 각색될 수 있는 루브릭의 예가 온라인에 많이 있다. 특히 이 목적으로 미국 대학 협회(Association of American Colleges and Universities)가 개발한 VALUE 루브릭을 추천한다. 이 루브릭은 6장 6.4에 제시되어 있다.

인터뷰. 인터뷰(Interviews)는 직접 혹은 전화로 실행되며 설문 조사를 통해 얻을 수 있는 것보다 더 심층적인 정보를 얻기 위해 사용될 수 있다. 인터뷰는 응답자가 처음 제공하는 답에 대해 더 많이 알아내고자 흔히 설문조사와 병행하여 사용된다. 인터뷰 진행자는 프로토콜(protocol)이나 질문에 대한 표준 목록을 사용할 수도 있으며 인터뷰를 유연하고 자유롭게 진행할 수 있다. 인터뷰는 보통 추후 분석을 위해 녹음된다. 인터뷰는 일정을 잡기 어렵고 실행에 시간이 많이 걸릴 수 있으며 분석이 어려울 수 있다. 인터뷰 진행자의 개인적인 성격이나 비언어적 신호가 응답에 편견을 줄 수 있다. 인터뷰 결과는 일반화될 수 없다.

포커스 그룹. 포커스 그룹(Focus Groups)을 통해 참여자는 서로의 응답을 교류하고 확장할 수 있다. 기본적으로 집단 형식으로 수행된 인터뷰인 포커스 그룹은 충분하고 다양한 관점에서 주제를 연구할 수 있는 상호적인 논의를 제공한다. 포커스 그룹은 짧은 시간에 다양한 심층 정보를 얻는 효율적인 수단이며 빠르고 쉽게 공통된 인식을 얻고 참여자들에게 향후 기회에 대한 정보를 전달할 수 있다. 이는 평가와 마케팅에 특히 유용하

다. 한계점에는 집단 편향 환경으로 인해 고르지 못한 참여도와 참여자의 응답 보류 가능성이 있고 보통 여섯 명에서 열 명으로 동시에 여러 사람을 불러야 한다는 어려움이 있다. 인터뷰에서와 같이 협력자의 편향은 결과를 왜곡할 수도 있고 포커스 그룹의 녹음이나 전사 자료는 분석하기에 어려우며 시간 소모가 크다. 데이터는 수치를 제시하기보다는 이야기를 하는 형태이며 일반화될 수 없다.

관찰. 활동이나 행동이 발생할 시 이를 보거나 기록하는 것은 직접 평가의 효과적인 수단이 될 수 있다. 관찰(Observation)을 통한 데이터는 학생이 성찰을 통해 만들거나 지역사회 파트너가 제시한 정보를 확증 혹은 보충하는 데에 특히 유용하다. 관찰은 추후 분석을 위해 저널이나 일지에 기록될 수 있다. 루브릭, 체크 리스트, 평가 척도는 특정 행동의 빈도나 특징, 부재에 관한 양적 데이터를 얻기 위해 사용될 수 있다. 예를 들어 목표달성을 위해 협력하여 활동하는 것이 기대하는 성과인 과목에서는 교수가 학생으로 하여금 수업 시간 중 활동에 참여할 수 있게 하거나 루브릭을 사용해 학생의 수행을 평가할 수 있을 것이다. 협력에 대한 하나의 기준이 문제 해결이라면 0−15점 평가 척도는 다음의 척도를 포함할 수 있을 것이다: 문제 해결에 참여하지 않음(0점), 간혹 문제 해결에 제안을 하거나 간혹 함께 집단 활동을 돕는 노력을 보임(5점), 전반적으로 문제 해결에 제안을 하거나 간혹 집단 참여를 격려함(10점), 문제 해결을 위한 전체 집단 활동에 자주 참여함(15점). 개인 교습 프로그램에서 직접적인 평가는 학생과의 시선 맞추기나 학생의 나이와 능력 수준에 알맞은 언어 사용하기와 같은 긍정적인 행동에 대한 체크 리스트를 사용하여 교습자의 효율성을 평가할 수 있다. 그러나 관찰된 행동을 해석하거나 관찰을 분류하는 것은 어려울 수 있다. 관찰자가 교실의 교수자가 아니라면 관찰을 하도록 누군가를 고용하여 훈련시키는 것은 비용이 들 수 있다.

문서 검토. 계획 문서, 강의 계획서, 웹 사이트, 책자, 예산안, 서신, 회의록, 지원금 신청서, 연차 보고서, 평가 데이터 등과 같은 종류를 포함한 기존 문서의 검토(Document Review)는 프로그램이나 조직, 운영 방식, 그 효율성에 대한 정보를 산출할 수 있다. 다른 잠재적으로 유용한 데이터 원천에는 성적, 교수 활동 보고서(faculty activity reports)나 정년보장 직위 및 승진 지원서, 대학 및 지역공동체 신문이나 잡지가 있다. 비록 시간이 많이 소모될 수 있지만 문서 검토는 비교적 편향이 없고 비간섭적인 프로그램 평가 방식이다. 이는 자기 평가 혹은 외부 평가자에 의한 평가의 효과적인 수단일 수 있다. 하지만 기존

데이터에 접근하는 것이 어려울 수 있다. 게다가 정보가 완전하지 않을 수 있으며, 인터뷰, 포커스 그룹, 다른 방법들을 통한 추가적 평가 없이 평가자가 답을 구하고자 하는 질문에 대해 완전히 답하기 어려울 수 있다.

사례 연구. 서비스-러닝의 사례 연구(Case Studies) 목적은 프로그램, 과목, 파트너십에 대한 완전한 기술(description)과 함께 학생, 교수, 지역사회 파트너, 대학에 미치는 서비스-러닝의 효과를 확인하고자 하는 것이다. 이는 평가의 집약적인 형식이며 위에 제시한 몇몇 양적, 질적 방법을 포함할 수 있다. 사례 연구는 실제로 발생한 일이나 그것이 영향력을 지녔는지 여부(예상되었든 아니든), 프로그램, 과목, 파트너십의 어떤 측면이 기록된 영향력을 가져왔는지를 평가하기 위해 설계될 수 있다. 사례 연구 평가를 통해 얻어진 심층적인 내용은 직접적인 사례를 넘어 일반화가 불가능하다는 점으로 인해 그 효용성이 상쇄된다. 사례 연구는 가볍게 수행되지 않는다면 적절한 진행에 상당한 시간과 에너지를 필요로 한다(Balbach, 1999).

추가정보출처

Seifer, S.D., Holmes, S., Plaut, J., & Elkins, J. (2002, 2009). *Tools and Methods for Evaluating Service-Learning in Higher Education.* https://www.nationalserviceresources.gov/tools-and-methodsevaluating-service-learning-higher-education.

Steinberg, K.S., Bringle, R.G., & Williams, M.J. (2010). *Service-Learning Research Primer.* Scotts Valley, CA: National Service-Learning Clearinghouse. http://csl.iupui.edu/doc/service-learningresearch-primer.pdf.

6.3 평가 방법을 선정하는 데 있어서 고려해야 할 사안은 무엇인가?

교수법이나 프로그램에서 그러하듯이 다양한 방법이나 도구가 서비스-러닝 평가에 사용될 수 있다. 그 중요성에도 불구하고 흔히 평가를 설계하고 수행할 시간을 찾는 것은 어렵다. 따라서 무엇을 달성하고 싶은지 그리고 무엇이 실현 가능한지에 대해 주의 깊게 생각해야 한다. 많은 방법들 중 선택에 있어서 고려할 사안은 다음을 포함한다.

이 정보가 누구를 위한 것인가? 학생, 교수, 지역사회 파트너, 서비스-러닝 센터 직원, 대학 행정가, 내부 및 외부 자금 제공자, 신탁 관리자는 서비스-러닝에 대한 정보를 구하고자 할 수 있는 이해 관계자에 포함된다.

이들은 무엇을 알고자 하는가? 무엇을 원하는지, 무엇을 측정하고 싶은지를 아는 것이 중요하다. 봉사 시간이나 봉사를 받은 고객의 수인가? 학생 학습 성과의 성취도인가? 학생이나 교수의 태도인가? 지역사회 구성원에게 미치는 영향력인가? 지역사회 파트너 조직에 미치는 영향력인가? 프로그램이 그 목적을 충족하는지 여부인가? 자원이 효과적으로 사용된 정도인가? 참여자 만족도인가? 서비스-러닝 평가는 수많은 종류의 정보를 만들 수 있으므로 특정 구성 집단이 알고자 하는 것을 정확히 아는 것이 중요하다. 평가를 위한 시간과 자원은 거의 항상 제한되기 때문에 평가가 산출할 가능성이 큰 정보가 이해 관계자에게 유용할지 아니면 단순히 흥미로운 것일지 여부에 대해 생각하는 것은 가치가 있다.

양적 또는 질적 데이터가 필요 사항을 가장 잘 충족할 것인가? 평가에서 양적, 질적 혹은 혼합된 방법 사용을 결정하는 데에 몇 가지 요소가 영향을 미칠 수 있다. 양적 데이터는 수치에 관한 질문에 답을 하며 다양한 사람들 집단에서 얻은 응답을 비교하기 위해 사용될 수 있고 다양한 형태로 통계를 제공할 수 있다. 질적 평가는 한 문제에 깊이 들어가 미묘한 차이를 연구하거나 풍부한 단어, 기술, 상세 사항을 제공할 수 있다. 이는 수량적인 것보다는 질적인 것의 차이점에 중점을 둔다. 질적 연구를 통해 연구된 모집단은 일반적으로 양적 연구보다 더 작은데 그 이유는 데이터 수집의 깊이가 많은 수의 참여자를 고려하기 쉽지 않기 때문이다.

직접 혹은 간접 평가가 필요한가? 이 두 가지 평가 접근법은 서비스-러닝에 대해 유용한 데이터를 산출할 수 있다. 학생 학습과 관련하여 서비스-러닝의 직접 평가는 과목이나 연계 교육 과정 경험에 따른 기대 학습 결과에 기반하여 학생 작업의 표본을 조사하는 것으로 구성된다. 그러한 표본들은 성찰 저널, 기말고사 문제의 답, 수필, 프레젠테이션, 포트폴리오를 포함할 수 있다. 학생 학습의 간접 측정은 서비스-러닝 참여자가 학습했거나 성취했다고 생각하는 것에 대한 자기 평가 조사를 포함할 것이다. 지역사회 관점에서 서비스-러닝 효과의 직접 측정은 개인 교습을 받은 아이들의 읽기 능력에 대

한 사전 및 사후 검사나 여러 읽기 쓰기 프로그램의 성인 참여자들이 제 2언어로서의 영어 시험을 통과한 방법을 포함할 것이다. 간접 측정은 개인 교습 프로그램에서 교사가 하는 평가나 일상 생활 영어 사용의 편안함에 대한 읽기 쓰기 프로그램 참여자 설문 조사를 포함할 것이다.

어떤 정보 원천이 이미 존재하는가? 기존 데이터는 이해관계자가 답을 구하는 일부 질문들에 답을 할 수 있을 가능성이 크다. 예를 들어 많은 대학들은 기관 연구나 대학의 교무처장, 자금조달 부처에 의해 수행되는 연간 캠퍼스 협정 회원 조사(Campus Compact Member Survey), 대학 1학년 설문 조사(Your First College Year survey), 학부교육 실태조사(National Survey of Student Engagement), 다기관 리더십 연구(Multi-Institutional Study of Leadership), 인증 자체 평가 및 다른 많은 정기적인 데이터 수집 노력에 참여한다. 지역사회 봉사활동 대통령상(President's Community Service Honor Roll)이나 카네기 선정 지역사회 참여 인정 제도(Carnegie Community Engagement Elective Classification) 지원서와 같은 자발적으로 작성된 기관 지원서도 존재한다. 당신이 필요한 사항과 보다 직접적으로 관련된 정보를 얻기 위해 기존의 설문조사나 다른 데이터 수집 방법에 하나 혹은 그 이상의 항목을 추가하는 것도 가능하다. 다른 데이터 원천은 평가 형태로서 문서 검토를 논의한 6장 6.2에 나열되어 있다.

어떤 자원을 이용할 수 있는가? 평가 과정에 착수하기 전에 누가 관여할지 그리고 시간, 전문 지식, 예산에 있어서 어떤 자원이 이용가능한지 알아야 한다. 연구를 설계하고 데이터를 수집하는 것은 평가 과정의 일부일 뿐이다. 데이터 수집 프로토콜과 과정을 개발하는 것, 표준화된 도구를 구매하는 것, 평가를 관리하는 것, 점수화하는 것, 데이터 분석, 보고서 작성은 비용이 많이 들고 시간 소모가 크다. 기관 연구소나 학생 및 학업 관련 부처 내에 위치한 지원 부서에서 평가의 모든 영역에 대한 전문적 도움을 받을 수 있다. 학생, 교수, 지역사회 파트너, 교수-학습 센터 직원이 도움을 줄 수도 있을 것이다. 유사한 평가 요구를 지닌 다른 사람들과 협력하는 것도 비용을 최소화하는 데에 도움이 될 수 있다.

다음의 다섯 가지 질문은 학생, 지역사회, 파트너십, 교수, 대학 등 서비스-러닝의 주요 구성원의 관점에서 서비스-러닝의 평가를 다룬다.

6.4 서비스-러닝 학생 참여자의 평가는 무엇으로 구성되어야 하는가?

학생에게 미치는 서비스-러닝의 영향력을 왜 평가하는가?

개별 과목이나 연계 교육과정 경험에 참여한 학생 참여자들에게 미치는 서비스-러닝의 효과를 이해하는 것과 함께 학생 영향력을 평가하는 다른 여러 가지 이유들이 있다. 학생을 서비스-러닝에 자연스럽게 참여하도록 하는 교수와 직원은 그들의 기대 학습 결과가 달성되었는지 여부와 그러한 경험에 있어서 성취하거나 성취하지 못한 경우로 이끄는 것이 무엇인지를 알고 싶어 한다. 그 후 이들은 실무를 향상시키기 위해 이러한 데이터를 사용할 수 있다. 서비스-러닝 교육자는 또한 학생에게 왜 이들이 참여해야 하는지를 설명할 위치에 있다고 느끼며 따라서 서비스-러닝이 학생 학습과 발달에 어떻게 기여하는지에 관한 기록을 요청하는 것이 유용하다고 생각한다. 교수들은 또한 그들의 교수 포트폴리오에 서비스-러닝을 포함시키기 위해서나 다른 사람들이 이 교수법을 채택하도록 장려하기 위해 서비스-러닝의 학업적 적용을 동료들에게 시연할 목적으로 이 평가 데이터를 사용할 수 있다. 7장 7.7에 제시되었듯이 평가 데이터는 또한 기관적 지원의 추구 및 모금에 있어서 서비스-러닝의 가치를 입증하는 데에 많은 도움이 된다.

학생에게 미치는 서비스-러닝의 잠재적 효과를 분류하는 데에 다양한 방식이 있다. Janet Eyler과 Dwight E. Giles, Jr(1999)은 ① 개인적 및 대인 관계적 발달, ② 지식의 이해 및 적용, ③ 참여, 호기심과 반성적 실천, ④ 비판적 사고, ⑤ 관점적 변형, ⑥ 시민성 등 학생에 대한 서비스-러닝 영향의 여섯 가지 폭넓은 범주를 확인하였다. Gelmon, Holland, Driscoll, Spring, Kerrigan(2001, p. 28)은 "(서비스-러닝을 통해) 우리는 무엇을 알고자 하는가?"라는 질문에 대해 ① 지역사회 쟁점, 자산과 필요 사항에 대한 인식, ② 지역사회와의 상호작용의 질과 양, ③ 봉사에 대한 현재 및 미래의 헌신, ④ 진로 의사결정 및 전문적 기술의 개발, ⑤ 개인적 강점, 한계점 및 선입견의 변화에 대한 인식, ⑥ 과목 내용의 이해와 적용, ⑦ 다양한 환경에서의 자신감과 편안함, ⑧ 지역사회 프로젝트 결과에 대한 책임의 주인 의식과 학습자 역할에 대한 인식, ⑨ 구두 및 서면 의사소통의 시연된 능력과 그 중요성에 대한 인식, ⑩ 동료, 지역사회 파트너, 교수를 포함하여 여러 교수자들의 교수법의 가치 인식이라는 일련의 답을 제시하였다. [질문 6.2]는 학생에 미치는 서비스-러닝의 영향 평가에서 활용할 수 있는 다양한 방법을 기술했다. [질문 2.3]

과 [질문 4.6]은 성찰을 통한 학생 학습 평가와 학업 과정에서의 학생 학습 평가를 각각 다루었다. [질문 5.7]은 교과 연계 비교과과정 서비스－러닝 경험의 평가를 다루었다. 다양한 학생 성과를 측정하기 위해 사용될 수 있는 광범위한 척도 모음집은 서비스－러닝의 측정: 학생 경험 평가를 위한 연구 척도(The Measure of Service Learning: Research Scales to Assess Student Experiences)에서 찾을 수 있다(Bringle, Phillips, & Hudson, 2004).

비록 서비스－러닝을 위해 특별히 설계된 것은 아니나 AAC & U가 개발한 Valid Assessment of Learning in Undergraduate Education(VALUE) 루브릭은 1,000개 이상의 대학에서 사용하고 있다. 시민 참여, 독창적 사고, 비판적 사고, 윤리적 추론, 평생 학습을 위한 기반과 기술, 정보 읽기 쓰기 능력, 조사 및 분석, 통합 및 응용 학습, 상호 문화적 지식이나 능력, 구두 의사소통, 문제 해결, 양적 읽기 쓰기 능력, 읽기, 협동 작업, 서면 의사소통, 글로벌 학습의 16개 루브릭은 AAC&U의 Liberal Education and America's Promise(LEAP) Essential Learning Outcomes의 기관적 수준의 평가를 위해 설계되었다(Rhodes & Finley, 2013). "시민의 삶과 글로벌 경제"에서 성공하기 위해 학생들이 필요로 하는 준비 과정에 대한 교육자와 고용주 사이의 합의를 나타내는 이러한 성과(outcomes)는 또한 서비스－러닝 교육과정의 기대되는 성과를 나타낸다(Rhodes & Finley, 2013, p. 5).

모든 지역 인증 단체는 VALUE 루브릭을 학생 학습의 평가를 위해 용인되는 접근법으로 받아들이고 있다. 이 루브릭은 개별 교과목 내에서나 일반적인 교육 프로그램에 걸쳐 형성적, 총괄적 평가 모두에 유용하다. 이는 평가 루브릭으로 개발되지는 않았지만 "학습을 위한 동일한 준거나 차원을 사용하여 구체적인 과목을 위한 평가 루브릭으로 번역될 수 있다. *하지만 본래 루브릭의 학습 차원은 보존하면서 수행 기술어*(performance descriptors)*는 평가하는 교과목의 내용과 과제를 반영하도록 수정되는 것이 필요할 수 있을 것이다*"(Rhodes & Finley, 2013, pp. 6－7). 따라서 이 루브릭은 개별적 서비스－러닝 과목이나 특정 기관에서의 모든 서비스－러닝 과정을 평가하기 위해 개작될 수 있다. Terrel L. Rhodes and Ashley Finley(2013)은 이 루브릭이 학생 학습에 대한 특정한 대학에 걸친 평가와 교과목-기반 평가를 위해 수정될 수 있는 방법에 대한 지침 및 예시를 제공한다.

추가정보출처

Association of American Colleges and Universities. (2013, October). *VALUE: Valid Assessment of Learning in Undergraduate Education*. www.aacu.org/value/rubrics/index_p.cfm?CFID=43192042&CFTOKEN=91897611.

Bringle, R.G., Phillips, M.A., & Hudson, M. (2001). *The Measure of Service Learning: Research Scales to Assess Student Experiences*. Washington, DC: American Psychological Association.

Eyler, J.S., & Giles, D.E., Jr. (1999). *Where's the Learning in Service-Learning?* San Francisco, CA: Jossey-Bass.

Gelmon, S.B., Holland, B.A., Driscoll, A., Spring A., & Kerrigan, S. (2001). *Assessing Service-Learning and Civic Engagement*. Providence, RI: Campus Compact.

Rhodes, T.L., & Finley, A. (2013). *Using the VALUE Rubrics for Improvement of Learning and Authentic Assessment*. Washington, DC: Association of American Colleges and Universities.

6.5 서비스-러닝은 지역사회 관점에서 어떻게 평가되어야 하는가?

서비스-러닝이 지역사회 파트너에게 비용 편익 관점에서 가치가 있는지 여부를 어떻게 알 수 있는가?

개인 혹은 시스템의 변화를 어떻게 측정할 수 있는가?

학생에게 미치는 서비스-러닝의 영향에 대한 증거가 지역사회에 미치는 영향에 대한 증거보다 훨씬 더 많이 존재한다는 것에는 의문의 여지가 없다. 서비스-러닝 교육자는 다음과 같은 문제로 어려움을 겪을 것이다: 어떠한 지역사회 영향력을 측정해야 하는가? 지역사회 파트너에게 다루기 힘든 평가 책임을 부담 지워야 하는가? 단순한 계산을 넘어 높은 질의 평가를 하기 위한 시간과 전문성을 어디서 찾는가?

3장에서 논의하였듯이 잠재적인 대학 및 지역사회 파트너는 그들의 관계에서 각자 구하는 결과와 기대하는 결과가 달성되는 정도를 평가하기 위해 사용될 준거나 측정도구는 무엇인지에 대해 미리 대화를 나누어야 한다. Randy Stoecker and Elizabeth A. Tryon(2009. p. 180)는 "주로 학생 성과보다 지역사회 성과를 지향하도록 서비스-러닝이라는 배의 방향을 바꾸는 것은 사실 기관의 직원이 그 배를 조정하는데 스스로 관여할 것을 요구한다"고 적절히 지적한 바 있다.

그러나 평가를 위한 대학 자원이 흔히 제한적인 한편 이는 지역사회 쪽에서 훨씬 더 제한적일 가능성이 높다. 그 결과 현실적이어야 한다는 것과 어떤 특정 정보가 어떤 때에 무슨 목적으로 가장 필요한지 우선 순위를 주의 깊게 정하는 것이 중요하다. 예를 들어 만약 파트너십이 보조금으로 자금을 지원 받는다면 추가 자금 지원 보고서나 지원서를 위해 자금 수여자가 필요로 하는 정보가 중요할 것이다. 지역사회 성과가 달성되는 정도를 평가하는 데에 유용한 수집하기 가장 쉬운 정보가 어떤 것인지 파트너와 논의하는 것도 유익하다. 예를 들어, 자기 보고 설문조사의 계산과 활용은 중요한 데이터를 산출할 수 있는 단순하고 객관적인 방법이다. 식사가 몇 개 포장되어 배달되었는가? 더 많은 지역사회 파트너 조직의 고객이 봉사를 받았는가? 고객이 봉사를 기다린 시간은 더 짧았는가? 조직의 웹 사이트에 조회 수가 더 많았나? 조직의 현장 고객에게 구두 혹은 서면으로 실시된 간단한 1회성 설문조사는 정보나 봉사의 질에 대해 만족도가 증가하였는지 여부를 평가할 수 있다.

대부분의 봉사학습 센터는 지역사회 파트너가 받았다고 생각하는 혜택 및 서비스-러닝 참여에 대해 만족도 수준의 정기적인 평가를 수행한다. 지역사회 파트너 만족도와 관련된 주관적 질문은 학생이 책임을 완수하고자 충분한 지식과 능력을 지녔는지 여부나 봉사 시간의 수가 적합했는지 여부, 대학 파트너와의 충분한 의사소통이 있었는지 여부를 다룰 것이다. 형성적 평가는 비공식적으로 이루어졌다 해도 관심 영역을 확인하고 이것이 해결하기 어려운 문제가 되기 전에 이를 조정하는 데에 도움이 된다.

파트너십이 진행되면 일반적으로 추가적인 성과를 구하게 되고 더 많은 공동 활동을 기획한다. 그러한 결과가 달성되는 정도에 대한 향후 평가는 보다 복잡한 평가 측정을 사용해야 한다. 이는 기대하는 결과가 개인, 집단, 시스템에 미치는 긍정적인 영향을 포함할 경우에 특히 그렇다. 이러한 평가는 서비스-러닝 과목들을 수강하거나 지역사회 기반 연구와 관련하여 자율 학습(independent study)을 수행하는 학생, 연구 논문이나 학위 논문 주제를 찾는 대학원생이나 측정, 통계, 사회학, 교육학, 경영학 혹은 기타 지역사회 파트너의 작업과 관련된 분야의 과목을 수강하는 학생 팀이 맡을 수 있다. 지역사회조직의 서비스-러닝 참여의 비용 편익비 분석을 위해 사용될 수 있는 단순하지만 훌륭한 작업 진행표가 [제시문 6.1]에 나와 있다. 이는 개인이 광범위한 지식이나 경험 없이 이 평가를 수행할 수 있도록 해준다.

제시문 6.1 **지역사회 조직을 위한 서비스-러닝 파트너십 비용 편익 평가**

단계 1: 파트너십 비용 확인하기

시간

직원이 학생 자원자를 훈련하고 감독하는 데에 들인 시간의 양을 계산하라.
________시간/주

직원이 대학 관계자와 의사소통하는 데에 들인 시간의 양을 계산하라.
대면 회의 : ________시간/월
전화 대화 : ________시간/주
이메일 : ________시간/주

경영자, 기부자, 공무원과 같은 다른 구성원들과 만나는 데에 든 시간 손실, 파트너십 활동에 직접적으로 사용한 시간 손실을 계산하라. ________시간/월

재무 비용

해당되는 경우 연방근로장학 학생 급여 기여 금액 ________월
해당되는 경우 파트너십 활동 지원을 위해 고용한 직원 비용 ________월(급여+수당)
파트너십 활동 지원을 위해 사용된 장비 비용 ________월

단계 2: 파트너십의 이익 계산하기

시간

파트너십에 의해 덜어진 직원 시간을 계산하라.
조직 책임을 맡은 학생/대학 파트너에 의해 덜어진 직원 시간 ________시간/주
대학 파트너에 의한 기술적 지원/훈련으로 덜어진 직원 시간 ________시간/주
파트너십으로 직접적으로 발생할 수 있는 잠재적 자금 기여자, 공무원 등과 함께 쓴 시간을 계산하라. ________시간/월

재정적 혜택

조직에 기여한 학생, 교수, 직원 시간의 부가가치를 계산하라(시간급은 자원 시간에 대한 독립 섹터의 2013 가치(Independent Sector's 2013 value)에 기반한다)
________시간/주×$22.55/시간

보조금을 포함하여 파트너십으로 발생한 새로운 수입원을 계산하라. ________월
비용이 들지 않고 조직에 제공된 새로운 장비의 가치를 계산하라.
총 비용 = ________

대학 파트너가 제공한 시설 공간의 가치를 계산하라.
대학 파트너가 제공한 평방 피트 면적×해당 면적에 각 평방 피트당 평균 월 임대 비용 =
____

(계속)

단계 3: 비용과 이익 비교하기

총 비용: ___________
총 이익: ___________
차이(+혹은−): ___________

물론 희망은 파트너십의 이익 수치가 비용 수치보다 더 클 것이라는 점이다. 그렇지 않다고 하더라도 조직 관리 능력, 직원 사기, 새로운 자금원 접근, 영향력, 명망의 강화와 같은 무형의 이익을 포함하여 총 이익이 총 비용보다 클 수도 있다. 반대로 조직 정체성이나 사생활에 미치는 파트너십의 역효과, 핵심 과제에 대한 집중 상실, 사기에 미치는 부정적 영향력 등 무형의 비용이 유형의 이익보다 클 수도 있다.

출처: Scheibel, Bowley, and Jones, 2005, pp. 78-83. 저자로부터 사용승인을 받음.

요약하면 지역사회 관점에서의 서비스－러닝 평가는 지역사회 청중에게 결과를 의미 있게 만들고 가능한 빨리 최소한의 일부 결과를 보고하며 조직의 비용 편익비를 확인하고 평가가 이미 알려지지 않은 점을 나타내도록 해야 한다(Dewar, 1997). 평가 결과 검토는 향후 평가에 긍정적인 결과가 있을 가능성을 증대시키도록 두 파트너로 하여금 조정이 가능하게 하면 좋을 것이다. 여느 파트너십에서 그러하듯이 대학－지역사회 파트너십이 단순히 작동하지 않을 수 있으며, 파트너는 이를 종료하는 것이 최선일지 여부를 고려해야 한다는 점을 평가 결과가 제시할 수 있다는 사실을 아는 것이 중요하다.

추가정보출처

Dewar, T. (1997). *A Guide to Evaluating Asset−Based Community Development: Lessons, Challenges, and Opportunities*. Chicago, IL: ACTA Publications.

Scheibel, J., Bowley, E.M, & Jones, S. (2005). *The Promise of Partnerships: Tapping into the College as a Community Asset*. Providence, RI: Campus Compact.

6.6 서비스-러닝 파트너십은 어떻게 평가되어야 하는가?

2장에서 상세하게 기술되었듯이 대학-지역사회 파트너십은 복잡하고 상호의존적인 체계이다(Sigmon, 1996). 바로 그러한 속성으로 인해 파트너십은 자원, 고객과 이들의 필요 사항, 경제적 및 환경적 상황에서의 변동의 결과로 인해 진화하거나 갑작스럽게 변화하기 쉽다(Gelmon, 2003). Sherril B. Gelmon(2003, p. 44)이 상기시킨 바와 같이 "어떤 파트너에게 영향을 주는 변화가 파트너십의 여러 측면에 영향을 줄 가능성이 있다는 점을 인식하면서 시스템 관점에서 파트너십을 보는 것이 유용하다". 게다가 Enos and Morton이 3장 3.9에 진술한 거래적 및 변형적 파트너십의 차이에 기반할 때 대학-지역사회 파트너십은 개인, 지역사회, 조직, 기관을 보다 나은 방향으로 변형시킬 잠재성이 있다. 변형적 파트너십에서 파트너는 크고 작은 방식으로 변형되는 지속적인 가능성에 스스로를 개방한다(2003). 그 결과 파트너십은 변형의 잠재성에 스스로를 개방하기 위해 즉각적이고 거래적인 단계에서 발전하게 되므로 파트너십을 서비스-러닝을 위한 전반적인 평가 계획의 분석 단위로 포함하는 것이 중요하다.

파트너십이 변형적으로 향할 때 3장 3.9에 기술된 바와 같이 대학의 사범대학, 자치주(county) 학교 체계, 주 교육위원회 사이의 파트너십의 결과로서 발달된 차터 스쿨(charter school)과 같은 새로운 독립체가 만들어질 수도 있다. 새로운 차터 스쿨의 생성 외에 변형적 파트너십은 자치주 거주자의 성공적인 대학 지원자의 수를 증대시키고, 낮은 수행 수준의 학교에서 교사가 되는 사범대학 졸업자의 수를 증가시키며, 광범위한 학문 분야에서 서비스-러닝 과목을 수강하는 학생들로 하여금 과목 내용의 학습을 강화하면서 동시에 교육적 불평등의 영향력에 대한 학생들의 이해를 심화시킬 기회들을 제공하고자 하였다. 이 경우의 평가에서는 파트너십 그 자체의 성공뿐 아니라 각 파트너가 기대하는 성과를 달성하는 정도를 알아내고자 한다. 평가는 파트너십이 각 파트너의 임무 및 목표 달성에 기여하고 각 파트너가 그 구성원에게 봉사하는 능력을 증대시키며 참여한 교수와 직원의 지식 및 기술을 증가시키고 파트너 조직에 새로운 힘을 가져다주며, 인적, 재정적, 정보적, 물리적 자원으로의 접근을 증대시킨 정도를 포함할 것이다. 게다가 파트너십을 분석의 단위로 사용하는 평가는 차터 스쿨과 같은 파트너십의 임무와 목표의 달성, 파트너십의 대규모 사회적, 경제적 이익, 관계에 대한 만족, 더 큰 성공으로 이끌 수 있는 잠재적 변화, 향후 성장 및 변형을 위한 미래의 가능성을 조사할 것이다.

추가정보출처

Gelmon, S.B. (2003). Assessment as a means of building service−learning partnerships. In B. Jacoby (Ed.), *Building Partnerships for Service−Learning*. San Francisco, CA: Jossey−Bass.
Gelmon, S.B., Holland, B.A., Driscoll, A., Spring A., & Kerrigan, S. (2001). *Assessing Service−Learning and Civic Engagement*. Providence, RI: Campus Compact.

6.7 서비스-러닝과 관련하여 교수(faculty) 평가는 어떻게 구성되어야 하는가?

서비스-러닝 교수(teaching)의 질을 어떻게 평가해야 하는가?
교수(faculty)에 미치는 서비스-러닝의 영향력에 대해 무엇을 알 필요가 있는가?
교수(faculty)를 위한 서비스-러닝의 이익 및 비용을 어떻게 평가해야 하는가?

서비스－러닝의 맥락에서 교수(faculty) 평가의 중점은 일반적으로 서비스－러닝 과목의 교수(teaching)의 질을 조사하는 것으로 해석된다. 그러나 서비스－러닝이 교수(teaching), 학습, 학문에 어떻게 영향을 미치는지를 평가하는 것도 중요하다. 서비스－러닝에 대한 교수(faculty) 인식 평가를 통해 서비스－러닝 교수(faculty)의 만족도 및 이를 자신의 교수(teaching)에 통합시키는 교수자의 수를 증대시키는 노력을 알아낼 수 있다.

6장 6.2에 기술된 여러 방법은 서비스－러닝 교수(teaching)의 질을 평가하는 데 적용된다. 가장 단순한 방법은 서비스－러닝 강의 계획서나 교수 이력서를 분석하기 위해 문서 검토를 사용하는 것이다. 강의 계획서 분석은 4장 4.10에 기술된 바와 같이 간단하며 서비스－러닝 과목 지정을 위한 기준이 있는 대학에서 필요하다. 과목 지정 기준이나 공식적인 서비스－러닝 지정이 없을 경우 [제시문 4.1]의 서비스－러닝 교수법을 위한 우수 실행 원칙(Principles of Good Practice for Service－Learning Pedagogy)(Howard, 2001)이나 4장 4.7에서 확인할 수 있는 서비스－러닝 강의 계획서의 독특한 요소 목록에 기반하여 강의 계획서 분석을 위한 체크 리스트를 만들 수 있다. 이력서 분석은 교수의 서비스－러닝 관여 정도나 정년보장 지위 및 승진 결과와 비교하여 직업적인 진전에 미치는 서비스－러닝의 영향력을 알고자 할 때 사용될 수 있다. 이력서 분석의 준거는 수업 및 독립 학습에서의 서비스－러닝의 통합, 지역사회 기반의 연구나 교수(teaching)를 위한 보조금, 전문 프레젠테이션이나 출판물, 지역사회 과제, 프레젠테이션 혹은 보고서에 대한 증거를 포함할 것이다.

교실 관찰은 관찰된 개인이나 타인 모두를 위해 서비스－러닝 교수(teaching)를 향상시키는데 사용될 수 있는 교수법에 대해 배우는 효과적인 수단이 될 수 있다. 훈련된 동료 평가자를 사용하는 것은 일반적인 방법이며 이는 서비스－러닝에 쉽게 적용될 수 있다. 기술 보고서 준비에서 사용할 체크 리스트나 질문을 갖춘 경험 있는 서비스－러닝 교수는 강의, 집단 작업, 성찰, 논의에 투자된 수업 시간의 활용, 교수와 학생 사이의 관계, 학생 참여와 관여의 질, 학업 내용과 지역사회 경험 사이의 연관성과 같은 주제와 관련하여 정보를 모을 수 있다.

교수(teaching)에 대한 학생 평가는 교수 개인이 자신의 교과목의 향상을 위해서나 종합적인 형태로 전반적인 서비스－러닝 수업의 효율성을 평가하기 위해 유용한 지표가 될 수 있다. 표준적인 교수 평가 설문조사는 일반적으로 서비스－러닝의 독특한 측면에 대해 충분히 구체적인 피드백을 제공하지 않기 때문에 이러한 평가에 서비스－러닝의 맥락에서 수업과 특별히 관련된 질문을 보충하는 것이 현명하다. 그러한 질문은 설문 조사의 형태가 되거나 성찰에 포함될 수 있다.

교수는 서비스－러닝 산업에서 매우 핵심이 되는 참가자이므로 교수에 미치는 서비스－러닝의 영향력을 평가하는 것은 필수적이다. 교수의 인지된 이익과 어려움을 이해하는 것은 교수에게 서비스－러닝을 실행할 동기를 부여하거나 이들이 서비스－러닝에 계속 참여하게 하도록 유지하는 노력을 용이하게 할 수 있다. 포괄적인 평가가 수반할 시간과 노력을 감안한다면 한 번에 평가할 가장 중요한 영역을 한두 개 선정하는 것이 적절하다. 표본 질문과 함께 교수에게 미치는 서비스－러닝의 영향 평가를 위해 고려할 영역은 다음을 포함한다.

학생 학습. 학생은 더 많은 학업 내용을 배우는가? 서비스－러닝은 내용 학습에서 너무 많은 시간을 빼앗는가? 학생은 능력을 향상시키는가? 학생들은 지역 사회 쟁점에 대한 그들의 이해를 증가시키는가? 학생들은 이 과목이 사회 문제를 어떻게 다룰 수 있는지 배우는가? 서비스－러닝을 통한 학생의 학습을 평가하는 것이 너무 어렵다고 생각하는가?

교수법 증진. 서비스-러닝은 당신의 교수법을 향상시키는가? 이는 다른 새로운 교육학을 시도해보도록 장려하는가? 수업을 더욱 즐기는가? 아니면 덜 즐기는가? 이는 학생과의 관계를 향상시키는가? 이는 당신의 직업적 강점이나 약점을 이해하는 데에 도움이 되는가? 이는 시간을 너무 많이 소모시키는가?

학문에 미치는 영향. 서비스-러닝은 당신의 연구를 위한 중점 영역을 명확하게 하도록 돕는가? 서비스-러닝은 지역 사회와의 연구 파트너십을 발달시킬 가능성을 여는가? 지역 사회와 함께 작업하는 것으로 무엇을 배웠는가? 서비스-러닝은 연구에 집중하지 못하게 하는가?

경력에 미치는 영향. 동료들은 당신의 서비스-러닝 작업을 어떻게 인지하는가? 동료들은 전통적 수업과 연구에 집중하도록 조언하는가? 서비스-러닝이 당신의 전문 포트폴리오를 강화하는가, 혹은 손상시키는가?

전문적 개발 및 지원. 어떠한 주제가 교수(faculty) 역량 개발에서 다루어질 필요가 있나? 어떤 종류의 지원이 유용하다고 생각했는가? 어떤 추가 지원이 필요한가?

방법에 관한 한 6장 6.2에 언급된 것들이 대부분은 교수(faculty)에게 미치는 서비스-러닝의 영향을 평가하는 데에 유용할 것이다. 서비스-러닝 센터가 서비스-러닝 교수자에게 최소한 매 학기 마지막에 간단한 설문 조사를 하는 것은 흔한 관행이다. 설문 조사 결과를 분석함으로써 확인될 수 있는 특정 관심 영역을 다루기 위해 설문 조사에 인터뷰, 포커스 그룹, 교수의 성찰 저널을 보충하는 것이 유익하다. 서비스-러닝에 대해 무엇을 아는지, 그들의 과목 중 하나에서 서비스-러닝을 고려하도록 동기를 줄 수 있는 것이 무엇인지, 서비스-러닝을 사용하지 않게 만드는 것이 무엇인지를 알기 위해 서비스-러닝에 관여하지 않는 교수(faculty) 평가를 고려하는 것 또한 유익하다.

추가정보출처

Gelmon, S.B., Holland, B.A., Driscoll, A., Spring A., & Kerrigan, S. (2001). *Assessing Service-Learning and Civic Engagement.* Providence, RI: Campus Compact.

6.8 기관 수준에서 어떤 평가가 이루어져야 하는가?

대학은 서비스-러닝의 이익을 어떻게 평가할 수 있는가?
서비스-러닝을 지원하기 위해 대학의 기초 시설을 어떻게 평가해야 하는가? 또는 대학의 투입을 어떻게 평가해야 하는가?
서비스-러닝의 내부 장애물을 어떻게 확인할 수 있는가?

대학의 관점에서 서비스-러닝에 대한 평가가 전반적인 평가 계획의 측면에서 비판적인 이유가 몇 가지 있다. 서비스-러닝은 항상 대학의 환경적 영향을 강하게 받는다(Gelmon, Holland, Driscoll, Spring, & Kerrigan, 2001). 이는 대학 수준의 투입과 지원 없이는 1장 1.4에 열거한 바와 같이 학생, 교수, 지역 사회, 기관에 대한 상당한 잠재적 이익을 달성할 수 없다. 폭넓은 대학의 지원을 필요로 하기 때문에 행정직원, 경영층, 예산 제공자는 그 이익을 이해할 필요가 있다. 이들은 또한 어떤 장벽을 다루어야 하는지도 알아야 한다. 게다가 서비스-러닝 계획은 대학 내에서 고립되어 있다면 존속하거나 활성화될 수 없다. 3장 3.6에 제시되었듯이 성공적이고 지속 가능한 서비스-러닝은 대학의 조직 문화 중 지속적이고 적법하며 가치 있는 요소가 되기 위해서는 제도화되어야 한다.

서비스-러닝의 제도화 정도를 평가하기 위해 사용될 수 있는 몇 가지 틀이 존재한다. 고등 교육의 서비스-러닝 제도화를 위한 자체 평가 루브릭(Self-Assessment Rubric for the Institutionalization of Service-Learning in Higher Education(Furco, 2002))은 포괄적이며 단순하다. 이는 다섯 가지 차원에 기반하는데 각각은 서비스-러닝의 철학과 임무, 교수 지원 및 관여, 학생 지원 및 관여, 지역 사회 참여 및 파트너십, 기관적 지원 등 몇 개의 구성요소를 지닌다. 이 루브릭은 최소 요건 구축, 질 구축, 일관된 제도화의 세 개의 제도화 단계로 구성된다. 각 다섯 관점의 구성 요소는 [제시문 6.2]에 열거되어 있다. 전체 루브릭은 그 사용법 지침과 더불어 http://talloiresnerwork.tufts.edu/wp-content/uploads/Self-AssessmentRubricfortheInstitutionalizationofService-LearninginHigherEducation.pdf에서 이용 가능하다.

Barbara A. Holland의 연구에 기반하여 봉사 학습 투입의 대학 수준을 평가하는 또 다른 루브릭은 [제시문 6.3]에 있다. 이는 ① 임무, ② 승진, 정년보장, 고용, ③ 조직적 구조, ④ 학생 관여 및 교육 과정, ⑤ 교수 관여, ⑥ 지역 사회 참여, ⑦ 캠퍼스 출판물의 7개 투입 측면을 포함한다. 이 루브릭은 낮은 관련성, 중간 관련성, 높은 관련성, 완전한 통합 등 기관적 임무 관련성에 대한 네 개의 수준을 사용하여 점수화된다(Gelmon, Holland, Driscoll, Spring, & Kerrigan, 2001).

제시문 6.2 서비스-러닝 제도화를 위한 자체 평가 루브릭 요약

차원	구성요소
Ⅰ. 서비스-러닝의 철학과 임무	• 서비스-러닝의 정의 • 전략적 기획 • 기관적 임무와의 정렬 • 교육 개혁 노력과의 정렬
Ⅱ. 서비스-러닝에 대한 교수들의 지지와 관여	• 교수의 서비스-러닝에 대한 인식 • 교수 참여 및 지원 • 교수 리더십 • 교수 장려책 및 보상
Ⅲ. 서비스-러닝에 대한 학생 지원 및 관여	• 학생의 서비스-러닝에 대한 인식 • 학생 기회 • 학생 리더십 • 학생 장려책 및 보상
Ⅳ. 지역 사회 참여 및 파트너십	• 지역 사회 파트너 인식 • 상호적 이해 • 지역 사회 단체 리더십 및 의사 표현
Ⅴ. 서비스-러닝에 대한 기관적 지원	• 조정 독립체 • 정책 수립 독립체 • 직원 제공 • 자금 지원 • 행정적 지원 • 부서적 지원 • 사정 및 평가

출처: A Furco, 2002, p. 2. 저자로부터 사용승인을 받음.

고등 교육 표준 진흥 위원회(CAS: Council for the Advancement of Standards in Higher Education)는 서비스-러닝을 포함하여 프로그램과 봉사의 기관 자체 평가 이용을 위한 국가 표준을 발표한다. CAS 틀은 전반적인 서비스-러닝 프로그램의 임무, 프로그램, 리

제시문 6.3 기관 임무와의 관련성을 입증하는 주요 조직 요소로 특징짓는 봉사 투입 수준

	수준 1 낮은 관련성	수준 2 중간 관련성	수준 3 높은 관련성	수준 4 완전한 통합
임무	언급이 없거나 확실하지 않은 수사적 언급	봉사는 시민으로서 우리가 하는 일의 일부다	봉사는 우리의 학문적 안건 요소이다	봉사는 중심적이고 규정적인 특징이다
승진, 정년보장, 고용	대학 위원회나 학문 영역에 대한 봉사	지역 사회 봉사가 언급됨. 자원 봉사 혹은 자문이 포트폴리오에 포함될 수 있다	봉사를 정의하고 기록하며 보상하기 위한 공식 지침	지역 사회 기반 연구 및 교습은 고용과 평가의 주요 준거이다
조직적 구조	봉사나 자원 봉사에 초점을 맞춘 어떤 조직도 없음	자원 봉사를 진작하기 위한 부서가 존재할 수 있음	다양한 독립 센터나 기관이 봉사를 제공하기 위해 조직되어 있다	교수 및 학생 참여를 광범위하게 지원하기 위한 기반 시설이 존재한다
학생 관여 및 교육 과정	정규 교과 이외 학교 생활 활동의 일부	자원 봉사 활동을 위해 조직화된 지원	추가 학점 인턴십, 실습 경험, 특별 행사/활동 기회	교육과정 전반에 포함된 봉사 학습 및 지역 사회 기반 학습
교수 관여	대학 내 의무로서만 정의된 봉사, 위원회, 소규모 학제간 활동	무료 자문, 승인된 지역 사회 자원 봉사	정년 트랙/선임 교수는 지역 사회 기반 연구를 추구하고, 일부는 봉사 학습 과목을 가르친다	지역 사회 연구와 능동적인 학습이 높은 우선 순위이며, 학제간 공동작업이 장려된다
지역 사회 관여	무작위 혹은 제한된 개인이나 집단의 참여	부서 혹은 학교를 위한 자문 위원회의 지역 사회 대표	지역 사회는 적극적인 파트너십 혹은 시간제 교습이나 봉사 학습 참여를 통해 대학에 영향을 미친다	지역 사회 기반 연구 및 교습을 정의하고 수행하며 평가하는 데에 있어서 지역사회의 관여
대학 출판물	지역 사회 참여가 강조되지 않음	학생 자원 봉사나 모범 시민으로서의 졸업생에 관한 이야기	경제적 영향력, 대학 센터/기관의 역할에 대한 강조	지역 사회 연관성이 임무의 핵심, 모금을 핵심으로 함

출처: Gelmon, Holland, Driscoll, Spring, & Kerrigan, *Assessing Service-Learning and Civic Engagement: Principles and Techniques*, p. 115. 저자로부터 사용승인을 받음.

더십, 인적 자원, 윤리, 법적 책임, 평등 및 접근권, 다양성, 조직 및 관리, 대학 내부 및 외부 관계, 재정 자원, 기술, 시설 및 장비, 평가와 사정에 대한 평가의 표준 및 지침을 구성한다. CAS는 또한 프로그램 사정을 위한 포괄적인 자체 평가 과정을 포함하는 자체 평가 지침을 제공한다(Council for the Advancement of Standards, 2013).

서비스-러닝을 포함하지만 이를 훨씬 넘어서 진행되는 폭넓은 지역 사회 참여 관점에서 평가를 수행하고자 하는 기관은 카네기 재단에서 공표한 교수(teaching) 진흥을 위한 선정 지역 사회 참여 분류(Elective Community Engagement Classification)의 틀 사용을 고려해야 한다. 기관이 분류에 인정되기 위한 신청을 하지 않기로 한다고 해도 이 틀은 자체 평가 목적으로 훌륭한 도구를 제공한다. 이것은 루브릭을 포함하고 있지 않지만 데이터와 서술을 모두 요하는 개방형 문제에 답하는 것은 지역 사회 참여에 관한 대학의 투입, 활동, 성과에 대한 철저한 사례 연구를 만들어낼 것이다(2013b).

기관적 자체 평가에 유용한 또 다른 도구는 연간 Campus Compact 회원 조사이다. 1986년 이후로 매년 수행된 이 조사는 학생 및 교수의 봉사 및 서비스-러닝 참여, 대학 기초 시설, 교수 역할과 보상, 졸업생 참여에 대한 데이터를 수집한다. 연간 설문조사에 기반한 Campus Compact가 출판한 종합 보고서는 국가 데이터와 비교하여 개별 기관의 결과를 벤치마킹하는 데에 유용하다.

다양한 이해 관계자로의 서비스-러닝 혜택, 향후 개발의 장애물, 제도화 정도에 대한 기관적 수준의 평가를 수행하는 데 있어서 6장 6.2에 기술된 방법들 대부분이 적용 가능하다. 위에 기술된 도구나 루브릭을 완성하는 과정에서 쓸 수 있는 여러 기존 데이터 원천이 존재한다는 것을 여기서 다시 한 번 언급할 필요가 있다. 이 중에는 기관 출판물 및 온라인 자료, 임무 및 목표 진술, 연간 및 인증 보고서, 전략적 계획, 학생 지원 에세이, 매체 보고, 카탈로그 및 과정 일정표, 예산안 문서, 기관 정책 등이 있다.

추가정보출처

Campus Compact. (2013d, July). Statistics. www.compact.org/about/statistics.

Carnegie Foundation for the Advancement of Teaching. (2013b). *Elective Community Engagement Classification. First-Time Classification Documentation Framework.* http://classifications.carnegiefoundation.org/downloads/community_eng/first-time_framework.pdf.

Council for the Advancement of Standards in Higher Education. (2009). Service-learning programs: CAS standards and guidelines. In *CAS Professional Standards for Higher Education* (7th ed.).

Washington, DC: Council for the Advancement of Standards in Higher Education.
Council for the Advancement of Standards in Higher Education. (2013, July). The CAS self-study process. www.cas.edu/index.php/about/applying-cas/.
Furco, A. (2002). *Self-Assessment Rubric for the Institutionalization of Service-Learning in Higher Education.* http://talloiresnetwork.tufts.edu/wp-content/uploads/Self-Assessmen tRubricforthe InstitutionalizationofService-LearninginHigherEducation.pdf.
Gelmon, S.B., Holland, B.A., Driscoll, A., Spring A., & Kerrigan, S. (2001). *Assessing Service-Learning and Civic Engagement.* Providence, RI: Campus Compact.

6.9 서비스-러닝 평가의 도전 과제는 무엇인가? 이를 어떻게 다룰 수 있는가?

실행 계획적 고려사항은 무엇인가?

서비스-러닝이 수반하는 많은 책임에 평가를 부가한다는 것이 너무나 어려워 보일 수 있다는 것은 당연하다. 서비스-러닝 평가의 몇 가지 흔한 도전 과제에는 다음과 같은 것들이 있다.

시간. 평가를 기획, 설계, 실행, 분석, 보고하는 것은 상당한 시간과 에너지를 소모한다. 교수, 학생과 전문가, 서비스-러닝 센터 직원, 지역 사회 파트너는 이미 과도한 업무량에 더하여 지속적인 평가를 하는 것은 생각만으로도 어려운 일이라고 자주 말하며, 따라서 평가는 우선순위가 낮은 것으로 밀려나기 쉽다(Gelmon, 2003). 하지만 그들은 조금이라도 평가를 하는 것이 평가를 전혀 안 하는 것보다 더 낫다는 점을 기억해야 한다. 평가를 단순하고 관리가 가능하도록 만드는 것이 핵심이다. 평가를 위한 우선순위를 설정하는 평가 계획 개발하기, 작게 시작하기, 기존 데이터 이용하기는 평가 데이터 베이스 개발 과정을 시작하는 방법이다. 또 다른 전략은 평가를 이상적인 설계로 시작을 하고 그 후 가능한 것으로 되돌아가 작업하는 것이다.

자원. 6장 6.3에 언급된 바와 같이 평가 도구를 개발하거나 구매하기, 인터뷰, 포커스 그룹, 관찰을 통해 질적 평가 시행하기, 점수화하고 데이터 분석하기는 비용이 많이

들 수 있다. 연간 평가 비용을 예산 과정에 짜 넣고 평가의 가치를 재정 관련 결정을 내리는 사람들에게 보여주는 것이 중요하다. 다른 대학 부서 관련자와 협력하는 것은 기관적 데이터 수집 노력에 항목을 추가할 능력이라든지 평가의 설계 및 실행에 관한 무료 자문과 같은 이익을 줄 것이다. 전문 지식도 역시 문제이다. 서비스-러닝 센터를 관리하고 서비스-러닝 과목을 가르치는 개인이 평가 설계, 방법, 분석에 반드시 숙련된 것은 아니다. 점수를 매기는 것에 익숙한 교수가 기관 평가 계획이나 자체 인증 연구에 필요한 데이터 산출 방법을 반드시 알고 있는 것은 아니다.

기관 평가 센터, 학생과, 교무처, 교수-학습 지원 센터에 있는 전문가의 도움 외에도 대학원생이나 학부생이 훈련과 지원을 제공할 수 있을 것이다. 연구 방법, 교육, 비영리 행정과 같은 영역에서 학생들은 개별적으로, 또는 학급으로 혹은 심지어 서비스-러닝 과제로서 서비스-러닝 평가의 다양한 측면을 맡을 수 있을 것이다. 지역 사회-봉사 급료를 받는 연방근로장학 학생들은 데이터 수집이나 분석을 돕도록 훈련 받을 수 있을 것이다. 지역 사회 파트너 조직은 평가를 도울 직원이 있거나 다른 자원에 대한 접근권이 있을 수 있다. 지역 사회 구성원은 급료, 훈련, 기타 학비 면제와 같은 혜택을 대가로 평가 과제를 돕고자 할 수 있다. 교수는 평가를 하는 것이 정년 보장 및 승진을 위한 포트폴리오에 포함시키기 위해서 뿐만 아니라 자신의 학문적 관심을 위해 가치 있는 일이라 생각할지도 모른다. 다행히 더 많은 학문 분야 학회의 저널과 교수 학습 학문 분야에 관한 저널이 서비스-러닝 교수법에 대한 논문을 게재하고 있다. 외부 평가 자문 위원을 고용하는 것은 서비스-러닝 교육자에 대한 업무량 감소와 연구 결과에 대한 신뢰와 높은 평가를 얻을 수 있을 뿐 아니라 전문성과 객관적인 관점을 제공할 수 있다. 그러나 외부 자문은 비용이 비싸며 평가의 내용과 과정에 대한 스스로의 통제 수준을 감소시킬 수 있고 서비스-러닝 평가를 수행할 스스로의 역량을 개발하지 못하게 할 수 있다 (Steinberg, Bringle, & Williams, 2010).

설계 쟁점. 평가의 일반적인 어려움에 더하여 서비스-러닝의 경우 특별히 평가 설계에 관한 쟁점들이 존재한다. 여기에는 서비스-러닝이 정의되는 것과 실행되는 방식의 불일치, 광범위한 환경과 경험, 성찰의 불특정한 속성, 인과 관계 결정의 어려움, 학생, 교수, 지역 사회 파트너, 지역 사회 조직, 대학-지역 사회 파트너십, 기관을 포함한 다양한 개인이나 조직의 평가 필요성이 있다. 비교 집단의 결여와 자체 보고 데이터 의존성은 다루어야 할 추가적인 문제이다. 대규모 종단 연구는 시간에 따른 영향력 측정이 필요할

것이다(Jacoby, 2013). 간단하고 점증적인 평가 계획을 개발하여 실행하는 것과 그 잠재적 한계점에 주의하는 것은 이러한 문제가 평가에 장애물이 되는 것을 막는 데에 크게 도움이 된다.

인터뷰, 포커스 그룹, 관찰을 포함한 일부 서비스-러닝 평가 방법은 매우 주관적이다. 예를 들어 두 인터뷰 진행자가 같은 질문을 해도 다른 답을 받을 수 있는데 이는 한 인터뷰 진행자가 다른 인터뷰 진행자보다 더 친절하거나 더 개방적인 인상을 주었기 때문이다. 게다가 많은 요인이 원인이나 영향력을 분리시키기 어렵게 만들면서 잠재적으로 특정한 결과로 평가를 이끌 수 있다. 데이터 보고는 최소한 이러한 문제들을 인정해야 한다(Hatcher & Bringle, 2010).

또 다른 설계의 어려운 점은 사전-사후 평가의 활용이다. 사전-사후 설계에서 평가자는 관심 변수들의 일정한 경험의 전과 후를 측정한다. 서비스-러닝의 경우에 한 과목이나 한 학기 동안 진행되는 연계 교육과정 경험에 참여하는 학생은 학기 시작할 때와 끝날 때에 동일한 질문에 답을 할 것이다. 그러나 위에 언급한 바와 같이 어떤 변화가 사실상 특정한 경험에 참여한 결과임을 나타내는 것은 불가능하다. 게다가 서비스-러닝은 학생에게 부조화를 야기할 수 있다. 학생들은 문제나 상황을 알거나 이해하고 있다고 생각하고 서비스-러닝 경험을 시작할 수 있는데 일단 이 경험이 끝나고 나면 자신이 알거나 이해했던 부분에 대해 의문이나 의구심을 느낄 수 있다. 이러한 경우에는 사전 경험 평가 점수가 사후 평가 점수보다 더 높을지도 모른다.

기밀 보호하기. 또 다른 중요한 고려 사항은 평가 참여자의 권리나 기밀을 보호하는 방법이다. 응답자는 절차가 익명이거나(즉, 평가를 관리하는 사람이 참여자의 신분을 모를 때) 기밀일 때(즉, 평가자가 참여자의 신분은 알지만 그 정보에 대한 접근을 제한하는 상황) 더욱 개방적일 가능성이 있다. 참여자가 평가 참여에 대한 동의를 인정하거나 연구 결과를 받아볼 수 있도록 연락 정보를 제공하기 위해 작성하고 서명을 하는 양식은 수집된 데이터와 신중하게 분리되어야 한다. 윤리 위원회나 기관 감사 위원회를 거칠 필요가 있을지 여부를 초기에 알아내야 한다. 일상적인 과정이나 프로그램 평가는 그것이 내부적으로 사용되고 일반화되거나 출간되지 않을 경우 일반적으로 기관 감사 위원회의 승인을 필요로 하지 않는다. 그러나 진행하기 전에 확인해보는 것은 언제나 현명하다(Steinberg, Bringle, & Williams, 2010).

정보에 대한 접근권. 기존의 정보원 이용은 그것을 보거나 사용하는 데에 허가가 필요할 수 있는 인쇄되거나 온라인상의 기관 문서나 데이터에 대한 접근권을 필요로 할 수 있다. 개인에게서 수집한 일부 데이터에 대한 접근권은 위에 바로 기술한 바와 같이 기밀 제한의 적용을 받을 수 있다. 기관 데이터 접근권을 얻기 위해 사유서를 쓰거나 적절한 행정직원의 도움을 요청할 수도 있다. 고객, 지역 사회 현장, 조직 기록에 관련된 접근권이나 기밀의 잠재적 문제에 대해 지역 사회 파트너와 상의해야 한다.

추가정보출처

Hatcher, J.A., & Bringle, R.G. (2010). Developing your assessment plan: A key component of reflective practice. In B. Jacoby & P. Mutscio (Eds.), *Looking In, Reaching Out: A Comprehensive Guide for Community Service–Learning Professionals.* Boston, MA: Campus Compact.

Seifer, S.D., Holmes, S., Plaut, J., & Elkins, J. (2002, 2009). *Tools and Methods for Evaluating Service–Learning in Higher Education.* https://www.nationalserviceresources.gov/tools–and–methodsevaluating–service–learning–higher–education.

Steinberg, K.S., Bringle, R.G., & Williams, M.J. (2010). *Service–Learning Research Primer.* Scotts Valley, CA: National Service–Learning Clearinghouse. http://csl.iupui.edu/doc/service–learningresearch–primer.pdf.

결 론

이 장에서는 서비스–러닝 평가가 중요한 이유와 다양한 평가의 종류와 방법, 평가 주제 우선순위 정하기와 적절한 전략 선정하기에 관한 고려 사항, 현재 존재하는 어려운 점들을 어떻게 다루어야 할지를 기술했다. 또한 학생, 교수, 지역 사회 파트너, 대학–지역 사회 파트너십, 기관의 관점에서 교과 및 교과 연계 비교과과정의 서비스–러닝 평가에 대한 구체적인 정보를 제시한다. [질문 7.7]은 서비스–러닝을 위한 내부 및 외부적 지원을 구축하기 위해 평가 결과를 어떻게 사용할지에 대해 논의해 보고 9장 9.1은 기관 및 국가적 수준에서 서비스–러닝을 위한 미래를 확보하기 위해 마련된 연구 안건을 제시해 본다.

C H A P T E R

07

서비스-러닝 행정

Service-Learning Essentials

CHAPTER 07

서비스-러닝 행정

1장 1.6에서 보았듯이 서비스－러닝은 이미 미국을 비롯한 해외의 많은 고등교육기관들에 널리 확산되어 있다. 그럼에도 불구하고, 많은 대학들은 이제 막 시작하였거나 아직 초기단계에 머무르고 있다. 이 장은 서비스－러닝 행정에 관한 이슈들을 다루고자 한다. 이 장에서 제기되는 여러 질문들에 대한 대답은 발전의 초기 단계에 있는 대학들의 관계자들에 의해 작성되었다. 어쩌면 당신이 재직하고 있는 대학의 교수들 중 일부만 서비스－러닝을 가르치고 있을 것이다. 그런 수업들은 질적인 차이도 크고, 이름만 서비스－러닝을 붙이고 있을 수도 있다. 교육과정에서 서비스 활동 기회를 제공할 수도 있지만 그런 교육과정은 대체로 기존의 실천에 대한 반성을 제공하거나 상호협력적 지역공동체 파트너십의 원칙을 추구하는데 실패하는 경우가 있다. 거기에는 외로운 승자 한 두 명이 있을 뿐이고, 그건 아마도 당신일 것이다. 지역참여는 기껏해야 임시적이다. 초보적 수준의 조정과 지원 기능은 있을 수도 있고, 없을 수도 있다. 우리 대다수는 당신이 처한 입장을 지지해 왔고, 지금도 그러하다. 이 장에서는 대학에 서비스－러닝의 씨앗을 뿌리고 키우려는 당신과 당신의 동료들을 일깨우고, 안내하고, 격려하고자 한다.

또한 7장에서는 시작은 담대하였으나 튼튼한 기반과 토대의 부족으로 인해 약해지거나 사라져버린 희망의 프로그램들로 점철되어버린 서비스－러닝의 슬픈 역사를 다룬다. 그리고 서비스－러닝이 안고 있는 수많은 행정적·지원적 이슈들을 하나하나 다루면서 그 성공을 진심으로 자축하면서, 서비스－러닝을 성장시키고 제도화시키는데 필요한 토대가 자리 잡을 수 있도록 애쓰고, 그렇게 함으로써 탄탄한 서비스－러닝을 만들고 지속시켜 온 사람들에게 정보를 제공한다. 필자는 비록 일부 대학들이 적어도 처음에는 프로그램 또는 계획이라고 칭하는 서비스-러닝을 위한 센터를 단순화시켜 그냥 센터로 부르고자 한다. 1장 1.3에서 언급한대로 대학의 문화와 미션에 따라 다른 용어가 적합할 수도 있다. 이 경우 센터, 프로그램, 계획은 서비스-러닝이라고 부르기 어려울 수도 있다.

7.1 서비스-러닝은 어떻게 시작할 것인가?

서비스-러닝 센터는 반드시 만들어야 하는가?
누가 참여할 것인가?

나는 서비스-러닝을 어떻게 시작할지에 관한 질문을 받을 때마다 도대체 "우리"가 누구일 것인가에 관한 모든 가능성을 생각하면 웃음이 나온다. 여기서 "우리"는 총장과 보직자들일까? 부총장과 부총장실의 직원들일까? 서비스-러닝에 관한 조언을 얻기 위해 만든 특별조직일까? 서비스-러닝에 대하여 "뭔가 결단이 필요한" 때라고 생각한 일단의 개종한 교수진이거나 학생 단체일까? 또는 과거 나처럼 서비스-러닝 센터를 시작하기 위해 그 분야에 임명된 경험 없는 사람일까? 어떤 경우이든 내가 메릴랜드 대학에서 서비스-러닝의 여정을 막 시작하면서, 그리고 많은 종류의 기관들을 자문하면서 얻은 교훈들은 다른 상황에 적용이 가능하고, 서비스-러닝 프로그램은 센터를 시작하는 누구에게나 유용할 것이다.

학술적이거나 교육과정이거나 높은 질적 수준의 서비스-러닝 전략을 개발하기 위해서는 거점으로서, 또는 토대로서 서비스-러닝 센터를 설립하는 것이 여러 면에서 유용하다. 최소한 센터의 설립은 서비스-러닝이 더 이상 추상적 개념이 아니고, 정당성을 확보하고 있으며, 공식적이면서 기관의 주요 부분임을 알려주는 것이다. 그것은 서비스-러닝의 학습과 실천에 관심이 있는 대학과 지역사회 내에 있는 사람들의 연결점으로 작용한다. 그것의 등장은 성찰과 호혜성이라는 기초적 실천을 위한 원칙을 알려주는 기능을 수행한다.

위에서 적은 바와 같이, 서비스-러닝을 육성하고 서비스-러닝 센터를 출범시키고자 하는 영감은 관심을 가진 한 명 이상의 교수, 서비스의 경험이 얼마나 강력한지를 알고 있는 학생, 그 교수방법에 매료되어 교수들로 하여금 그것을 실천하도록 격려하는 부총장, 또는 서비스-러닝의 잠재력이 학생들의 학습과 지역공동체 강화라는 것을 알고 있는 총장으로부터 나온다(Campus Compact, 2013a). 어느 경우가 되었던, 강력하고, 지속가능한 서비스-러닝 센터 또는 프로그램을 개발하는 과정은 수년이 걸릴 뿐만 아니라 성공을 위해 헌신하는 많은 사람들의 노력과 열정을 필요로 한다. 이러한 일들을 해내기 위해 아래에 기술한 여러 교훈과 단계들을 미리 살펴보는 것은 매우 쉬운 일이다. 나는 당신이 유혹을 물리치고 이 과정을 거쳐 내가 얻은 교훈들을 펼치길 바란다.

기관과 지역의 맥락을 파악하라. 장기적 관점에서 성공하기 위해서 서비스-러닝은 반드시 기관의 미션, 문화, 풍토, 역사, 그리고 학생회의 성향과 의도적으로 연결되어 있어야 한다. 미션에 따라 설립된 대학들, 전문대학들, 도시지역 대학들, 역사적 흑인대학들, 인문교양(학부중심)대학들, 연구중심대학들, 그리고 토지무상증여대학들은 그들의 미션 선언문에 공공서비스를 포함하고 있으나, 서로 다른 목적들을 강조하고 있고, 저마다의 용어들로 쓰여 있다. 중요한 첫 단계는 기관 차원의 미션을 검증하고, 서비스-러닝 센터의 미션을 기관 차원의 미션과 명확히 연결시키는 새로운 미션을 개발하는 일이다. 기관의 문화와 풍토는 또한 서비스-러닝의 개발을 위한 중요한 맥락이다. 관련 대학의 업무들에는 혁신적 교수-학습에 대한 개방성, 학사업무의 광범위성, 즉 학생처 업무에서의 협력, 지역사회 참여와 지역-대학 관계의 본질, 학생 주도권에 대한 수용성, 학생 서비스 조직들의 활동 수준, 그리고 강의, 연구, 그리고 서비스에 대한 상대적 비중이다. 서비스-러닝이 어떻게 인식되고, 수용되는지에 영향을 미치는 대학풍토 이슈들은 교수와 직원들의 사기, 통합과 다양성의 분위기, 그리고 재정적 환경이다(Bucco & Bush, 1996). 학생회와 관련하여 통학 학생과 기숙사 거주 학생의 상대적 비율, 전일제 학생과 파트-타임 학생, 취업 상황, 인종과 민족성, 사회경제적 지위, 그리고 학습능력의 수준을 고려하는 것이 중요하다. 또한 얼마나 많은 학생들이 대학이 소재한 지역에 대해 생소하지 않고 익숙한지를 아는 것도 가치 있는 일이다. 기관이 가진 맥락의 또 다른 측면은 역사이다. 서비스-러닝 프로그램을 이전에 실시한 바가 있었는가? 지역공동체와의 관계를 복잡하게 만든 불행한 사건이었는가? 과거에 발생한 일들에 대한 기억을 사람들의 반응으로 인해서 당신이 갑작스러운 낭패감을 갖는 일을 미연에 방지하기 위해서는 대학 차원의 기억들을 간직한 인사들의 자문을 얻는 것도 항상 중요한 일이다.

지역사회의 맥락과 역량을 이해하라. 대학을 둘러싼 지역사회에 대한 학습은 서비스-

러닝의 초기 단계에서 토대를 이루는 일이다. 인구조사 데이터와 지방정부 및 지역사회 조직들의 웹사이트들로부터 온라인으로 정보를 수집함으로써 주민들의 인종적, 민족적 구성, 소득과 교육수준, 가족 현황, 그리고 거주의 안정성을 파악할 수 있다. 지역 언론에 나타난 기사들을 살펴봄으로써 지역사회가 당면하였거나 현재 당면하고 있는 중요한 이슈들, 주민들의 장점과 약점들, 학교와 같은 지역 자원들, 종교단체들, 지역 기업들, 공원과 레크리에이션 지역, 근린 협회들, 그리고 비영리 조직들을 파악할 수 있다. 근린 협회들의 회합에 참석해보고, 거리의 커피숍에 나가보고, 기도행사에 방문하거나, 지역 상점에서 쇼핑도 해보고, 공원과 놀이터에서 시간을 보내는 일은 주민들을 만나고, 지역공동체 내 삶에 친숙해지는데 효과적인 방법이 된다. 대학 안에 기억을 간직하고 있는 사람들이 있듯이, 지역공동체의 과거 상황과 그동안 발생했던 일들, 지금의 삶과 앞으로의 변화 전망에 대해 말해줄 수 있는 (대학 밖에서) 오래 거주한 주민들도 있다(Gugerty & Swezey, 1996). 과거의 실수를 반복하지 않기 위해서는 지역인사들이 대학에 대해 어떤 인식을 갖고 있는지, 대학직원들과의 경험이 어떠했는지, "어떤 노력이 있어 왔고, 무엇이 실패했으며, 어떤 노력이 계속 경주되어야 하는지"를 직접 배울 필요가 있다(Gugerty & Swezey, 1996, p. 94).

대학의 전략계획, 목표, 우선순위를 맞춰라. 대부분의 대학들은 목표, 방향, 우선순위를 제시한 전략계획을 갖고 있고, 이는 자원의 배분에 관한 의사결정 시 기준이 된다. 전략계획의 목표와 우선순위를 알고, 서비스-러닝과 연계하는 일이 중요하다. 직원 채용이 우선순위인가? 만약 그러하다면 서비스-러닝은 그들이 살고 있는 지역공동체에서 종래와 다른 무언가를 만들어낼 수 있는 학생들, 즉 지역공동체 서비스 또는 고등학교에서의 서비스-러닝에 대하여 긍정적 경험을 갖고 있고, 사회적 이슈들을 글로벌 수준에서 어떻게 다룰 것인지에 대해 관심 있는 학생들에게 다가가야 한다. 학업적 성공과 중도 탈락예방은? 제1장에서 언급하였듯이 학습에 대한 참여와 학업적 성공, 그리고 졸업까지의 지속은 상관성이 있다는 많은 증거들이 있다(Simonet, 2008). 다양성 교육, 통합교육, 그리고 다문화 교육은? 다시 말하지만, 서비스-러닝은 인간의 차별성과 보편성을 깊이 이해하고 고려하는 데 효과적인 교수학습이다. 그러나 서비스-러닝을 전략계획과 효과적으로 연계할 때 조건이 있다. 만약 그 계획이 전임 총장 재직 시 추진된 것이라면 현 총장은 그 대학을 다른 방향으로 변화시키려고 할 수도 있다. 만약 서비스-러닝이 떠나는 총장이 애호하는 전략이고 대학의 역사와 문화에 기반을 두지 않은 것이라면 그 서비

스-러닝은 약점이 많을 것이다.

중요한 것은 관계라는 것을 기억하라. 성공적인 서비스-러닝 센터를 만드는 일은 다양한 이해관계들과의 공동 작업을 필요로 한다. 대학규정은 이해관계자들을 "변화를 가져오는데 필요한 사람들, 변화에 영향을 받는 사람들, 그리고 변화에 적극적으로 저항하는 사람들"로 정의한다(1994, p. 3). 잠재적 우군을 확인하는 것부터 시작하라. 맨 처음 교수와 학생들을 열거해보는 것이 중요하다. 서비스-러닝을 실천하는 교수들, 혁신적인 교수-학습에 관심이 있거나 지역사회기반 연구를 수행하는 교수들은 확실한 선택이라고 할 수 있으나, 존경받는 학내 오피니언 리더들을 참여시키는 것도 유익하다. 여러 기능적인 업무 영역에 정통한 학생처 업무 전문가들은 서비스-러닝이 학생들의 학습과 발전에 가져다 줄 기회들에 대해 대체로 열정적이며, 상당한 기술과 연계성을 테이블로 가져올 수 있다. 또한 학생들의 힘을 경시하면 안 된다. 학생들은 서비스-러닝 경험이 자신들에게 가져온 스토리와 긍정적 영향에 대해 말해줌으로써 우리의 가장 효과적인 옹호자가 될 수 있다. 학생들의 힘은 기숙사 거주 학생들 사이의 지역공동체를 만들려고 하는 기숙사 직원과 연방근로장학기금(Federal Work-Study)의 7%는 학생들의 지역사회 서비스에 할당될 필요가 있다고 주장하는 재정지원처 직원들의 경우처럼, 서비스-러닝에 의해 자신들의 업무가 더 나아질 것이라고 생각하는 동료들의 관점에서 생각하도록 도와준다. 서비스-러닝과의 연계가 목표인 사람들에는 교목, 다양성 교과 강사, 그리고 외부연계 프로그램에 참여하는 사람들을 포함한다. 지역사회 대표들의 목소리도 영향력이 있다. 지방정부와 선출직 관료들, United Way(1918년 설립된 미국 자선단체-역자 주)의 행정가들, 비영리조직 임원들, 공식·비공식적 지역사회 지도자들, 그리고 총장과 연락할 수 있는 학부모들, 서비스-러닝 추진에 대한 지지를 표명할 수 있는 이사진들 모두 포함한다.

임시특별조직이나 자문위원회가 초기 기획단계와 목표설정에서 유익할 것인지는 한 번 고려할 필요가 있다. 그런 위원회는 교수위원, 행정직원들, 학생들, 그리고 잠재적 지역사회 파트너들을 포함하고 있다. 센터를 만들기 위한 공식적 제안서가 필수적이라면, 임시특별조직 또는 자문위원회의 추천이 임시적 차원에서 개인수준의 활동에 근거한 제안서보다는 더 강력할 것이다.

서비스-러닝을 이해 또는 지지하지 않는 사람들과 그들이 왜 그러한지를 파악하는 것도 중요하다. 필자는 서비스-러닝의 초기단계를 지나고 있는 어떤 대학에서 교회가 직원과 예산이 없이도 어떤 학교에서 지역사회 서비스 프로그램을 운영하고 있다는 이유로 서비스－러닝이 반드시 대학 차원의 예산 지원을 필요로 하는 것은 아니라고 믿고 있는 재무처장을 만난 적이 있다. 대화를 시작하자 나는 그의 교회 프로그램이 아이들에게 이야기를 들려주는 것이라는 것을 알게 되었다. 나는 즉시 우리가 제안한 서비스－러닝 사업은 읽기 수준을 향상시키는 데 곤란을 겪고 있는 사람들에게 개별화된 읽기 수업을 제공할 수 있는 고도로 훈련된 학생들을 참여시키고자 하는 것이며, 그 학생들은 이 과정에서 어떻게 빈곤이 지역 지역공동체 교육에 영향을 미치는가에 대하여 배울 수 있을 것이라는 점을 설명해 주었다. 그는 차이점을 이해할 수 있었고 마침내 서비스－러닝의 든든한 후원자가 되었다.

성공을 위한 비전을 창출하라. 장단기 목표와 예상성과를 포함하여 서비스－러닝의 미션과 전략계획을 개발하는 것은 과업의 우선순위를 고려하고, 어려운 결정을 내리는데 도움을 준다. 예를 들어, 방학 중 대체프로그램을 시작할 것인가, 아니면 특정 영역에서 학업 관련 서비스－러닝을 확장시킬 것인가를 두고 선택이 필요하다면 전략계획은 선택지들 사이의 우선순위를 결정하고, 당신의, 그리고 당신 대학의 미션과 목표들과 가장 부합하는 것을 선택할 수 있도록 도와준다. 좋은 시작 방법은 당신의 동료와 열정적인 동료 대학들이 서비스－러닝의 방법으로 무엇을 하고 있는지를 알아냄으로써 그러한 것이 어떤 모형들인지를 추적하는 것이다. 중요한 초기단계의 결정은 초점을 교육과정(curricular), 아니면 교과연계 비교과과정(cocurricular), 아니면 두 가지 모두에 맞출 것인지이다. 또 다른 것은 당신이 추구하는 집권화(centralization)의 정도이다. 센터가 서비스－러닝을 대학 전체에 걸쳐 촉진하고 지원할 것인가, 아니면 강좌들, 사업들, 그리고 파트너십에 관한 통제를 가진 수문장(gatekeeper) 역할을 할 것인지를 결정해야 한다.

장단기 목표들이 이제 막 싹튼 프로그램이 자리를 잡을 수 있도록 지원하게끔 조치하는 것이 중요하다. 우선 지역사회의 요구에 압도되기가 쉽고, 자금 확보의 의미가 대학의 미션과 장기 목표들과 접하는 방향으로 프로그램의 작동을 요구하는 것이라고 할 때, 자금이 확보된 것을 보고 마치 단기목표는 달성된 것처럼 여기는 순간, 계획된 일들은 빗나가고, 프로그램에 누수가 발생할 가능성이 크다.

올바른 이름과 장소를 골라라. 1장 1.3에서 살펴보았듯이, 당신이 재직하고 있는 대학의 문화에 가장 적합한 서비스－러닝을 표현할 용어를 찾는 것은 중요한 과제이다. 이러한 맥락에서 센터의 이름을 짓는 것은 상당한 시간과 에너지를 필요로 한다. 서비스－

러닝이 학내와 지역사회에 거의 알려져 있지 않다면, 센터 이름은 신뢰와 접근가능성을 가져올 수도 있고 반대로 의문과 회의를 낳을 수도 있다. 다이애나 버코(Diana A. Bucco)와 줄리 부시(Julie A. Busch)는 “이름은 간명하고, 초대적이며, 그 프로그램이 달성하려는 이미지를 연상시켜야 한다”고 조언한다. 여러 형태의 기존 센터들을 살펴보면 다음과 같은 이름들이 있다: 지역공동체 서비스－러닝사무소, 지역공동체 참여 학습 센터, 서비스와 행동, 가치와 서비스 센터, 신념과 정의 연구소, 공공서비스 센터, 서비스－러닝 수월성 선도 센터, 서비스와 시민참여 센터.

조직적, 물리적 위치 또한 초기 단계에 결정할 사안이다. 7장 7.4에서 살펴보았듯이, 서비스－러닝은 육성과 자원, 그리고 지지를 받는 곳이라면 어디에 위치시키든 성공할 수 있다. 그러나 기본적 초점이 교과과정에 관한 것이라면 서비스－러닝 센터는 교무처 소속에, 미션이 교과연계 비교과과정에 관한 것이라면 학생처 소속에, 그리고 신조기반(faith－based)의 대학이 종교적, 영성적, 사회 정의적 차원들을 강조하려고 한다면 교목실 소속으로 두는 것이 합리적이다. 물리적 위치는 학생들, 교수진, 직원들, 그리고 지역사회 인사들을 포함한 모든 구성원들이 쉽게 접근 가능한 곳이어야 한다. 왕래가 많고, 중심부에 있으면서 사람들의 시선이 잘 미치는 곳이 이상적이다. 그러나 센터를 방문하는 지역 인사들과 잠재적 지역 파트너들의 참여와 학교를 차량으로 통학하는 학생들의 접근을 유도하기 위하여 주차공간을 확보하는 일도 고려해야 한다.

양보다는 질을 우선하라. 내가 가장 강조하고 싶은 바는 소수의 서비스－러닝 강좌와 소수의 교육과정 상의 활동들을 선정하고 이것들이 잘 진행될 수 있도록 살피는 것이다. 숫자가 중요하고, 인상적일 수 있다. 그러나 학내 비판론자들이 서비스－러닝 강좌들이 학업적 열정이 부족하다고 지적할 때, 학생들이 활동들이 빈약하게 조직되어 있다는 것을 알았을 때, 또는 지역인사들이 서비스－러닝 학습자들이 신뢰롭지 못하고 준비가 되지 않았다고 비판할 때, 의욕적인 서비스－러닝 사업들이 방해를 받는 사례들이 매우 많다. 학생들의 학습성과를 잘 기록한 평가보고서와 더불어 철저하게 서비스 경험과 성찰에 대한 통합에 근거하여 설계된 강좌들은 가장 다루기 힘든 비판자들에게도 감동을 줄 수 있다. 명확하게 규정된 성과와 잘 정리된 성과물과 더불어 효과적으로 조직된 교육과정 활동은 앞으로의 학생 및 지역공동체의 참여를 촉진한다. 양보다 질에 대한 강조는 지역사회 파트너십에도 적용이 가능하다. 급하게 시작하는 과정에서 시간을 두고 개별적으로 다가가기보다는 잠재적 지역사회 파트너들에 대한 데이터베이스를 단순히 집적하고

싶은 유혹도 있다. 단 몇몇이라도 잘 알고 있는 지역사회 파트너들이 실망과 불신을 초래할 수 있는 미스매치와 오해들을 방지한다.

자원 확보에 창조성을 발휘하라. 견고한 대학차원의 예산지원이 이상적이기는 하지만 출발에 필요한 기타 자원들에 일시적 예산지원, 보조금, 지역 재단, 개인기부자들, 그리고 공간, 기술, 마케팅, 교통, 그리고 평가에 있어서 지원, 모금활동, 그리고 행정업무 등과 같은 비금전적 자원들도 있다. 자문위원회는 초기단계의 예산확보를 이끌어내는데 도움을 줄 수 있다. 예산 확보에 관한 추가적인 세부 내용과 어떻게 평가할 것인지에 대해서는 7장 7.6에 나와 있다.

광범위하게 펼쳐라. 센터, 특히 새롭게 만든 센터는 쉽게 이해되고, 조화로우며, 일관성 있고, 안정된 마케팅 전략의 개발 및 실행을 통해 해야 할 과업을 학내외에 확산할 필요가 있다. 학내외적 인지도 확보를 위해 홍보실의 지도와 조력을 받는 것도 좋은 생각이다. 대학이 발간한 자료들과 웹사이트들, 소셜 미디어, 그리고 각 학과들, 학생처 소속 부서들, 그리고 학생회 조직이 수행하는 홍보자료와 같은 기존의 수단들을 활용하는 것은 돈이 들지 않는다. 공식적 마케팅과 홍보에 더하여 입소문 역시 대단히 효과적이다. 학생들을 비롯하여 교수와 직원들 중 조기에 이를 받아들이는 사람들을 서비스-러닝과 센터를 비공식적이고 정기적으로 동료들 사이에서 지원할 수 있도록 격려해야 한다.

처음부터 추적하고, 평가하고, 사정하는데 시간을 투자하라. "증거의 문화"를 창출하는 것은 새로운 서비스-러닝 센터의 신뢰성을 확보하는데 필수적이다(Ramaley, 2000, p. 242). 자문위원회와 함께 작업하면서, 만약 무엇인가 있기만 하면, 센터의 직원은 초기 데이터를 추적하고, 그 성과를 측정해야 하며, 그리고 성공을 예견하는 초기의 요소들을 만들어 내야 한다. 숫자는 서비스-러닝의 영향만을 말해주는 것은 아니고, 활동의 초기 단계의 증거와 어느 정도의 성공을 제공해 준다. 제6장에서는 서비스-러닝에 대한 사정과 어떻게 광범위한 사정 계획을 실행할 것인지에 대해 철저히 탐색한다.

당신의 실천에 성찰을 더하라. 서비스-러닝의 기본적 요소로 성찰을 지적하는 것은 중요하다. 그것은 맨 처음부터 당신의 실천의 모든 국면에 자리 잡아야 한다. 서비스-러닝 센터를 개발하고 지속시키는 것은 힘들고 어려운 일이다. 서비스-러닝 지도자들, 학

생들, 교수들, 그리고 지역사회 파트너들은 엄청난 지역사회로부터의 요구들과 우선순위 간의 경쟁들, 중요한 결정들, 그리고 복잡한 질문들을 마주하고 있다. 결과적으로 무엇이 잘 되어왔고, 어떤 개선이 필요하며, 핵심요원들이 어떻게 지내고 있는지, 그리고 과업의 심대한 목적과 의미는 무엇인지에 대해서 개인적으로, 그리고 모두 함께 성찰할 시간이 필요하다.

성공을 깨닫고 축하하라. 사정과 성찰은 공식·비공식적으로 인정되고 축하해야 할 초기 단계 성공의 증거를 가져다준다. 정규직원 또는 학생조직과 미팅, 또는 이룩한 성과들을 성찰하고 인정할 작업 주간의 마지막에 별도의 성찰의 시간을 확보해 놓는 것은 학내 및 지역공동체에서 많은 시간과 에너지를 투자하고 있는 사람들을 지탱해준다. 어떤 사람에게 짧은 글을 남기거나 잠깐의 감사 전화를 하는 것은 받는 사람들로 하여금 고마움을 자아낸다. 상장의 수여, 만찬과 초대, 총장 명의의 감사 편지와 같은 보다 공식적인 인정과 축하는 서비스-러닝 센터의 전략계획과 예산에 포함되어야 한다.

추가정보출처

Bucco, D.A., & Busch, J.A. (1996). Starting a service-learning program. In B. Jacoby (Ed.), *Service-Learning in Higher Education: Concepts and Practices*. San Francisco, CA: Jossey-Bass.

Jacoby, B. (2010). Establishing and sustaining a community service-learning office, revisited: Top ten tips. In B. Jacoby & P. Mutascio (Eds.), *Looking In, Reaching Out: A Reflective Guide for Community Service-Learning Professionals*. Boston. MA: Campus Compact.

7.2 서비스-러닝 센터의 구성요소는 무엇인가?

어떤 기능을 수행해야 하는가?
서비스-러닝 센터는 어떤 서비스와 프로그램을 제공해야 하는가?

앞서 살펴본 대로, 센터의 설립은 대학 차원의 서비스-러닝의 방향과 초점을 설정한다. 따라서 서비스-러닝 센터의 기능과 구성요소들은 서비스-러닝의 초점이 교과과정인지, 교과연계 비교과과정인지, 아니면 모두인지에 달려 있다. 대학 차원의 미션, 자원의 활용 가능성, 그리고 서비스-러닝과 지역공동체 참여를 위한 헌신의 수준은 센터가 제공할 수 있고, 제공해야 하는 것이 무엇인지를 결정하는 중요한 요인이다. [질문 1.7]은 대학이 센터 또는 다른 조직들이 제공하려고 하는 교과과정 및 교과연계 비교과과정상의 서비스-러닝 활동의 범위를 기술하고 있다.

어떤 경우이든, 서비스-러닝 센터는 어느 정도의 기본적 기능, 적어도 정보와 도움을 어디에서 얻을 수 있을지에 관한 정보의 소스를 제공할 수 있어야 한다. 최소한 센터는 서비스-러닝 교육자들과 학생 지도자들, 약간의 지역사회로의 확산 수단들, 그리고 학내 직원들과 잠재적 지역사회 파트너들과의 연결, 평가와 추적에 관한 지원, 학생들의 성찰을 위한 안내와 협조, 모금 활동, 서비스-러닝 기회 홍보, 소통관리(logistical) 이슈들과 위험 관리에 관한 조력, 서비스-러닝에 대한 옹호, 그리고 개인과 집단 차원의 성취와 성공들에 대한 인정과 격려를 제공해야 한다. 교육과정 영역에서 4장 4.11에서 살펴보았듯이 추가로 바람직하게 제공할 수 있는 기능에는 폭넓은 교수 연수, 서비스-러닝 강좌 기준의 설정, 교수진 학습 공동체 형성, 강좌 개발을 위한 소액 과제 지원, 그리고 관련된 학술 연구에 대한 지원과 서비스-러닝을 종신재직권(tenure) 및 승진 심사에 부각시키는 것 등이 있다. 학생의 관점에서, 센터는 폭넓은 서비스-러닝 기회를 개발하고 실행하고, 학생들이 가장 적합한 활동이 무엇인지 찾는데 도움을 주고, 서비스-러닝 학습자들이 발생하는 이슈들과 갈등을 다룰 수 있도록 도울 수 있어야 한다. 학생주도 사업에 대한 추가적인 지원에는 학생조직을 자문해주고, 학생들이 자신들의 서비스-러닝 프로젝트를 추진할 수 있도록 도와주며, 학생 주도의 프로젝트를 홍보할 수 있도록 유도하는 것이다. 지역사회 내 일반 개인들을 위해서 센터는 잠재적인 학내 서비스-러닝 파트너들 사이의 관계를 조정하고, 촉진하며, 서비스-러닝의 원리와 실천, 그리고 선택할 수 있는 옵션들에 대한 교육을 제공하고, 추가적인 파트너십에 대한 가능성과 지역기반 연구와 교수 및 학생의 전문지식에 대한 접근 등과 같은 다른 대학 차원의 자원들에 대한 접근을 소개한다.

7.3 서비스-러닝 센터 직원들은 어떻게 편성해야 하는가?

서비스-러닝 센터를 충분한 숫자로 적재의 인재들로 편성하는 것은 장기적 관점에서의 성공을 위해 중요하다. 한 사람이 모든 일을 할 수는 없지만 센터의 총괄적 리더십과 센터 업무의 질적 수준의 확보를 담당할 사람이 존재한다. 서비스-러닝 센터의 리더이자 센터장은 다양한 직급의 교수나, 학내 행정가, 학생처 소속 직원, 비영리 조직, 정부, 또는 기업섹터에서 올 수도 있다. 이 사람은 고등교육기관들과 지역사회와 그것을 구성하고 있는 하위 집단들과의 공동 작업에 대한 이해가 있어야 한다. 센터의 리더가 갖추어야 할 또 다른 자질은 양질의 서비스-러닝에 대한 깊은 이해와 조직적·관리적 기술, 사정과 평가에 대한 지식, 예산업무 경험, 그리고 교수와 학생, 직원 그리고 지역사회 인사들로부터의 높은 수준의 신뢰를 보유하여야 한다. 강의와 교육 실천의 영향, 학생 학습과 연수, 연구지원서 작성과 모금, 전략계획, 그리고 지역공동체 개발과 같은 이슈들에 대한 지식과 경험이 있으면 도움이 된다.

대학의 규모와 센터의 업무 범위와는 상관없이 센터장은 충분한 행정적 지원을 확보하고 있어야 한다. 만약 전임직(full-time position)이 아니라면 다른 부서와 행정지원자, 센터 외부의 펀딩을 받는 대학원·학부 학생들과 이러한 지원을 공유하거나, 연방근로장학금(Federal Work-Study), AmeriCorps/VISTA 회원(연방법에 부합하는 지정된 업무에 특히), 또는 연구보조 직책들을 활용할 수 있다. 만약 센터장이 학문적 배경을 갖고 있지 못하다면 센터장의 노력을 보충하기 위하여 강좌기반 서비스-러닝에 대하여 함께 일한 교수의 도움을 받는 것도 현명하다. 이 교수는 강의 면제, 초과 수당, 또는 겸직 수당을 통해 보전받을 수 있다. 학생들은 행정업무를 도와줄 뿐만 아니라 서비스-러닝 센터 직원을 편성하는데 중추적 역할을 수행할 수 있다. 제5장에서 서비스-러닝을 통하여 대학원생들과 학부생들을 참여시키는 준전문가 및 리더급 직위들의 사례를 소개한 바 있는데, 그 예는 지역사회 조직과의 연계자, 성찰 촉진자, 강의보조자, 대체 휴가 지도자, 서비스-러닝 기회 홍보자, 그리고 교과연계 비교과과정 활동 조정자 등이다. 경우에 따라서 학생들은 급여 대신 또는 급여를 추가한 인턴십 또는 자율 학습(independent study)을 통해 작업에 대한 학점을 부여받을 수 있다.

7.4 조직적으로 서비스-러닝은 어디에 소속되어야 하는가?

서비스-러닝은 학생처 소속으로 두어야 하는가? 교무처 소속으로 두어야 하는가?
이중보고라인(dual reporting lines)을 유지시켜야 하는가? 중앙에 직접 보고해야 하는가?
서비스-러닝이 어디에 소속되는 것이 중요한가?
어떻게 조직 내 위상을 최대화할 수 있는가?

일반적으로 서비스-러닝은, 특히 서비스-러닝 센터들은 다양한 형태의 조직적 위치를 차지하고 있다. Campus Compact 회원 대학들 중에 서비스-러닝 또는 시민 참여를 조정하는 조직들의 39%는 교무처 소속이고, 36%는 학생처 소속, 그리고 11%는 양 부서에 모두 소속되어 있다. 3%는 총장에게 직접 보고한다. 교무처-학생처 간 분리 경향이 지난 수년간에 걸쳐 안정적으로 유지되어 왔다. 서비스-러닝의 미래 방향에 관한 연구에서 Elizabeth C. Strong, Patrick M. Green, Micki Meyer, 그리고 Margaret A. Post는 "고등교육에서 서비스-러닝의 고향은 어디에서 찾을 것인가? 보고 절차와 물리적 위치는 서비스-러닝의 가치를 높이는가, 아니면 낮추는가? 이 질문에 대한 대답은 누가 과연 반응하느냐에 달린 것 같다"(2009, p. 11)라고 성찰한 바 있다. 6장 6.8에 제시되어 있는 서비스-러닝의 제도화를 위한 지침은 특정 소속을 지정하지는 않고, 제도적 위치에 관한 얼마 되지 않은 연구들도 선호하는 위치를 밝히지 않았다(Furco, 2002; Gelmon, Holland, Driscoll, Spring, & Kerrigan, 2001; Strong, Green, Meyer, & Post, 2009).

일부 서비스-러닝이 중앙집중적으로 총장실, 교목실, 또는 대외협력처에 직접 보고하는 반면, 대부분의 센터와 프로그램들은 학생처—부총장 또는 학생 및 학생활동 담당 학장, 또는 리더십센터장 또는 학생 성공 프로그램의 소장—에 보고하기도 하고, 교무처-부총장, 학장, 또는 교수학습센터장에게 보고하기도 한다. 얼마 되지 않는 이 주제에 관한 선행연구와 나의 개인적 경험은 서비스-러닝 프로그램의 운영을 학생처 또는 교무처에 맡길 것인가에 대해서는 분명한 강점과 약점이 있다는 것을 알려 준다(Jacoby, 2010; Strong, Meyer, & Post, 2009).

학생처가 주도하는 프로그램들은 교무처 또는 다른 부서에서 주도하는 프로그램들보다 학생들의 요구에 부응할 수 있고, 학생주도의 사업과 리더십에 더욱 개방적이다. 그러나 의도하는 성과가 다소 명확하지 않고, 구조화된 성찰의 기회를 많이 제공하지 못한다. 서비스에 너무 많은 강조점을 두는 나머지 학습에는 거의 강조점을 두지 않을 위험성이 있고, 학업적 신뢰성을 쌓는데 어려움을 겪을 수 있고, 대학차원의 우선순위에서 밀려 예산지원이 적어질 수도 있다. 기본적으로 교무처에 기반한 프로그램들은 대학차원의 미션과 직접 연결될 수 있고, 학업적으로 강해보이며, 지역사회기반 연구에 교수들을 참여시킬 수 있다. 하지만 동시에 학습에 과도한 강조점을 두고 서비스에 낮은 강조점을 두어 유연성이 저하되고 학생주도에 덜 개방적일 수 있다.

서비스-러닝 센터가 대학 내 어디에 위치하든, 대학 차원의 의지와 지원에 따라 다양한 형태로 존재한다. 결과적으로 서비스-러닝은 학생처와 교무처의 공동 파트너십에 그 성패가 달려 있다. 각 파트너는 활용할 수 있는 지식과 연계, 그리고 고도로 양질의 서비스-러닝에 대해 독자적이고, 결정적인 기여를 할 수 있는 자원을 보유하고 있다. 교무처 소속 서비스-러닝 지도자들은 서비스-러닝을 지원하고, 교수 참여에 대한 보상을 제공할 학사정책을 용이하게 실행할 수 있다. 그들은 동료 교수들이 서비스-러닝을 채택하도록 독려하고, 쉽게 서비스-러닝을 지속적으로 교수연수 프로그램과 통합하고, 고위 행정직원들의 지원을 이끌어낼 수 있는 공식적·비공식적 수단을 많이 확보하고 있다. 학생처 전문가들은 학생 개발 이론과 학습 스타일에 대하여 식견이 높고, 서비스와 성찰의 설계와 촉진에 유익한 집단 과정(group process)에 경험을 갖고 있다. 이와 더불어 학생처 실무자들은 일정 잡기, 교통, 위험관리, 그리고 갈등 조정 등 행정과 소통에 대한 경험이 많다. 그들은 네트워킹과 관계 형성 기술에 기여할 수 있다. 대부분의 교무처와 학생처 소속 서비스-러닝 지도자들은 활동적인 전문협회 소속 회원들이고, 워크숍과 리스트서브 토론의 참여자들이고, 서비스-러닝 관련 최신 개념과 실천을 소개하는 고등교육 연구물의 독자들이다. 그러나 그들은 보통 다른 조직들과 토론에 참석하기 때문에 서로 함께 나눌 것이 많다(Jacoby, 2010). 언급한대로 이 구조는 대부분 양적인 자산들을 직접 가져오지만 이중보고조직은 혼란스럽고 협상을 필요로 한다.

대학 내 많은 분야의 사람들과 관계를 돈독히 하는 것은 그 소관이 어디에 위치하든 강력한 서비스-러닝 센터와 프로그램을 개발하는데 중요하다. 이는 개인 간 또는 이메일 대화를 통하거나, 또는 상호작용할 수 있는 구조화된 방법을 창출함으로써 형성할 수 있다. 후자의 예에는 서비스-러닝 자문위원회 또는 조정위원회 또는 평가와 마케팅과 같은 서비스-러닝의 독특한 특성 분야를 담당하고 있는 대학총괄조직이라고 할 수 있다.

George D. Kuh가 상기시켜주듯이, 다른 방법의 학습 처럼 서비스-러닝도 학생들에게 자연스럽게 다가가야 한다. 여기서 "자연스럽다(seamless)는 단어가 의미하는 바는 한때 분리된 것으로 생각되었던 부분들(예: 강의실 안과 밖, 학업적인 것과 비학업적인 것, 교과과정과 교과연계 비교과과정, 또는 온-캠퍼스와 오프-캠퍼스 활동)이 하나의 조각이 되고, 전체적이고 지속적인 것으로 결합되는 것"을 말한다(1996, p. 136). 학습과 학생 능력 개발은 더 이상 교무처와 학생처의 배타적 영역이 아니다. 그 개념들은 본질적으로 서로 얽혀 있고, 분리가 불가능하다. 고등교육이 그 활동을 전통적으로 "교무처"(학습, 교과과정, 강의실)와 "학생처"(교과연계 비교과과정, 학생 활동, 인성과 정서 개발)로 조직화시켰지만, 이 이분법은 학생과 대학 밖 사람들에게는 의미가 없고, 서비스-러닝에 반하는 개념이다. 사실, 서비스-러닝은 학생처와 교무처가 학생들의 학습을 증진할 수 있는 환경을 창출하는 공동의 파트너로서 일할 수 있는 이상적인 장(avenue)을 제공한다.

7.5 서비스-러닝 센터를 제외한 어떤 제도적 인프라 요소들이 서비스-러닝 지원에 필요한가?

서비스-러닝의 제도화는 무엇을 의미하는가?

서비스-러닝을 위한 유망한 센터를 설립하는 것은 필요하지만 서비스-러닝이 시간이 흐름에 따라 살아남고, 성공을 구가할 것으로 확신하기에는 여전히 부족하다. Furco와 Holland는 서비스-러닝의 제도화는 그것이 분리되고 독자적 운영이라는 목표로 실행되어서는 안 되기 때문에 필요하다고 주장한다. 그들은 그 생존과 성공에 내외부의 복잡한 관계망이 요구된다면 서비스-러닝은 살아남을 수 없음을 강조한다. 그들은 신입생 세미나와 캡스톤 강좌와 같은 특별한 학습을 직접 목표로 하면서 특정한 목적을 위해 실행되는 다른 사업들과 달리, 서비스-러닝은 전공 또는 교과연계 비교과과정을 통해 중첩적, 잠재적 성과를 안겨줄 수 있는 다양한 형태의 활동을 기반으로, 모든 학생들의 참여를 이끌어낼 수 있는 보편적 접근이라는 점을 주장한다. 따라서 제도화의 목적은 "광범위한 대학 목표를 선도할 수 있는 통합 전략"으로서 서비스-러닝의 내재적이고 독특한 본질을 활용하는 것이다(Furco & Holland, 2009, p. 52).

대학들 사이에 뚜렷한 패턴이 등장하였는데, 이 대학들은 서비스-러닝이 그 잠재력을 실현하고, 제도화와 지속성을 담보하기 위해서 필수적인 인프라 요소들을 갖고 있는 것으로 보인다(Furco, 2002; Furco & Holland, 2009). 서비스-러닝을 고도의 제도화 수준으로 끌어올린 대학들은 다음과 같은 특성을 갖고 있다.

- 분명하고, 일관된 서비스-러닝에 대한 정의가 존재하고, 학내 전반에 잘 알려져 있다. 토대가 되는 원리와 성찰과 호혜성이라는 기본적 실천에 대한 광범위한 이해와 헌신이 있다.
- 서비스-러닝이 대학 차원의 미션과 의도하는 학생 학업성과들과 밀접히 연계되어 있고, 전략계획, 폭넓은 대학 목표들과 함께 같은 주요 문서에 선명하게 나타나 있다. 그것은 교양교육, 학부생 연구, 다양성과 통합성, 그리고 국제교육과 같은 대학 차원의 우선순위들 그리고 개혁 노력과 명확히 연결되어 있다.
- 주요 보직자들과 리더급 교수들과 같은 대학 내 주요 인사들이 서비스-러닝에 대해 강한 헌신을 보인다. 대학차원의 우선순위들과 안정적 예산지원과의 통합은 별론으로 하더라도, 이러한 헌신은 총장 연설 속 등장, 대학-지역사회 파트너십 및 주차원 및 전국 차원의 조직 행사에 총장을 비롯한 고위보직자들의 참여, 그리고 리더급 학생들의 적극적인 지원과 다양한 측면에서 명백히 드러난다.
- 서비스-러닝은 강력하면서도 호혜적인 지역사회 파트너십에 기초한다. 이 파트너십은 학내 및 지역사회 구성원들을 향한 명시화된 성과와 성공의 정도를 평가할 수 있는 수단을 확보하고 있다. 이 파트너십은 보유한 자산과 모든 당사자들의 요구들을 확인하고, 그들의 능력을 신장시킬 수 있도록 구안된다. 지역사회 파트너들과 잠재적 파트너들은 서비스-러닝 참여자들과 마찬가지로 학내 자원들과 시설들에 접근이 가능하다. 3장 3.2는 대학-지역사회 파트너십 모델들을 제시하고 있다.
- 정책들이 명확히 서비스-러닝을 지원한다. 이는 서비스-러닝 강좌에 대한 공식적 지정, 교수들의 학제적 및 협력적 연구에 대한 지원, 임용·승진·정년보장 심사를 통한 서비스-러닝 강의와 관련 연구에 대한 인정, 서비스-러닝에 대한 다양한 학점 부여, 그리고 졸업 요건으로서 서비스-러닝 등과 같이 여러 가지 형태를 취할 수 있다.
- 서비스-러닝 센터는 학생, 교수, 직원, 그리고 지역사회를 위한 접점으로 기능한다. 센터는 7장 7.2에 기술한 바와 같이 구성원들의 요구를 충족시키기 위한 준거

를 제공하고, 소통과 행정적 이슈를 다루는데 도움을 주며, 서비스-러닝 사업들 간의 조정을 제공하고, 서비스-러닝이 높은 질적 수준을 유지하고, 성찰과 호혜성에 기반할 수 있도록 담보해준다.

- 예산지원이 충분하고 안정적이다. 서비스-러닝 프로그램이 대학 차원의 정규 예산을 통해 영구적 지원을 받고, 보조금이나 "경상적" 자금에 유일하게 또는 주로 의존하지 않는다. 서비스-러닝의 확산과 홍보는 종국적 목표로서 센터를 위한 기부금을 안정적으로 확보하는 일과 함께 대학 차원의 모금활동에서 우선순위를 차지한다.
- 교과과정과 교과연계 비교과과정에서 광범위한 서비스-러닝 활동은 다수의 학생들과 많은 비율의 교수들, 그리고 학생처 전문가들을 참여시킨다. 각 학과별 교수들은 서비스-러닝 강좌를 개설하고, 서비스-러닝 활동들은 여러 학생처 업무 영역에 통합된다.
- 서비스-러닝 사업에 대한 리더급 교수와 학생들의 강력한 독려와 지원이 있다. 이는 연구비, 장학금, 근로조교 등을 통한 학생에 대한 재정적 지원 뿐만 아니라 초과업무수당, 강의면제, 그리고 소액 강좌개발비를 통한 교수에 대한 재정적 지원을 포함한다.
- 사정과 평가가 지속적이고 광범위하다. 사정 보고서들의 결과들이 강의와 프로그램을 개선하고 정련(精鍊)한다.
- 학생과 교수의 참여는 인정되고 보상받는다. 예를 들어, 대학 차원의 매체가 서비스-러닝을 취재한다. 서비스-러닝에 대한 학생 참여는 교과과정 및 교과연계 비교과과정 성적표에 기록된다. 뛰어난 학생들은 서비스-러닝 수상을 하고, 우등졸업장을 받는다. 서비스-러닝과 관련하여 뛰어난 강의와 연구를 수행한 교수들에게 시상한다.
- 대학은 적극적이고, 지속적인 대외 관계를 맺는다. 지역사회 기반 조직들, 학교들, 비영리조직들, 기업체들, 그리고 정부기관들은 서비스-러닝보다 더 확대된 관점에서 지속적인 신뢰와 호혜 관계를 갖는다.
- 서비스-러닝은 대학 발간물, 웹사이트, 정규 보도자료, 주의회 보고서, 그리고 이사회 의제 등을 포함하여 학내 매체와 홍보물 등에 눈에 띌 수 있게 지속적으로 등장한다. 학내외 공동체들과의 의도적인 소통은 서비스-러닝 기회와 성공에 대한 인지도를 정규적으로 상승시킨다.

요약하면, 서비스-러닝의 제도화는 단순히 생겨나지 않고, 결코 쉽게 이루어지지 않는다. Furco와 Holland가 자문해주듯이, "서비스-러닝 지도자들은 다른 대학에서의 혁신이 어떻게 인기와 행정적 지원을 이끌어내는지 분석해야 하고, 그러한 혁신이 성공할 수 있도록 도와주는 특정한 매개점을 확인할 수 있어야 한다"(2009, p. 63). 서비스-러닝에 대한 지원과 자리매김에 대한 대학의 선택은 의도적이어야 하고, 명확히 정당화되어야 한다. 서비스-러닝은 일관된 대학 차원의 우선순위들의 체계와 통합적이어야 하는데, 그 이유는 그것은 성취의 필수적인 수단이고, 이를 통해 대학 지도자들의 헌신이 굳건해지고, 분명히 드러나기 때문이다(Furco & Holland, 2009). 6장 6.8의 질문은 서비스-러닝의 제도화 정도를 평가하는 절차와 이를 위한 추가적 자원들을 알려준다.

7.6 서비스-러닝 센터는 어떻게 예산지원을 받는가?

서비스-러닝을 지원하기 위해서는 어떤 재정지원이 필요한가?
재정지원의 원천은 어디인가?
어떻게 개인 단위의 교수와 학생, 학생단체는 서비스-러닝 프로젝트에 필요한 재정지원을 찾을 수 있는가?

7.1의 서비스-러닝 센터의 설립과 7.5에서 서비스-러닝의 지원을 위한 대학차원의 인프라의 중요한 요소들에 대한 논의에서 충분하고 안정적인 재정지원이 필수적이라고 한 바 있다. 서비스-러닝 센터들과 프로그램들은 다양한 수준의 재정지원을 얻을 수 있다. 예산은 일반적으로 다음 요소들의 일부, 대부분, 또는 전부를 포괄한다: 급여와 부가급부(fringe benefits); 학생과 교수의 연구수당과 연구비; 전화, 설비, 인쇄, 복사, 그리고 사무실 집기와 같은 운영비; 재료비, 자재비, 식비, 참여자 교통비; 서비스-러닝 활동에 대한 선물비; 구독비, 콘퍼런스 등록비, 그리고 출장비와 같은 전문 연수비; 사정, 계획, 그리고 다른 부서를 지원하기 위한 자문 서비스비 등이다(Lima, 2009).

대부분의 서비스-러닝 센터들은 기관 내외의 여러 곳으로부터 예산지원을 받는다. 대학지원 예산은 1년 단위 혹은 6개월 단위로 진행되고, 수시로 상금을 지원받기도 한다. 일부 센터들은 외부기관으로부터 또는 일회성 기관지원을 받기도 하지만 안정적인 재정

기반 없이 강한 공동체 파트너십은 물론이거니와 지속가능하게 센터를 발전시키고, 그 부속 프로그램을 만드는 것은 쉽지 않은 일이다. 서비스-러닝을 지원하기 위한 대부분의 자금은 센터가 속한 교무처나 학생처로부터 나온다. 그러나 서비스-러닝이 대학 차원의 우선순위와 긴밀히 연계된 경우라면 캠퍼스 내 여러 부서로부터 정기적으로 예산지원을 받는 사례들도 많다. 서비스-러닝을 지원하기 위한 예산은 서비스-러닝 센터 예산서에 나타나지 않는다. 이러한 예들에는 지역공동체 서비스 활동을 하는 학생들에게 급여를 주는 연방근로장학금(Federal Work-Study), 교수의 초과강의수당 또는 교수 수업시수 인정, 성찰 촉진, 마케팅, 그리고 사정 작업과 같은 활동들을 통해 지역사회 파트너들과 연계고리 역할을 수행하는 캠퍼스 내 관계자들을 지원하는 일 등이다. 기타 추가적인 현물자원으로는 공간, 웹사이트 개발, 기술지원, 사진 및 동영상, 복사 및 사무집기류, 그리고 교통 제공 등이다. 창의적인 현물지원의 사례로는 상주하는 보조자와 같은 준전문가나 매 학기 학생들을 위해 일정 수의 프로그램을 의무적으로 기획하고 실행해야 하는 학생회 소속 지역사회 서비스 담당자들도 있다. 이들은 대체로 명목상의 비용을 부담할 수 있는 자원들을 확보하고 있지만 아이디어와 영감이 필요한 경우가 있다. 어떻게 기획하고 서비스-러닝 경험을 실행할 것인가에 관한 훈련을 제공함으로써 이들이 서비스-러닝을 학생들에게 소개하면서 자신들의 목표를 새롭게 세우는 계기가 될 수 있다.

자원을 확보하는 일이 서비스-러닝 센터 책임자들과 서비스-러닝을 지원하는 사람들의 우선순위가 되기는 사실 드물다. 자원을 창출하는 일은 복잡하고 지속적인 작업이다. 서비스-러닝을 대학의 전략계획 속에 포함해 조직 우선순위들에 의도적으로 연계하는 작업은 예산을 특정한 목적에 지출할 수 있게 한다. 7장 7.1에 제시한 바와 같이 자문위원회가 초기 또는 계속적 지원을 이끌어내는 데 도움이 된다. 학생들은 일단 서비스-러닝이 그들 자신들과 지역사회를 위한 긍정적 차이를 경험하기만 하면 서비스-러닝의 효과적인 지지자들이 될 수 있다. 대학들이 개별적으로는 가능하지 않던 파트너십이 대학-지역사회 간 파트너십 형성을 통해 예산을 확보할 수 있는 기회도 있다.

위에 언급된 것 외에 고려할 수 있는 예산지원도 있다:

일반운영예산. 대학의 유형에 따라 다르지만 기관의 핵심운영예산은 주정부의 지원, 등록금, 학생활동비 등으로 구성된다. 만약 서비스-러닝 센터 혹은 프로그램이 학사업무 또는 최소한 학사와 관련된 프로그램과 관련이 있다면 등록금 위주의 예산서에 서비스-러닝을 위한 항목을 어렵지 않게 하나 만들 수 있다.

학생활동비. 학생활동비는 학생업무와 관련된 여러 사업들을 위해 쓰인다. 만약 서비스-러닝 센터가 학생처에 소속되어 있고, 교육과정과 관련된 경험들을 제공하고 있다면 학생활동비는 유력한 대안이 될 수 있다. 많은 대학들에서 학생회 간부들은 학생활동비의 배정과 지출을 결정하거나 강력한 영향을 미칠 수 있다(Holland & Langeth, 2010). 학생회 간부들과 좋은 관계를 맺고, 서비스-러닝을 위한 지원을 이끌어 내는 일은 매우 중요하다.

연방, 주, 그리고 지방정부. 안타깝게도 연방의회가 국가 및 지역사회 봉사단(Corporation for National & Community Service: CNCS)이 추진해온 '봉사학습사업'(Learn and Serve America)은 사업예산을 2011년도 연방정부 예산에서 전액 삭감하면서 서비스-러닝의 주된 예산 기반이 증발해버리고 말았다. 현재까지 가까운 장래에 예산이 회복될 것 같지는 않아 보인다. 그러나 CNCS는 여러 주 차원 또는 전국적 차원의 AmeriCorps[1] 프로그램을 관리하는데, 이 프로그램은 서비스-러너들의 역량을 키우기 위해 여러 공동체 조직들과 캠퍼스에 기반을 둔 서비스-러닝 센터들과 함께 일하는 정규 또는 파트타임 봉사자들을 제공한다. 여러 Campus Compact 산하 기구들과 주정부 부서들은 주 단위로 이러한 프로그램을 운영한다. 또 다른 캠퍼스-공동체 파트너십을 위한 연방차원의 대부분의 지원은 '공동체 진출 파트너십 센터'(Community Outreach Partnership Centers: COPC) 프로그램으로 이는 미국 주택 및 도시개발부(U. S. Department of Housing and Urban Development)에 근거를 두고 있다. COPC는 주택, 경제개발, 근린 재활과 관련된 이슈를 다루기 위해 COPC를 설치하거나 운영하기 위해 고등교육기관들에게 40만불을 상한으로 하는 2-3년짜리 장려금을 지원한다(미국 주택 및 도시개발부, 2013). 연방과학재단(National Science Foundation)의 여러 프로그램들, 특히 STEM 학문분야들에서의 서비스-러닝 관련 예산을 지원한다. 일부 주의회도 서비스-러닝을 위한 예산을 지원하는데 직접 센터에 지원하거나 대학총괄예산에 투입하기도 하고, 대학이 지원을 요청하는 장려금을 통해 지원한다. 시군 단위의 지방정부도 도전적인 지역 이슈들을 겨냥한 장려금 지원을 펼치고 있다. 어떤 경우에는 사업제안 요청서에 구체화된 이슈들을 처리하기 위한 역량을 키우기 위해 대학들과 기꺼이 협력하려는 지역단체에게도 예산이 배정되기도 한다.

주 Campus Compact 산하기구들. Campus Compact은 34개 주 산하기구들을 확

1) 미국 내 지역사회 봉사단체이다. 회원은 집짓기, 집수리, 공원 청소 등을 하고 학비 지원을 받기도 한다(역자 주).

보하고 있고, 그 네트워크는 증가일로에 있다. 주 산하기구들의 가장 중요한 기능 중 하나는 전국적, 지역적, 주 차원, 그리고 지역 차원의 자원들을 동원하고 이를 회원단체에 제공하는 것이다(Campus Compact, 2013c).

기업, 민간, 지역 재단들. 다양한 재단들이 크고 작은 장려금과 선물을 제공하는데 대체로 재단들이 위치한 인근 지역을 주로 겨냥하고 있다. 기업재단들은 법인세를 감면받으면서 모기업이 재원의 용도를 통제하면서 기부 목적의 지원을 제공하는 독립적 비영리조직이다. 민간재단들은 부유한 개인이나 가족이 일반적으로 기부를 통해 그들이 소중하다고 생각하는 이슈에 대한 큰 규모의 차별성 도출을 목적으로 설립된다. 지역재단들은 기부적 투자 수입을 통해 자선 활동을 수행하나, 그들의 수입은 산하 조직의 연합적 활동과 더불어 재단을 만들어내었거나 장려금 지원 과정을 창출해낸 개인이나 가족들과 함께 조성한 것이다. 재단은 기부에 초점을 맞춤으로써 지역 이름을 사용할 수 있다(Holland & Langseth, 2010). 재단은 일반적으로 재원의 투자 우선순위와 장려금 지원 계획을 밝히기도 하지만, 자발적인 지원 요청의 편지를 받아서 지원하기도 한다. 일부 재단은 이해당사자들이 장려금과 선물을 어떻게 다루어야 할지에 관하여 잠재적인 아이디어들을 논의하고 재단의 이해를 조정하기 위해 관계기관들의 자문을 구하기도 한다. 정부의 장려금과 같이 고등교육기관들이 얻기 어려운 재단 출연 장려금은 대학-지역사회 파트너십 또는 지역단체들에게도 얼마든지 지원이 가능하다.

각종 고등교육 관련 협회, 단체, 기관들. 전국 또는 지역 차원의 교육기관들은 서비스-러닝 사업들을 지원하기 위한 장려금 뿐만 아니라 자문과 각종의 서비스를 제공한다. Campus Compact, 미국 대학협의회, 그리고 자립형 대학 평의회, 미국 주립대학협의회, 뉴잉글랜드 고등교육자원센터 등이 그 예라고 할 수 있다. ACPA-국제대학생 교육자협의회와 NASPA-고등교육 학생처장협의회와 같은 학생업무와 연관된 각종 전문협회들은 서비스-러닝에 한정되지 않고 학생지원업무 전체를 포괄하는 장려금을 제공한다. 분과학문협의회, 전문가단체, 서비스기관들(예를 들어, Kiwanis, Lions, Rotary)과 남녀학생클럽들(fraternities & sororities)도 잠재적인 지원처이다.

개인기부자. 대부분의 서비스-러닝 센터 관리자들에게 있어서 부유한 기부자들의 기부를 유치하는 것은 센터의 미래를 밝히는 꿈과 같은 일이기도 함과 동시에 개인들로

부터 크고 작은 일회성 그리고 매년 정기적으로 이루어지는 기부금의 확보는 중요한 재원 방안이기도 하다. 통상 한두 가지 작은 것에서 시작하여 기부자와의 관계 진척에 따라 대규모 기부로 이어진다. 개인 기부금은 동문, 서비스-러닝 참가자들의 부모들, 서비스-러닝이 지역사회에 혜택으로 돌아온다는 점을 믿고 있는 지역인사들, 그리고 고등교육의 필수불가결한 역할로서 지역과 전 세계적 차원에서 학생들의 준비가 그들이 사회변혁의 주도자가 될 수 있다고 보는 개인들의 기부를 포괄한다. 서비스-러닝에 대한 학생들의 참여가 증가함에 따라 영향력 있는 서비스-러닝 경험을 가진 대학원생들도 미래의 소중한 기부자들이다.

보조적 프로그램의 운영. 보조프로그램 운영과 봉사는 서비스-러닝 센터들이 수익을 창출할 수 있는 기회이다. 여름학기 강의 또는 평생교육 강좌를 열고, 기술지원을 제공하거나, 워크숍과 콘퍼런스를 개최하고, 외부 기관들을 위한 서비스-러닝 프로그램을 직접 운영하는 것이다(Lima, 2009).

이하에서 서비스-러닝 기금 확보를 위한 몇 가지 팁을 주고자 한다.

모금계획을 짜라. 모금계획은 서비스-러닝을 위한 전략적 계획에 기초한 종합문서라고 할 수 있다. 이 문서에는 향후 장·단기 모금 수요, 가능한 모금처에 관한 설명과 연락처, 추가로 얻고자 하는 정보, 직·간접적으로 도움을 줄 수 있는 인사들의 리스트, 그리고 밟아야 할 절차 등이 포함된다(Lima, 2009). 이를 통해 모금이 핵심 우선 과제로 지속될 수 있도록 유도할 수 있고, 매력적으로 보이기는 하지만 미션과 목표를 진전시키지 못하는 모금 가능성에 의해 흔들리는 일이 없도록 도와준다.

기관발전, 외부연계, 동문관련, 연수업무 등을 담당하는 조직 내 관계자들을 사귀어라. Holland와 Langseth는 "당신들이 이 조직의 자산임을 명심하라. 당신들은 그들이 필요로 하는 정보와 성공 스토리를 확보하고 있다"(2010, p. 198)라고 강조한 바 있다. 이들은 긍정적인 언론보도, 동문들의 참여확보, 재단, 협회, 정부재원, 그리고 기관과 프로그램에 대해 재정적으로 도움을 줄 수 있는 개인들에 대한 업무를 담당한다(Holland & Langseth, 2010).

서비스-러닝 센터와 서비스-러닝을 위한 강력한 마케팅 캠페인을 열어라. 홍보와 모금은 밀접하게 연결되어 있다. 기부자들은 성공적이라는 평을 받고 있는 가시성 높은 기관을 지원할 가능성이 높다. 그리고 당신은 소속 기관에서 누가 과연 서비스-러닝에 관하여 신문, 라디오, 텔레비전, 그리고 소셜미디어의 주목을 받고 있는지 모를 것이다.

모금기회 확보를 위한 기관 간 연계를 생각하라. 대학 내 여타 조직들 또는 주 또는 지역 내 다른 대학들과의 컨소시엄 형성은 효과적으로 대규모 연방지원금을 확보하는 발판이다. 다른 기관들과의 파트너십을 형성하는 것은 또한 서로 다른 다양한 기관들이 제공할 수 있는 특별한 자원들을 적극 활용할 수 있는 기회가 된다. 예를 들어, 전문대학들은 지역사회와 밀접한 연관을 맺고 있는 반면에 연구중심대학들은 많은 중요 분야에서 전문성을 지닌 교수들을 확보하고 있다. 앞에서 언급한 것처럼 몇몇 모금 기회는 대학과 지역사회단체들이 협력을 추구할 때만 가능한 경우도 된다.

서비스-러닝을 기관 내 모금 우선 순위 과업으로 만들기 위해 열심히 일하라. 7장 7.5에서 언급한 것처럼 제도화의 중요한 차원은 서비스-러닝이 기관 내 자금 확보, 연간 주 예산 요구, 그리고 다른 각종 사업에서 최우선 과제로 자리매김하는 일이다. 이는 일반적으로 부총장, 학생담당부총장, 또는 총장과 같은 고위 행정가들이 의사결정과정에서 서비스-러닝을 최고 우선시함으로써 기관 차원의 각종 개발 활동으로 이어지게끔 하는 일이다.

교수, 학생, 학생회가 특별한 프로젝트 수행을 위한 소규모 기금을 지원받을 수 있는 방법을 찾아줘라. 서비스-러닝 센터가 교육과정과 교육과정에 기반한 서비스-러닝 활동, 예를 들어 서비스 현장으로 차량제공, 집기, 지문조회, 물리실험, 그리고 식사 제공 등과 같은 일에 소요되는 비용을 조달하기 위한 소규모 자금을 찾지 못한다면, 대학 안팎의 기부처의 리스트를 미리 확보할 필요가 있다. 많은 센터들이 대체체험여행, 방과후 프로그램, 또는 기타 서비스-러닝 경험들에 소요되는 자금 조달을 위하여 자전거 판매, 세차, 팬케이크 아침식사, 그리고 조용한 경매 등과 같은 모금 행사들의 조직에 필요한 조언들과 지침들을 제공한다. 다음 질문들은 서비스-러닝을 내부적으로 또는 외부적으로 지원자들, 잠재적 지원자들, 그리고 서비스-러닝에 대한 회의론자들에게 그 가치를 증진하고, 왜 그들이 지속적인 성공을 위해 기여해야 하는지에 관한 핵심적 사항들을 언급하고 있다.

추가정보출처

Campus Compact. (2013, July). *Grants and fellowships.* www.compact.org/category/events-jobs-grants-more/grants-and-fellowships.

Holland, B., & Langseth, M.N. (2010). Leveraging financial support for service-learning: Relevance, relationships, results, resources. In B. Jacoby & P. Mutscio (Eds.), *Looking In, Reaching Out: A Comprehensive Guide for Community Service-Learning Professionals.* Boston, MA: Campus Compact.

Lima, M. (2009). Funding service-learning programs. In J.R. Strait & M. Lima (Eds.), *The Future of Service-Learning: New Solutions for Sustaining and Improving Practice.* Sterling, VA: Stylus.

7.7 어떻게 서비스-러닝의 가치를 증명할 것인가?

현금, 시간, 노력, 그리고 기관우선순위의 관점에서 어떻게 서비스-러닝의 비용을 정당화할 것인가?

어떻게 서비스-러닝을 내외부 관계자들에게 전파할 것인가?

서비스-러닝의 지원을 확보하기 위해 어떤 평가방법을 사용할 것인가?

만약 서비스-러닝이 뿌리를 내리고 싹을 틔우고자 한다면 많은 기관 내외부의 이해관계자들로부터 그 가치를 인정받고 지원을 받아야 한다. Furco와 Holland는 이를 "비개인화되는 서비스-러닝"(2009, p. 53)이라고 부른다. 몇몇 개인들이 서비스-러닝의 출발을 옹호하는 일은 흔하다. 그러나 서비스-러닝이 계속해서 한두 사람 또는 작은 그룹의 관심사로 비추어진다면 행정가들과 동료들은 "소수의 옹호자들을 가진 부띠크(값만 비싼-역자 주) 프로그램으로 비춰지는 아이디어를 지원하는 일에 자연스럽게 민감해질 것이다"(Furco & Holland, 2009, p. 55). 서비스-러닝이 "명확한 목적을 가진 혁신적인 아이디어에서 캠퍼스 및 지역사회 차원의 목표에 영향을 발휘할 수 있는 보편적인 수단으로 인정받는 일"이 중요하다(Furco & Holland, 2009, p. 57).

7.1과 7.5에서 살펴본 바와 같이, 서비스-러닝의 지지자들은 서비스-러닝과 대학차원의 목표 및 우선순위들 간의 시너지 효과를 재빨리 추구해야 한다. 어떻게 서비스-러닝이 캠퍼스 내 개인과 조직들이 그들의 목표달성을 하는데 서비스-러닝이 통합될 수

있는지를 증명해야 한다. 예를 들어, 대학 구성원들과 지역주민들 사이의 관계 증진이 큰 과제라고 한다면, 어떻게 서비스-러닝이 대학의 역할에 대한 인식을 고취할 수 있을지를 보여주는 일이 중요하다. 대학의 과제가 모든 학생들이 국제적, 다문화적, 핵심 경험을 갖도록 하는 것이라면 서비스-러닝은 그러한 경험들을 개발하고 실행할 수 있는 효과적인 장치이다.

동료 중 한 명이 얘기했듯이 최고행정가들과 이사회 구성원들이 잠들기 전에 생각하는 것이 무엇인지를 파악하는 것과는 별도로 주요 잠재적 기부자들과 지역 재단 사무총장들이 무엇에 대해 열정적인지를 파악하는 것도 나름의 가치가 있다. 이러한 점을 안다는 것은 특별히 관심있는 사람들과 특별한 목표달성을 위한 평가 전략을 개발하는데 확실히 도움을 줄 수 있다. 인력, 시간 차원을 반영한 참여의 숫자, 성과점수와 졸업률 그리고 제거된 쓰레기의 양이나 식재된 나무의 숫자 등을 특히 그래픽으로 기술할 수 있다면 시선을 사로잡는 데 효과적이다. Campus Compact는 민간영역 Independent Sector[2]의 계산방식을 빌려와 시간당 자원 봉사의 추정 가치를 22.55$로 매기고 이를 바탕으로 시간당 가치를 참여시간에 곱하여 학생서비스의 총 화폐적 가치를 결정한다(Campus Compact, 2013f; Independent Sector, 2014). 이러한 계산은 매우 인상적인 수치를 만들어 낼 수 있다. 이러한 수치상의 이득 뿐만 아니라 개방형 질문들에 대한 응답들, 인터뷰, 포커스 그룹들을 통해 어떻게 서비스-러닝이 기관 차원의 그리고 기부자가 특정한 목표와 우선순위를 달성하는 데 도움이 되는지를 상세히 설명할 수 있다. 내·외부 기부자들은 대학 내 서비스-러닝 센터와 제공하는 프로그램들을 경쟁 센터 또는 열정적인 경쟁대학들이 제공하는 프로그램들과 비교하는 데 관심이 있다. 대학 내 기부자들은 학생들의 성과에 관심이 있는 반면, 대학외부 기부자들은 지역사회에 미치는 영향에 관심이 있을 것이다. 당신의 평가계획을 발전시키는 초기단계에서 어떤 질문들에 대해 답하면 좋을지 물어보는 것도 좋은 방법이다. 제6장에서 언제 그리고 어떻게 평가방법을 사용할 것인지에 대한 다양한 논의를 한 바 있다.

공식·비공식평가를 통해 자료를 확보하면 대학 내 리더급 인사들에게 정기적으로 그 정보를 제공하는 일을 잊으면 안된다. 간결한 요점들과 표와 그래프들은 그들이 연설이나 보고할 때, 그리고 동료와 기부자들과 대화할 때 그 정보를 쉽게 사용할 수 있게 한다.

평가자료를 보완하는 개인적인 일화는 매우 유용하다. 지역사회 인사들과 함께 봉사하는 학생들의 사진들과 동영상은 서비스-러닝이 안겨줄 혜택을 전달하는데 말보다 훨

2) John W. Gardner가 설립한 비영리 민간 자원 봉사 기구를 말한다. 자원봉사 프로그램 개발, 자원제공, 정책개발 등의 일을 하고 있다(https://www.independentsector.org)(역자 주).

씬 명확한 이미지를 제공한다. 사진들과 좋은 언급들은 색깔있는 브로슈어, 웹사이트, 그리고 소셜미디어에 널리 활용될 수 있다. 일반적인 의도로 또한 잠재적인 기부자들에 대한 다듬어진 메시지 전달을 위해서는 학생들과 지역사회 파트너들이 그들의 서비스-러닝 경험을 동영상을 통해 설명하고, 얼마나 추가적인 자원이 현재의 참여자 뿐만 아니라 미래의 참여자들에게 값진 경험이 될 수 있다는 점을 강조하는 노력이 중요하다. 이 동영상 메시지들은 서비스-러닝 웹사이트에 올려야 한다. 그러나 이 동영상들은 대학의 홈페이지에 올려서 대학 내 당국자들과 서비스-러닝 옹호자들이 보아서 "친구-만들기"와 기부금 모집 행사, 그리고 소셜 미디어를 통한 광범위한 확산이 이루어질 수 있도록 해야 한다.

추가정보출처

Furco, A., & Holland, B. (2009). Securing administrator support for service-learning institutionalization. In J.R. Strait & M. Lima (Eds.), *The Future of Service-Learning: New Solutions for Sustaining and Improving Practice*. Sterling, VA: Stylus.

Holland, B., & Langseth, M.N. (2010). Leveraging financial support for service-learning: Relevance, relationships, results, resources. In B. Jacoby & P. Mutscio (Eds.), *Looking In, Reaching Out: A Comprehensive Guide for Community Service-Learning Professionals*. Boston, MA: Campus Compact.

7.8 서비스-러닝이 요구하는 실행 차원의 고려사항은 무엇인가?

실행계획이 운영에 있어서 세부적인 것들을 다루는 것을 의미한다고 할 때, 서비스-러닝의 실행에는 많은 이슈들이 수반된다. 여기에는 기본적인 행정적 절차에서부터 서비스-러닝 본연의 다중적 복잡성까지 존재한다, 적절한 주의가 빠진 실천계획은 자칫 착수하기도 전에 서비스-러닝이 존폐 위기로 치닫게 되거나 "또 다른 실패한 교육 유행" 또는 "실패한 사회프로그램"으로 격하되기도 한다.

7장 7.1에서 서비스-러닝 센터의 출범에 관하여 논의할 때, 센터와 다른 대학 내 조직이 제공할 수 있는 여러 실행 및 행정기능들이 있다는 점을 밝혔다. 이는 모두 교수진,

학생, 학생처 담당자들, 학생회 리더들, 사제들, 그리고 다른 대학 및 지역사회 인사들에게 제공할 수 있는 서비스-러닝의 발전과 실행 경험에 관한 것이다. 이러한 기능의 몇 가지를 아래에 논의한다.

서비스-러닝의 흥행과 참여자의 확보. 대학의 서비스-러닝 센터와 경험들을 학내외에 알리는 것은 중요한 행정기능이다. 이제 막 시작하는 센터에서 지역사회, 학생들, 교수진, 직원들, 행정가와 기부자들의 주목을 끄는 일은 필수적인 일일 수 있다. 이 절차는 넓은 범위에 산재한 청중을 목표로 다양한 형식의 자료를 활용한 광범위한 홍보에서 시작한다. 대학 내 홍보부서 또는 그래픽이나 웹디자인을 가르치는 교수 등 지원을 받을 수 있는 곳들을 나열해 보는 일도 유익하다. 통상적인 센터와 서비스-러닝을 알리는 일에 더하여 서비스-러닝의 홍행계획은 지역사회 파트너들, 교수진, 학생들의 참여계획을 포함해야 한다. 잠재적인 공동체 리더들은 서비스-러닝이 무엇인지, 어떤 가능성과 기회가 그들에게 제공될 수 있는지, 그리고 그들이 어떻게 대학 내 담당자들과 연계될 수 있는지를 알 필요가 있다. 교수진에 관한 한 서비스-러닝을 통한 대학의 외부 진출이 어떤 혜택을 가져다주는지 개인 및 집단별로 그들의 전공영역과 강의에 어떻게 도움을 주는 방향으로 작용할 수 있는지를 알려주어야 한다. 교과과정 또는 교과연계 비교과과정에 참여할 학생들의 확보는 학생들이 참여할 수 있는 다양한 기회를 창출하는 교수와 직원들이 그들의 강의의 부족한 부분을 채우고, 지역 공동체 인사들의 헌신이 보람을 가질 수 있다는 확실한 보장을 함으로써 이루어질 수 있다.

학생 오리엔테이션과 훈련. 학생들을 일터에서, 그리고 지역사회에서 일할 수 있도록 준비시키는 일은 양질의 서비스-러닝의 국면에 필수적인 과업이다. 오리엔테이션과 훈련은 학생들이 일터로 들어서기 전에 그리고 그 일터에서 이루어져야 한다. 오리엔테이션과 훈련은 다음 사항을 포함해야 한다: 모든 참여자들이 바라는 경험의 성과; 직원들에 대한 자기 소개; 이슈들, 지역공동체, 고객들, 그리고 그 조직에 대한 정보; 학생들이 수행하는 과업에 대한 상세한 정보; 스케줄과 작업시간의 보고; 안전과 비밀유지에 관한 문제들; 그리고 긴 바지, 뒷창이 닫힌 신발. 모자와 헤어네트, 선크림, 장신구, 지갑, 카메라, 휴대폰 등에 관한 사항을 포함하는 적절한 복장과 행동. 서비스-러닝에 훈련이 없다면 적어도 교수와 직원, 학생회 리더들이 확실히 담당할 수 있는 훈련과 오리엔테이션 주제들에 관한 체크리스트를 개발하여 웹사이트에 올려야 한다.

안전과 건강 관련 필수 사항에 대한 도움. 학교와 같은 기관들의 대다수는 자원봉사자들의 신체검사, 결핵검사, 경찰신원조회 등을 포함한 건강검진기록들과 안전관련 조건들을 요구한다. 서비스-러닝센터 또는 다른 대학 내 부서는 프로그램 담당자들에게 어디에서 필요한 검사와 관련 절차를 구할 수 있는지, 필요한 서류를 확보하기 위한 예약과 걸리는 시간, 그리고 소요되는 비용을 알려주어야 한다. 어떤 경우에는 센터가 저렴한 수수료로 대학 내 건강서비스 부서와 지역 경찰을 통해 관련 검사를 받을 수 있다. 일부 센터들은 자신들의 예산에서 수수료를 부담하기도 한다.

양식. 양식. 양식. 서비스-러닝 활동에는 지원서, 조건면제, 책임에 관련된 것들(7장 7.9에 언급한), 파트너십 합의서, 선택과목들에 필요한 학습계약, 서비스-러닝 선택학점, 발전 및 활동보고서, 그리고 사정과 평가도구 등 많은 양식들을 요구한다. 학습계약이나 교수와 지역사회 기관 간 양해각서와 같은 특정한 상황에 요청되는 양식들의 사례 뿐만 아니라 표준 양식들을 제공하는 것이 도움이 된다. 인터넷에 대학 차원에서 특별한 목적으로 개발한 양식들이 많이 올라가 있다. 인턴십, 협력교육, 학생지도, 그리고 다른 현장학습을 조직하는 대학 내 각 학과들이 모델로 활용할 수 있는 양식들을 이미 활용하고 있다.

데이터베이스와 추적. 서비스-러닝 센터들은 상업적으로 이용가능한 소프트웨어 패키지를 구매하거나 적절한 소프트웨어를 자체 개발하여 서비스-러닝과 관련한 각종의 기능 수행에 필요한 온라인 정보관리시스템을 제공해야 한다. 서비스-러닝을 지원하기 위한 소프트웨어는 복합적 기능을 수행할 수 있고 처리능력도 급격히 확장되고 있다. 학생들을 위하여 소프트웨어는 대학과 공동체가 제공하는 서비스-러닝 기회들에 대한 접근을 형식, 주제, 그리고 스케줄에 따라 분류하여 제공하고, 각종의 참여 기록과 서비스 시간을 생산하고, 성찰과 토론을 위한 온라인 공동체를 만들게 된다. 이 소프트웨어를 통해 크고 작은 규모의 행사에 초청을 하는 계획을 만들 수 있고, 반응을 추적하며, 학생들의 등록과 지원을 이끌어내고, 행사의 세부사항을 발표할 수 있다. 지역사회의 관점에서 소프트웨어는 지역사회 파트너들이 지역사회 온라인 목록에 대한 입력이 가능하게 하고, 지역사회 기관의 직원들이 재빨리 학생 서비스 기록들을 승인하게 하고, 공동체 파트너들의 즉각적인 피드백을 확보할 수 있게 한다. 데이터 관리와 추적에 대해서 소프트웨어는 온라인 평가가 가능하게 하며, 학생 서비스 시간, 평가결과, 기록문서, 사진, 그리고 동영상에 관련된 상세 보고서를 만들어 낸다.

교통. 대학의 소재지에 따라 다르기는 하지만, 서비스 활동이 펼쳐지는 장소로의 교통 제공은 상당히 어려운 과제이다. 도시에 있는 대학들에게 대중교통은 가능하지만 비쌀 수 있고, 몇몇 지역에는 제공되지 않을 수 있고, 편리한 운행 스케줄이 나오지 않을 수 있다. 서비스－러닝 옹호자들은 대중교통 제공자들과 노선과 운행 스케줄 변화, 그리고 요금 감면 또는 무료 서비스 제공 등에 관해 대학 차원의 요금 상쇄 방법의 유무를 포함하여 논의할 수 있을 것이다. 교통은 지역 내 산재한 공동체로부터 다소 멀리 있는 시골 대학들에 많은 이슈를 제기한다. 일부 대학들은 학생들과 교직원들이 타고 다닐 수 있는 승용차와 밴을 보유하고 있다. 렌털 요금이 부과되고 학생과 교직원에 대한 위험관리대책이 수반된다. 이 정책들은 다음 7.9에서 논의한다. 운동부, 기숙사, 식당, 시설관리와 같은 대학부서들은 현물기부나 임대 형식으로 서비스－러닝에 필요한 차량을 제공할 수 있다. 일부 운이 좋은 서비스－러닝 센터들은 현장 활동 지원을 위한 학생 이동용 차량을 소유하거나 렌트하고 있다. 지역 내 차량 매장이나 전국적인 네트워크를 가진 렌털 프랜차이즈들이 대학의 이름과 함께 회사 이름과 로고를 두드러지게 새겨서 서비스－러닝 활동 목적을 위해 기꺼이 기부 또는 임대해 줄 수 있는지 확인하는 일도 중요하다. 대학 내 집카[3](Zipcars)를 이용하는 서비스－러닝 학습자들에게 비용을 보상해주는 대학들도 있다. 카풀링을 위한 개인용 차량을 이용할 수도 있으나 책임의 문제도 있고 관련한 대학차원의 정책을 따라야 한다.

도구와 재료. 서비스－러닝 활동은 일회용 장갑과 물병과 같은 값싼 것부터 비품, 체육장비, 건물과 조경을 위한 도구와 재료와 같은 비싼 도구와 재료를 필요로 한다. 일부 서비스－러닝 센터들은 기부나 예산 확보를 통해 비품의 재고를 만들어 놓기도 한다. 재고가 없다면 가능한 물품의 확보처를 파악해 놓거나 기부나 현물 기부를 통한 확보 방법을 강구하는 일도 참고할 만하다.

갈등 해결. 서비스－러닝의 과정에는 불가피하게 갈등이 생겨나게 마련이다. 수업 중 어떤 학생이 특정 장소에서 활동을 하려하지 않거나 할 수 없는 경우, 지역사회 파트너가 어떤 일에 부적합한 학생을 발견하는 경우, 어떤 기관 소속 직원 또는 고객이 학생을 부적절하게 다루는 경우, 지역사회 파트너가 교수와 당초와 합의한 것과 다르게 학생

3) 집카(Zipcar)는 회원제 렌터카 공유 회사이다. 회원은 일 단위, 시간 단위로 자동차를 빌릴 수 있다. 1999년 미국 캠브리지 매사추세츠에서 설립되었고, 2007년 10월 31일 경쟁 업체였던 플렉스카를 합병하였다(출처: 위키백과－역자 주).

이 하찮은 허드렛일을 하도록 원하는 경우, 어떤 학생이 일을 잘못하는 경우, 약물복용이 없어야 하는 방학중 대체 프로그램 기간에 어떤 참여자가 술을 마시거나 불법약물을 취하는 경우에 이러한 갈등이 발생한다. 이러한 경우에 서비스-러닝 센터 직원들에게 그 상황에 대처할 수 있는 조언과 도움을 제공하는 일이 필요하다. 이 경우 그 학생의 활동장소를 바꾸어 주거나 규정 위반학생을 격리하여 집으로 돌려보내는 일이 직접적으로 뒤따르게 된다. 서비스-러닝센터 직원은 적절한 장소에 당사자들을 불러 모아 그 상황의 중재를 시도하거나, 오해를 풀고, 잠재적 해결책을 고려할 수 있는 기회를 제공할 수 있다. 서비스-러닝 센터는 관련 교수진, 직원, 그리고 학생 학습자들이 있을 수 있는 갈등과 발생할 수 있는 상황을 적절히 다뤄나갈 수 있도록 훈련을 제공하는 것도 현명한 방법이다. 서비스-러닝 센터가 없거나 센터가 이러한 역할을 제공하지 않는다면 상담센터나 학생처, 다양성과 통합관련 조직, 옴부즈맨, 또는 지역참여부서 등과 같은 조언과 도움을 제공할 수 있는 또다른 학생 조직들도 있다.

이 책에서는 다른 운영 관련 이슈들에 대해서도 논의가 되어 있다, 학생이 시작하거나 주도하는 프로젝트와 관련된 이슈들은 5장 5.8에, 사정은 6장, 책임과 위험관리는 다음 7.9에서 다룬다.

추가정보출처

Campus Compact. (2000). *Establishing and Sustaining an Office of Community Service*. Providence, RI: Campus Compact.

7.9 어떤 책임과 위험관리 이슈들에 대한 처리가 필요한가?

어떻게 위험과 활동의 양을 사정할 수 있을 것인가?

강의기반 또는 교과연계 비교과과정과 같은 서비스-러닝 활동의 종류에 따라 책임은 다른가? 필수인가 아니면 선택인가?

어떻게 적합한 보호조치를 실행하고 위험을 최소화할 것인가?

권리포기: 여기에 제시된 책임과 위험관리 정보는 고등교육 서비스-러닝의 맥락에서 이상의 이슈들을 이해하기 위한 기본적 지침을 제시하기 위한 의도이지, 법률적 문서를 제시하거나 법적인 조언과 자문을 대체하기 위한 노력이 아니다. 추가 정보를 얻기 위해서는 항상 당신 대학의 법률 조언을 구하기 바란다.

위험 관리와 책임의 문제는 참여하는 교수와 직원이거나 참여를 고려하고 있는 사람들, 서비스-러닝의 학습과정에 있는 학생들을 두렵게 만드는 이슈이다. 이는 개인들의 참여를 가로막는 장애물이다. 만약 학생이 다친다면? 만약 학생이 지역사회 구성원을 해친다면? 나의 개인적 책임은? 서비스-러닝 센터가 할 수 있는 가장 핵심적인 역할은 위험관리와 책임에 관한 이슈와 절차를 안내하는 것이고 위험의 사정과 관리에서 안내와 도움을 제공하는 일이다. 서비스-러닝의 맥락에서 위험관리는 참여자들에 대한 잠재적 위험을 파악하고 분석하며, 조직적이고 책임있는 방법으로 위험에 대처할 수 있는 조치들을 선택하고 실행하는 절차이다.

시작하는 단계에서는 인턴십과 협력교육, 연방근로장학제도(Federal Work-Study employment), 학생지도, 그리고 다른 형태의 경험학습 등 서비스-러닝 이외의 교외 활동들에서의 위험관리 정책과 절차들을 찾아보는 것이 도움이 된다. 대학 차원의 법률자문역을 일찌감치 찾아서 서비스-러닝이 수반하는 것들과 강력한 위험관리 절차들의 발전에 적합한 것이라면 무엇이든지 알아두는 것이 중요하다. 서비스-러닝 위험관리에 관하여 서비스-러닝 센터와 이를 지원하기 위한 대학 내 조직들의 책임은 다음 사항을 포함한다:

서비스-러닝의 특별한 형식과 관련된 책임에 대해서 이해한다. 대학 내 법률자문역은 학생, 교수, 직원 그리고 대학에 대한 책임이 서비스-러닝이 교육과정에서 필수과목인지, 아니면 선택과목인지, 비학점 졸업요건인지, 선택교과 아니면 교과연계 비교과과정 경험인지, 인턴십인지, 아니면 급여지급 취업인지에 따라 어떻게 달라지는지에 관한 도움을 줄 수 있다. 책임은 학생의 배치가 학생의 선택에 의한 것인지, 그리고 대학과 지역사회 기관 간의 양해각서 또는 협약에 의한 것인지에 따라 달라진다.

제한조건을 포함하여 보험과 법률 보호조치에 대해 익숙해진다. 연방 자원봉사자 보호법(1997년 제정)은 자원봉사자의 행위 또는 의문이 있는 (행위의) 불이행 당시에 그(녀)가 속한 지역공동체의 범주 내에서 자원 봉사자들이 행위를 할 때, 그들과 그들이 속한 대학

에 대한 명확한 책임 보호조치를 제공한다; 봉사자는 적절한 면허를 보유하고 있어야 하며, 자격을 확보하고 있어야 하며, 해당 주에서 승인된 활동이어야 한다; 위해는 봉사자의 자발적 또는 범죄적 행위로 인해 일어나서는 안된다; 중과실, 불법행위, 개인의 권리와 안전에 대해 고의적인 명백한 방조에 의해서 발생해서는 안된다(Campus Compact, 2000). 또한 많은 주에서 행정가들이 경과실을 범한 경우 대학을 상대로 한 소동이 발생한 경우, 대학 내 행정가들에 대한 면책을 규정하는 법률들을 통과시킨 바 있다. 특별한 상황에서는 서비스-러닝 학습자들은 산재보험(Workers' Compensation)의 적용을 받을 수도 있다. 당신 대학의 법률자문역이 대학이 유지해야 하는 적절한 보험혜택을 포함하여 당신 관할의 법조항들에 대해 알려줄 수 있다. 법률자문역은 법률과 보험정책이 어느 정도 서비스-러닝 학습자들의 행위에 따른 보상을 청구하는 봉사자들에게 과연 어느 정도의 보상 및 보호조치를 제공할 수 있는지를 결정할 수 있는 것이다.

무엇이 '상당한 주의'인지를 명확하게 하라. 위험관리는 위험을 최소화하거나 가능한 경우에 위험을 제거하는데 수반하는 주의에 기초한다. 최소한의 수준에서 상당한 주의는 다음을 포함한다:

- 학생, 교수, 직원 그리고 지역사회 파트너들이 자신들에 대한 역할을 이해하고 있는지, 잘 정의된 업무와 직무기술서를 확보하고 있는지, 그리고 그 가이드라인에 따라 행동하고 있는지를 확신시켜 주는 일;
- 모든 참여자들이 자신들의 책무를 안전하고 책임있게 수행하고 잠재적인 위험을 인식할 수 있도록 훈련시키는 일;
- 학생들이 안전하게 자신의 책무를 수행할 수 있도록 적절한 장비를 제공하는 일;
- 문제, 사고, 응급사태 발생 시 학생, 교수, 현장 감독자들이 안전문제에 대한 사안과 절차를 어떻게 보고하는지를 숙지하도록 하는 일(Campus Compact, 2000).

위험의 수준을 인지하고 평가하는 방법을 학습하라. 서비스-러닝 센터 또는 서비스-러닝을 감독하는 사람들은 위험 및 책임 사정 업무를 어떻게 수행하는지, 그리고 어떻게 이 중요한 단계에 있는 교수, 직원, 학생지도자들에게 도움을 줄 수 있는지에 관하여 법률자문역의 자문을 얻는 일은 중요하다. 서비스-러닝 학습자들이 무슨 일을 하는지에 대한 이해 뿐만 아니라 환경과 고객들에 대한 철저한 지식을 얻기 위해 현장을 방

문하는 일은 필수적이다. 위험을 평가하는 데 있어서 고려해야 할 질문들은 다음과 같다: 조직의 고객들과 접촉하는 과정에서 학생들이 안게 되는 잠재적 위험은 무엇인가? 학생들이 현장에서 일하는 과정에서 적절한 관리감독을 받지 못하는가? 조직의 직원과 서비스-러닝 학습자들을 보호하기 위하여 어떤 정책과 절차가 조직에 구비되어 있는가? 현장에 서비스-러닝 학습자들을 배치하는 것은 고객들에게 어떤 잠재적 위험이 되고, 어떻게 그러한 위험은 최소화할 수 있는가? 서비스-러닝 학습자들과 직원들에게 어떤 보험책임과 보상이 부여될 수 있는가? 학생, 고객, 그리고 현장 직원들에게 비밀이 보장되는가?

일단 잠재적 위험이 확인되면 다음 단계는 만약 위험이 발생했을 때 위험발생의 가능성과 지역공동체 조직, 대학, 학생들을 포함한 개인, 조직의 고객, 교수, 그리고 직원들에 대한 잠재적인 피해의 수준을 살펴보는 일이다. 만약 손실을 야기하는 필요조건들이 항상 드러나 있고 그 위험을 통제하고 줄이기 위한 절차들에 심각한 결함이 있거나 아예 그러한 절차들이 없는 경우 위험발생의 가능성은 높아진다. 중간 정도의 위험은 비록 단 한 번의 실패로 인해 손실이 초래된다고 하더라도 손실을 유발하는 필요조건이 일상적으로 나타나고 통제와 절차들이 자리를 잡은 상태에서도 나타난다. 낮은 수준의 위험은 손실을 가져오는 필요조건들이 때때로 나타나고 통제와 절차들이 자리를 잡고 있음에도 손실이 여러 건의 실패와 사고의 유발을 초래할 때라고 할 수 있다(Gallagher Higher Education Practice Group, 2008). 만약 손실이 발생한다면 대학에 대한 영향의 수준은 심각에서 미약까지 넓게 퍼지게 된다. 심각한 영향은 전체적 프로그램, 대학 또는 대학기관의 심각한 재정적 손실 또는 운영상의 불능을 초래한다. 중간 수준의 영향은 대학의 일부에 대한 심각한 재정적 손실 또는 운영상의 불능을, 그리고 미약한 수준의 영향은 그 대학의 일부 조직에 대한 심각한 재정적 손실 또는 운영상의 불능을 야기한다(Gallagher Higher Education Practice Group, 2008).

위험관리 체크리스트와 양식을 준비하라. 법률자문역과 일하면서 서비스-러닝 경험과 또는 현장활동에 수반하는 잠재적인 위험들에 관한 체크리스트를 개발하고 위험을 최소화하기 위한 서비스-러닝 학습자들을 훈련하는 일은 효과적인 위함관리 전략이 된다. 위험관리 이슈들은 또한 공동체 조직들 간의 양해각서와 합의서, 그리고 학생-학습계약서 작성에서 반드시 논의되어야 한다. 그러한 양식들의 사례들은 많은 서비스-러닝 센터들의 웹사이트들에서 찾을 수 있다. 당신의 법률자문역은 면책대상자, 동의서, 의료

확인서, 미성년 학생들의 부모 동의서 등과 같이 당신 대학이 서비스-러닝 학습자들에게 필수 또는 선택으로 요구하는 양식들은 무엇인지 자문할 수 있다. 면책대상자 양식은 주어진 법률적 관할권이 어딘지에 따라 반드시 필수사항은 아닐 수도 있다.

교통과 관련한 위험을 사정하고 관리하라. 공동체 속 서비스-러닝 현장으로의 모든 왕래에는 잠재적인 위험이 뒤따른다. 교통과 관련된 위험에 대한 대학 차원의 책임은 대학 소유의 차량이 관여되었는지, 그리고 대학 소속 직원이 운전을 했는지 등 대학의 관여 정도에 달려있다. 통상적인 우려는 대중교통 수단을 이용하거나 도보로 캠퍼스나 학생의 가정에서, 그리고 버스정류장, 특히, 야간 및 우범 지역에서 현장을 왕래할 때 생긴다. 주법과 대학 정책에 따라 다르지만 교수나 서비스-러닝 센터 직원들이 대학 소유의 차량을 운전하는 경우에는 추가적인 이슈가 발생한다. 대학이 학생 또는 직원이 운전할 차량을 제공할 때, 탑승한 사람 및 타인들에게 미칠 잠재적인 위험을 안게 된다는 점이다. 그러나 학생들이 자신의 차량을 이용하고 다시 동료 학생들에게 교통서비스를 제공한다면 주차와 보험의 문제가 발생한다. 일부 대학은 학생들이 캠퍼스 강의와 활동을 위해 차량을 이용하는 것과 동일하게 서비스-러닝 현장으로의 왕래에 관한 모든 책임을 학생에게 지움으로써 자신들의 책임을 최소화한다(Gallagher Higher Education Practice Group, 2008).

특수한 현장 고유의 위험. 장소와 활동, 그리고 개인들이 특수한 경우에는 여러 가지 우려가 발생한다. 여기에는 위생문제(예를 들어, 에이즈 바이러스에 감염된 주사기의 처리), 장애 등으로 특별한 도움이 필요한 학생들, 서비스-러닝 학습자에 대한 현장 근로자나 고객들의 성적 학대, 서비스-러닝 학습자들의 고객에 대한 성희롱, 서비스-러닝 학습자에 의한 아동 대상 학대 또는 심리적 학대, 학생들에 대한 차별 또는 성적 괴롭힘, 그리고 지적 재산권이나 비밀보호와 관련된 이슈들 등이 포함된다. 국제적 차원에서의 서비스-러닝 및 제3자 제공 서비스-러닝과 관련된 특수한 문제는 7장 7.10에서 논의된다. 이러한 잠재적 이슈들은 계획의 초기단계에서부터 법률자문역과 상의하는 것이 현명한데, 특히 그러한 문제들이 발생할 개연성이 높은 활동을 고려할 때 그러하다.

결론적으로 위험관리는 대학, 정부, 그리고 작업장의 유동적인 정책에 따라 끊임없는 관심과 반응을 살피는 계속적 과정이다. 위험관리의 과정에서 불필요하게 학생과 교수들을 공포에 몰아넣는 일은 없도록 하고, 특수한 지역에 대한 전형적이고 지속적으로 부정적인 이미지를 갖는 일이 없도록 해야 한다.

추가정보출처

California State University Center for Community Engagement. (2011). *A Resource Guide for Managing Risk in Service Learning*. *www.calstate.edu/cce/resource_center/documents/CCE_ResGuide_*2011_webvs_Final.pdf.

Campus Compact. (2000). *Establishing and Sustaining an Office of Community Service*. Providence, RI: Campus Compact.

Gallagher Higher Education Practice Group. (2008). *Experiential Learning: Managing Risks, Maximizing Rewards*. Itasca, IL: Arthur J. Gallagher and Company. www.ajgrms.com/portal/server.pt/gateway/PTARGS_0_28406_558233_0_0_18/Beyond%20the%20Classroom%20-%20Experiential%20Learning.pdf.

Jenkins, R., & Gonzalez, G. (2012). Managing Legal Risks of Service Learning/Civic Engagement. Magna Online Seminar, Madison, WI. http://www.magnapubs.com/catalog/managing-legalrisks-of-service-learning-civic-engagement.

Nonprofit Risk Management Center. (2013, July). www.nonprofitrisk.org.

7.10 국제 서비스-러닝과 관련한 행정적 이슈들은 무엇인가?

국제 서비스-러닝을 위한 선택사항은 무엇인가?
제3자에 의한 국제 서비스-러닝 활동은 유익한가?
어떤 특별한 정책과 절차들이 필요한가?

이 장에 제시된 행정적 이슈들에 더하여 국제 서비스-러닝 활동에 많은 고유한 문제들이 있다. 이러한 문제들 중 일부는 대학 캠퍼스로부터 멀리 떨어진 곳에서 진행되는 국내 서비스-러닝에도 동일하게 적용된다. 첫 번째 이슈는 대학이 고유한 국제 서비스-러닝을 직접 설계하여 운영하느냐, 아니면 외부 또는 제3자의 제공에 의한 것이냐에 관한 문제이다. 아미제이드 국제 서비스-러닝(Amizade Global Service-Learning), 서비스-러닝을 위한 국제 파트너십(the International Partnership for Service-Learning), 국제 서비스-러닝(International Service-Learning), 국제 서비스-러닝 연합(International Service-Learning Alliance), 문화횡단적 해결(Cross-Cultural Solutions)은 국내는 물론 세계 곳곳에 걸쳐 다양한 활동들을 학생들과 단체에게 제공하고 있다. 이 중 일부는 또한 대학 특성에 적합한 맞춤형 프로그램을 제공한다. 이러한 활동들은 강의의 일부, 그리고 학점으로 인정될 수 있다.

두 번째 선택지는 다른 대학들이 제공하는 국제 서비스-러닝 활동에 학생들을 참여하도록 유도하는 것이다. 많은 대학들이 타 대학 학생들을 자신들의 대학 프로그램에 참여하도록 유도하고 있다. 예를 들어, 미니애폴리스에 있는 Augsburg 대학교[4]가 운영하는 글로벌 교육센터와 펜실베이니아주 글렌사이드에 있는 Arcardia 대학교에 있는 Global Study 단과대학[5]은 타대학의 학생들을 자신들이 운영하는 다양하면서도 잘 정립된 국제프로그램들 속으로 받아들이고 있다. 도시문제에 대한 고등교육 컨소시엄(The Higher Education Consortium for Urban Affairs: HECUA)은 자질을 갖춘 모든 학부학생들에게 프로그램을 제공하는 17개 대학의 연합체이다. HECUA의 프로그램들은 미국 내에서도 운영되고 도시문제와 사회정의 문제에 초점을 맞춘다. West Virginia 대학과 협력하여 아미제이드 국제 서비스-러닝(Amizade Global Service-Learning)은 소속 대학과 상관없이 모든 교수들과 학생들에게 국제 서비스-러닝 강좌와 여러 방법들을 제공해 준다.

이 두 가지 선택지에는 여러 장점들이 있다. 운영자들이 고품질의 국제 활동들과 잘 정립된 국제 협력을 통해 많은 경험과 전문성을 축적하고 있다는 점이다. 대부분의 경우, 그들은 최소한의 참여 학생수 또는 장기간에 걸친 준비기간을 요구하지 않는다. 그들은 광범위한 범위의 활동기회를 제공하기 때문에 상당한 전문성을 확보한 어드바이저들이 학생들 각자의 학문적, 개인적 목표를 달성하는데 필요한 프로그램을 선택하는 것을 도와줄 수 있다. 그러나 모든 활동들이 대학이 공표한 모든 기준을 만족시키는지는 대학이 책임지고 확인해야 한다. "대학이 공식적으로 활동 현장 또는 제3의 프로그램 제공자를 어떻게 바라보느냐가 중요한데, 대학이 활동 경험을 더 많이 요구하면 할수록, 만약 일이 잘 안될 때 그만큼 비난은 더욱 커지게 되고, 더욱 자주 무책임한 일들이 발생할 수 있다는 점"을 고려하는 일 또한 중요하다(Gallagher Higher Education Practice Group, 2008, p. 12).

세 번째 선택지는 대학들이 자신들의 대학 소속 학생들을 위하여 서비스-러닝 센터를 통하거나, 국제교육 또는 대학교수진에 의해 직접 프로그램을 설계하고 운영하는 방법이다. 대학이 특별한 목표 달성을 위하여 자신의 프로그램을 발전시키는데 필요한 만큼의 노력을 투입할 때, 학생의 학습과 지역사회 발전이라는 소기의 과업 달성이라는 바

4) 미네소타주 미니애폴리스에 위치한 대학으로서 1869년에 창립되었으며, 2016년 가을학기에는 3,537명의 학생들이 재학하고 있음(역자 주).

5) 펜실베이니아주 글렌사이드에 위치한 대학으로서 1853년에 창립되었으며, 2016년 가을학기에는 3,850명의 학생들이 재학하고 있음(역자 주).

람직한 성과를 도출하는데 필요한 통제력을 더 많이 가질 수 있는 것이다. 준비 기간과 노력의 양 역시 초기 시작단계와 지속적인 기반을 닦는데 중요한 고려 요소이다(Chisholm, 2003; Jacoby & Brown, 2009). 서비스-러닝 센터와 국제처가 별도의 행정적 계통을 가질 때, 국제 서비스-러닝의 기획과 실행은 복잡해 질 수 있다. 성공적인 프로그램들은 전체 캠퍼스에 걸친 실질적 조정과 협력은 물론 교무처, 보건소, 회계처, 장학처, 법무실, 그리고 교양부서 등 다양한 부서들과의 협력을 필요로 한다(Jacoby & Brown, 2009). 국제 서비스-러닝은 여러 금전적 문제를 수반한다. 이 중 일부는 제3의 제공자가 부분적으로 해결할 수 있다. 학생들이 해외에서 서비스-러닝 활동을 자신의 대학 아니면 외부 제공자들을 통해 확보하고자 한다면, 비용은 높아진다. 재무부서 직원들은 참여하는 학생들이 자신들이 속한 대학에 지불한 등록금 또는 장학금으로 해외 대학의 등록금이 보전되는지에 관해 조언한다. 어찌되었건 여행 및 주거비용은 많은 학생들에게 엄청나게 비싼 것이 사실이다. 저소득층 학생들이거나 가정 또는 직장에서의 일정한 책무를 안고 있는 학생들은 국제 서비스-러닝 활동에 참여가 어렵거나 불가능한 경우가 있다.

학생들이 국제적 환경에서 살면서 활동하는 것은 중요하고 다면적인 효과를 갖는다. 언어, 음식, 건강, 기후, 생활여건, 지역사회의 조건, 비자발급과 예방 접종, 안전과 보안 등과 관련된 도전적 경험들은 실용적인 경험으로 작용한다. 문화적 차이와 관련하여 고려할 사항도 있다. 예를 들어, 대부분의 프로그램들은 명확하게 약물복용에 대해서는 무관용의 원칙을 유지하지만 프로그램 행정가들은 해당 활동이 무알코올 활동인지를 결정해야 한다. 미국 내에서 일부 지역에서는 법으로 미성년자들의 음주를 허용하는 경우도 있고 알코올이 포함된 음료를 마시는 행위는 지역 문화의 중요한 일부분이기도 하다. 따라서 많은 프로그램 행정가들은 봄방학 기간 동안 술에 찌든 모습을 생각하면서 음주를 금할 것인지, 아니면 국내법적으로 음주가 가능한 미성년 학생들에게 허용할 것인지를 결정해야 한다(Mlyn & McBride, 2013; Rue, 1996).

위험관리와 책임은 교수 또는 직원이 인솔하더라도 원격지에서는 특별한 주의를 요구한다. 대학 또는 제3의 제공자에 의해 펼쳐지는 국제 서비스-러닝을 기술하고 증진하는 자료집은 명확하게 목표, 기대성과, 현장 조건을 포함한 활동들의 모든 국면들을 정확하게 기술해야 한다(Gallagher Higher Education Practice Group, 2008, p. 12). 국외로의 여행과 해외에서 활동에 따른 책임, 주거, 음주, 그리고 특수한 상황과 프로젝트에 필연적으로 수반되는 위험요인들은 반드시 고려되어야 한다. 일반적으로 7장 7.9에서 기술한 위험관리정책과 절차들은 해외 환경에서는 수정·적용되어야 한다. 훈련 및 오리엔테이션 기간 동안 학생들이 활동에 관련한 특별한 잠재 위험들을 이해할 수 있도록 특별한 주의를 기울여야 한다. 참여자들이 동의서를 작성하도록 하여 그들이 직면하는 위험을 숙지하고 자발적으로 그 기회를 받아들이도록 하는 일 또한 중요하다(Mlyn & McBride, 2013; Rue, 1996).

대학은 학생들이 정치적 혼란, 폭력의 위험, 또는 자연 재해로 인한 불안정한 지역으로의 여행을 하는 경우, 대학이 지원하거나 또는 승인한 프로그램을 통해서 특별한 허가를 받도록 해야 한다. 급격하게 변화하는 상황과 여건에 기반하여 수시로 변화하는 미국 국무부 주관의 여행주의 경보를 알아두는 것도 중요하다. 이러한 경우에는 전일제 직원들이 현장에서 함께 하고, 의료 서비스 제공이 가능하며, 비상 시 대피가 가능한지를 알아두는 일이 중요하다.

추가정보출처

Better Abroad: An education (r)evolution. (2013, November). www.betterabroad.org.

Chisholm, L. (2003). Partnerships for international service-learning. In B. Jacoby (Ed.), *Building Partnerships for Service-Learning*. San Francisco, CA: Jossey-Bass.

Jacoby, B., & Brown, N.C. (2009). Preparing students for global civic engagement. In B. Jacoby (Ed.)., *Civic Engagement in Higher Education: Concepts and Practices*. San Francisco, CA: Jossey-Bass.

Nolting, W., Donahue, D., Matherly, C., & Tillman, M. (Eds.) (2013). *Internships, Service Learning, and Volunteering Abroad: Successful Models and Best Practices*. Washington, DC: NAFSA-Association of International Educators.

Rue, P. (1996). Administering successful service-learning programs. In B. Jacoby (Ed.), *Service-Learning in Higher Education: Concepts and Practices*. San Francisco, CA: Jossey-Bass.

U.S. Passports and International Travel. Bureau of Consular Affairs. U. S. Department of State. (2014, February). Alerts and Warnings. http://travel.state.gov/content/passports/english/alertswarnings.html.

7.11 우수한 서비스-러닝 활동은 어떻게 알 수 있는가?

어떻게 학생, 교수, 직원, 지역사회 파트너들은 그들의 기여와 성취를 인정받아야 하는가?

서비스-러닝의 성과를 대학에서 어떻게 인정받을 것인가?
우리의 성공을 어떻게 선양할 것인가?

모든 효과적 조직들의 특징 중 하나는 성공에 대한 인정과 선양을 한다는 점이다. 이 점은 서비스-러닝에도 그대로 적용되는데 그 이유는 일의 본성이 도전적이고 특별한 사람들과 그들의 노력을 필요로 하기 때문이다. 지속적인 인정과 선양은 제도화의 표상이 된다. 서비스-러닝의 모든 국면들에서 그러하듯이 인정은 성찰이라는 근본적인 요소를 수반한다. 어떤 성공을 축하할 것인지를 결정하는 일은 다음과 같은 질문을 동반한다: 우리가 바라는 성과를 얻었는가? 개별적인 성과 중 무엇이 두드러졌는가? 누구의 기여가 그룹 및 파트너들 간의 성공에 특별히 도움을 주었는가? 협력적 노력의 결과로서 성공적인 성과는 어떠하였는가? 우리가 특별히 자랑스러워 하는 일은 무엇인가? 바라는 모든 성과를 얻지는 못했을지라도 우리가 정말 열심히 해서 인정받을 만한 일들에는 무엇이 있는가? 왜 성공은 우리를 비켜갔는가?

사람에 대한 인정은 여러 방법으로 행해진다. 기본적인 수준에서는 하루짜리 서비스-러닝 행사에서 학생과 지역사회 조직의 직원에게 감사의 징표로서 서비스-러닝 센터, 지역공동체 기관, 그리고 대학 로고가 새겨진 티셔츠, 모자, 물병 등을 선물하는 방법이 있다. 이러한 물품들은 기관, 조직, 학생 단체의 정체성을 드높이고, 향후 서비스-러닝에 대한 지속적인 참여를 증진시킨다. 이러한 과정의 일환으로서 성찰적 활동과 다른 경험들은 종종 참여자들이 다음과 같은 메시지들에 대한 답을 하도록 유도한다. "나는 ~에게[참여자의 이름을 기입하세요] 감사한다. 왜냐하면..." 그리고 "오늘 진행된 프로젝트에 대한 기여자로서 특별히 감사의 뜻을 전한다면 당신이 속한 그룹의 누구에게 어떤 (가상의) 선물을 줄 것인가요?"

학생들이 이룬 성과에 대해서는 여러 가지 형식으로 인정을 할 수 있다. 일부 대학들의 경우 총장 또는 다른 대학의 지도자가 중요 프로젝트에 참여한 학생들에게 개인적 편지를 보낼 수 있다. 또 다른 방법으로 서비스-러닝 센터가 학생신문에 광고를 싣는 방법도 있고, 센터 또는 대학의 웹사이트나 소셜 미디어에 사진을 올리거나 서비스-러닝 학습자들의 성과의 주요 장면들을 탑재할 수도 있다. 일부 대학은 강좌나 지역기반 연구, 공동교육과정 활동에서 뛰어난 성과를 올린 학생 개인 및 단체에 대해 포상을 한다. 이러한 성취들이 대학 차원의 행사로 등장하면 아주 특별한 중요성을 띨 수도 있다. 다른 대학들은 서비스-러닝에서 실질적인 성과를 달성한 학생들에게 장학금을 지급하기도 한다.

비록 서비스-러닝 담당 교수들도 인정과 수상을 받기에는 충분하지만 그러한 것들을 자주 받지는 못한다. 학생의 경우, 인정은 총장과 부총장으로부터의 감사의 편지 정도이면 충분하다. 학위수여식을 포함한 대학 차원의 행사에서 서비스-러닝에 대한 강의와 연구에 대한 업적으로 교수에게 수여되는 수상은 중요한 인정의 방식이 될 수 있다. 때로는 부상으로 재정지원이 뒤따르기도 한다. 4장 4.12에서 기술했듯이 교수에 대한 가장 중요한 인정과 수상은 역시 정년보장 교수직과 승진 프로세스이다.

지역사회 파트너들 역시 서비스-러닝에 대한 여러 가지 기여를 하였다면 당연히 대학으로부터 인정을 받아야 한다. 대학 내 저녁 또는 주말 행사에 초청하는 것은 일견 보상으로 보이지만 현실적으로는 부담이 될 수 있다는 점도 살펴야 한다. 결과적으로 여러 방식의 인정을 수여하는 것은 좋은 생각임에 틀림이 없다. 일례로 동네 식당에서 샌드위치를 담는 접시와 집에서 구운 브라우니를 공동체 사무실 직원들이 맛있게 먹을 수 있도록 갖고 오는 것이다. 주지사나 공무원에게 지역공동체 파트너들의 서비스-러닝 참여가 중요한 기여였음을 밝히는 성명서를 발표하게 하거나 편지를 쓰도록 하는 일은 비용이 들지 않고 인정을 하는 방법이다. 특별히 의미있는 활동으로 기여를 해준 파트너들에게 학생들의 손편지를 보내주는 것은 잊을 수 없는 감사로 기억된다.

서비스-러닝과 직접 관련은 없었지만 작업이 이루어질 수 있게끔 한 사람들을 인정하는 것 또한 중요하다. 주로 예산 및 회계, 교통 제공, 홍보, 일상적 행정 업무 등을 수행해 준 사람들을 포함한다. 리셉션에 초대와 티셔츠와 액자 사진을 보내주는 일은 언제나 환영이다.

다양한 축하 행사를 여는 것은 서비스-러닝을 통한 성취를 인정하는 효과적인 방법이다. 여기에는 여러 방식이 있는데 리셉션, 아침식사, 점심식사, 연회, 졸업식 등이다. 공동체 파트너들을 캠퍼스로 초대한다면 무료 주차는 물론 참석에 따른 모든 비용을 지급하는 것은 필수적이다. 비록 비싸기는 하지만 기획자들은 종종 학내 부서들로부터 재정적 기부와 현물 기부를 얻어낸다.

비용 부담이 없는 현명한 전략은 학생과 교수들이 서비스-러닝을 지원하는 전국 및 주 단위의 조직들이 수여하는 상을 받을 수 있도록 지명하는 일이다. Campus Compact는 학생들에게 뉴먼 시민동료상(Newman Civic Fellows Award)을 수여하고, 교수들에게는 토마스 엘리히 지역참여교수상(Thomas Ehrlich Civically Engaged Faculty Award)을 수여한다. 주정부 산하 일부 기관들은 뛰어난 서비스-러닝 활동을 펼친 산하 대학 소속 학생 및 교수들과 공동체 파트너들은 물론 탁월한 프로그램과 파트너십에 대해서도 포상을 한다.

뉴잉글랜드 고등교육 지원센터(The New England Resource Center for Higher Education)는 매년 신진교수에게 어네스트(Ernest A. Linton)상을 수여한다. 서비스-러닝과 공동체 참여에 관한 국제연구학회는 저명하고, 신진의 학자들에게 포상을 하고, 논문 연구를 지원한다. ACPA(국제대학학생교육자연합) 및 NASPA(대학학생처장협의회)와 같은 학생처협의회와 그 산하협회들은 개인과 프로그램에 대해 포상한다. Tallories Network이 매년 수여하는 글로벌 시민성에 관한 MacJannet상은 예외적으로 학생중심의 지역참여 활동을 펼친 사업에 대해 포상을 하고 부상으로 현금도 수여한다. 서비스-러닝 또는 고등교육에 한정되지 않지만 Points of Life 재단은 재단총재가 수여하는 자원봉사상 프로그램(President's Volunteer Service Award Program)을 통해 개인, 가족, 단체 공동체 서비스에 대한 총재 명의의 포상을 수여한다. 경우에 따라서는 대학의 최고위 수준에서 수상자를 인정한다는 의미에서 대학 총장이 직접 지명권을 행사하기도 한다. 비록 당신이 지명한 사람이 그 상을 받지 못한다고 하더라도 차점자들도 종종 그 협회에 의해 인정을 받는다. 그러한 지명도 캠퍼스 안팎에서 그리고 지역 언론에 알려질 수 있다.

대학 차원에서 '대통령의 고등교육 공동체 서비스 수상자 명단'(President's Higher Education Community Service Honor Roll)은 "매년 대학들이 공동체에게 의미있고 눈에 띄는 성과를 달성한 대학들을 인정함으로써 공동체의 문제를 해결하고, 학생들을 평생에 걸쳐 시민참여의 길로 이끈 대학들을 선양한다(Corporation for National and Community Service, 2013b). 이러한 수상자 지명은 자원봉사, 서비스-러닝, 그리고 시민 참여 부문에서 고등교육이 받을 수 있는 최고의 영예라고 할 수 있다. 그 수상자 명단은 다음 네 가지 분야에서 이루어진다" 일반 지역공동체 서비스, 종파를 초월한 공동체 서비스, 경제적 기회, 그리고 교육이다(Corporation for National and Community Service, 2013b).

제6장에서 언급하였듯이 카네기 재단이 확인하는 지역사회 참여 교수법 발전 인정제도(Advancement of Teaching's Community Engagement Elective Classification)는 국내 및 국제적으로 대학 차원의 공동체 참여에 대한 저명한 인정이다. 이 분류는 상은 아니다. 오히려 카네기재단이 대학의 활동을 검토하고 그 대학이 과연 공동체 참여에 적합한 대학인지를 결정하는 증거기반의 문서화 작업이다(Carnegie Foundation for the Advancement of Teaching, 2013a).

대통령 영예 명단에 오르거나 카네기 분류에 이름을 올리는 대학에서 그 성취를 축하하고 학생, 교수, 직원, 공동체 파트너들의 헌신에 대해 감사를 전해야 한다. 이러한 인정은 충분히 뉴스로서 가치가 있고, 학내 출판물, 언론 보도자료, 동문 뉴스레터, 그리고 대학 웹사이트에 올려야 한다.

결 론

거의 모든 대학의 사명 선언문은 활동적 시민의 개발, 사회적으로 책임있는 리더의 교육, 사회의 가장 어려운 문제의 해결이라는 글을 포함하고 있다. 대학과 통합된 강력하고 다양한 서비스-러닝 프로그램은 이러한 사명들을 달성하는 본질적인 수단이다. 이 장에서는 서비스-러닝을 어떻게 시작하고, 왜 서비스-러닝 센터가 중요하고 그 센터는 어떤 기능을 제공해야 하며, 서비스-러닝을 지속하고 발전시키기 위한 강력한 인프라를 창출하는 것은 무엇을 의미하는지, 그리고 해결해야 할 수많은 재정적·행정적 이슈들은 무엇인지에 대해서 논의하였다.

CHAPTER

08

서비스-러닝의 복잡성과 딜레마 대하기

Service-Learning Essentials

CHAPTER 08

서비스-러닝의 복잡성과 딜레마 대하기

서비스-러닝은 이제 “성년이 되었다”는 Furco의 말과 같이, 관련 문헌과 학술 대회 발표의 주제들은 서비스-러닝의 목적, 실행, 가능성에 대해 더욱 깊이 있고 비판적인 분석을 제시하고 있다(2011, p. ix). 많은 존경을 받는 서비스-러닝 교육자나 연구자들은—Dan W. Butin, Nadinne Cruz, Susan R. Jones, Tania D. Mitchell, Trae Stewart, Nicole Webster을 포함하여—우리가 서비스-러닝에 이의를 제기하고 “곤란하게 만들며” “문제화 하도록” 장려한다. 이들은 학생, 지역사회, 고등 교육 기관을 위한 서비스-러닝의 잠재적 이익을 거둘 수 있는 방식으로 실행을 증진시키기 위해 그 복잡성과 딜레마에 대해 깊고 비판적으로 성찰할 것을 촉구한다. Butin이 충고한 바와 같이 “지속적인 의문 제기 없이는 자기를 위한 봉사를 할 가능성이 있다. 가능한 것에 대한 비전이 없이는 그저 행하기만 할 가능성이 있다”(p. x, 2005a). 이 장에서는 이러한 문제들의 일부를 소개하고 저자의 관점을 포함해서 다양한 관점을 제시하고 있으며, 서비스-러닝의 도전과 딜레마에 대해 추가적으로 고려하기 위한 자료를 제공한다.

8.1 서비스-러닝은 모든 학생에게 어떻게 접근 가능하며 적절할 수 있는가?

서비스-러닝에서 학생 참여자의 다양성을 어떻게 증가시킬 수 있는가?

서비스-러닝 경험은 모든 인종, 민족, 사회 계층, 능력 수준, 종교, 연령, 성적 지향, 생활 상황, 정치적 관점, 학습 유형을 가진 학생들에게 접근 가능하며 적절해야 한다. 그러나 적지 않은 기관에서 불균형적으로 서비스-러닝에 백인, 중간 계층, 여성이 주로 참여하고 있다. Butin은 한걸음 더 나아가 서비스-러닝이 "'교양 교육'을 계속하는 풀 타임의 독신이며 부채가 없고 자식이 없는 학생에 대해 전제된다. 하지만 오늘날 그리고 미래에 점차 늘어날 중등 과정 이후의 교육을 받는 인구의 대부분은 고등 교육을 자녀, 가족 시간, 생활비 벌기와 함께 최대한 효율적으로 조정하여야 할 도구적이고 비전문적인 파트 타임의 교육적 노력으로 간주한다. 서비스-러닝은 그것이 시간이든, 재정, 또는 직업 장래이든 많은 학생들에게 감당할 수 없는 사치일 수도 있다"고 언급하였다(2006, p. 482).

서비스-러닝에 참여하는 학생들의 다양성을 증가시키기 위해서는 서비스-러닝 경험에 대한 홍보나 참여자 모집이 폭넓고 다면적이어야 하며, 전형적으로 참여하지 않는 학생들에게 접근하려는 의도적인 노력이 이루어져야 한다는 점을 확실히 할 필요가 있다. 수업 발표, 리스트서브, 소셜 미디어가 효과적일 수 있지만, 서비스-러닝 참가자의 기반을 넓히는 수단으로는 개인적인 일대일 초대나 추천보다 더 나은 수단은 없다. 서비스-러닝에 처음인 학생들, 특히 서비스-러닝이 자신들에게 좋을지 궁금해 하는 학생들은 서비스-러닝의 경험에 합류할 것을 권하는 친구의 초대나 서비스-러닝의 특정 경험에서 학생이 기여할 것과 얻을 것이 많다는 교수단 혹은 직원의 제안에 더 긍정적으로 응답할 가능성이 크다.

국내에서 혹은 해외에서 서비스-러닝 참여가 불가능하거나 어려움을 보이는 학생에 대한 재정적 원조 제공 또한 접근을 증대시키기 위해 필요하다. 방학중 대체 프로그램을 제공하는 많은 기관은 또한 서비스-러닝 센터나 중앙 자금을 통해 소규모의 보조금이나 대출로 재정적 지원을 한다. 다른 기관에서는 캡스톤 과정의 일부이거나 그렇지 않을 수도 있는 지역공동체 기반 연구나 상당한 수준의 서비스-러닝 과제를 수행하는 학생들에게 장학금이나 재정적 수당을 제공한다. 5장 5.3에서 언급한 바와 같이 연방 근로장학기금(Federal Work-Study)의 재정 지원 프로그램의 일부로 하는 학생은 대학 과제의 일부로서 혹은 독립적으로 지역공동체-봉사 활동을 통해 급료를 벌 수 있다. 일부 기관은 America Reads 및 America Counts 교습 프로그램과 같이 특별히 연방근로장학기금 수령인을 참여시키기 위한 강력하고 지속적인 서비스-러닝 프로그램을 개발하였다. 다른 접근법은 서비스-러닝에 과거 및 현재 참여가 인정되는 학생들을 끌어들이고 유지하고자 성적 우수 및 체육 특기자 장학금과 같은 기능을 하는 서비스-러닝 장학금을 만드는 것이다.

봉사와 성찰을 모두 포함하여 서비스-러닝 경험은 신체 및 정신적 장애를 가진 학생들에게 접근이 가능할 필요가 있다. 안타깝게도 서비스-러닝은 흔히 장애를 가진 개인을 봉사의 *제공자*라기보다는 *수혜자*로서 초점을 맞춘다. 서비스-러닝 경험을 설계하는 교수와 직원들은 모든 학생이 참여할 수 있도록 봉사에 참여하고 성찰하는 충분히 다양한 방법들을 제공해야 한다. 장애 봉사에 대한 지역공동체 파트너와 대학 사무소와의 자문이 도움이 될 수 있다. 서비스-러닝 참가자가 장애가 있는 사람들에 대해 갖는 인상, 이러한 인상의 사회적 결과, 장애를 가진 사람들을 힘들게 만드는 사회적 구조나 정책을 조사할 수 있도록 성찰이 구조화될 수 있다.

서비스-러닝에 참여하는 학생의 동기는 이들의 인종, 계층, 민족에 따라 다양하게 나타난다(Stanton, 2007). 실천가들은 서비스-러닝의 계획 및 경험이 "유색 인종의 학생들이나 노동자 계층 배경의 학생들에게 매력적이거나 문화적으로 적절하다거나 이들에게 효과적으로 도움이 되지 않을 수 있다"고 우려한다(Stanton, 2007, p. 21). 따라서 다양한 학생을 주의 깊게 염두에 두고 서비스-러닝 경험을 설계하는 것이 필수적이다. 빈곤한 지역공동체 출신 학생들은 이들이 자란 곳과 같은 지역공동체에서 봉사하게 될 때 깊고 모순되는 감정을 경험할 수도 있다. 일부는 이들이 과거를 다시 방문하기를 원하지 않거나 도움을 받을 수 없을 것이라 믿는 사람들이나 상황을 대하고 싶지 않기 때문에 "떠나는 것"에 대해 죄책감을 느끼거나 "되돌아가기" 싫어할 수도 있다(Dunlap & Webster, 2009). 저자가 한때 함께 일했던 한 적극적인 서비스-러닝 참가자는 노숙자 임시 숙소에서 봉사하는 것을 어려워했는데 그 이유는 그녀와 그녀 가족이 일정 기간 동안 그러한 숙소에서 살았었기 때문이었다. 따라서 한 군데 이상의 서비스-러닝 장소를 제공하거나 만약 하나의 지정된 지역사회 파트너가 있을 경우 대안을 제공하는 것이 도움이 될 수 있다. 게다가 성찰은 학생들이 건설적으로 이러한 딜레마를 해결하려고 노력할 수 있도록, 또한 그들이 선택할 경우나 선택한 시점에 자신의 경험을 지역사회 현장의 또래나 개인들과 공유할 수 있도록 설계되고 촉진되어야 한다.

서비스-러닝에서 일반적으로 소수에 속하는 학생들의 강점, 자산, 도전 과제를 인정하는 것 또한 필수적이다. 예를 들어 STEM 학생들은 흔히 연구에 많이 참여하지만 서비스-러닝이 이들에게 제공하는 기회라든지 이들의 지식과 기술이 지역사회 파트너에게 얼마나 바람직한지를 인식하지 못할 수도 있다. 학생 운동 선수들은 자신들의 종목이 행해지는 주요 시즌 동안 서비스-러닝에 참여하지 못할 수 있다.

그러나 이들이 덜 바쁜 시기에 이들의 특별한 재능을 활용하는 경험을 고려해보도록 장려하기 위해 학생 운동 선수와 그 감독에게 접촉할 수 있고 그렇게 해야 한다. 비록 많은 사람들이 서비스-러닝은 전통적인 대학 연령의 학생들을 위한 것이라 간주하지만 비전통적으로 나이든 학생들도 또한 서비스-러닝에 기여할 것들이 많다. 나이든 학생들은 때때로 높은 학습 동기를 가지고 있으며 지역사회와 강한 연계가 있고 높은 수준의 개인적 추진력 및 자기 효능감, 다양한 경험과 업무 기술을 지니고 있다. 반면 이들은 경력 지위에서 또는 여러 직업에서 풀 타임과 거의 동일하게 일을 할 수도 있으며 가족에 대한 많은 책임을 지고 있을 수 있다. 서비스-러닝을 선택으로 만드는 것이 학생의 바쁜 일정을 다루는 편리한 방법일 듯 하지만 서비스-러닝 경험이 분명히 의미가 있고 유연할 뿐 아니라 편리하게 위치하며 학생의 학업 및 경력적 목표에 연관성이 있음을 확실하게 하는 추가적인 노력이 있어야 한다고 본다. 서비스-러닝에 납득할만한 이유를 제공하는 것은 학업이나 다른 의무가 많은 학생에게 특히 중요하다.

3장 3.4에서 언급했듯이 어떤 학생도 종교적이거나 도덕적 갈등 혹은 다른 과도한 어려움을 만들어내는 지역사회 현장에서 일을 하거나 봉사하도록 요구되어서는 안 된다. 간혹 그러한 갈등을 이루는 것이 정확히 무엇인지 분명하지 않기도 하다. 독실한 카톨릭 학생이 산아 제한을 홍보하거나 낙태 상담을 하는 조직에서 일하도록 요구되어서는 안 된다는 것은 분명하지만 서비스-러닝 참가자가 보기에 독서 개인 교습이 어린 아이들에게 적합하지 않은 책과 관련되어 있는 상황이라면 어떤가? 종교적 믿음으로 레즈비언, 게이, 양성애, 성전환자의 시민권에 강하게 반대하는 서비스-러닝 과정 학생이 에이즈 바이러스가 있는 개인과 상호 작용하도록 요구 받아야 하는가? 스스로를 반전주의자라고 생각해서 부상당한 참전 용사를 돕는 병원에서 일하지 않으려 하는 학생의 경우는 어떠한가? 이러한 상황에서는 조직에 도움이 될 수 있고 또한 학생에게도 귀중한 학습 경험을 줄 수 있는 서비스-러닝 과제의 대안적 측면이 존재할지 여부를 고려하는 것도 좋을 것이다. 낙태에 완전히 반대하는 학생의 경우를 제외하고 그 외의 경우에는 다른 경험을 제공하거나 학생에게 과정 내용과 유사한 영역, 복잡성, 관련성을 지닌 활동을 찾도록 하는 것이 적절할 것이다.

추가정보출처

Dunlap, M.R., & Webster, N. (2009). Enhancing intercultural competence through civic engagement. In B. Jacoby (Ed.), *Civic Engagement in Higher Education: Concepts and Practices*. San Francisco, CA: Jossey-Bass.

8.2 서비스-러닝은 졸업을 위한 요건이 되어야 하는가?

서비스-러닝이 그렇게 가치 있는 것이라면 왜 모든 학생들에게 요구되어서는 안되는가?

주로 학생과 지역사회에 대한 서비스-러닝의 가치를 확신하게 된 총장이나 교무 처장에게서 이러한 질문을 여러 차례 받았다. 높은 영향력을 지닌 하나 혹은 그 이상의 교육적 경험이—신입생 세미나, 학습공동체, 다양성과 다문화 학습, 해외 유학, 인턴십, 캡스톤 경험, 서비스-러닝을 포함하여—졸업 요건이 되는 기관들이 증가하고 있다. 이러한 경험을 요구하는 것은 항상 교육과정 개혁, 폭넓은 행정 및 교수 지원, 다른 자원의 전용을 필요로 한다. 그러나 서비스-러닝의 경우 몇 가지 추가적인 쟁점을 고려하여야 한다.

첫째, 그러한 졸업 요건이 지역사회에 미치는 영향은 무엇일까? 기관의 학생 수와 잠재적 봉사 현장의 수 및 접근성에 따라서 그 영향력은 상당한 수준에서 대단히 강력한 수준에까지 이를 수 있다. 3장에서 논의했듯이 많은 지역사회 조직은 많은 수의 학생을 생산적으로 참여시킬 수용 능력을 지니고 있지 않다. 시골 지역에 위치한 작은 기관뿐 아니라 큰 기관들도 그 요구 조건을 충족해야 하는 학생들을 수용할 만큼 충분한 지역사회 현장이 없다.

졸업을 위한 요건인 서비스-러닝이 하나의 과목이나 교과연계 비교과과정 경험을 통해 학생들이 선택한 서비스-러닝과 같은 교육적 가치를 지니는지 여부도 의문이다. 바람직한 학습 결과를 달성하거나 졸업 후 지역사회에 대한 시민 참여와 지속적인 관여를 증진시키는 데에 서비스-러닝 요건의 효과성에 대해서도 알려진 바가 거의 없다(Jones, Segar, & Gasiorski, 2008). 의무적인 지역사회 봉사나 고등학교 서비스-러닝이 대학에서의 참여로 반드시 옮겨지는 것은 아니지만 Susan R. Jones and Kathleen E. Hill은 고등학교에서 봉사에 참여했던 대학생이 가족 및 학교의 장려와 더불어 내면적 신념으로부터 동기가 있을 경우 봉사를 계속하는 경향이 있다는 점을 확인하였다(2003). 그러한 동기 없이 요구되는 서비스-러닝은 "그저 또 하나의 과제"가 되기 쉽다(Jones & Hill, p. 524). 그 결과 졸업 요건에 대한 학생의 저항은 지역사회에서 부적절한 행동으로 이어질 수 있다. 학생 저항은 8장 8.3에서 다루어진다.

실용적으로 서비스-러닝 요건을 실행하고자 하는 기관은 이것이 모든 학생들에게 충분한 현장 실습을 개발하고 관찰하며 학생과 지역사회 모두에 높은 질의 경험을 보장할 수 있는지 여부를 결정하여야 한다. 단일 학업 프로그램이나 단과대학에서 시험적으로 (졸업)요건 실행을 시작하는 것이 현명하다. 서비스-러닝 요건은 또한 중요한 공동의 사안을 다루기 위해서나 기관 및 지역사회 파트너의 역량 배양을 포함하기 위해 의도적으로 설계된 파트너십에 기초를 두어야 한다. 학생들에게 그들의 대학 재학 기간 동안 요건을 충족시키는 다양한 방법을 제공하는 것은 더 많은 학생이 참여하도록 하는 데에 도움이 될 수 있다. 그러나 이는 또한 경험의 질에 있어서 불일치나 요건의 목적과 가치에 관한 의문을 가져올 수 있다. 4장 및 5장에서 논의한 질의 표준들을 충족시키며 6장에서 기술된 바와 같이 충분히 평가되고 7장에서 다룬 행정적 쟁점들을 모두 다루는 서비스-러닝 요건을 마련하고 지속하기 위해서는 대규모이고 깊이 있으며 재정이 탄탄한 기초시설이 필요하다. 게다가 요구되는 봉사는 강화된 법적 책임 노출을 수반하여야 하는데 그 이유는 만약 봉사가 자발적이 아닌 의무일 경우 학생 참여자의 위험부담의 개념이 적용되지 않을 수도 있기 때문이다.

8.3 서비스-러닝에 저항하는 학생들을 어떻게 다루어야 하는가?

왜, 어떤 학생들은 서비스-러닝에 저항하는가?
학생이 그저 "이해를 못할 때"에는 무엇을 해야 하는가?
서비스-러닝이라는 발상에 적대적인 것 같은 학생을 어떻게 다루어야 하는가?

학생들은 다양한 이유로 서비스-러닝에 적극적으로 참여하는 것에 저항을 보일 수 있다. 일부는 이것이 수업에서 요구되거나 졸업을 위해 의무적으로 해야 한다는 사실에 분개할 수 있다. 서비스-러닝 수업이 그들의 수업 시간표의 빈 시간을 메울 수 있기 때문에, 또는 이것이 졸업 요건을 충족시켜주거나 이력서를 채울 수 있는 쉬운 방법이라고 생각해서 등록한 학생들은 금세 환멸을 느끼게 된다. 그러나 어떤 학생들은 수업을 듣거나 교과연계 비교과과정 활동에 참여하고서 "그들이 진행하기에 제대로 준비가 안 된 상태로 도전적인 일을 요구하는 지나치게 자극적인 환경에 있음을 깨달을 수 있다"(Jones, 2002, p. 11). 그러한 상황에서 학생은 이 경험과 관련된 또래, 지역사회 구성원, 교수나 직원과 거리를 둘 수 있다(Jones, 2002). 봉사 현장에서의 이러한 유리된 행동은 "봉사 *배회*(service loitering)"로 묘사된 바 있다(Hill-Jackson & Lewis, 2011, p. 295). 다른 "수동적 저항 학생들"은 봉사 경험을 즐긴다고 말할지도 모르나 읽기나 성찰은 왜 해야 하는지 이해하지 못할 수 있다(Jones, Gilbride-Brown, & Gasiorski, 2005, p. 12). 이들은 봉사하는 것을 저항하지는 않지만 봉사 경험을 학습의 기초로 이용하는 데에 참여하지 않으려고 한다.

서비스-러닝의 학생 참여자가 주의해야 할 또 다른 현상은 피해자 책임 전가이다. 이는 처음으로 "타인"과 대면하게 되고 이들이 다룰 요구와 쟁점들의 기저에 있는 복잡한 사회적 체계에 대해 성찰할 기회를 가진 적이 없었던 서비스-러닝에 처음인 학생들에게서 일어날 가능성이 크다. 그러한 학생들은 의도하든 의도하지 않았든 봉사를 받는 사람들이 그 상황에 어떻게든 책임이 있다고 생각할 수도 있다. 이들은 고된 일을 하여 빈곤 속에서 집을 일으킬 수 있었던 가족 출신이거나 예를 들어 에이즈 바이러스를 가진 사람은 무분별하거나 동성애적인 관계 혹은 정맥 주사 마약 사용으로 이 병에 걸렸다고 믿는 학생들일 수 있다. 그러한 학생은 봉사 현장, 수업 토론에 그러한 태도를 가져올 수 있으며, 이는 부정적인 영향을 끼치게 된다.

지역사회 현장이나 교실에서 적대적 행동을 보이는 학생은 훨씬 더 어렵다. 적극적 저항은 학생이 자신과는 다른 사람들보다 자신들이 우월하다는 그동안 오래 지니고 있었거나 가족 기반의 편견 혹은 독선적인 믿음을 놓지 못할 때 발생할 수 있다. Penny Rue가 지적하였듯이 "분개하는 참여자가 학습하는 수업은 선입견 강화, 시민적 자질에 대한 권리나 책임에 대한 냉소 혹은 다른 잠재적으로 부정적인 결과가 될 수 있다"(1996, p. 263). 지역사회 파트너, 고객, 또래에 대해 가지는 잠재적으로 해로운 적대감, 냉소 및 기타 다른 부정적 행동의 영향력은 상당하다.

서비스-러닝 교육자는 학생들이 서비스-러닝에 가져오는 현재의 현실을 존중하고 지원하며 그들의 발달 단계에서 현재 그들이 있는 위치에서 시작하도록 하는 것이 중요하다. 학생들이 봉사 현장에 들어가거나 고객과 관계를 맺기 전에 현장의 현실과 쟁점 및 고객 집단 뿐 아니라 학생들의 기대, 두려움, 의심에 초점을 맞추어 이들을 철저히 준비시켜야 한다. 하나의 과목인 경우 학습 성과나 학업 내용과 명백히 연관시키는 것은 저항을 완화시키는 데에 도움이 될 수 있다. 학생을 인간의 차이와 공통성, 권력과 특권, 자기 자신의 가치나 믿음이라는 쟁점과 관련된 비위협적인 성찰에 참여시키는 것은 적대적 행동을 예방하거나 다루는 데에 도움이 될 수 있다. [질문 8.4]를 통해 이 과정을 좀 더 살펴보고자 한다.

만약 학생이 현장에 생산적으로 참여할 수 없는 것 같으면 그 학생을 위한 대안적인 현장실습이나 경험을 찾는 것이 모두에게 가장 좋은 일이다. 지역사회 현장에서 또래 지도자, 교수나 직원, 지역사회 파트너가 학생을 주의 깊게 지도하는 것은 더 많은 해가 나타나기 전에 잠재적인 부정적 태도나 행동을 미리 확인하도록 할 수 있다.

추가정보출처

Jones, S., Gilbride-Brown, J., & Gasiorski, A. (2005). Getting inside the "underside" of service-learning: Student resistance and possibilities. In D.W. Butin (Ed.), *Service-Learning in Higher Education: Critical Issues and Directions*. New York: Palgrave Macmillan.

8.4 서비스-러닝 참여는 인종, 민족, 사회 경제적 지위의 차이, 권력과 특권, 조직적 억압에 대한 학생들의 이해와 공감을 어떻게 강화시킬 수 있는가?

서비스-러닝에 있어서 다문화 교육의 역할은 무엇인가?

서비스-러닝은 흔히 인간의 차이 및 공통점, 억압의 체계, 권력 및 특권에 대한 학생의 이해를 변형시킬 가능성을 지닌 교수법으로 알려져 있다. 1장 1.4에서 언급했듯이 저자와 다른 많은 이들은 높은 질의 서비스-러닝에 참여하는 학생들이 인종 차별, 성 차별, 빈곤, 기타 다른 형태의 억압의 영향을 목격하고 성찰을 통해 자신의 선입견, 권력, 특권에 직면하는 기회를 가진다고 믿는다. 그러나 학생들이 서비스-러닝의 쟁점들, 사람들, 현장들과 맞닥뜨려질 때 일어나는 개인적, 구조적 인종 차별과 억압 및 특권의 역학 관계 안에서 생산적으로 작업을 할 수 있도록 돕는 것은 서비스-러닝의 가장 도전적인 측면임에 틀림이 없다(Jones, 2002).

Carolyn R. O'Grady가 언급하였듯이, "다문화 교육으로 제공되는 이론적 토대가 없다면 서비스-러닝은 너무나 쉽게 억압적 결과를 강화시킬 수 있다. 이는 다른 사람에 대한 인종 차별, 성 차별, 계급 차별주의적 가정을 영구화하고 식민주의적 우월적 사고방식을 강화할 수 있다. 이는 유색 인종 공동체에 관여하는 대부분의 백인 학생들에게 특별히 위험한 것이다"(2000, p. 12). 완전히 통합된 다문화 교육과 성찰이 없는 서비스-러닝은 그러한 가정들을 타당화하고 선입견과 분리 및 우월 정신을 영구화할 수 있다. 이와 비슷하게 이질적인 지역공동체에 관여하지 않는 다문화 교육은 자신들과 다른 개인들이나 자신들이 속한 큰 지역공동체에서 학생들을 고립시킨다(O'Grady, 2000).

서비스-러닝과 다문화 교육의 통합은 학생들이 차이를 다루는 데에 있어서 감정적으로 편안한 범위를 확장하고 다양한 관점에서 세계를 바라보는 능력을 증가시키며 타인과 관련된 자신들의 사회적 위치를 성찰하도록 도울 수 있다(Wase, Boyle-Baise, & O'Grady, 2001). 5장 5.2에서 설명했듯이 self-authorship[1]의 통합적인 발달 틀은 서비스-러닝 참가자가 어떻게 사람과 상황에 반응하고, 지식을 받고 처리하며 봉사 및 성찰

1) Self-authorship은 아직 국내에서는 적절한 학문 용어로 번역되어 있지 않기 때문에 원어를 그대로 사용함(역자 주).

에 참여하고 서비스-러닝 복잡성의 의미를 만드는데 영향을 주는 각기 다른 발달 시점에 있다는 사실을 기억하도록 돕는다. self-authorship은 우리가 학생들을 그들의 발달 여정에서 유능한 참여자로 보고 내적인 권한을 설정하는 데 있어서 방향과 연습을 제공하며 서비스-러닝 참가자들 사이에서 공동체 의식을 발달시키고 그들의 오래되고 단순한 관점을 새롭고 더 복잡한 관점으로 발달시키려고 애쓰는 과정에서 학생들을 지원해야 한다고 제안한다(Jones, Gilbride-Brown, & Gasiorski, 2005).

학생들을 그들 자신의 발달에서 유능한 참여자로 보는 것은 우리가 학생들의 현재 현실을 존중하고 지원하는 데 있어서 주의해야 한다는 것을 의미한다. 이는 일부 백인 학생들은 자신들의 인종적 신분이나 특권을 조사하거나 자신들의 선입견에 직면하도록 요청 받은 적이 없다는 사실에 직시하는 것을 포함한다. 그런데 불평등, 인종 차별, 성 차별, 빈곤에 대해 말하는 것은 누구에게나, 특히 이러한 쟁점들에 노출된 적이 없었던 젊은 사람들에게는 대응하기 힘들 수 있다는 점을 인식하는 것이 중요하다. 특권층의 학생들은 그들의 가족, 지역사회, 교육기관들이 어떤 방식으로든 이러한 문제들에 기여하거나 이러한 문제들을 영구화할 수도 있다는 것을 처음으로 알게 되는 것은 그들에게 충격으로 다가올 수 있다. 반대로 일부 서비스-러닝 참가자는 이들이 "봉사를 받는" 지역사회의 구성원이거나 이들이 봉사하는 지역사회의 사람들과 유사한 상황이나 생활 조건을 경험했었기 때문에 자신들이 "지역사회 내"에서 봉사를 하는 것을 발견하게 된다. 이들은 본인이나 가족들이 이러한 현실을 직접적인 체험으로 안다면 부당함이나 불평등에 관한 대화로 인해 무력화(disempowered)될 수도 있다.

이들의 과거 서비스-러닝 및 지역사회 봉사 참여의 특성에 대한 초기 성찰, 봉사에 대한 이들의 관점, 서비스-러닝 참여 동기는 우리가 학생들이 발달적으로 어디에 위치하는지를 이해하도록 돕는 비교적 비위협적인 방법이다. 그 후 더 깊은 성찰은 학생들이 그들의 사회적 정체성과 이러한 정체성이 어떻게 서비스-러닝 경험과 만나는지에 있어서 스스로를 위치시키도록 할 수 있다(Jones, Gilbride-Brown, & Gasiorski, 2005). 서비스-러닝 교육자는 학생들이 이러한 체계적 불평등에 대해 가해자 혹은 피해자로서 책임을 져야 하는 것이 아니라는 점과 이를 다루기 위해 그들이 취할 단계들이 있다는 것을 확신할 수 있도록 준비하여야 한다(Osler, 2007).

서비스-러닝에 참여하는 또래들의 공식적 혹은 비공식적 학습공동체를 만드는 것은 학생들이 그들의 경험을 이해하기 위해 외적인 공식에 의존하던 것으로부터 내부적으로 정의된 의미 만들기 경로로 옮기도록 그들을 장려한다는 점에서 중요하다. 또래들 사이의 매우 용이하고 성찰적인 논의는 긍정과 도전을 모두 제공한다. 그러한 논의는 학생들이 자신의 가치나 믿음에 대한 자기 인식 및 의문 제기를 더 촉진하는 방식으로 타인의 관점과 관계를 맺을 수 있게 할 뿐 아니라 자신의 관점을 변호할 수 있게 한다. 일부 서비스-러닝 과목에서 교수는 학생들이 봉사 현장이나 고객 집단 사이에서 만연한 사회적 문제에 대해 연구나 집단 프레젠테이션에 참여하도록 한다. 이러한 프레젠테이션을 통해 학생들은 전반적으로 더욱 복잡하게 쟁점들을 바라보게 되고, 왜 개인들이 특정 지역사회 조직의 봉사를 필요로 하고 접근하는지에 대해 흔히 지나치게 단순화한 개념에 이의를 제기하기 시작한다(Jones, Gilbride-Brown, & Gasiorski, 2005).

서비스-러닝 참가자의 self-authorship을 위한 노력을 지원하기 위해 "의식 다리(consciousness bridge)"의 개념은 우리가 학생들로 하여금 이 여정을 하도록 초대하는 "다리"를 만들 필요가 있으며, 그들이 건너고자 할 때 지원해줄 필요가 있다는 점을 이해하도록 돕는다. 조심스럽게 만들어진 "다리"가 없다면 학생들은 이들이 경험할지도 모를 도전, 기대, 불화로 압도당할 수도 있다(Jones, Gilbride-Brown, & Gasiorski, 2005). 따라서 서비스-러닝 교육 과정은 그것이 정규 과목에 기반한 것이든 아니든, "그 교육과정을 아직 이해하지 못한 학생들에게 *의미 있어야* 하며 그들이 그 교육과정을 이해하게 될 수 있도록 마음의 변화를 *촉진하여야* 한다"(Kegan, 1994, p. 62). 서비스-러닝 참가자가 정기적이고 순차적인 성찰에 참여하도록 하고 학생 학습과 self-authorship을 장려하는 다리를 만들기 위해 자주 피드백을 제공하는 것이 핵심이다.

추가정보출처

Cress, C.M., & Donahue, D.M. (Eds.). (2011). *Democratic Dilemmas of Teaching Service-Learning: Strategies for Success.* Sterling, VA: Stylus.

O'Grady, C.R. (2000). *Integrating Service Learning and Multicultural Education in Colleges and Universities.* Mahwah, NJ: Lawrence Erlbaum.

8.5 비판적 서비스-러닝이 무엇인가? 왜 이것이 중요한가?

사회적 정의에 대한 서비스-러닝의 관계는 무엇인가?

이 관계는 어떠해야 하는가?

비판적인 서비스-러닝의 목적과 실행은 무엇인가? 이는 다른 형태의 서비스-러닝과 어떻게 다른가?

어떻게 서비스-러닝이 현재의 상황을 영구화 하지 못하게 할 수 있는가?

사회적 정의는 서비스-러닝의 궁극적 목표인가?

비판적 교육학과 비판적 서비스-러닝을 위한 기반인 비판적 사회 이론은 사회적 부당함과 불공평한 권력 관계를 해체하는 것에 관심이 있다. 비판적 사회 이론은 불평등이 다수 권력자의 지식에만 특권을 주고 따라서 현재 상황을 영구화하는 정부나 학교와 같은 사회적 기관들에서 고질적이며 이들 기관들에 의해 정당화된다고 주장한다(Webster & Coffey, 2011). Freire의 연구에 따르면 비판적 교육학은 비판적 사회 이론의 원리를 교육에 적용시키며 학교가 부당함과 불평등을 어떻게 재생산하는지를 조사하고 이에 대처하고자 한다(Beck, 2005). 비판적 서비스-러닝은 분명한 사회적 정의 지향성을 지니며, 봉사를 구조적 불평등을 해체하기 위해 의도된 정치적 행위로 간주한다(Mitchell, 2008). 비판적 서비스-러닝에 대해 흔히 인용되는 2008년 글에서 Tania D. Mitchell은 선행연구 분석을 통해 "서비스-러닝을 두 진영으로 나누는 것 같은 무언의 논쟁—불평등 체계에 관심을 두지 않고 봉사를 강조하는 전통적 접근과 부당성 구조를 해체하는 목표에 있어서 당당한 비판적 접근"을 확인했다(p. 50). 저자는 매우 분명하게 정의된 서비스-러닝 교육자의 두 진영이 존재한다는 데에 Mitchell만큼 확신하지는 않는다. 그보다 학생의 성과와 분명히 정의된 지역사회 이익에 균형적으로 초점을 맞추고 서비스-러닝 경험을 널리 알리는 교육자에서부터 권력 재분배 및 사회적 불평등을 제거하는 데에 서비스-러닝의 주된 초점을 둔 교육자들에까지 이르는 연속체에 따라 보다 정교한 단계적 차이가 있는 것 같다.

그럼에도 불구하고 Mitchell은 학생으로 하여금 사회 및 정치적 개혁에 참여하는 적극적인 시민이 되고 지역공동체 쟁점이나 관심이 진정으로 학생 성과만큼 중요한 호혜적인 대학-지역사회 파트너십을 만들기 위해 비판적 서비스-러닝이 적용하는 세 가지 전략을 제시한다. 이 전략은 (1) 사회적 변화 지향, (2) 권력 재분배를 위해 일하기, (3) 진정한 관계 발달시키기이다(2008).

의도적인 사회적 변화 지향을 서비스-러닝에 포함시키는 것은 "학생들로 하여금 사회 문제의 근본 원인과 이러한 문제를 영구화시키는 구조에 이의를 제기하고 변화를 주는데 필요한 행동 방침을 조사하고 이해하도록 요구하는 프로젝트와 과제를 조직하는 것뿐 아니라 학생들이 참여하는 봉사 활동의 유형을 재고하는 것을 필요로 한다"(Mitchell, 2008, p. 53). 이는 서비스-러닝 참가자의 학습과 발달을 강화시키는 것에 더하여 그리고 어쩌면 이보다 우선해서 지역사회의 자원 개발 확장을 강조하는 것을 포함할 수 있다(Marullo & Edwards, 2000). Mitchell은 구조와 체계를 변화시키고자 적극적으로 노력하는 집단과 파트너가 되기 위해 전통적인 지역사회 조직 및 비영리 단체 바깥을 볼 필요가 있다고 제안한다(2008). 비판적 서비스-러닝으로 나아가고자 하는 서비스-러닝 교육자는 학생들이 비판적으로 그들의 작업을 분석하고 그들에게 활용 가능한 사회적 변화의 수단을 사용하는 방법에 대해 배울 수 있는 기회들을 제공할 필요가 있다. 성찰은 인종적, 경제적 차이나 기아, 노숙과 같은 사회적 문제가 계속 존재하는 이유와 이러한 것들을 영구화시키는 사회적 체계나 구조와 같은 큰 질문들에 중점을 두어야 한다.

권력 재분배를 위해 일하는 것은 서비스-러닝에 내재하는 권력이나 특권의 차이를 인정하고 이에 도전하는 것을 의미한다. Lori Pompa는 이러한 차이가 "내가 당신을 '위해 한다면', '봉사한다면', '준다면'과 같은 용어들 속에서 어떻게 작용되는지 기술한다. 즉, 이는 내가 자원, 능력, 힘을 가지고 있으며 당신은 받는 쪽이라는 연관성을 만든다. 이는—의도상으로는 친절한 반면—반어적으로 주는 사람에게 추가적인 권력을 주면서 받는 사람을 무력화시킬 수 있다. 의도하지 않게 이러한 과정은 많은 사회적 문제의 기저를 이루는 '가진 자-가지지 못한 자' 패러다임을 반복한다"(2005, p. 176). 이 책 전체에서 언급하는 바와 같이 서비스-러닝 참가자는 봉사 때 마주치는 많은 사람들보다 인종, 계층, 능력, 교육 수준에 있어서 더 많은 특권을 지닐 가능성이 클 것이다. 비판적 서비스-러닝은 이러한 차이에 책임이 있는 부당한 구조나 체계를 인정하고 도전하지 않고서 봉사 경험에 학생을 참여시켜서는 안 된다고 경고한다. 이러한 구조나 체계에 도전하는 일부 방법으로는 학생들로 하여금 지지 활동이나 심지어 직접적인 시위 활동을 하는 지역사회 구성원들과 함께 활동에 참여하도록 하거나, 지식과 이해는 많은 방식으로 발달되고 많은 원천으로부터 얻을 수 있다는 점을 인식할 수 있는 교실 경험에 학생들을 참여시키는 3장 3.9에 기술된 장기적이고 변혁적인 지역사회 파트너십의 종류를 개발하는 것이 있다. 읽기, 논의 및 기타 교실 활동은 학생의 편견, 일하지 않고 얻은 특권 및 권력과 함께 권력의 분배에 대해 다루어야 한다(Mitchell, 2008). Mitchell이 언급한 권력 재분배를 위한 노력의 다른 측면은 학생과 교수단이 둥글게 앉도록 자리를 배치하고 몇몇 프레젠테이션과 논의를 위해 학생들이 교사 혹은 사고(thought)의 리더로서 역할을 함으로써 전통적 교실을 변경하는 것을 포함한다(2008). 게다가 Sam Marullo와 Bub Edwards는 서비스-러닝이 문제 해결, 비판적 사고, 의사 소통과 같은 영역의 능력 발달에 있어서 지역공동체 구성원을 포함시키기 위해 학생들을 넘어 다른 사람들에게까지 미쳐야 한다고 제안한다(2000).

비판적 서비스-러닝에서는 어떻게 진정한 관계가 발달되고 지속되는지가 중심이 된다. "관계는 사회적 정의의 수단이자 더욱 공정한 사회의 산물로 간주되어야 한다"(Koliba, O'Meara, & Seidel, 2000, p. 27). 진정한 관계를 발달시키는 데에 중요한 하나의 요소는 사회적 불평등을 무시하거나 서비스-러닝 경험에 관련된 모든 사람들을 인위적으로 동질화하려는 것이 아니다(Bickford & Reynolds, 2002). 학생들은 이들이 봉사를 통해 만나는 사람들과 유사하거나 다른 방식을 분석하고 명명해야 한다. 결과적으로 비판적 서비스-러닝에 관여하는 학생들은 존재하는 권력 관계를 인정하고자 지역공동체 구성원과의 유대를 형성하기 위해 공통성을 활용하거나 그들의 차이에 기저를 이루는 불평등과 부당함을 다루도록 노력하며 공유된 안건을 만들 수 있을 것이다. 봉사 경험을 위한 학생과 지역공동체 구성원 모두의 준비는 서로의 언어로 말하는 방법 배우기, 의미 있게 상호작용하는 방법 확립하기, 신뢰 구축하기, 상호 목표를 달성하는 데에 필요한 지식과 능력 습득하기를 포함하여 다면적일 필요가 있을 것이다. 깊이 있고 지속적인 비판적인 성찰에 참여하는 것은 중요하며 학생이 자신의 생각에 이의를 제기하고 타인으로부터 도전을 받으며 새로운 관점을 이들의 사고에 통합시키도록 장려하기 위해 또래 및 지역공동체 구성원과 학생들이 그들의 성찰을 공유하는 것을 포함할 수 있다(Mirchell, 2008). 대부분의 비판적 서비스-러닝 지지자는 이 접근을 오늘날 고등 교육 기관 내에서 실행하기 어려울 수 있다는 점을 인정한다. 비판적 서비스-러닝의 많은 옹호자들은 사회적 관습으로서 사회를 지탱하는 사회적 불평등 및 부당함을 해체시킴으로써 비판적 서비스-러닝이 언젠가는 고등 교육을 근본적으로 변화시킬 것이라고 희망한다.

일부 비판적 서비스-러닝 지지자는 자신들이 전통적 서비스-러닝이라 부르는 것이 필요와 의존성에 대한 현재의 상황을 영구화시킨다고 믿기 때문에 확실히 이 접근을 혁명적인 교육학으로서 선호한다. 반면에 저자는 학생과 지역공동체 모두에 이익이 되는 분명히 규정된 성과를 지니고 상호 파트너십을 통해 지역사회와 관계를 맺는 높은 질의 서비스-러닝은 현재의 상황을 영구화하지 않는다고 생각한다. 저자의 생각은 서비스-러닝의 패러다임으로서 자선, 과제, 사회적 변화(social change)의 세 가지를 제안하고 있는 Morton의 생각과 비슷하다. 그는 이 패러다임 각각으로 나타나는 봉사가 다른 사람에게 봉사를 강요하고 권력 차이를 제도화하며 의존성을 영구화하고 잘못된 기대를 높이며 사회적 불평등을 확대하는 "빈약한" 방식으로 이루어질 수 있다고 주장한다. 반면에 "풍부한" 방식으로 이루어진 봉사는 "깊게 유지되고 내면적으로 일관성 있는 가치에 근거를 두며", "잠재적으로 혁명적이다"(1995, pp. 28, 24). 따라서 지역사회 조직과 기관이 억압된 인종 및 계층 집단을 자유롭게 하는 방식으로 기능하는지, 또는 권력과 특권의 기존 상태에 충분히 도전하지 않고 이들에게 봉사를 제공하는지를 고려하는 것이 서비스-러닝 현장을 선정하는 데 있어서 중요하다(Chesler & Vasques Scalera, 2000). 봉사 경험을 위한 준비는 제안된 활동이 봉사에 대한 필요를 영구화함으로써 현재 상태를 타당하게 만드는 Freire가 주장하는 "잘못된 관용" 행위가 아니라는 것을 확실히 하기 위해 이러한 활동을 주의 깊게 고려하는 것을 포함하여야 한다(1970/1997, p. 26). 8장 8.4에서 다루었듯이 서비스-러닝 성찰은 권력, 특권, 인종, 계급, 억압의 문제를 다루어야 한다.

추가정보출처

Building a Better World: The Pedagogy and Practice of Global Service-Learning. (2013, August). http://criticalservicelearning.org.

Mitchell, T.D. (2008). Traditional vs. critical service-learning: Engaging the literature to differentiate two models. *Michigan Journal of Community Service Learning, 14*(2), 50-65.

Webster, N., & Coffey, H. (2011). A critical connection between service-learning and urban communities: Using critical pedagogy to frame the context. In T. Stewart & N. Webster (Eds.), *Problematizing Service-Learning: Critical Reflections for Development and Action.* Charlotte, NC: Information Age Publishing.

8.6 정치에 대한 서비스-러닝의 관계는 무엇인가?

서비스-러닝은 왜 정치와 관련되지 않은 것으로 간주되었는가?

정치와 무관한 상태의 서비스-러닝은 혜택이 있는가? 그것이 가능한가?

서비스-러닝은 진정으로 교육학의 변혁을 위한 "정치"이고 고등교육 공공의 목적의 "정치"인가?

서비스-러닝은 어떻게 학생들을 더 깊은 시민적, 정치적 참여로 이끌 수 있는가?

서비스-러닝이 주로 지역사회 요구의 충족에 관한 것으로 간주되든 아니면 불평등을 영구화하는 체제나 구조의 해체에 관한 것으로 간주되든 이는 분명히 가치 중립적이지는 않다. 그러나 저자는 서비스-러닝의 지지자나 실천가들이 특정 정당이나 이들이 개인적으로 갖고 있는 정치적 관점에 대해 직접 또는 간접적으로 참여자들에게 영향을 미치는 것은 확실히 피해야 한다는 의견을 오랫동안 견지해 왔다. 이러한 유형의 영향은 부적절하고 배제적일 뿐 아니라 기관이 서비스-러닝을 그 우선순위와 실천에 통합하려는 의지에 부정적인 영향을 줄 수 있다(Jacoby, 1996c). 서비스-러닝의 비정치적 입장은 1993년에서 2012년 사이 초·중등학교, 고등교육 기관, 기타 비영리 조직 및 협회들에게 서비스-러닝을 위한 광범위한 지원금을 제공했던 국가 및 지역사회 봉사를 위한 연방법인(federal Corporation for National and Community Service)의 봉사학습사업(Learn and Serve America) 프로그램을 관할하는 법률들로 인해 강화되어 왔다. 봉사학습사업(Learn and Serve America) 프로그램을 인가한 1993년 국가 및 지역공동체 봉사 신탁 기금법(National and Community Service Trust Act of 1993)은 프로그램이 법률 제정에 영향을 주는 것, 시위, 탄원, 보이콧, 파업을 조직하거나 참여하는 것, 공직 선거 결과에 영향을 주기 위해 고안된 당파적 정치 활동이나 기타 활동에 참여하는 것, 정당, 정견, 후보자, 선출된 공무원에 대한 찬성이나 반대 지지를 포함할 가능성이 있는 활동에 참여하거나 지지하는 것에 그 자금을 사용하는 것을 금지하였다(National and Community Service Trust Act of 1993, 2013). 의회가 회계 연도 2011 연방 예산에서 봉사학습사업(Learn and Serve America) 프로그램에 대한 자금 지원을 삭제했지만 이 프로그램 하에 만들어진 많은 서비스-러닝 계획은 여전히 정치에 관여하지 않는 태도를 유지하고 있다.

반면 서비스-러닝, 특히 비판적 서비스-러닝은 사회적 정의와 관련된 분명한 자유주의 정치적 동기를 지닐 수도 있다. 8장 8.5의 비판적 서비스－러닝 논의에서 언급되었듯이 비판적 서비스－러닝 지지자는 봉사를 고등교육을 포함하여 우리 사회 기관들에게 만연한 구조적 불평등을 해체시키고자 의도된 정치적 행동으로 간주한다(Mitchell, 2008). 이러한 맥락으로 Pompa는 서비스－러닝의 정치적 강령을 "참여자들이 조치를 취하고 변화를 일으키도록 고무하는 한편 이들에게 자신이 경험하는 것을 분석하도록 요구하는 사회 체제에 대한 비평"으로서 묘사한다(2005, p. 189). Butin은 서비스－러닝의 정치를 다음과 같은 방식으로 접근한다. "고등교육과 사회를 변형시키기 위한 정치로서 서비스－러닝에 *대해* 계속 생각하기보다는 우리는 이 용어를 더욱 유익하게 뒤집어 서비스－러닝을 *통하여* 고등교육과 사회를 변형시키는 정치에 대해 생각하기 시작할지도 모른다"(Butin, 2006). 이와 같이 Butin은 서비스－러닝이 고등교육에 스며들어 내부에서부터 일들이 진행되는 방식들을 수정하기 위해 이용될 수 있도록 대학 전체에 걸쳐 제도화되도록 노력하여야 한다고 주장한다(2006). 서비스－러닝이 제도화되어야 하는지에 대한 의문은 8장 8.7과 9장 9.2에서 더 논의된다.

비판적 서비스－러닝과 이것의 자유주의적 정치 동기를 명백히 지지하는 사람들은 서비스－러닝의 근본 목적이 고등교육과 사회에 사회적 정의를 스며들게 하는 것이라 믿는 반면 Stanley Fish, Peter Wood, David Horowitz를 포함하는 보수주의자들은 도덕성, 민주주의, 사회적 정의 문제에 관하여 학생들을 교육하는 고등교육의 역할에 대해 맹렬히 반대한다(Butin, 2005b). Butin은 다른 모든 교수법적 실천과 마찬가지로 서비스－러닝은 당파적이며 서비스－러닝을 당파주의로 보는 것은 "일부 학생, 교수, 행정인, 정책입안자로부터의 저항(암시적으로나 명시적으로)을 분명하게 한다"고 언급한다(2005b, p. 100). Butin은 "서비스－러닝 실천은" 봉사학습이 "보수적 십자선 바깥에 머물게" 하기 어렵게 만들기 때문에 "일반적으로 신보수주의들이 선호하는 트리클다운(trickle－down) 경제학 관점을 촉진하지는 않는다"고 추가로 설명하였다(2005b, p. 100).

이 모든 것은 가장 흔히 언급되는 서비스－러닝의 목표인 '학생들이 적극적인 민주주의 참여를 준비하도록 하는 것'에 대한 흥미로운 맥락을 제시한다. 오랫동안 저자는 서비스－러닝이 학생들로 하여금 시민적, 정치적 참여의 생활을 위해 준비하도록 하는 가장 효과적인 교수법이라고 믿어왔다. 연구와 문헌은 이러한 견해를 입증하고 있다(Colby, Ehrlich, Beaumont, & Stephens, 2003; Welch, 2009). 시민 학습과 참여에 대한 정보 및 연구센터(Center for Information and Research on Civic Learning and Engagement) 관리자이자 존경받는 연구자이며 도시 재생에 관한 글의 저자인 Peter Levine은 "서비스－러닝은" 공익을 강화하기 위해 "사람들이 또래와 관계를 형성하고 이들의 공통 관심사에 대해 숙고하며 그 후 다양한 전략을 사용하는 시민 지향적 정치를 전형적으로 보여준다"(2006)고 했다. Levine에게 민주주의적 참여는 반드시 정치를 수반하지만 "서비스-러닝의 참모습은 개방형의(open-ended) 정치*이다*. 우리는 [학생들을] 우리가 옳다고 생각하는 선택이나 해결책을 채택하도록 조종하려고 하지 않는다—최소한 우리는 그래서는 안 된다. 우리는 학생들에게 숙고하여 성찰한 후 이들에게 최선인 것 같은 방식으로 행동할 기회를 준다. 점차 복잡해지는 조작 정치의 시기에 이러한 기회는 귀중한 것이다" (2006).

Levine과 더불어 적극적인 시민의 자질을 위한 학생들의 준비 과정에서 고등교육의 역할에 대한 다른 학자나 연구자들은—Thomas Ehrlich, Anne Colby, Elizabeth Beaumont, John Saltmarsh, Matthew Hartley—민주주의적 참여를 위한 교육이 고등교육의 역사적이며 근본적이고 중대한 역할이라고 믿는다. 이들은 정치적 지식이나 이해, 민주주의적 참여 능력, 정치적 동기, 논의나 숙고, 개방적 및 비판적 성찰이 대학 교육에 필수적이어야 한다고 강하게 지지한다. Levine은 "사람들이 결함이 있는 체제를 존경하도록 가르치는 시민 교육은 그저 선전일 뿐이다. 우리는 시민들을 정치를 위해 대비시켜야 하지만 또한 시민을 위해 정치를 향상시켜야 한다. … 서비스-러닝을 포함하여 교육과정과 프로그램들은 민주주의를 강화하고 향상시키는 목표에서 분리가 될 경우 쉽게 젊은 사람들을 결함 있는 체제에 맞추도록 하는 수단이 될 수 있다"고 덧붙인다(2006).

그러나 서비스-러닝을 정치 및 민주주의적 학습과 실천에 통합시키는 것은 다양한 딜레마를 만든다. 예를 들어 대학의 미화원들이나 다른 신체 노동자들에 대한 공정한 임금을 지지하는 집회를 조직하는 것은 경제학 과목에서 적절한 수업 과제인가? 지역 가족계획 진료소의 일부 프로그램에 대한 시위를 조직하는 건강 교육 수업을 듣는 학생은 어떠한가? 아동 읽기 쓰기 수업에서 지역 공립 초등학교 도서관에서 부적절하다고 여겨지는 특정 책들을 제거하기 위한 편지 쓰기 캠페인은 어떠한가? 이러한 딜레마에 직면하는 것은 확실히 서비스-러닝 교육자에게 도전이다. 그렇게 함으로써 우리는 정의상 우리 정부, 우리 기관, 우리 지도자, 우리 법에 이의를 제기하는 것을 수반하게 되는 민주주의적 참여를 위해 학생을 교육하는 것과 우리 기관의 교수법이자 실천으로서 서비스-러닝을 진척시키는 데에 필요할지도 모른다고 생각하는 정치적 중립과의 균형을 이루어야 한다. 서비스-러닝을 통한 교수에 내재된 딜레마의 예를 위한 훌륭한 자료는 *서비스-러닝 교수의 민주주의적 딜레마: 성공을 위한 교육과정 전략*(Democratic Dilemmas of Teaching Service-Learning: Curricular Strategies for Success)(Cress & Donohue, 2011)이며, 여기에는 다양한 학문 분야에서의 20개 사례 연구를 포함하고 있다. 저자들은 그들의 수업에서 직면한 도전들을 어떻게 다루었는지, 또 이 과정에서 그들이 배운 교훈들을 기술하고 있다. 모든 예시가 학문적인 교육 과정에 기반을 두고 있지만 이들 중 여러 사례는 정규 과목과 병행하는 서비스-러닝으로 쉽게 전환될 수 있다.

추가정보출처

Colby, A., Beaumont, E., Ehrlich, T., & Corngold, J. (2007). *Educating for Democracy: Preparing Undergraduates for Responsible Political Engagement*. San Francisco, CA: Jossey-Bass.

Colby, A., Ehrlich, T., Beaumont, E., & Stephens, J. (2003). *Educating Citizens: Preparing America's Undergraduates for Lives of Moral and Civic Responsibility*. San Francisco, CA: Jossey-Bass.

Cress, C.M., & Donahue, D.M. (Eds.). (2011). *Democratic Dilemmas of Teaching Service-Learning: Curricular Strategies for Success*. Sterling, VA: Stylus.

Jacoby, B. (Ed.). (2009). *Civic Engagement in Higher Education: Concepts and Practices*. San Francisco, CA: Jossey-Bass.

Levine, P. (2013). *We Are the Ones We Have Been Waiting For*. Oxford, UK: Oxford University Press.

Saltmarsh, J., & Hartley, M. (Eds.). (2011). *"To Serve a Larger Purpose": Engagement for Democracy and the Transformation of Higher Education*. Philadelphia, PA: University Press.

8.7 서비스-러닝은 제도화되어야 하는가?

서비스-러닝을 제도화하는 것은 그 미래를 확보하는 데에 필요한가?
서비스-러닝 제도화는 봉사의 필요를 영구화하는가?
서비스-러닝은 고등교육에서 제도화되면서도 계속적으로 권력과 특권의 체계와 구조를 해체함으로써 사회적 정의를 구할 수 있는가?
서비스-러닝은 하나의 학문 분야가 될 수 있는가?

9장 9.2에서 논하듯이 저자와 대부분의 다른 서비스-러닝 지지자는 서비스-러닝이 살아남아 미래에 번창하려면 제도화되어야 한다고 믿는다. 그러나 제도화는 이것이 제공하는 많은 이익과 함께 균형을 유지해야 하는 비판적 쟁점들을 생기게 한다. 사실 여러 서비스-러닝 학자나 실천가는 제도화가 서비스-러닝의 미래를 보장하는 데에 필수적이라는 가정에 이의를 제기하고 있다. *서비스-러닝 문제화하기: 발달과 행위를 위한 비판적 성찰*(Problematizing Service-Learning: Critical Reflections for Development and Action)의 서문에서(Stewart & Webster, 2011) Furco는 그들의 우려를 다음과 같이 나타내고 있다. "… 우리가 서비스-러닝 제도화에 접근한 방식은 서비스-러닝을 현재 교육 체계—다수가 심각하게 고쳐져야 한다고 생각하는 체계—내에서 학업이나 기타 목표를 달성하도록 돕기 위한 전략으로서 사용하는 것이다. 그러나 어쩌면 이는 서비스-러닝을 위한 최고의 역할은 아닐지도 모른다. 이러한 방식은 서비스-러닝이 현재의 교육적 실천을 운영하는 인식론적 및 교육학적 규범들에 도전하여 궁극적으로 그것들을 변화시킴으로써 학교가 기능하는 방식을 변혁시키는 힘이 될 수 있을까?"(2011, p. X).

이러한 일련의 추론을 취하면서 한걸음 더 나아가 고등교육의 변혁을 위한 힘으로서의 서비스-러닝에 대한 Furco의 도전은 서비스-러닝이 고등교육 기관과 교육학에 통합되면서 동시에 불평등과 억압을 영구화하는 고등교육을 포함한 구조나 체제를 해체시키고자 함으로써 사회 정의를 추구할 수 있는지에 대해 의문을 제기한다. 서비스-러닝이 주류 고등교육 관행이 될 경우 그 변혁적인 잠재성을 잃을 것인가? 또한 서비스-러닝을 제도화하는 것은 효과적으로 봉사의 필요성을 제도화하는가? 반면에 역시 비판적 서비스-러닝 관점에서 말하는 Marullo는 "사회적 변화를 위한 잠재성 때문에 혁명적인 교수법"으로서 서비스-러닝을 제도화하는 것은 중요하며 "그 이유는 이것이 사회적 정의에 헌신하는 대학 캠퍼스 활동주의에 대한 제도화의 기회를 제공하기 때문이다"고 믿는다(1999, p. 22). 진정으로 딜레마이다!

이 문제를 더 복잡하게 하면서, Butin은 "서비스-러닝의 가능성은 … 서비스-러닝 움직임이 변혁시키고자 하는 바로 그 고등교육 기관을 거부하기보다는 받아들이는 것에 있다"고 생각하기 때문에 서비스-러닝 제도화가 서비스-러닝의 고등교육 변혁 사명을 달성*하게 할* 것이라고 믿는다(2006, p. 493). Butin은 서비스-러닝은 지적인 운동이라고 믿으며, 지지자들은 서비스-러닝이 그것의 지속적인 대화, 자기 비평, 정체성 형성을 지원하기 위한 자원을 얻을 수 있도록 하나의 학문 분야로서 이를 제도화하고자 노력해야 한다고 제안한다. 그는 지적인 운동은 특정한 연구 의제의 중심이 되며 고등교육 기관의 연구 의제는 학과에 기반을 둔다고 주장한다(Butin, 2011). 게다가 학과는 "특정한 소규모 작업들이 지적인 운동의 적합성과 합법성을 구조화하고 견고하게 유지시키도록 하는 곳이다… (서비스-러닝)운동의 학문화는 고등교육의 맥락 특수적 기제 내에서 혹은 이를 통해서 활동하는 능력을 위한 필수적인 전제 조건이다"(Butin, 2011, pp. 23－24). Butin은 고등교육 내에서 변화를 가져오기 위해 활용할 고등교육의 관료주의적 과정과 성과들을 충분하고 확실히 이해하기 위해 학과 조직 안에 수용되어 학문 분야가 된 지적인 운동으로서 여성 연구 및 흑인 연구들을 인용한다(Rojas, 2007).

Butin은 서비스－러닝 분야는 서비스－러닝이나 지역사회 연구를 하나의 학문 분야, 즉, "지역사회를 정치적 과제로 이용하기보다는 하나의 탐구 방식"으로 만듦으로서 이러한 목표를 달성할 수 있을 것이라 믿는다(2006, p. 492). 지난 25년간 고등 교육에서의 여성 연구의 제도화 과정을 하나의 모델로 이용하면서 Butin은 여성 연구 분야가 그 학문이 "외부적으로(교육이나 형사상의 정의 시스템과 같은 쟁점을 조사하기 위해), 내부적으로(어떠한 조사 방식을 통해, 어떤 목적을 위해 어떠한 쟁점들이 연구의 가치가 있는지 내부적으로 논쟁하고 결정하기 위해) 모두 바라볼 수 있기" 때문에 하나의 학문 분야로서 그 자체를 제도화하여 왔다는 점을 관찰했다(2006, p. 492). 학문 분야로서의 지위를 추구하면서 여성 연구들은 "'길거리'로부터, 그 안에서 하는 열렬한 활동"으로부터 스스로를 거리를 두고 대신에 관료주의적 과정과 절차를 통해 연구 자금과 교수 라인을 추구하여야 했다(Butin, 2006, p. 493). 학문 분야로서의 제도화를 통해 여성 연구는 고등교육과 일단의 학문 분야 내에서의 지위로부터 그들의 정치적, 사회적 운동가 의제들을 강화할 수 있었다.

Butin이 학장으로 있는 Merrimack College의 교육 대학의 참여 민주주의 센터(Center for Engaged Democracy)는 서비스－러닝, 시민 및 지역공동체 참여, 사회적 정의에 중점을 둔 학업 프로그램의 개발, 조정, 지원을 위한 핵심적 중추로서 역할을 한다. 50개 이상의 전공, 부전공, 자격 프로그램이 있다(Merrimack College, 2013).

결론적으로 서비스－러닝의 시초 이래 서비스－러닝의 지지자들은 조직적 우선순위와 구조와의 통합을 통한 제도화가 학생, 지역사회, 고등 교육 기관의 많은 잠재적 이익을 인식하기 위해 필요하다고 믿어왔다. 저자도 물론 이들 중 하나이다. 그럼에도 불구하고 최근의 질문자 및 분석가들과 함께 보다 더 최근에 동일한 서비스－러닝의 지지자들 중 일부가 제기한 문제들이 서비스－러닝을 정확하게 딜레마에 빠뜨렸다. 즉, "서비스－러닝이 근본적이고 변혁적인 (자유적) 실천이 되고자 한다면 잠재적인 비난과 제재에 직면할 것이다. 만약 이것이 정치적으로 균형을 잡으면서 이러한 공격을 피하고자 할 경우에는 차이를 만드는 힘을 잃을 위험 부담을 해야 한다"(Butin, 2006, pp. 485－486). 저자는 서비스－러닝의 원칙과 실천에 대한 도전적이고 격렬한 비판이 어려운 대화, 논의, 숙고와 더불어 연구를 통해 활기차게 지속될 것을 희망한다. 저자는 9장 9.2에서 서비스－러닝의 미래를 확보하는 데 있어서 제도화의 긍정적이고 필수적인 역할에 관한 주장을 추가적으로 제기한다.

추가정보출처

Butin, D.W. (2005b). Service-learning as postmodern pedagogy. In D.W. Butin, *Service-Learning in Higher Education: Critical Issues and Directions*. New York: Palgrave Macmillan.

Butin, D.W. (2011). Service-learning as an intellectual movement. In T. Stewart & N. Webster (Eds.), *Problematizing Service-Learning: Critical Reflections for Development and Action*. Charlotte, NC: Information Age Publishing.

8.8 대학-지역사회 파트너십은 정말 동반자적 상호 관계가 될 수 있는가?

서비스-러닝 교육자와 지지자 사이에는 상호주의에 대해 공유하는 이해가 존재하는가? 고등교육과 지역사회 사이에서는 어떠한가?

고등교육 기관과 지역사회 사이의 권력, 자원, 영향력의 영역 차이는 너무 커서 공평한 파트너십이 발전하는 것을 허용하지 않는가?

1장에서 논의되었듯이 상호주의는 서비스-러닝의 핵심적 요소 중 하나이다. 초기 지지자들은 서비스-러닝의 초기 시기인 1960년대 및 1970년대에 흔히 지역사회의 목소리와 참여가 간과된 사실을 관찰한 후 상호주의의 의미에 대한 의문점을 다루기 시작했다(Kendall, 1990; Sigmon, 1996). Sigmon은 학습 목표와 봉사 성과 사이의 균형을 이루는 것이 중요함을 강조했으며(1994), 한편 Kendall은 과거로부터 배운 교훈을 직접적으로 다루었다. "우리는 동등함 사이에서 상호적 교환으로서 봉사자와 "봉사 받는 사람"의 관계에 대한 강조가 없으면 관계가 나빠질 수 있다는 것을 배우고 있다 … 부권주의, 관련 당사자 사이의 불평등한 관계, 자신의 필요를 충족시키기 위해 타인을 지원하는 데에 초점을 두기보다는 타인을 '위해 하는 것' 혹은 타인을 '돕는 것'과 같이 자선에만 중점을 두는 경향은 모두 좋은 의도로 했던 프로그램이 끝난 후 프로그램에 커다란 함정이 되었다"(Kendall, 1990, pp. 9-10).

서비스-러닝이 성장하고 지지자들이 점점 더 많은 지역사회 파트너십을 개발하면서 학자들은 다음과 같이 수반되는 현상을 기술하기 시작했다. 일부 지역사회들은 그들이 "학습 실험실"로서 이용된다거나 혹은 "지겹도록 파트너 맺기"를 한다고 느꼈고 일부는 아직도 그렇게 느낀다. 자원의 커다란 불평등에도 불구하고 너무나 많은 대학들이 완전한 파트너로서 역할을 할 수 있는데 필요한 인적, 조직적 자원이나 기초 시설을 갖추지 못한 지역사회 독립체와 파트너십을 발달시키려고 시도했다(Jacoby, 2009b). 게다가 일부 소위 대학-지역사회 파트너십은 단지 지원금 신청서나 화려한 대학 출판물에서 언급되는 것 이상의 관련성은 없다.

이러한 우려에 대응하여 대학-지역사회 파트너십을 위한 몇 가지 일련의 원칙 및 최상의 실천을 포함하는 상당히 많은 문헌이 진전되었다. 이 원칙들은 [제시문 3.1]과 [제시문 3.2]에서 확인할 수 있다. 이들은 특별히 상호주의라는 용어를 사용하고 있지 않으나 모두 상호주의, 진정성, 상호성의 개념에 토대를 두고 있다(Jacoby, 1996c, 2003b). 더구나 상호주의는 서비스-러닝의 토대를 이루는 개념이지만 이는 정확하게 정의되거나 조사되지 않은 채 문헌에서 자주 언급된다(Dostilio, Brackmann, Edwards, Harrison, Kleiwer, & Clayton, 2012). 1998년 John Saltmarsh은 당시에 자신이 "진정한 상호주의"로 간주했던 것을 다음과 같이 정의하였다. "지역사회의 일부가 되는 것이 어떤 의미인지를 알게 되는 것은 권력과 그 관계가 상호적 관계의 맥락에서 분석되고 비평되는 그러한 방식으로 지역사회의 생활에 참여하는 것이다—나에게 영향을 주는 것은 더 넓은 지역사회에 영향을 주며 넓은 지역사회에 영향을 주는 것은 나에게 영향을 준다. 그 결과는 구별이 잘 되지 않는다"(1998, pp. 7, 21). 그러나 2009년 백서에서 Saltmarsh, Hartley, Clayton은 더 나아가 그들이 교환-기반의 관계로 정의하는 호혜성과 진정한 민주적인 참여의 생성적 관계인 상호주의를 분명하게 구분한다. 3장 3.9에서 기술된 바와 같이 Enos와 Morton이 거래적 파트너십과 변혁적 파트너십(2003) 사이에서 끌어낸 차이 뿐 아니라 호혜성과 상호주의 사이에서 끌어낸 이러한 대조를 기반으로 하여 Jessica K. Jameson, Patti H. Clayton, Audrey J. Jaeger는 "얇은" 그리고 "두터운" 상호주의 사이를 구별한다(2011). 이들은 "얇은" 상호주의를 "진정한 참여의 기준이 되는 상호주의 헌신에 대한 최소한의 … 이해에 기반을 둔 것"으로 묘사한다(2011, p. 263). 이들의 관점에서 "두터운" 상호주의는 "공유하는 목소리와 권력을 강조하며 모든 파트너가 성장하고 서로의 성장을 촉진하며 지원하도록 장려하는 시민 참여의 민주주의적 접근법 … 과 잘 맞는 협력적인 지식 구성과 활동 과정 및 산출물의 공동 소유권을 주장한다."(2011, p. 264).

그렇긴 하지만 서비스-러닝 교육자는 상호주의가 실무에서 갖는 의미에 대해 반드시 동의하지는 않는다. 최소한 이는 [제시문 3.1]과 [제시문 3.2]에서 재현된 좋은 실무 원칙을 충실히 지키는 파트너십을 확립하여 지속시키는 것과 관련된다. 이 원칙은 존중, 신뢰, 진정한 헌신, 권력 균형 맞추기, 자원 공유하기, 분명한 의사소통을 강조한다. 또한 저자와 대부분의 서비스-러닝 지지자들은 예를 들어 기아와 노숙이 21세기 전 세계에서 가장 부유한 나라에 존재하는 이유, 경제적 차이가 사회 계급 사이에서 자라고 있는 이유와 같은 흔히 큰 문제로 언급되는 것들을 학생들이 다루도록 요구함으로써 이루어지는 행동과 성찰의 조합이 상호주의를 달성하는 데에 토대가 된다고 믿는다. 8장 8.5에서 논의했듯이 비판적 서비스-러닝 지지자들은 권력을 재분배하고 불평등, 부당함, 여러 억압 형태를 영구화하는 체제나 구조를 뒤집는 데에 정확하게 초점을 두기 위해 서비스-러닝이 전통적인 상호주의의 개념화를 훨씬 넘어서는 것을 추구한다.

추가정보출처

Doerr, E. (2011). Cognitive dissonance in international service-learning. In B.J. Porfilio & H. Hickman (Eds.), *Critical Service Learning as a Revolutionary Pedagogy: A Project of Student Agency in Action*. Charlotte, NC: Information Age Publishing.

Dostilio, L.D., Brackmann, S.M., Edwards, K.E., Harrison, B., Kliewer, B.W., & Clayton, P.H. (2012). Reciprocity: Saying what we mean and meaning what we say. *Michigan Journal of Community Service Learning, 19*(1), 17-32.

8.9 서비스-러닝의 초점은 지역적이어야 하는가 아니면 국제적이어야 하는가?

우리는 현지 지역사회의 필요를 희생하면서 국제적 서비스-러닝을 지나치게 강조하고 있는가?

학생들은 국제적 서비스-러닝과 마찬가지로 국내의 집중적인 서비스-러닝에서 동일하게 배울 수 있는가?
서비스-러닝은 정말 "학술적 관광"의 형태 혹은 더 심하게는, "빈민가를 둘러보는 여행"인가?
극빈 속에서 사는 사람들이 있는 먼 지역사회에서 어떠한 가능한 변화를 만들 수 있는가?
다른 나라의 지역사회 발전에 참여하는 것의 장기적인 영향력은 무엇인가?

국제 서비스-러닝은 이 분야에서 가장 빠르게 성장하는 관점이다. 미국 대학들은 보편적으로 학생들이 점차 더 상호 연결되고 상호의존적이 되는 세계에 책임감 있게 생산적으로 참여하도록 학생들을 준비시키는 데 있어서 대학의 역할을 인식하고 있다. 사상 최고로 283,000명 이상의 미국인 학생이 2012-2013학년도 동안 학점을 위해 해외에서 유학을 했다(Institute of International Education, 2013). 이 숫자는 국제 봉사 여행에 참여했던 학생들은 포함하지 않는다. 서비스-러닝과 해외 유학이 모두 성장하고 있기 때문에 더 많은 대학들이 영향력이 큰 이 두 가지 교육 실천을 결합하는 프로그램을 개발하고 있다.

거의 모든 기관의 사명에 대한 진술은 "매우 다양하고 점차 복잡해지는 세계를 이해하고 그 속에서 성공적으로 살아가며 여기에 계몽된 리더십을 제공하기 위해" 준비된 세계 시민이 되도록 학생들을 교육하는 것에 관한 표현을 포함한다(Wilson-Oyelaran, 2007, Jacoby에 인용됨, 2009b, p. 99). 서비스-러닝 지지자는 기관이 이러한 사명을 이행하기 위해 확립하고 있는 국제 서비스-러닝 경험의 확산 및 잠재성으로 인해 즐거워할 이유들이 있으나 우리는 또한 수반되는 여러 우려 사항들을 인지하고 있다. 다양한 세계 속에서 "성공적으로 살아간다는 것"의 의미가 무엇인가? "계몽된 리더십"이란 무엇인가? Talya Zemach-Bersin은 티베트의 Wesleyan 대학에서 학생으로서 해외 유학 경험에 대해 기술하며 "경험적 현실보다는 미국 기반의 산만한 이상에 중점을 두는 국제 교육은 세계적인 이해 속에서의 성공적인 삶을 위해 학생들을 이 나라에 배치한다고 말하기 어렵다. 오히려 그러한 교육은 의도하지 않게 세계적인 무지함, 오해, 편견의 영구화를 위한 방안이 될 수도 있다"고 언급한다(2008, p. A24).

이러한 의문이나 쟁점들은 새로운 것은 아니다. 1968년 Ivan Illich는 자신의 잘 알려진 연설 "To Hell with Good Intentions"에서 다음과 같이 말하였다. "가난한 멕시코인들 사이에서의 '임무-휴가'는 이번 10년의 초기에 부유한 미국 학생들이 해야 하는 '활동'이었다. 자국의 훨씬 더 극한 빈곤에 대한 완전한 무지함과 결합하여 국경의 남쪽에서 새로 발견한 빈곤에 대한 감성적인 우려는 그러한 자애로운 여행을 정당화했다." 이러한 맥락에서 저자의 기관과 가까운 혹은 저자가 방문한 적 있는 다른 대학 지역사회의 몇몇 지역사회 지도자들은 대학교 가까운 곳에 훨씬 많은 지속적인 요구가 있는데 왜 단기간의 봉사를 하고자 학생들을 다른 나라에 보내느라 그렇게 많은 시간과 돈을 쓰는지 저자에게 물은 적이 있다. 다른 이들은 미국에서 이민자 집단이 없는 곳은 사실상 존재하지 않는다고 언급했다. 대학과 아주 근접한 민족적, 문화적, 언어 다양성이 풍부한 이민자 지역사회는 해외 여행에 관한 문제나 비용 없이 학생들에게 심오한 상호 문화적 경험을 제공할 수 있을 것이다. 노숙, 기아, 교육적 불평등, 질병, 환경적 악화와 같은 세계적 문제는 국내 문제이기도 하다. 결과적으로 서비스-러닝 경험을 설계하고 실행하는 과정에서 학생들에게 바람직한 학습 결과를 면밀히 조사하고 이것이 현지 지역사회에서의 활동을 통하여 달성될 수 있는지 여부를 고려하는 것이 중요하다. 현지 서비스-러닝은 시간, 돈, 다른 책임에 있어서 해외 여행이 어려운 학생들에게 훨씬 더 접근 가능하다. 지속적인 현지 대학-지역사회 파트너십은 또한 근접성으로 인해 가능한 자원, 학습, 참여의 공유 잠재성을 지니고 있다.

지금까지 해외 몰입 프로그램으로 배우는 학생의 학습 대비 국내에 있는 학생의 학습을 비교하거나 대학과 멀리 떨어진 프로그램 대비 현지에 기반을 두는 프로그램이 학생과 지역사회를 위해 더욱 큰 성과를 가져오는지 여부에 관한 연구는 거의 없었다. 최근 연구의 결과들은 모순된다. 일부 연구에서 현지 서비스-러닝은 국제 혹은 국내 몰입 프로그램보다 사회적 정의 성과와 더 강한 관계가 있었다(Littenberg-Tobias, 2013). 반면 Niehaus와 Crain은 유사하게 조직된 국내 경험 학생 참여자와 비교하여 국제 봉사 여행에 참여한 학생의 경험에서 몇 가지 유의한 긍정적 차이를 확인했다(2013). 이러한 차이를 추가로 조사하는 추가 연구는 서비스-러닝 교육자가 서비스-러닝의 주된 초점을 현지에 두어야 하는지 아니면 세계에 두어야 하는지에 대한 문제를 조명할 수 있도록 하는 것이 요구된다.

많은 장소의 특성에 영향을 주는 국제 이민의 역학과 다국적 상점이나 식당의 확산을 통하여 세계화는 전통적인 해외 유학 현장을 계속 동질화시키면서 교육자는 개발 도상국에 더 많은 프로그램을 확립하고자 하고 있다(Crabtree, 2008). 이러한 추세는 1990년대 초부터 증가했으며 Crabtree와 다른 이들은 이것에 대해 의문을 제기할 필요가 있다고 지적하였다(2008). 개발 도상국에서의 해외 유학은 “국가적 정치적 관심, 선교적 경향, 진기한 것에 대한 관음증적 추구의 성스럽지 못한 삼위일체”로 묘사된 바 있다(Woolf, 2013). 해외에서 지역사회 파트너십을 확립하는 것의 좋은 관행이 현지 정부나 비정부 조직(NGO)과의 파트너 맺기를 의미하는 것 같지만 Crabtree는 여기에 수반되는 우려를 다음과 같이 제시하고 있다. “ISL[국제 서비스-러닝; International service-learning] 과정과 교과연계 비교과과정 경험은 간혹 우리의 순진한 과제에 대한 희망을 통해서든 우리가 잘 모르는 NGO와의 협력을 통해서든 또는 가장 소외된 지역사회 및 사람들의 필요를 적절히 다루지 못하는 정부와의 암묵적인 공모를 통해서든 발전의 역사에 연루된다” (2008, p. 24).

또 다른 우려는 대부분 암묵적이며 또한 오랫동안 지속되는 현지의 관습과 잘 조화를 이루는 방식으로 어떻게 해외 지역사회와 관계를 맺는가이다. Elizabeth McGovern은 그러한 쟁점들의 세부 사항들을 자신이 두 개 다른 지역사회의 평화 봉사단에서 봉사했던 Malawi에서 두 수자원 프로젝트를 서술하면서 다루고 있다. 비가 왔을 때 홍수가 나는 것을 방지하기 위해 새로운 하수도 시설을 설치하고자 계약자가 마을에 들어갔던 한 프로젝트에서 프로젝트 작업은 작업을 시작하기 전에 계약자가 파이프를 모두 도난당하면서 중단되었다(1998). 지역사회가 깊게 연관된 자립 프로젝트인 두 번째 프로젝트에서 거주자들은 파이프를 스스로 구매했다. 장비는 도둑맞지 않았는데 그 이유는 마을 사람들이 장비를 소중하게 여겼으며 따라서 그들이 밤낮으로 파이프를 지켰기 때문이다 (McGovern, 1998). 게다가 Cabtree는 지역사회의 참여가 더욱 실질적일수록 학습이 학생에게 더욱 커진다는 점을 확인했다(2008).

우리의 세계 사회에서 “계몽된 리더십”을 위해 학생들을 교육하는 것에 대해 국제 서비스-러닝 경험의 개발자들은 McGovern의 경고에 Wilson-Oyelaran의 용어를 사용하여 표현할 때 다음과 같이 주의를 기울여야 한다. “내가 돌아온 후 얻은 가장 강력한 인상은 미국에서 우리가 얼마나 쉽게 최선의 해결책—도덕적 정의에 대한 우리의 추정 —을 가지고 있다고 가정하는지를 깨달았다”(1998, p. 29). 결과적으로 “‘우리’가 ‘덜 개발된’ 국가의 문제에 대한 옳은 답을 지니고 있다고 믿는 서구적 경향”을 피하기 위해 우리는 크게 노력하여야 한다(Doerr, 2011, p. 80). Zemach-Berson은 다음과 같이 말하고 있다.

> 교육 과정이 급우들과 내가 주변과 상호작용하고 있는 방식에 대해 비판적으로 논의하는 것을 포함하지 않기 때문에 … 집에 돌아와서 “해외에서 보낸

시간은 어땠니?”와 같은 수많은 질문이나 “놀라웠겠다. 많은 것을 얻고 성장했겠구나”와 같은 가정이 혼란스럽고 답을 할 수 없었다. 해외에서 유학한 다른 많은 학생들처럼 나는 프로그램의 교육 과정이 … 여러 면에서 우리 경험에 가장 강렬하고 관련이 있는 바로 그 문제들을 [피했다]는 것을 알았다. 왜 우리는 인종, 정체성, 특권과 같은 요소들이 모든 우리의 상호작용에 영향을 주고 있을 때 이를 분석하지 않았는가? 민박 가정과의 관계가 상업화된 관계를 기반으로 할 때에 상업화에 대한 논의는 왜 하지 않았는가? 식민주의나 현대의 제국주의 역사가 우리의 경험 대부분에 영향을 미치며 현지 국민들이 우리를 어떻게 바라보는지에 영향을 주지 않았는가? 세계 시민의 자질을 요구하는 권력 역학에 대해 말할 것이 아무것도 없었는가?[2008, p. A24]

국제 서비스-러닝의 또 다른 도전 과제는 모든 대학-지역사회 파트너십에 영향을 주는 문제가 심지어 더욱 심각하게 국제 파트너십에 영향을 줄 수 있다는 것이다. 국내 지역사회와 더불어 혹은 그 속에서 효과적으로 활동하기 위해 지역사회 문화, 역학, 쟁점에 대해 충분히 이해하는 것은 어려운 일이며 이는 거리가 먼 국제 환경에서는 훨씬 더 어렵다. 나아가 보통 1-3주 기간인 짧은 해외 경험을 지향하는 최근 추세는 지역사회에 깊은 영향을 미친다. 국내 서비스-러닝과 같이 우리는 서비스-러닝 참가자의 기여의 기간과 강도가 지역사회가 기여하는 시간과 자원을 상쇄하기에 충분한 실체와 질이 되도록 보장하기 위해 할 수 있는 모든 것을 해야 한다. 또한 단기간의 국제 경험의 맥락 내에서 학생들과 지역사회 구성원들 모두의 입장에서 충분한 상호 문화적 학습이 가능한지에 대해 의문을 제기하는 것도 가치가 있다. 이러한 우려를 다루기 위해 서비스-러닝 교육자는 특히 처음으로 덜 개발된 나라의 문화를 경험하는 학생들을 위해 문화 충격을 이해하고 서로 다른 문화의 적응을 용이하게 할 필요가 있다.

Crabtree는 심지어 가장 사려 깊게 설계되고 실행된 국제 서비스-러닝 경험에도 장기간의 의도하지 않은 결과가 있을 수 있다고 상기시킨다. 이 잠재적 결과의 예로는 의도하지 않게 지역 아이들에게 그들을 매혹시키는 물질적 소유를 소개하는 서비스-러닝 참가자들, 프로젝트 소유권을 두고 논쟁하고, 내부의 정치 및 대인관계 분열을 악화시키는 지역사회 구성원들, 왜 아무도 그들을 도우러 오지 않는지 궁금해하는 인접한 지역사회 구성원들, 발전에 있어서 외부 후원자를 필요로 하는 지역사회를 위한 서비스-러닝의 강화를 포함한다(Crabtree, 2008).

저자와 다른 많은 서비스－러닝 교육자들을 국제 서비스－러닝에 대해 지적으로나 감정적으로 갈등을 하게 만드는 것이 이와 같은 딜레마들이다. 그럼에도 불구하고 Crabtree가 적절하게 주장하는 바와 같이 "결국에는 ISL[국제 서비스－러닝; International service－learning] 과제는 개발 도상국가와 그 지역사회에 있는 우리의 파트너들에게 물질적 지원을 제공하는 것에 관한 것이 아니다 — 결국 그러한 극빈과 구조적 불평등에 직면하여 우리가 정말 얼마나 많은 것을 할 수 있겠는가? ISL은 모든 참가자들 사이에서 세계적 인식을 만들어 내고, 상호 이해를 발전시키는 기회를 제공하며, 사회적 정의와 이를 생산하는 기술들을 위한 공유된 열망을 만들어내는 것에 관한 것이다"(2008, pp. 29－30). 오랜 내면적 숙고 끝에 저자는 국제 서비스－러닝에서 얻는 가장 큰 수혜는 적어도 하나의 국제 환경에서 "티셔츠들"이라고 경멸적으로 불린 서비스－러닝 참가자들을 위한 것일 가능성이 크다는 Crabtree의 말에 동의한다. 그러나 저자는 티셔츠를 입었든 안 입었든 책임 있는 세계적 시민 자질을 위해 학생들을 교육하고, 미국 대학들, 고등 교육 기관, NGO들과 전 세계의 지역사회 사이에서 지속적이고 상호적으로 이익이 되는 파트너십을 위한 촉매제로 봉사를 하는 것은 고등 교육에서의 서비스－러닝의 목적들 중 하나이며, 가장 큰 도전 과제라고 믿는다.

추가정보출처

Bringle, R.G., Hatcher, J.A., & Jones, S.G. (Eds.). (2011). *International Service－Learning: Conceptual Frameworks and Research*. Sterling, VA: Stylus.

Building a Better World. (2013, November). www.criticalservicelearning.org.

Crabtree, R.D. (2008). Theoretical foundations for international service－learning. *Michigan Journal of Community Service Learning, 15*(1), 18-36.

Doerr, E. (2011). Cognitive dissonance in international service－learning. In B.J. Porfilio & H. Hickman (Eds.), *Critical Service Learning as a Revolutionary Pedagogy: A Project of Student Agency in Action*. Charlotte, NC: Information Age Publishing.

결 론

결론적으로 학생, 지역사회, 고등교육에 상당한 이익을 가져올 서비스－러닝의 잠재력을 믿는 이들에게 가장 어려운 질문들을 제기하고 고심하는 데에는 충분한 이유가 있다. *서비스-러닝 문제화하기(Problematizing Service-Learning)*의 편집자들은 오직 이 분야 바깥의 다른 사람들만이 우리의 활동을 비평하고 무엇이 잘못되었고 고쳐져야 하는지 말하도록 허용하는 유혹을 피하라고 충고한다(Stewart & Webster, 2011). 이러한 맥락에서 우리는 다른 문제들뿐 아니라 미래에 분명히 발생할 이 장에서 제기된 문제들을 주의깊게 고려하여야 한다. 서비스-러닝의 다른 많은 쟁점들과 마찬가지로 우리는 균형을 찾는 것이 필요하다. 동일한 원칙, 관행, 판단에 이의를 제기하고 도전하면서 그 근본 원칙, 견고한 관행, 최고의 판단에 기반한 높은 질의 서비스-러닝을 실행하는 것에 균형을 유지해야 한다. 우리가 실행에만 지나치게 열중해서 성찰, 논의, 학문적인 조사에 참여하는 것에 실패하지 않도록 하는 것이 중요하다. 이러한 것을 소홀히 한다면 "서비스-러닝의 바로 그 본질인 행위와 성찰 사이의 역학적 긴장을 키우는데" 실패하게 될 것이다(Jacoby, 2009b, p. 103).

CHAPTER

09

고등교육에서 서비스-러닝의 미래를 확보하기

Service-Learning Essentials

고등교육에서 서비스-러닝의 미래를 확보하기

본 서의 주요 목적은 고등교육에서 양질의 서비스－러닝을 촉진하여 잠재적 혜택을 인식하고 서비스－러닝의 미래를 안정적으로 확보하는 것이다. 앞 장에서는 서비스－러닝의 기초, 기본 원칙과 실제, 평가 및 관리와 관련된 문제들, 기존의 작업을 깊이 숙고하도록 도전하는 딜레마와 미해결된 문제를 논의하였다. 서비스－러닝이 미래에도 살아남아 번성하려면, 탄탄한 원칙에 기반을 두고 계획에 따라 신중히 시행해야 한다. 이번 장에서는 서비스－러닝을 교수법과 실제로서 타당화하고, 서비스－러닝이 교육기관과 지역사회 내에서 지속가능하도록 보장하며, 그 가능성을 국내외 맥락 내에서 확대하고, 미래의 기술 혁신 측면에서 잠재력을 탐색하기 위해 서비스－러닝 교육자와 지지자들이 논의해야 할 것으로 보이는 여러 질문들에 초점을 두고 있다. 서비스－러닝의 미래는 우리가 이러한 질문들에 어떻게 답하는가에 따라 크게 좌우될 것이다.

9.1 서비스-러닝을 교수법과 실습으로 인정하기 위해서는 어떤 평가와 연구가 필요한가?

성공 여부를 보여주기 위해 어떤 증거가 필요한가?

각 교육기관 수준뿐 아니라 국가 차원에서 서비스-러닝의 미래를 안정적으로 구축하기 위해서는 서비스-러닝이 중요한 교수법이자, 파급력이 큰 실습이라고 인정할 수 있는 평가와 연구가 필요하다. 다행히, 서비스-러닝이 학생, 지역사회, 교육기관에 유익하다는 것을 증명하는 연구가 늘고 있다. 서비스-러닝이 계속 성장하고 발달함에 따라 서비스-러닝의 미래를 이끌어줄 평가와 연구과제도 진보하고 있다. 참가자와 이해당사자 모두의 관점에서 서비스-러닝을 평가하는 것은 탄탄한 프로그램의 핵심 요소이다. 국가적 연구와 기타 폭넓은 연구를 진행하는 것이 서비스-러닝의 가치를 증명하는 데 중요하지만, 대학 관계자는 서비스-러닝이 해당 학교의 학생, 지역사회, 교육 우선순위에 어떤 영향을 미치는지 알고 싶어한다(Furco, & Holland, 2009).

Furco와 Holland는 서비스-러닝에 대한 대학 지도층의 지원을 확보하고 유지해 나가기 위해서는 "*열정 이상의 근거*"가 필요하다고 강조한다. 즉, "서비스-러닝과 관련하여 제도적으로 우선순위를 차지하고 있느냐와는 상관없이, 장기적으로 제도적 지원을 받기 위해서는 유력한 근거를 통해 계획의 효과를 입증하는 데 지원의 성패가 달려 있다"는 것이다(2009, p. 60). 관계자들이 결정을 내리기 힘들 경우, "광범위한 제도적 틀 안에서 프로그램의 비용과 편익, 영향력을 측정하는 종합평가 계획을 담고 있는" 계획과 프로그램을 더 긍정적으로 검토하는 경향이 뚜렷하다(Furco, & Holland, 2009, p. 60).

서비스-러닝의 장점에 대한 평가 이외에, 서비스-러닝에 대한 교육기관의 헌신도를 평가하는 것도 서비스-러닝의 미래를 공고히 하는 데 중요하다. 카네기 교육진흥재단(Carnegie Foundation for the Advancement of Teaching)이 권위 있는 "지역사회 참여 인정제도(Community Engagement Elective Classification)"를 도입한 이후, 이는 서비스-러닝의 중심으로서 지역사회 참여의 제도적 평가를 위해 종합적인 준거 틀로 작용하고 있다. 해당 제도의 틀을 따르고자 하는 대학을 위해 카네기 교육진흥재단은 문서화에 대한 준거 틀을 요구하고 있는데, 이는 자기 평가를 어떻게 실시해야 서비스-러닝에 대한 교육기관의 헌신도(또는 헌신도 부족)를 구체적으로 파악할 수 있는지에 대해 효과적인 지침을 마련해 줄 것이다. 지역사회 참여에 대한 교육기관의 헌신도를 파악할 수 있는 기본적인 지표에는 제도적 정체성, 문화, 인프라, 자원 할당, 교수진 보상제도, 학생, 교수진, 교육기관 및 지역사회에 미치는 영향에 대한 캠퍼스 전반의 평가 등의 지표가 포함된다.

특히 서비스-러닝을 교육과정에 반영하기 위해, 카네기 교육진흥재단은 서비스-러닝 과목의 정의, 수, 비율, 수업 지정 절차뿐만 아니라 분야, 부서 및 캠퍼스 차원의 학습 결과, 그리고 학습성취도 수준에 대한 지속적이고 체계적인 평가를 보장하도록 전략 및 메커니즘까지 함께 요구한다(Carnegie Foundation for the Advancement of Teaching, 2013b). 교육과정 통합에 관해서는, 석사 과정, 핵심 과목, 종합 프로젝트, 1학년 체험 과목, 교양 교육, 전공 및 부전공 등을 통해 제도화 여부를 확인한다(Carnegie Foundation for the Advancement of Teaching, 2013b).

카네기 교육진흥재단에서 규정하는 분류의 범주에서는 지역사회 측면의 평가도 강조하고 있다. 개별 파트너십에 대한 상세 정보 이외에도, 상호관계와 호혜성을 중시하는 상세한 제도 전략에 대해서도 상세히 설명하길 요구한다(Carnegie Foundation for the Advancement of Teaching, 2013b). 이외에도 "지역사회와 교육기관 간 양방향으로 발생하는 파트너십, 상호관계, 상호이익에 관한 피드백과 평가 결과를 체계적으로 수집하고 공유"할 수 있는 메커니즘에 대해서도 자세히 설명할 것을 요구한다(2013b, p. 15). 제도와 지역사회에 초점을 맞춘 평가 종류에 대해 영감을 주고 지침을 제공한다는 점에서 필자는 카네기 교육진흥재단에 매우 감사하고 있으며, 이러한 평가 종류는 서비스-러닝의 현재와 미래 상황을 파악하는 데 매우 중요하다고 생각한다.

평가는 서비스-러닝의 가치를 입증하고 이를 더 개선하도록 이끄는 필요조건이긴 하지만 충분조건이라고는 할 수는 없다. 일반적으로 평가는 특정 계획이나 상황에 맞는 데이터를 내놓기 때문에 서술적이긴 하지만 일반화하기는 어렵다. Bringle, Clayton과 Hatcher에 따르면, 평가는 "특정 맥락에서 '*무슨 일*'이 발생하는지에 대한 질문을 한다면, 연구는 '*왜*' 그런 일이 발생하고, 어떠한 조건 하에서 발생하고 발생하지 않는지를 조사"한다(2013, p. 10). 양질의 연구는 필수적이지만 그만큼 쉽지 않다. 1991년 카네기 교육진흥재단은 연구자, 교육자, 국가 공무원과 학생을 만나 서비스-러닝을 위한 초기 연구과제를 수립하려고 했다. 당시 이들은 "서비스-러닝이 학생들의 학습과 개발, 학생들이 일하는 지역사회, 교육기관과 사회에 어떠한 영향을 미치는지에 대해 반복 측정이 가능한 정량·정성적 연구가 부족함"을 안타까워했다(Giles, Porter-Honnet, & Migliori, p. 5).

그때부터 이 분야는 상당한 발전을 이룩하였고, 서비스-러닝에 대한 연구 또한 양적 질적 차원에서 깊이 성장했다. 이 책에서 자주 인용되는 *Michigan Journal of Community Service Learning*은 엄격한 심사를 거쳐 훌륭한 연구 결과를 싣는 학술지이다. 점점 더 많은 학술지가 서비스-러닝에 대한 연구와 지역사회 참여와 관련된 연구를 게재하고 있고, 이러한 학술지에는 *Journal of College and Character, Journal of Community Engagement and Scholarship, Journal of Higher Education Outreach and Engagement*, 그리고 *Partnerships: A Journal of Service-Learning and Community Engagement* 등이 있다. 2005년에 시작해 2007년에 설립된 국제 서비스-러닝 및 지역사회 참여 연구협회(IARSLCE)는 연례 회의를 후원하고 회의 기록을 출판함으로써 이러한 연구와 논의를 장려한다. 2013년 IARSLCE는 *International Journal of Research on Service-Learning and Community Engagement*라는 동료심사가 진행되는 학술지를 출간하였다. 또한, Clayton, Bringle과 Hatcher는 <서비스-러닝 연구에 대한 IUPUI(Indiana University-Purdue University-Indianapolis) 시리즈>(IUPUI Series on Service Learning Research)를 구성하고 편집했다. 해당 출판물은 "차후 연구의 품질을 개선하기 위해 이론과 과거 연구에 기반한 탄탄한 연구과제를 수립"했다(2011, vol. 1, p. 4). 학제별 협회 학술지들도 서비스-러닝에 대한 연구를 점점 더 많이 게재하고 있는 추세이다.

서비스-러닝을 철저히 연구하는 것이 더욱 필요하다는 데에는 의심의 여지가 없다. 양질의 서비스-러닝 연구를 구성하는 네 가지 주요 관점은 바로 이론, 측정, 설계, 실제이다(Clayton, Bringle, & Hatcher, 2013). 이론 개발을 목적으로 설계된 정성적 연구를 제외하면, 일반적으로 연구는 이론에 따라 진행되고, 획득한 정보를 사용해 이론을 검증하고, 재정비하며 수정할 때에 서비스-러닝에 큰 도움이 될 수 있다(Clayton, Bringle, & Hatcher, 2013). 이론과 측정은 상생 관계에 있는데, 이는 "여러 속성의 정량적 또는 정성적 측면을 측정하는 과정은 독립된 과정이 아니며, 이러한 속성들이 이론 내에 얼마나 확고하게 자리잡고 있는지를 파악하는 역할을 한다는 점에서 유의미하기 때문"이다(Clayton, Bringle, & Hatcher, 2013, p. 13). 측정은 유의미한 동시에 실용적일 필요가 있다(Clayton, Bringle, & Hatcher, 2013).

연구설계는 데이터 수집 및 분석에 사용되는 절차를 모두 아우른다. 연구설계 선정은 하나 이상의 이론이나 일련의 연구 질문을 고려하여 진행해야 한다(Clayton, Bringle, & Hatcher, 2013). "정량적이든, 정성적이든, 둘이 혼합되었든, 바로 연구설계 단계에서 수집되는 정보나 근거의 무결성이 바로 결정되고, 이러한 데이터의 무결성에 토대를 두고 추론이 이루어지거나 결론이 도출된다"(Clayton, Bringle, & Hatcher, 2013, p. 15). 실제는 서비스-러닝의 모든 측면을 개발하고 개선하기 위해 연구 결과를 적용하는 단계이다. 이러한 측면에서 Clayton, Bringle과 Hatcher는 Kurt Lewin의 연구를 인용하여 "좋은 이론보다 더 실용적인 것은 없다"고 주장했다(Clayton, Bringle, & Hatcher, 2013, p. 16). 따라서 이론, 연구 및 실제는 밀접하게 연관되어 있다. "이론가는 사회적 또는 실제적 문제를 해결할 수 있는 이론을 창시하기 위해 노력해야 하고, 행동가와 연구자는 적용 가능한 이론을 활용해야 한다"(Clayton, Bringle, & Hatcher, 2013, p. 17). 상기 네 가지 주요 관점 이외에도, 양질의 연구는 여러 학문에 걸쳐 반복 측정과 일반화가 가능해야 하며, 동료들의 질문과 비평을 수용할 여지가 있어야 한다.

서비스-러닝에 대한 연구를 진행하는 경우 일반적인 고충 외에도 도전과제에 직면하게 된다. 서비스-러닝은 다수가 참가하고, 다양한 환경에서 발생하며, 많은 과제와 희망 연구결과가 뒤따른다. 또한, 인과 관계를 예측하기가 쉽지 않고, 깊이 있는 종단적 연구를 통해서만 시간에 따른 변화를 측정할 수 있다. 서비스-러닝의 부가가치를 수량화하는 것은 어렵거나 거의 불가능하지만, 아래와 같이 해결되지 않는 물음에 대한 해답을 구해야 한다. "이 분야는 많은 행동가의 열정을 불러일으키고, 학생의 감성과 지성을 사로잡아 학생을 완전히 탈바꿈하도록 돕는 분야임에도 불구하고, 우리가 원하는 효과를 내려면 어떠한 행동을 취해야 하는지 그 근거가 놀라우리만큼 거의 없다"(Eyler, 2002).

위 질문처럼, 서비스-러닝에 대한 연구는 어떠한 행동을 해야 하는지, 그리고 이러한 행동들 중 학생, 지역사회, 교육기관, 기타 참가자와 이해당사자에게 원하는 효과를 내게 하는 측면이 무엇인지를 파악하고, 이에 대한 기틀을 잡고 연구하는 데 괄목할만한 진전을 이루었다. 하지만, 매우 깊이 있는 성찰을 통해 제시한 "봉사와 학습을 결합하기 위한 1990년대 연구과제"(Giles, Porter-Honnet, & Migliore, 1991)는 우리가 서비스-러닝과 그 효과에 대해 지속적으로 5개 영역의 연구 질문에 답을 찾도록 끊임없이 우리를 자극하고 있다. 이 연구과제의 개요는 다음 [제시문 9.1]에 나온 바와 같다.

제시문 9.1 봉사와 학습을 결합하기 위한 1990년대 연구과제

참여자

서비스-러닝 경험이 학생 개개인에게 전반적으로 미치는 영향은 무엇인가?

- 서비스-러닝은 학습자로서 학생에게 어떠한 영향을 미치는가?
- 서비스-러닝을 통해 학생은 어떤 지식을 습득하는가?
- 서비스-러닝에 참여하는 것이 참가자 개인의 자아 및 타인에 대한 자각, 친사회적 태도 및 행동, 세계관 등에 영향을 미치는가?
- 서비스-러닝은 시민으로서 학생에게 어떠한 영향을 미치는가?
- 연령, 사회경제적 지위, 발달 단계, 가정 환경 및 지원 등과 같은 학습자 특징에 따라 사회적 발달 특성에도 차이가 생기는가?
- 서비스-러닝 모델에 따라 참가자들의 세계관, 가치 형성 또는 기술 개발에도 차이가 생기는가?

교육기관

서비스-러닝이 교육 제도와 다양한 종류의 교육기관의 발전에 미치는 영향은 무엇인가?

- 교육기관의 사명이 서비스-러닝의 결과에 어떻게 이바지하고 있는가?
- 서비스-러닝은 교육, 연구, 봉사를 어떻게 효과적으로 통합할 수 있는가?
- 서비스-러닝은 교수 효과, 교육과정 설계, 교사 연수, 학교의 임무와 조직 구조, 이론의 실용, 학습 및 개발 등의 분야에 어떠한 개혁 수단으로 활용할 수 있는가?
- 어떻게 하면 기존 전통 과목들에 서비스-러닝의 요소를 반영하여 효과적으로 가르칠 수 있는가?

지역사회

서비스-러닝이 지역사회 개선에 어떠한 영향을 미치는가?

- 서비스-러닝은 교육기관, 지역사회와 사회 내에서 어느 수준으로 다문화 이해도를 증진하는가?
- 서비스-러닝을 통해 지역사회 내 참여가 장기적으로 지속될 수 있는가?
- 서비스-러닝으로 인해 지역사회가 부담하는 비용과 누리는 혜택에는 무엇이 있는가?
- 서비스-러닝은 민주적인 지역사회의 공동 개발에 어떻게 기여하는가?

이론적 기반

서비스-러닝 연구는 향후 이를 뒷받침하고 분명히 밝히게 될 이론 발달에 어떻게 기여할 수 있는가?

- 서비스-러닝 연구는 인간발달에 대해 보다 포괄적인 이론의 개발에 기여할 수 있는가?
- 서비스-러닝 연구는 보다 포괄적인 지역사회 개발 이론의 발달에 어떻게 기여할 수 있는가?
- 서비스-러닝 연구는 보다 포괄적인 인식론과 학습 이론의 발달에 어떻게 기여할 수 있는가?
- 효과적인 서비스-러닝에 대한 이해도를 높이는 데 이러한 인간 개발, 지역사회 개발, 학습이론이 어떻게 이용될 수 있는가?

프로그램 모델

다양한 서비스-러닝 모델의 구성요소와 결과에는 어떤 것들이 있는가?

- 체계적으로 성찰을 활용하는 프로그램과 그렇지 않은 프로그램이 학생에게 미치는 영향에는 차이가 있는가?
- 서비스-러닝의 제도화를 향상 또는 퇴보시킨 프로그램의 특징은 무엇인가?
- 기간, 강도, 내용, 강제적 또는 자발적 참여 여부 등에 따라 프로그램의 특징이 다양한 결과를 나타내었는가?
- 서비스-러닝은 어떻게 다양한 차원에서, 전체 과목에 걸쳐 교육과정에 효과적으로 반영될 수 있는가?

출처: Giles, Porter-Honnet, and Migliori, 1991, pp. 9-11. 저자로부터 사용승인을 받음.

필자는 Clayton, Bringle과 Hatcher가 2013년에 내놓은 <서비스-러닝 연구: 개념적 프레임워크와 평가>(Research on Service Learning: Conceptual Frameworks and Assessment) 두 권에 게재한 연구뿐만 아니라 IARSLCE 학술대회논문, *Michigan Journal of Community Service Learning* 그리고 이번 섹션의 기타 자료에서 언급한 서비스-러닝의 모든 측면의 연구들에서 영감을 얻었다. 독자 여러분들도 필자처럼 1991 NSEE 연구과제를 다시 논의하고, 각자의 상황에 적합한 연구결과를 활용하며 서비스-러닝과 관련된 많은 연구에서 미래 연구방향을 되새겨 보길 바란다. 하지만 연구 결과를 읽고 활용하는 것만으로는 충분치 않다. 서비스-러닝의 미래는 우리 서비스-러닝의 교육자, 옹호자, 지지자들에게 달려있고, 우리는 서비스-러닝의 원칙과 실제를 검토하고 입증할 수 있는 연구를 실시하고 보고해야 한다.

추가정보출처

Carnegie Foundation for the Advancement of Teaching. (2013b, May). *Elective Community Engagement Classification: First-Time Classification Documentation Framework*. http://classifications. carnegiefoundation.org/downloads/community_eng/first-time_framework.pdf.

Clayton, P.H., Bringle, R.G., & Hatcher, J.A. (Eds.). (2013). *Research on Service Learning: Conceptual Frameworks and Assessment* (2 vols.). Arlington, VA: Stylus.

Eyler, J.S., & Giles, D.E., Jr. (1999). *Where's the Learning in Service-Learning?* San Francisco, CA: Jossey-Bass.

Giles, D., Porter-Honnet, E., & Migliori, S. (1991). *Research Agenda for Combining Service and Learning in the 1990s*. Raleigh, NC: National Society for Experiential Education.

International Association for Research on Service-Learning and Community Engagement. (2013, November). *Proceedings*. www.researchslce.org/publications/proceedings/.

9.2 서비스-러닝 제도화는 어떻게 서비스-러닝의 미래를 안정화할 수 있는가?

제도화는 필요한가?
서비스-러닝 제도화에 학과의 역할은 무엇인가?

서비스-러닝 선도자와 옹호자는 서비스-러닝이 성공을 거두고 지속적으로 미래를 보장받으려면 대학의 사명, 정책, 실제 행위, 예산에 서비스-러닝을 완전히 통합해야 한다고 오랫동안 강력하게 주장해 왔다. 현재까지 서비스-러닝의 제도화를 정의하는 포괄적이고 확실한 모델이 다수 소개되었다(Bringle & Hatcher, 1996; Furco, 2002; Gelmon, Holland, Driscoll, Spring, & Kerrigan, 2001; Holland, 1997; Hollander, Saltmarsh & Zlotkowski, 2001). 이러한 모델은 교육기관들이 서비스-러닝의 제도화 수준을 판단하는 데 적절한 평가도구를 제공한다. 미국 내 서비스-러닝의 제도화는 1993년에 시작되어 2012년에 끝난 국가 및 지역사회봉사단(Corporation for National and Community Service)이 진행한 사업, 즉 봉사학습 사업(Learn and Serve America)의 고등교육 지원 프로그램을 통해 연방정부의 강력한 지원을 받았다.

8장 8.7에서 논의한 대로, 일부 서비스-러닝 학자가 도전과제를 제시했음에도 불구하고, 이 책을 포함한 대부분의 서비스-러닝을 지지하는 문헌은 서비스-러닝이 계속해서 발전하려면 제도화가 필수적이라고 주장한다. 심지어 "서비스-러닝의 불편한 정상화"를 본격적으로 다루는 책(Butin, 2005c, p. vii)의 마무리 장에서, Hartley, Harkavy와 Benson은 제도화의 필요성에 대해서는 의문조차 제기하지 않고, 제도화에 따른 도전과 제만을 다루고 있다. 필자도 역시 제도화가 필요하다고 굳게 믿고 있다. 서비스-러닝이 기관의 중요하지 않은 위치에서 실시되는 단독 계획이라면, 이는 단순히 일시적인 유행으로 여겨져 교육기관의 우선순위나 활동에 영향을 미치지 않고 역으로 사그라들게 될 것이다. 또한, 서비스-러닝이 중요하지 않다고 판단되는 상황, 지지자들이 서비스-러닝의 생존을 위해 정신 없이 싸우고 있는 상황이라면, 양질의 강좌나 정규과목과 병행하는 프로그램을 개발하고 이를 유지하는 것이 쉽지 않을 것이다. 지역사회 측면에서, 지역사회와 책임감 있는 파트너십을 장기간 지속하는 데 필요한 인프라를 제도화하지 않고 서비스-러닝을 위한 파트너십만을 구축하는 행위는 교육기관의 무책임을 드러내는 행위이다.

대학은 발전을 거듭하고 좀 더 나은 방향으로 나아가기 위하여 교육정책, 프로그램과 교육행위를 채택하여 실행하고자 한다. 이 중 일부는 완전히 도입되어 시간이 흘러도 유지되는 반면, 일부는 (신 수학, 총체적 품질경영을 기억하는가?) 일시적인 유행으로 간주되어 어떠한 가치도 남기지 않고 재빨리 사라진다. Levine은 1980년 고등교육 내 혁신에 대한 개인과 조직의 반응에 대한 연구를 실시했고, 이 연구를 통해 교육계의 추세는 조직의 반응에 따라 교육기관 전체에 확산되거나, 가벼운 취급을 받거나, 단순화되거나, 영향력을 낮추기 위해 수정되거나, 아예 종료된다는 점을 증명하였다. 고등교육 내 혁신은 대부분 실패하는데, 이는 혁신 프로그램이 별도의 프로그램으로 해석되고, 정치적 또는 재정적 지원을 거의 받지 못하며, 중요하지 않거나 핵심 사안과 밀접한 관련이 없다고 간주되기 때문이며, 여러 범주로 나뉘기 때문이다(Levine, 1980). 물론 행정·관리 결정권자와 교수진은 서비스-러닝을 장기적으로 실행할 수 있도록 고민해 왔다. 따라서, [제시문 6.2]와 [제시문 6.3]에 기술된 서비스-러닝의 제도화를 정의하는 기준은 지속 가능한 양질의 서비스-러닝으로 이끌기 위해 필수적이다. 서비스-러닝이 제도화되지 않으면 부차적 과목, 중요하지 않은 과외활동, 또는 시간이 남거나 특별 자금이 제공되는 소수 인원만을 위한 사치로 비추어질 위험성이 높다.

학과 내 통합, 그리고 교육기관의 우선순위와의 통합은 제도의 구축과 학문의 혁신을 도모하기 위해 근간이 되는 생존 요소이다(Furco & Holland, 2009; Kecskes, 2013). Zlotkowski와 Saltmarsh는 참여형 부서를 개발하는 과업이 서비스-러닝의 미래를 보장하는 데 있어 가장 중요하고 쉽지 않은 과업 중의 하나라는 의견을 내놓았다. 그럼에도 불구하고 "과거 다른 학문적 계획과 마찬가지로, 서비스-러닝의 미래는 현대 고등교육의 중심에서 바로 '학과'에 대해 접근 가능한지, 설득력을 발휘할 수 있는지에 달려 있다"고 말했다(2006, p. 278). 또한, "아래에서 올라오는 교수 개인의 관심사와 위에서 내려오는 행정상 지원이 학과의 문화 수준에서 서로에게 닿는가? 아니면 서로 스며들지 못하게 중간에 방수막이 있는 상태로 맞닥뜨리는가?"라는 의문도 제기하였다(Zlotkowski & Saltmarsh, 2006, p. 278). 서비스-러닝 옹호자는 제도화 노력을 기울일 때 '학과'에 주요 초점을 맞춰야 할 것이다. 참여 학과는 앞서 4장 4.13에서 다루어진 바 있다.

제도화가 쉽지 않고 오래 걸리는 절차라는 점을 고려했을 때, 우리는 이를 위해 어떠한 기대를 가지고 무슨 일을 해야 하는가? 서비스-러닝이 교육기관 내에서 중요성을 인정 받고, 우선순위와도 긴밀히 연계된 경우, 제도화 최종 단계가 시작되면서 제도화 절차는 정점에 도달하게 된다. “이 단계에서 서비스-러닝을 제도화하기 위한 노력은 서비스-러닝 자체를 지원하고 장려하는 것에서 서비스-러닝을 통해 발전을 도모하고 학교 전체에 적용할 수 있는 광범위한 계획을 지원 및 장려하는 것으로 바뀌어야 한다”(Furco & Holland, 2009, p. 57). 제도화가 많이 진행된 단계에서, 서비스-러닝은 교육기관의 문화, 임무와 인프라에 긴요한 부분으로 간주될 것이다. 이 단계에서도 실제 업무를 담당하는 센터와 개인들은 항상 존재할 것이다. 이러한 센터와 개인을 위한 자금지원이 끊이지 않도록 점점 더 많은 교육기관이 기부금 모금에 힘쓰는 모습은 고무적이다.

9.3 교수 보상체계 내에서 서비스-러닝, 지역사회 기반 연구, 참여형 학문 등을 충분히 인정하기 위해서는 무엇을 해야 하는가?

어떻게 신입 교수들의 서비스-러닝 참여도를 높일 수 있는가?

4장 4.12에서 논의된 바와 같이, 서비스-러닝과 기타 형태의 지역사회 참여형 사업의 미래를 보장하는 데 중요한 방법은 교수진 보상제도에서 이를 인정해 주는 것이다. Ward는 이에 대해 다음과 같은 견해를 보인 바 있다. “교수진은 교육과정 결정권자로, 수업에 임하는 교사로, 지식의 생산자이자 시민으로서의 역할을 이행하며 지역사회와 공공복지에 고등교육이 책임감 있는 역할을 수행하도록 이끄는 데 중대한 역할을 한다. 교수진이 대학과 사회를 의미 있게 연결하기 위해 대학 차원에서 노력할 것을 주장하고, 이에 대한 업적을 인정하며 실제적인 노력을 기울이도록 하려면, 이런 류의 일을 명확하게 규정하고 보상을 제공하는 보상 구조가 필요하다”(2005, p. 217). 카네기 교육진흥재단의 지역사회 참여 인정제도에 제출된 신청서들을 근거로, 교수진 보상정책은 다음과 같은 세 가지 측면에 초점을 맞춰야 한다. 바로 ① 지역사회 참여형 학문을 정의하고, 본인의 업적을 입증하기 위해 교수진이 제공해야 하는 근거에 대해 명확하고 자세한 기준을 정립해야 한다는 점, ② 학문적 연계활동으로서 교육, 봉사가 통합된 연구활동을 인정하기 위해 지역사회 참여에 대한 보상정책을 수립해야 한다는 점, 그리고 ③ "지역사회 참여형 학문 평가 기준을 마련하기 위해 경험을 토대로 호혜성을 갖춘 규범을 재정의하고 무엇을 '연구업적'으로 보고 동료 논문심사과정에서 누구를 '동료로' 볼 것인지 등에 대한 재개념화가 필요하다"(Saltmarsh, Giles, Ward, & Buglione, 2009, p. 34)는 것이다. 또한, Bingle, Hatcher와 Clayton은 교수진의 서비스-러닝에 대한 학문도 보상제도를 통해 인정을 받을 자격이 있는 학문적 업적이라고 명시한다. "교수진이 서비스-러닝에 대해 이룬 업적이나 연구 덕분에 다른 이들이 서비스-러닝 과목 설계와 실시에 대한 정보를 얻었거나, 해당 학제나 대학과 지역사회 간 파트너십 내 교수와 학습에 대한 이해도가 높아졌다면, 이는 학문, 즉 교수 및 학습에 관한 학문으로 간주될 가능성이 있는 것이다"(2006, p. 265; Sandmann, 2009 내 인용).

교육기관들이 참여형 교육과 학문을 가치 있게 여기기 전까지는, 종신 교수직 임용을 바라는 많은 새내기 교수진, 특히 연구중심대학에서 근무하는 교수진은 멘토로부터 종신직을 받기 전까지 서비스-러닝이나 지역사회 참여형 학문에 관여하지 말라는 조언을 계속해서 들을 것이다. 특히 이런 환경에 놓인 새내기 교수진은 "일반" 수업에 비해 시간이 걸리고 연구에 쏟아야 할 소중한 시간을 빼앗기는 서비스-러닝 수업을 단념하게 될 것이다. 전통적인 연구 문화 측면에서 보면, "학문 위주의 문화에서는 현지·지역사회에 초점을 맞춘 실용연구나 응용연구보다는 광범위한 시사점을 제공하는 순수, 실증적, 이론적 연구가 더 인정받는다"(Nyden, 2003, p. 214). 또한, 학술지 편집장이나 편집위원 활동 등 전형적인 학문 영역을 벗어나 지역사회를 지향하는 활동에 초점을 맞추는 교수진은 "진지한" 연구에는 관심이 없는 것으로 비춰질 수 있다. 그 결과, 지역사회 기반 사업에 관심이 있는 경우라도, 많은 새내기 교수진은 종신직에 임명되기 전까지는 전통적인 형태의 수업, 연구와 활동에 집중하며 서비스-러닝과 참여형 학문을 피한다. 지역사회의 맥락에서 학문을 닦고 수업에 힘쓰고자 하는 신임 교수진들이 있지만 서비스-러닝과 참여형 학문을 꺼리는 전통적 수업 형태로 인하여 안타깝게도 학생들과 지역사회의 잠재적 파트너들은 새로운 생각을 착안해 내며 성장동력을 지니고 있을 젊은 교수진들과 협업할 기회를 놓치고 만다.

한편, 서비스-러닝, 참여형 학문 및 기타 형태의 지역사회 참여 사업에 참여한 교수진에 대해 대학 차원에서, 또 개인 차원에서 이를 인정하는 국가기관의 지원이 늘어나고 있다는 점은 고무적이다. 이러한 측면에서 교수진과 논문 검토자에게 실질적인 자원과 도움을 제공하는 단체들이 빠른 속도로 증가하고 있고, 그 예로는 참여형 학문 협력단(Engaged Scholarship Consortium), 이매지닝 아메리카(Imagining America), 보건을 위한 지역사회－대학 파트너십(Community－Campus Partnership for Health), 캠퍼스 콤팩트(Campus Compact), 연구중심대학 시민참여 네트워크(The Research University Civic Engagement Network), 국제 서비스－러닝 및 지역사회 참여 연구협회(IARSLCE), 전미 대학참여연구 연합(National Collaborative for the Study of University Engagement) 등의 기관이 있다. 또한, 참여형 학문과 서비스－러닝을 수용한 다양한 분야에서 학제별 협회의 수도 증가하는 추세이다. 해당 협회들의 출판물, 홈페이지, 회의 주제는 교수진이 특정 학제에 대한 연구뿐만 아니라 서비스－러닝 과목과 관련된 연구도 공유할 수 있는 장을 마련해준다. 다음 캠퍼스 콤팩트의 홈페이지에서 인용한 부분은 서비스－러닝과 지역사회 중심 연구를 위한 논문 등의 출판 매체 목록에 해당한다.

이러한 조직과 참여형 학문을 진행하는 교수진 개인들의 연구를 바탕으로, Sandmann은 이를 장려하는 대학에 다음과 같은 제언을 했다. 우선, 교수진, 학과장, 경력 초기 단계에 있는 교수진을 위한 멘토링 위원회, 승진 및 종신직 임용 위원회가 '지역사회 참여'를 정의하는 방법과 교육, 연구와 봉사 측면에서 서비스－러닝과 지역사회 참여를 구성하는 방법에 대한 이해를 증진할 수 있도록, 이들에게 전문성 신장 기회를 제공하는 것이 중요하다. 또한, 제도와 학제에 토대를 둔 단체를 만들어 용어를 정의하고, 지역사회 참여를 포함하는 더 넓은 학문으로 개념을 정립하고, 이를 반영하는 활동에 보상을 얹으며, 다른 기관이나 학제가 적용한 제도를 연구할 수 있도록 해당 근거를 개발하기를 제언했다. 이뿐만 아니라, 경력 초기 단계에 있는 교수진에게 멘토링을 제공하고, 선임 교수진과 관리자들이 대학의 전략계획의 하나로 지역사회 참여를 명백히 포함하며 학문 지도자 리더십 개발 프로그램에 참여하도록 독려하는 것도 중요하다(2009).

저자는 Sandmann의 권고사항에 개인적인 의견을 덧붙이고자 한다. 학과, 학제별 협회와 대학원은 참여형 학문과 서비스－러닝을 통해 교육에 관심이 있는 대학원생, 특히 해당 분야에서 교수가 되기를 희망하는 학생에게 격려와 지원을 아끼지 않아야 한다고 생각한다. 다행히 유망한 우수 사례들이 이미 여럿 있는데, 그 중 하나는 조지아 대학교 지역사회 참여 전문 포트폴리오(Graduate Portfolio in Community Engagement)이다. 이 프로그램은 학부 졸업 이상의 학력을 지닌 다양한 전공자들을 대상으로 자발적이고도 비학점 이수 형태를 띤, 전문성 개발 및 인정의 교육과정이다. 이 프로그램의 목표는 석사 및 그 이상 과정에 있는 학생이 지역사회 참여형 연구, 교육, 공공 서비스 및 봉사활동 분야에서 역량을 키우고 이를 기록하는 활동을 돕도록 하는 것이다. 이 프로그램은 지역사회 참여형 학자로의 커리어를 준비하고, 참여형 교육 · 연구 · 서비스의 우수 사례를 학습하며, 지역사회 참여 활동을 직접 수행하고 이에 대해 고찰하고 기록을 하는 등의 수행 기회를 포함하고 있다(University of Georgia, 2014).

미시간 주립대는 지역사회 참여 연수(Graduate Certification in Community Engagement)라는 프로그램을 제공한다. 이 프로그램을 통해 학생들은 멘토와 함께하는 60시간 지역사회 참여 프로그램을 이수하고, 참여활동 포트폴리오를 마련하여 발표한다. 모든 요건을 충족한 학생은 대학봉사 및 참여 담당 부학장의 감사장과 함께 성적증명서와 수료증을 받는다(Michigan State University, 2014). 연구중심대학들은 미래의 교수를 길러낸다는 사명으로 이러한 훌륭한 사례들에 주목하여 진지하게 접근하고 있으며, 유사 프로그램의 도입을 원하고 있다.

추가정보출처

Campus Compact. (2013e, September). *Publishing Outlets for Service-Learning and Community-Based Research.* www.compact.org/category/resources/service-learning-resources/publishingoutlets-for-service-learning-and-community-based-research/.

Crews, R.J. (2011). Reflections on scholarship and engaged scholarship. In T. Stewart & N. Webster (Eds.), *Problematizing Service-Learning: Critical Reflections for Development and Action.* Charlotte, NC: Information Age Publishing.

Sandmann, L.R. (2009). Community engagement: Second-generation promotion and tenure issues and challenges. In J.R. Strait & M. Lima (Eds.), *The Future of Service-Learning: New Solutions for Sustaining and Improving Practice.* Sterling, VA: Stylus.

Stanton, T., Connolly, B., Howard, J., & Litvak, L. (2013). *Research University Engaged Scholarship Toolkit* (4th ed.). Boston, MA: Campus Compact. www.compact.org/initiatives/trucen/trucen-toolkit.

9.4 서비스-러닝에 대한 해외 모델에서 무엇을 배울 수 있는가?

서비스-러닝이 계속해서 발전하려면, 미국을 넘어 전 세계적으로 서비스-러닝을 고등교육에 통합해야 한다. 서비스-러닝의 형태와 모델은 다양하지만, 남극대륙을 제외한 모든 대륙 내 많은 국가의 기존 고등교육 제도는 건재하다. 일부 국제적 서비스-러닝 학자들에 따르면, 서비스-러닝의 미국식 개념과 실제가 항상 국제 환경에 적합한 것은 아니다(Brabent, 2011; Labhrainn & McIlrath, 2007). 반대로 국제적 개념이 미국에 항상 적용 가능한 것도 아니지만, 미국에 기반을 둔 서비스-러닝 교육자가 다른 나라의 동료 교육자들에게서 많은 것을 배울 수 있다는 점은 확실하다. 예를 들어, 남아프리카공화국의 서비스-러닝 교육자들은 인구별 구성이 다양한 국민들을 대상으로 화합과 번영을 도모하는 국가 설립을 꾀하고 있다(Labhrainn & McIlrath, 2007). 식민지 독립을 이룬 말라위의 교육자들은 심오한 인간과 공동체의 요구에 부합하기 위해 "토착 교육기관은 자국 특유의 공동체 문화의 가치체계를 고수하면서, 경쟁력 있고 범세계적 사안에 적극 참여하여 혁신적 지도자를 육성하기 위해 힘쓰고 있다(Reynolds, 2013). 캐나다와 인도의 서비스-러닝 교육자들은 사회적 기업가정신, 서비스-러닝, "포용적 자본주의" 등의 개념을 활용해 제 역할을 하지 못하고 있는 인도의 공공 도서관 시스템을 개선해 "대중에게 의미 있는 서비스를 제공"할 수 있는 방안을 탐구하고 있다(Pyati, 2013). 이탈리아의 한 지역사회 참여 학자는 이탈리아에서 매우 중요한 도덕적·시민적 가치로 간주되는 '연대'의 개념을 연구하고 있다. Selmo는 이탈리아 고등학교 내 지역사회 참여 프로그램이 이러한 가치를 가르치는 데 얼마나 효과적인지를 연구하고 있으며, 아울러 이탈리아와 미국 간 서비스-러닝의 방법론적 차이도 함께 연구하고 있다(Selmo, 2013). "서비스"라는 단어가 "부적절하고 쓸모 없다"는 의미로 읽히고, "공동체는 논란이 많은 공간"이라고 간주되는 아일랜드에서, 아일랜드의 학자들은 "시민참여 교수법의 현지화" 절차를 개발하고 있다(Boland & McIlrath, 2007, p. 83).

이런 예시들은 여러 개념과 실제 활동, 관점을 아우르고 있으며, 우리로 하여금 지금 하는 일과, 이를 더 개선하기 위해 어떤 방안들이 있는지 깊이 고민하게 한다. 다양한 형태의 대학과 지역사회의 참여를 장려하는 국제 네트워크의 수가 급증하고 있다는 점, 그리고 전 세계의 서비스-러닝 교육자가 국제학술대회에서의 발표 및 논문을 통해 본인의 경험과 연구 결과를 공유하는 풍부한 기회를 제공받을 수 있다는 점 등은 가히 고무적이다. 서비스-러닝의 잠재력을 믿는 모든 독자들도 필자처럼 이러한 기회들을 잘 활용하길 권장한다. 고등교육 내 시민참여 네트워크, 과거에 진행된 학술대회와 곧 열릴 학술대회의 전체 목록은 Talloires Network 홈페이지에서 확인할 수 있다.

추가정보출처

4th Asia-Pacific Conference on Service-Learning. (2013, September). Conference Presentation Materials. www.ln.edu.hk/osl/conference2013/output.html.

International Association for Research on Service-Learning and Community Engagement. (2013, September). Conference Proceedings. www.researchslce.org/publications/proceedings/.

McIlrath, L., & Labhrainn, I.M. (2007). *Higher Education and Civic Engagement: International Perspectives*. Burlington, VT: Ashgate.

Talloires Network. (2013, November). http://talloiresnetwork.tufts.edu.

9.5 미래의 서비스-러닝 파트너십은 무엇인가?

넓고 깊은 수준의 지역사회 참여를 위해 서비스-러닝 파트너십은 어떻게 촉매제 역할을 할 수 있는가?

서비스-러닝은 어떻게 경제 발전을 조성하는가? 참여형 학습 경제는 무엇이며 서비스-러닝은 어떻게 이바지할 수 있는가?

지역사회를 기반으로 한 기관에서 서비스-러닝의 역할은 무엇인가?

모든 서비스-러닝 파트너십은 변화를 추구해야 하는가?

필자는 저서 <서비스-러닝 파트너십 구축> 서문에서 "서비스-러닝에는 파트너십이 전부다"라고 서술하였다(Jacoby, 2003c, p. xvii). Bailis는 "파트너십을 한 단계 올리면 서비스-러닝도 한 단계 더 발전할 수 있다"라고 말한 바 있다(2000, p. 3). 이러한 교훈은 그때나 지금이나 사실이다.

저자는 과거 수년 사이에 서비스-러닝을 위해 대학과 지역사회 간 미래지향적이고 안정적인 파트너십을 구축하려면 "지역사회"를 어떻게 정의하는가가 중요함을 확신하게 되었다. 카네기 교육진흥재단에서 지역사회 참여 인정제도를 1차로 받은 교육기관들로부터 얻은 교훈은 "지역사회를 지원하고 변화를 불러일으키고자 하는 학교는 우선 '*지역사회*'를 어떻게 정의할지부터 논의해야 한다"는 것이다(Beere, 2009, p. 59). '지역사회'는 다양하게 정의할 수 있다. 예를 들면 지역별(예: 대학교 캠퍼스와의 근접성), 사회적 특성별(예: 최근 라틴아메리카에서 이주한 이민자들), 조직별(예: 특정 지역사회 기반 조직), 공동 관심사별(예: 빈곤, 교육 불평등, 환경적 지속가능성)로 정의 내릴 수 있다. 대학과 지역사회 간 파트너십은 대부분의 '지역' 단위에서 체결되는데, 이외에도 주, 지역, 전국 또는 세계적 단위에서 체결되기도 한다(Beere, 2009). '지역'이라는 용어 또한 교육기관의 위치가 도시, 교외, 지방이냐에 따라 의미가 달라진다. Beere는 "대학이 지역사회라는 용어를 정의하는 방식에 따라 대학이 추구하는 파트너십의 종류가 결정된다"라고 주장하면서 '지역사회'라는 용어의 정의 방식이 중요하다고 강조하였다(2009, p. 59).

3장 3.1에서는 '*파트너십*'이라는 단어를 정의하고, 서비스-러닝을 위한 대학과 지역사회 간 파트너십의 원칙과 유형에 대해 기술하였다. 서비스-러닝의 맥락에서 파트너십을 보는 관점과 파트너십 당사자 모두에게 돌아가는 혜택을 높이기 위해 방법을 고민하고 검토하는 것은 서비스-러닝 학자와 행동가들이 우선적으로 중점을 두는 분야로 남을 것이다. Bringle과 Clayton에 따르면, 서비스-러닝에 관한 문헌은 주로 교육기관과 지역사회 측면에서 파트너십에 대해 논하고 있어, "대학과 지역사회 간 파트너십"이라는 용어가 통용되기 시작했다(2013). 파트너십의 미래를 위해, Bringle과 Clayton은 광범위한 상호작용을 구별하고 분석하기 위한 기본 틀로서 SOFAR[1](학생, 지역사회 내 기관의 직원, 교수진, 대학 관계자, 지역사회 주민) 모델을 제시하였다. 이 모델에는 서비스-러닝 참가자가 개입할 수 있는 다섯 가지 범주가 있다(Bringle & Clayton, 2013). 3장 3.5에 기술되었듯이, 지역사회를 단체의 직원과 주민으로 구분하여 이들의 관심사와 관점에 차이가 있을 수 있다는 점을 인정하였다. 또한, Bringle과 Clayton은 주민과 기관의 직원 간에는 상호 관계가 있으며, 이렇게 구분된 각각의 집단 내에서도 여러 가지 차이점이 있을 수 있다고 덧붙였다(Bringle & Clayton, 2013). 이와 유사하게 대학 내 참가자들을 학생, 교수진과 관계자로 구분하고 동일 집단 내에서도 여러 차이가 발생할 수 있음을 다시 한 번 강조하였다(Bringle & Clayton, 2013). SOFAR 모델을 통해 나타난 이러한 구별은 서비스-러닝 파트너십에 대한 연구가 우리의 역량과 기회를 늘려 주고, 실제 적용을 위한 중요한 시사점

1) SOFAR: students, staff of Organizations in the Community, Faculty, Administrations on the Campus, and Residents in the community.

을 제시하고 있음을 의미한다. 이러한 차이점을 이용하여 파트너 교육기관 내에서, 그리고 서비스-러닝 참가자 사이의 복잡한 관계를 인지하고 처리하는 데 SOFAR 모델을 직접 적용하고 실행하는 것도 가능하다.

경계 확장의 개념과 실제는 SOFAR 모델에서 동일 집단 내 구분에도 적합하다. 비록 새로운 개념은 아니지만, Sandmann과 동료들은 최근 경계 확장 개념을 서비스-러닝과 지역사회 참여에 적용하였고 대단히 유용하다는 점을 알 수 있었다. 이런 맥락에서, '경계 확장자'란 내부적으로는 본인의 조직에서, 외부적으로는 다른 장소에 있는 두 개 이상의 집단 사이에서 중요한 연결고리 역할을 하며 내·외부적으로 관계를 잘 맺고 있는 개인을 의미한다. 이들은 다양한 역할과 기능을 수행하고, 본인 조직 내 지위도 상이하다. 고등교육기관 내에서 경계 확장자란 지역 및 글로벌 차원의 다양한 외부 환경에서 서비스-러닝과 지역사회 참여를 장려하는 대학 지도자, 조직 내 파트너십을 촉진하는 구조와 역량을 개발하는 개인, 지역사회 파트너와 협업하는 교수진과 직원, 이러한 사업을 지원하고 문제를 해결하는 기술 전문가 등을 지칭한다. 그리고 고등교육 범위 밖에 있는 지역사회 내 경계 확장자로는 지역사회 대변자로 일하는 선출직 공무원, 고등교육기관과 협력하고자 하는 지역사회 단체 대표와 직원, 지역사회 구성원, 주민대표, 지역사회 발전을 위해 자원을 마련하는 조직자, 그리고 연계 가능한 지식의 획득, 목표의 공유, 파트너십의 구축을 옹호하는 이들을 들 수 있다(Sandmann, Jordan, Mull, David, & Farner, 2013).

경계 확장의 개념과 실제는 서비스-러닝의 미래에 여러 시사점을 제시한다. 주로 대학에 기반을 둔 경계 확장자는 지역사회 파트너 현장에 배치되거나, 캠퍼스 외부에 있는 학교나 지역사회 소유의 건물에서 근무할 수 있다. 지역사회 경계 확장자에 해당하는 개인을 위해 캠퍼스에서 일부 시간을 보낼 수 있도록 캠퍼스 내에 공간을 마련해 줄 수도 있을 것이다. '공동 배치'된 경계 확장자의 경우, 캠퍼스와 지역사회 모두에 사무실이나 기타 업무를 할 수 있는 공간이 마련되어 있다. 경계 확장의 혁신적인 사례로는 프로비던스 대학/스미스가 부속건물(Providence College/Smith Street Annex)을 들 수 있는데, 이는 로드 아일랜드 지역에 있는 프로비던스 대학이 "대학과 지역사회 구성원들 간 소통을 늘리고, 이를 통해 상호 이해와 협력 기회를 증진하려는 매우 간단한 목적"을 가지고 지역사회 내에서 임대하는 공간이다(Providence College, 2013). 이 공간은 장기적 파트너십에서 발전했거나, 장기적 파트너십을 구축할 수 있을 것으로 보이는 활동들에 우선 배정된다. 학생들은 훌륭한 경계 확장자로 발전할 수 있고, 우리는 이런 학생들에게 기회를 제공하는 역할을 한다. '살아있는 민주주의'(Living Democracy)는 앨라배마에 있는 오번 대학교에서 진행되는 독창적인 1년짜리 프로그램으로, 매 여름 10주간 주 전역의 다양한 도시로 학생들을 보내 이들이 지역공동체에 속해 해당 지역이 선택하는 프로젝트를 마치도록 한다(Auburn University, 2013). 이러한 예시를 통해 경계 확장이 호혜적으로 서비스-러닝 파트너십을 개발하고 유지하는 데 높은 잠재력이 있음을 알 수 있다. 경계 확장자의 성공에 필요한 요소가 무엇이고, 경계 확장자가 하는 일이 서비스-러닝과 지역사회 참여에 어떤 기회를 열어주는지에 대해 서비스-러닝 옹호자들이 더 잘 알 수 있도록, Sandmann, Jordan, Mull, David와 Farner의 연구에 바탕을 두고 추가적인 연구를 진행해야 한다.

고등교육 내 서비스-러닝의 광범위한 발전과 제도화의 결과로, 서비스-러닝은 과거부터 현재까지 깊고 넓은 범위로 널리 퍼져 있으며, 지속적으로 지역사회 참여를 위한 촉매제 역할을 해왔다. 제도화된 지역사회 참여는 서비스-러닝을 지원하고 발전을 돕기 때문에 이는 상호 이익이라 할 수 있다. 대학들은 오래 전부터 경제발전 관련 계획을 시행해 왔지만, 최근 들어 단기적 해결책을 넘어 장기적 경제 변화를 가져다 줄 대학과 지역사회 간 효과적인 파트너십을 만들어 내려는 명확한 목표에 초점을 두고 함께 노력을 기울이기 시작했다(Wittman & Crews, 2012). 고등교육기관이 기울인 경제발전 노력은 다양한 분야에 걸친다. 지역사회 구성원 고용, 지역 생산품 구매, 개발 및 발전 사업의 공동 진행, 자원 공유 등을 통한 직접적인 경제적 지원뿐 아니라, 교육 프로그램을 통해 지역사회 구성원과 대학교 직원, 학생 등 인적 자원을 개발하는 일, 지역사회의 발전과 경제의 건전성 및 탄력성을 증진하기 위해 지식을 이전하는 일, 그리고 지식기반 경제성장에 박차를 가하기 위해 벤처기업 프로젝트를 활성화하는 일 등 그 종류가 다양하다(Wittman & Crews, 2012). 대부분의 고등교육기관은 지역사회에 깊숙이 뿌리박혀 있고, 재원까지는 아니더라도 인적 · 지적 · 물적 자원은 풍부하기 때문에, 지역사회를 위한 '지주' 역할을 할 준비가 되어 있다. 펜실베이니아 대학교가 시작하고 마르가 주식회사(Marga, Inc.) 내에 사무실이 있는 앵커기관네트워크(Anchor Institutions Task Force)는 지역사회에 잘 자리잡은 앵커기관의 자원을 활용하여 지역사회의 요구사항을 충족하고 많은 지역사회가 경험한 자본 도피에 대응하기 위해 적절한 안정성을 제공하겠다는 목표 아래 설립되었다(Marga Inc., 2013). 점점 더 많은 기관이 이러한 활동을 늘리고 집중적으로 관리하기 위해 지역사회 참여 업무를 담당하는 사무소를 세우고 있는 추세이다.

또한, 경제발전과 서비스-러닝 등 시민참여와 지역사회의 참여 노력을 의도적으로, "전략적이고 전체론적인 방식으로" 통합하는 새로운 계획들은 "긍정적 시민 및 경제 변화를 가져올 능력이 있는 '*참여형 학습 경제*'를 창출할 수 있다. … 시민참여는 경제적 지원과 민주주의 교육을 잇는 메커니즘이다"(Wittman & Crews, 2012, p. 2). 참여형 학습 경제의 기본 원칙은 서비스-러닝의 호혜적 파트너십의 원칙, 즉 교육기관과 지역사회 간 힘의 균형을 잡아주는 민주적 파트너십 추구, 지속 가능한 발전을 보장하기 위한 목표, 정책 및 관행 조정, 미래 발전과 상호 지원을 위한 교육기관과 지역사회의 역량 강화 등의 원칙과 밀접한 관계가 있다(Torres, 2000; Wittman & Crews, 2012).

서비스-러닝은 참여형 학습 경제를 활성화하고 강화할 수 있는 엄청난 잠재력이 있다. 일례로, 지역사회를 대상으로 하는 대학의 투자가 어떤 영향을 불러올 것인지에 대해 학생이 더 잘 알게 되면, 주민과 지역 기업들에게 가장 많은 혜택을 가져다 줄 투자 방식을 장려하기 위해 행정적 조치를 활용하게 할 수 있다. 서비스-러닝 학습자들이 내는 의견은 앵커기관 네트워크(Anchor Institutions Task Force), 도시지원대학연합(Coalition of Urban Serving Universities), 국립대학 및 토지공여대학 협회(Association of Public and Land-Grant Universities) 등 전국적인 네트워크를 통해 진행되는 논의 사항들을 더욱 풍요롭게 할 수도 있다(Guinan, McKinley, & Yi, 2013).

[질문 3.9]는 서비스-러닝의 거래적 파트너십과 변혁적 파트너십 간의 차이를 설명한다. 기본적으로 거래적 관계에 있는 파트너는 상대로부터 필요한 것을 얻을 수 있기 때문에 협력하지만, 변혁적 파트너십은 개인, 조직, 교육기관과 지역사회를 좀 더 나은 방향으로 바꾸길 시도한다(Enos & Morton, 2003). <서비스-러닝 파트너십 구축> 결말에서 본 저자가 제시한 변혁적 파트너십의 잠재력에 대해서는 지금도 확신하고 있으며, 곧 다가올 미래에도 마찬가지일 것이다. "처음에는 잘 설계된 경계선, 소수의 참가자와 한정된 목표를 가지고 시작했을 수 있으나, 서비스-러닝을 위한 파트너십은 기간, 장소 또는 범위 측면에서 한계를 설정할 필요가 없다. 사실상 이러한 파트너십의 무한한 가능성은 예측 불가능한 혜택이 실현될 때까지 수년간 잠재된 상태로 머무를 수 있다"(Jacoby, 2003a, p. 333). 하지만, 특정 프로그램이나 과정에서 제한적인 범위로 교수진, 학생, 대학 부서와 지역사회 단체들 간 상호 유익한 파트너십을 구축하는 것이 가능하다는 점을 인식하는 것도 중요하다. 서비스-러닝은 호혜성에 기반을 두고 있고, [제시문 3.1]과 [제시문 3.2]에 열거된 파트너십의 원칙에 따라 운영되는 거래적 및 변혁적 파트너십 모두에게서 이익을 얻게 될 것이다.

추가정보출처

Bringle, R.G., & Clayton, P.H. (2013). Conceptual frameworks for partnerships in service–learning. In P.H Clayton, R.G. Bringle, & J.A. Hatcher (Eds.), *Research on Service–Learning: Conceptual Frameworks and Assessment, Volume 2B: Communities, Institutions, Partnerships*. Sterling, VA: Stylus.

Guinan, J., McKinley, S., & Yi, B. (2013). *Raising Student Voices: Student Action for University Community Investment*. Brooklyn, NY: Responsible Endowments Coalition and The Democracy Collaborative. http://community–wealth.org/sites/clone.community–wealth.org/files/downloads/REC_WEB_singles.pdf.

Marga Inc. (2013, September). Anchor Institutions Task Force. www.margainc.com/initiatives/aitf.

Wittman, A., & Crews, T. (2012). *Engaged Learning Economies: Aligning Civic Engagement and Economic Development in Community–Campus Partnerships*. Boston, MA: Campus Compact. www.compact.org/wp–content/uploads/2012/01/Engaged–Learning–Economies–White–Paper–2012.pdf.

9.6 학생들이 지역 내 서비스–러닝을 통해 글로벌한 관점을 기를 수 있도록 어떻게 도울 수 있는가?

8장 [질문 8.9]는 국제적 서비스–러닝의 어려움을 설명하고, 우리가 비판적으로 검토할 필요가 있는 문제 몇 가지를 제기한다. 여기서 필자가 주장하고자 하는 내용은 바로 서비스–러닝을 안정적으로 구축하려면 학생들이 글로벌한 관점을 키우고 세계화의 영향을 이해할 수 있도록 지역 내 활동에 학생들이 참여하도록 이끌어야 한다는 것이다. Friedman이 제시한 "평평한" 세계라는 개념은 세계화의 급격한 부상을 일컫는데, 이는 곧 지역 내 서비스–러닝을 통해 학생들을 세계시민으로 길러내는 데 확실한 영향을 줄 수 있음을 뜻한다. Battistoni, Longo와 Jayanandhan(2009)는 서비스–러닝을 뒷받침하는 연구를 내놓았던 초기 이론가 Dewey가 민주주의는 지역사회와 공동체에서 시작되어야 한다고 강하게 믿었다는 점에 주목했다. 세계화는 먼 곳에서 일어나는 사건이 현지에서 일어나는 사건에 영향을 미치고, 현지에서 일어나는 사건이 먼 곳에서 일어나는 사건에 영향을 미치면서, 원거리에 있는 공동체를 연결하여 세계적 사회관계를 강화하는 것을 의미한다. 이러한 이해를 바탕으로, 연구자들은 "… 만일 민주주의가 '가정에서 시작' 되는 것이라면, 점점 세계화되는 사회 맥락에서 이는 어떤 의미를 지니는가?"라는 점에 의문을 품었고, 서비스-러닝 교육자는 현지 지역사회 참여와 글로벌 학습을 연결하는 새로운 시민교육 모델을 시행해야 한다는 입장을 취했다(Battistoni, Longo, & Jayanandhan, 2009, p. 89).

호혜성이라는 서비스-러닝의 기본 원칙에 따라, Battistoni, Longo와 Jayanandhan는 지역공동체는 풍부한 지식의 원천이고, 지역사회 기반의 활동 경험은 학생들이 지역공동체와 활발히 교류하여 현지에 대한 지혜를 얻고 세계시민으로서의 소양을 기를 수 있게 해 준다는 점을 인식하였다. 이렇게 학생들은 "세계 경제와 국제 기구에 대한 객관적 정보나 국제 인권에 대한 실체 없는 이론을 넘어설 수 있는 것"이다(Battistoni, Longo, & Jayanandhan, 2009, p. 93). 예를 들어, 새로운 이민자들과 함께 일하는 서비스-러닝 학습자는 이민과 초국가적 정체성에 대한 국제적 쟁점에 대해 배울 수 있다. 현지 공업도시에서 활동하는 학습자는 변화하는 경제 상황으로 일자리를 잃은 개인들이나 저임금 노동력을 수출하는 국가가 자국민들에게 어떠한 영향을 미치는지 직접 확인할 수 있다. Battistoni, Longo와 Jayanandhan는 글로벌한 관점에서 지역 내 서비스-러닝은 해외에서 경험한 것보다 더 오랫동안 학생들을 참여하도록 이끌고, 세계화 맥락에서 지역 문제를 이해하고 해결하려는 의지를 강화할 것이라는 가설을 세웠다. 또한, 이들은 이러한 지역 내 활동을 통해 경험을 쌓은 학생들은 "모든 곳에 퍼져 있는 인종차별, 성차별, 동성애 혐오증, 경제 불균형과 싸우는 것"을 포함하여 사회적 불평등을 해결하는 데 참여한다고 믿었다. "다시 말해, 우리가 힘든 일들을 겪는 것은 모두 일정한 관계를 맺고 있고, 글로벌 연대는 대규모 국제 운동의 하나로서 국내외 문제를 해결하는 기술을 개발하는 것을 의미한다"(2009, p. 94). 이뿐만 아니라, Battistoni, Longo와 Jayanandhan(2009)는 학생들이 세계화의 영향과 지역 문화와 가치 간에 발생할 수 있는 여러 종류의 갈등에 대해 배우고 경험하기 위해 반드시 해외로 나가야 할 필요는 없다고 주장했다. 기술 발전과 예산 삭감으로 인해 임무를 재정립하고자 하는 도서관, 월마트와 같은 다국적 유통기업과 아마존과 같은 온라인 상점을 대상으로 살아남으려 애쓰고 있는 지역 기업들, 고속도로가 마을 옆을 지나게 되면서 도시를 재정립하려는 소도시 등 이미 지역공동체에도 갈등은 널리 퍼져 있다는 점에 주목했다.

세계시민을 길러내기 위한 수단으로서 지역 내 서비스-러닝을 개념화하는 것은 고등교육기관 내에서, 그리고 지역사회 내에서 협업에 대한 높은 가능성을 제시한다. 예를 들어, 변형적 재편성의 일환으로 매캘러스터 칼리지(2013)는 세계시민연구소(Institute for

Global Citizenship)를 설립하였는데, 이 연구소는 시민참여센터, 국제 프로그램, 인턴십, 그리고 가치, 윤리 및 직업과 관련된 광범위한 질문에 대해 성찰과 행동이 따르는 프로그램을 결합한 행정 기구이다. 이 연구소의 강령에는 "본원은 우리의 지역, 국가 및 세계 공동체 내에서 학문 연구, 성찰과 윤리적 행위를 시행함으로써 세계시민의식을 함양한다"라고 명시되어 있다. 프로비던스 대학은 페인스타인 공공서비스 연구소(Feinstein Institute for Public Service)를 설립하여, 공공서비스와 국제학 전공 간의 중요한 연결고리를 형성했다. 이를 통해 공공서비스 전공 학생들은 자신들의 지역을 기반으로 하는 사업에 대해 글로벌한 관점을 기를 수 있고, 국제학 전공 학생들은 지역공동체 내의 사업에 참여할 수 있다(Battistoni, Longo, & Jayanandhan, 2009). 지역공동체 내 서비스-러닝은 글로벌한 관점 개발이라는 상당히 모호한 목표를 구체적이고 의미 있는 경험과 성찰을 통해 공고히 다져, 학생들이 지역사회와 전 세계 간 명백한 연결고리를 만들 수 있도록 하는 막대한 잠재력을 내포하고 있다. 서비스-러닝 옹호자들이 글로벌한 관점을 수용하기 위한, 모든 대학에 적용될 수 있는 교육 프로그램을 발전시키기 위해 새로운 방안을 계속 고안해 낸다면, 이와 동시에 서비스-러닝의 개념과 실제는 고등교육 내에서 더욱 힘을 얻고 깊숙이 뿌리내리게 될 것이라는 점을 굳게 확신한다.

추가정보출처

Battistoni, R.M., Longo, N.V., & Jayanandhan, S.R. (2009). Acting locally in a flat world: Global citizenship and the democratic practice of service-learning. *Journal of Higher Education Outreach and Engagement*, *2*(13), 89-108.

9.7 국내외 인도주의적 위기에 대응하기 위한 서비스-러닝의 역할은 무엇인가?

필리핀을 강타한 태풍 하이옌, 미국의 허리케인 카트리나, 리타, 샌디 사태, 인도네시아의 쓰나미 사태, 아이티와 일본을 강타한 지진과 그에 따른 재앙 등 자연재해의 암울한 여파로, 서비스-러닝 교육자와 학생 모두는 도움을 주기 위해 무엇을 할 수 있을지 고민했다. 2005년 멕시코만 연안에서 발생한 홍수로 피해가 발생함에 따라, 전 세계 뉴스 매체는 끔찍한 풍경과, 도움의 손길을 내밀기 위해 뉴올리언스와 멕시코만 연안의 다른 지역으로 몰려든 서비스-러닝 참가 학생 및 봉사자들의 모습을 다루었다. 소중한 도움을 제공한 것 이외에도, 구호 활동에 참가한 사람들은 여러 단계에서 위기에 효과적으로 대응하는 데 실패한 정부의 모습, 고질적 빈곤, 제도화된 인종차별이 보여주는 충격과 그 여파, 사람들이 겪은 엄청난 수준의 고통과 그들이 보여준 놀라운 용기 등을 직접 마주할 기회가 있었다. 대부분의 학생은 직접 재해 현장에서 봉사활동을 한 경험이 향후 시민이나 학자 및 지도자로서 결정을 내릴 때 활용 가능한 경험이라는 생각이 들면 본인의 경험이 가치가 있다고 판단했다. 반면, 일부 학생은 직접 목격한 재해 상황에 어쩔 줄 몰랐고, 구호 사업의 부족한 체계와 무능함에 좌절감을 느끼기도 했으며, 아무것도 바꿀 수 없다는 무력감을 느꼈다고 말하기도 했다. 또한, 재해현장의 한가운데서 자원봉사자들이 활동하게 됨으로써 오히려 식품, 식수, 공간, 치료 등 자원을 고갈하거나, 진정한 원조를 제공하기보다는 다른 부분에 부담을 가하는 등 의도하지 않은 결과를 낳기도 했다.

그럼에도 불구하고, 서비스-러닝은 재난구호에 많은 부분을 기여할 수 있고, 구호 활동에 사려 깊게 또 적절하게 참여함으로써 얻을 수 있는 부분도 많다. 광범위한 학문에서 나오는 다양한 시각은 구호 활동에 도움이 될 수 있고, 해당 학제 수업을 듣는 학생들은 이론 개념과 통계치를 실제 상황에 적용해볼 수 있는 실전 경험을 얻을 수 있다. 방학 기간을 이용한 봉사활동 등 정규과목과 병행한 프로그램도 지역사회의 중대한 요구사항을 충족하고, 학생들의 학습과 개발 측면에서 원하는 성과를 달성하도록 봉사와 학습을 연계할 수 있다. 서비스-러닝은 지역사회가 재난에 대비하고, 대응하며, 재난을 복구하고 경감하게 하고 나아가 회복력을 증진하는 데에도 도움을 줄 수 있다(Kochanasz, 2008). 브레이크 어웨이(Break Away)라는 단체는 매스컴의 보도가 끝난 이후에도 재해 복구를 위해서는 오랜 시간을 들일 필요가 있으며, 지원을 지속적으로 제공하기 위해 방학 기간을 이용한 봉사활동 단체를 장기적으로 보내는 것이 중요하다고 강조했다. 이러한 점에서, 브레이크 어웨이(Break Away)는 허리케인 카트리나와 리타 사태 이후 수년간 많은 대학이 뉴올리언스와 멕시코만 연안 지역에서 방학 기간을 이용해 봉사조직을 만들어 학생들을 보냈다는 사실에 주목했다. 또한, 해당 단체는 "고된 노동을 동반하는 교육적 요소를 추구하는 재난구호나 복구, 또는 재건 프로그램"을 장려하며, "우리의 활동은 재난이라는 중압감 아래에서 특혜, 억압, 기존 사회 문제 악화 등을 살펴봄으로써 더욱 힘을 얻게 되었다"고 말한다(Break Away, 2012).

지속적인 지원의 또 다른 예로는 아이티 콤팩트(Haiti Compact)를 들 수 있다. 2010년 아이티에 지진이 발생한 이후, 같은 해 브레이크 어웨이와 아메리카 대학교, 윌리엄메리 대학, 인디애나 대학교, 로욜라 메리마운트 대학교와 메릴랜드 대학교 등 5개 고등교육기관은 "아이티 콤팩트(Haiti Compact)－아이티를 위한 고등교육"이라는 연합체를 구성하였다. 이 연합체는 방학 기간을 이용한 봉사활동 프로그램을 통해 아이티를 재건하고 아이티 국민이 각자의 지역사회를 다시 일으켜 세우는 데 힘을 불어넣어 주는 실질적 지원을 장기적으로 제공할 것을 목표로 한다. 아이티 콤팩트(Haiti Compact) 소속 기관들이 방학 기간을 이용하여 조직한 봉사활동 프로그램은 학생들이 집중적으로 봉사활동을 실시하고, 문화를 경험하며 보건, 교육, 환경, 재난구호 등 사회적 문제에 대해 배울 수 있는 기회를 제공한다. 2015년까지 운영된 이 연합체의 전반적인 목표는 "'강하고, 품위 있으며 평화로운 아이티'라는 비전을 향해 아이티 국민을 위해, 아이티 국민과 함께 일하는 것, 특히 지속적인 교육과 일자리, 의견 제기를 통해 역량을 강화하고 있는 시민들과 함께 일하는 것"이다(Haiti Compact, 2013). 미국 내 대학을 대상으로 아이티에 대한 도움을 요청하는 과정에서, 아이티 콤팩트는 "진정한 지지와 변화는 사람과 조직 사이의 굳건한 관계와 연대감에서 나오는 것이다. 우리는 아이티 국민들의 강인한 모습을 통해 많은 것을 배울 수 있고, 그들의 기술뿐 아니라 세계자원에 대해 책임감 있는 소비자가 되는 방법을 배울 수 있다"라고 말했다(Haiti Compact, 2013). 아이티 콤팩트(Haiti Compact) 구성원은 아이티에서 진행한 봉사활동 프로그램을 개발하는 과정에서 다방면으로 얻게 된 경험을 기반으로 다른 교육기관에 지침을 제공할 수 있다. 아이티 콤팩트(Haiti Compact)는 서비스－러닝이 지역사회와 해외 공동체에 구체적, 긍정적, 지속적인 변화를 가져오게 하기 위해 고등교육기관에 어떠한 협업 수단을 제공할 수 있는지를 보여주는 훌륭한 사례이다.

개별 교육기관 단위에서 자연재해에 대응한 사례들 중 서비스－러닝의 미래에 유망할 것으로 보이는 사례들도 있다. 툴레인 대학교의 경우, 허리케인 카트리나 사태로 인해 2005년 가을학기에 학교 문을 닫아야 했는데, 이전에 이미 서비스－러닝에 참여하는 학생의 수가 수년간 꾸준히 증가하고 있는 상태였다. 2006년 봄학기에 다시 개교하면서, 툴레인 대학교는 서비스－러닝을 필수적으로 이수하는 새로운 제도를 도입했다. 새로 입학하는 학부생은 모두 서비스－러닝 수업을 한 학기 수강해야 하고, 이후 한 학기 동안 또 다른 서비스－러닝 수업, 서비스－러닝 분야의 인턴십, 연구 프로젝트, 논문 또는 공공서비스 기반의 해외 유학, 종합 프로젝트 등 공공서비스 관련 필수 과정을 마쳐야 했다. 이는 다른 변화로도 이어져 서비스-러닝의 제도화에 기여했는데, 예를 들어 공공서비스센터의 직원 채용과 예산을 늘리고, 서비스-러닝과 지역사회 참여를 대학 기금 모금의 우선순위로 설정했으며, 교수진의 임명, 승진과 종신 교수직 임용 과정에 있어 참여형 학문을 인정하는 방향으로 나아가기 시작한 것이다. 서비스-러닝을 필수과목으로 지정하는 것은 아직도 논란도 크고 자원을 많이 소모해야 하지만, 툴레인 대학교의 사례는 다른 여러 교육기관에 영향을 미쳐, 그들도 이러한 필수 과정 지정을 고려하거나 서비스-러닝 제도화를 위해 더 많은 노력을 기울이게 하였다(Tulane University, 2013). 서비스-러닝 의무화와 관련해서는 8장 8.2에서 다룬 바 있다.

또 다른 혁신적인 프로그램의 예시로는 터프츠 대학교가 제공하는 프로그램을 들 수 있다. 터프츠 대학교는 본교 학생뿐만 아니라 하버드 대학교와 매사추세츠공과 대학교(MIT) 등 다양한 학교의 학생과 의료 분야 종사자, 군인, 인도주의적 원조 분야의 전문가들이 참여할 수 있는 인도주의적 대응 전문과정을 제공하는데, 이 과정에서 참가자들은 정교하게 마련된 3일짜리 모의 국제적 위기 상황에 처한다. 이 프로그램의 목적은 "차세대 인도주의적 구호활동가들에게 자연재해와 인재에 효과적으로 대응하는 방법을 가르치고자 하는 것"이다(McNeill, 2013). 이 프로그램은 매년 다른 시나리오로 진행하는데 우수사례는 다양한 과목의 교수진에게 자연재해와 인재의 일부 측면을 서비스-러닝 과목에 반영하도록 영감을 준다.

서비스-러닝 옹호자들이 교육기관의 의사결정자와 잠재적 투자자들을 대상으로 서비스-러닝이 공익을 위해 가치 있는 교육이자 그 자체로 풍부한 학습 경험이라는 사실을 납득시킬 방법을 계속해서 찾고 있을 때, 우리가 재난대응 측면에서 서비스-러닝의 효과를 입증하고 이를 증대할 방법을 고민하는 일은 그럴 만한 가치가 있을 것이다. 이렇듯 브레이크 어웨이(Haiti Compact), 아이티 콤팩트(Haiti Compact), 주별 캠퍼스 연합체 및 기타 개별 교육기관들의 활동은 원칙과 지침을 제공하고, 훌륭한 모범사례로 역할을 한다.

추가정보출처

Break Away. (2013, September). www.alternativebreaks2013.org/.

Haiti Compact. (2013, September). *Higher Ed with Haiti*. http://haiticompact.org.

Kochanasz, A. (2008). *A Guide to Service Learning for Disaster Preparation*. Tallahassee, FL: State Farm Florida Service-Learning and Home Safety Initiative. www.fsu.edu/statefarminitiative/RevisedGuideBookComplete.pdf.

9.8 온라인 환경에서 서비스-러닝의 미래는 어떠한가?

서비스-러닝에 미래 기술 발전이 어떤 영향을 미칠 것인가?

4장 4.9에 설명된 바와 같이, e-서비스-러닝은 고등교육 전반에 걸쳐 성장하고 있다. 미래 기술발전을 통해 봉사와 학습 분야에서 어떠한 기회가 부상할지 예측하는 것은 불가능하다. 이와 관련하여 많은 의문점이 떠오른다. 문제기반학습, 일반적인 지적 경험, 학습공동체, 공동 프로젝트 등과 같이 효과가 높은 교육적인 경험을 e-서비스-러닝에 어떻게 반영할 수 있을까? e-서비스-러닝은 어떻게 지역사회를 기반으로 하는 연구를 촉진할 수 있을까? 온라인 또는 가상 서비스를 위해 어떤 모델들이 뒤따를까? 지금은 존재하지 않는 형태의 소셜 미디어를 통해 어떤 연구가 진행될 수 있을까?

"극단적인 온라인 서비스-러닝"은 지시사항과 교육이 온라인 상으로만 제공되며, 상대적으로 새롭고, 많은 연구가 이루어지지 않은 교육 방식이다(Waldner, McGorry, & Widener, 2012, p. 133). Waldner, McGorry와 Widener(2012)는 이러한 방식의 이점에 열광하는 동시에 하드웨어나 소프트웨어의 장애, 교수진, 지역사회 파트너와 학생을 대상으로 기술 활용에 대해 교육하는 일의 중요성, 교수설계와 수업을 위한 기술 지원의 필요성, 학생, 지역사회 파트너와 교수진의 기술적 역량 부족, 그리고 시스템 장애 해결이나 문제 해결에 가장 효과적인 방법인 대면 의사소통의 부재 등과 같은 도전과제에 대해서도 인식하고 있다. e-서비스-러닝 교수법의 발전을 도모하기 위해서는 e-서비스-러닝이 참가자 모두에게 좋은 결과를 가져올 방안이 무엇일지에 대한 연구가 진행되어야 하고, e-서비스-러닝 개발과 연구를 위한 자금 지원이 필요하며, 교수진을 위한 e-서비스-러닝 연수 프로그램 등을 운영해야 한다.

e-서비스-러닝의 미래는 밝다고 본다. 온라인 서비스를 제공하고 비판적으로 성찰하는 과정을 지원하고 촉진하는 신기술이 출현하면서 e-서비스-러닝은 의심할 여지없이 성장하고 번창할 것이다. 온라인 서비스-러닝을 발전하게 할 가능성이 높은 기술에는 전자 포트폴리오, 디지털 배지, 게임학습, 학습 분석기술, 오픈 콘텐츠 등이 있다(Briggs, 2013). 점점 더 많은 학생이 온라인으로 고등교육을 받는 상황에서, 서비스-러닝도 빠르게 진화하는 교육 환경과 대학생들의 높아지는 다양성 속에서 살아남으려면, 이러한 기술적인 진보를 활용해야 한다. 또한, 서비스-러닝은 온라인 교육이 직면한 큰 문

제 중 일부, 즉 대규모 온라인 강좌에 학생들의 참여를 유지하는 것의 어려움과 온라인 환경에서 학습자들이 서로 단절됨에서 오는 어려움 등의 문제를 해결하는 데 상당 부분 기여할 수 있을 것으로 확신한다.

추가정보출처

Briggs, S. (2013, November). *10 emerging educational technologies and how they are being used across the globe.* www.innovationexcellence.com/blog/2013/07/29/10-emergingeducational-technologies-how-they-are-being-used-across-the-globe.

Waldner, L.S., McGorry, S.Y., & Widener, M.C. (2012). e-Service-learning: The evolution of serv-icelearning to engage a growing online student population. *Journal of Higher Education Outreach and Engagement, 16*(2), 123-150.

9.9 서비스-러닝은 초·중등 교육과정 내 고등교육의 참여를 어떻게 강화할 수 있는가?

고등교육에서의 서비스-러닝은 초·중등 과정에서 서비스-러닝을 향상하기 위해 어떤 역할을 해야 하는가?

서비스-러닝의 미래에 관심이 있는 사람은 여러 가지 이유로 미국 초·중등 교육과정과 고등교육 간의 관계에 관심을 가져야 한다. 많은 보고서와 대중매체에서 미국 초·중등 교육의 안타까운 현실이 끊임없이 다루고 있으며, 특히 외국 학교들과 비교했을 때 더욱 안타까운 실태가 다루어지고 있다. 위험한 환경에 처해 있는 아동과 청소년들에 대한 통계치는 놀랄 만한 수준이고, 교사들은 시험 준비를 위해 수업을 해야 한다는 규칙에 얽매어 있다. 고등학교 졸업률은 낮고, 무단결석은 고질적이다. 사회 계층별로 학교와 교육의 질적 차이가 크며, 심화교육과 방과 후 프로그램을 위한 자금은 거의 지원되지 않는다. 여학생들의 학업 성취도가 남학생들보다 높지만 그 중 STEM 분야로 진학하는 학생은 매우 적다. 고등교육 영역에 걸쳐있는 교육기관은 다양한 인종, 민족, 경제사정을 가진 학생들을 원하지만, 저소득층 가정의 학생 다수는 대학 진학에 관심이 없으며, 그 중 우등생들도 명문대에는 거의 지원하지 않는다. 이외에도 기타 다른 점을 고려했을 때, 그리고 서비스-러닝에 참여하는 대부분의 대학생이 아동과 청소년들과 함께 일하기를 선호한다는 점을 고려했을 때, 광범위한 분야와 프로그램에서 서비스-러닝 활동을 하는 대학생들에게는 미국 초·중등 교육과정이 가장 논리적이고 타당한 환경으로 보인다. 이런 대학생들이 적절한 교육을 통해 효과적으로 진행할 수 있는 활동으로는 개인교습, 학업 심화, 멘토링 등을 들 수 있다. 대학생들의 존재 자체가 대학 진학이 일반적이지 않은 가정에서 자란 청소년들의 롤모델이 되는 셈이다. 이런 대표적인 프로그램으로는 오레곤 대학교가 진행하는 "초·중등 교육에 대한 서비스-러닝 세미나"가 있다. 학부생 전체를 대상으로 하는 이 프로그램을 통해 학생들은 미국 학교시스템의 문화적 역사를 고려하여 공립학교에서 근무하며, 교육제도의 사회·정치적 맥락에 대한 이해를 높이고, 교육과 관련된 현황과 문제에 대해 배우고, 교육 관련 사안들에 기여할 수 있도록 공적 토론에 의미 있는 견해를 전개한다(University of Oregon, 2013).

3장 3.9과 9장 9.5에 기술된 바와 같이, 서비스-러닝은 교육기관 내에서 광범위하고 깊은 수준의 지역사회 참여를 위해 촉매제 역할을 할 수 있다. 특히 소개하고 싶은 고무적인 사례는 펜실베이니아 대학교의 지역사회 협력을 위한 네터센터(Netter Center for Community Partnerships)가 개발한 '대학지원 커뮤니티 스쿨'(university-assisted community school) 모델이다. 대학지원 커뮤니티 스쿨은 학교에 초점을 맞추어, 학교를 핵심 교육기관 또는 "지역사회 참여와 민주주의 발전"의 중심지, "청소년을 단순히 서비스 수용자가 아닌 서비스 전달자로 참여"시키기 위한 중심지로서의 역할을 하게 한다. 네터센터가 지원하는 학문적 기반을 둔 160개 이상의 지역사회 봉사 과목이 펜실베이니아 대학교에 마련되어 있는데, 이러한 과목들은 대학지원 커뮤니티 스쿨의 구성 요소에 해당하며, "공립학교와 대학교의 교육과정 모두에 잘 융화되어, 초·중등과 고등교육에 걸친 다양한 수준의 학교 교육을 통해 공동의 문제해결 방식을 만들어 낸다는 점에서 이 모델의 가장 핵심적인 요소이다. 네터센터는 현재 지역 내 학교, 지역사회와 대학 간의 협력 프로그램에 자금지원을 포함한 다양한 지원을 제공함으로써 대학지원 커뮤니티 스쿨 모델을 전국적으로 또 세계적으로 발전시키기 위해 노력하고 있다.

대학 과정 내 서비스-러닝의 미래와 관련된 또 다른 사안은 서비스-러닝을 초등 교육과정에 통합하고 고등학교 졸업 요건으로 삼는 학교와 지역의 수가 매년 늘어나고 있다는 점이다. 대학 진학 전 서비스-러닝 경험이 긍정적으로 작용했던 학생들은 대학 진학 후에도 서비스-러닝 기회를 모색하게 될 것이고, 반대로 이러한 활동을 통해 보람을 찾지 못했거나 교육과 관련이 없는 활동이었다고 생각하는 학생들은 대학 진학 후 서비스-러닝을 피하게 될 것이다. 서비스-러닝을 지지하는 이들은 학생들이 서비스-러닝에 대해 갖게 되는 인식이 긍정적이냐 부정적이냐에 따라 웃거나 울게 되는 것이다. 양질의 서비스-러닝이 초·중등 교육과정에 점점 더 포함되면서, 대학 내 교육적 경험의 일부로 서비스-러닝을 수행하려는 학생 수도 증가할 것이다.

그렇다면 초·중등 교육과정 내 서비스-러닝을 향상시키기 위해 고등교육 측면에서는 어떤 일을 할 수 있을까? 사범대학이 서비스-러닝 센터의 직원들과 협력하여, 서비스-러닝의 개념과 실제를 사범 교육에 반영하고, 예비교사들이 서비스-러닝을 본인의 수업에 포함할 수 있도록 지침을 제공하고 지원하며, 그들을 서비스-러닝 학습자로서 서비스-러닝과 그에 대한 연구에 참여시키는 방안도 있을 것이다. 연구 결과에 따르면, 예비교사들이 서비스-러닝에 참여하는 경우, 학생의 발달적 요구를 더 세심하게 헤아리게 되고, 정서학습을 이해하며 교직을 좀 더 현실적으로 판단할 수 있게 해 주는 경향이 높고, 이는 이후 이들이 교사가 되었을 때 교직에 잘 적응하여 머무를 수 있게 하는 효과가 있다고 하였다(Chambers & Lavery, 2012). 또한, 대부분의 현직교사는 과거 예비교사 시절에 서비스-러닝에 노출된 적이 없기 때문에 사범대학은 현직교사들을 대상으로 서비스-러닝을 교육과정에 반영하는 것이 어떻게 학생들에게 동기를 부여하고 이들의 학습 수준을 향상시킬 수 있는지에 대한 연수 프로그램을 제공할 수 있다.

대학 과정의 서비스-러닝 교육자가 초·중등 교육과정에 관심을 가져야 하는 또 다른 이유는 시민교육과 시민참여교육을 초등학교에서 시작해야 한다는 점에 사회적 합의가 이루어져 있기 때문이다. "학교는 시민정신 함양을 위한 유일한 장소는 아니지만, 필수적인 역할을 하는 장소이다. 학교는 그 자체만으로도 취약계층의 학생이나 관련 프로젝트에 자진해서 참여하려는 의향이 없는 학생 등 모두에게 다가갈 수 있다"(Levine, 2007, p. 119). 초·중등 단계의 교육자들이 직면하는 어려움과 방해 요소들을 고려했을 때, 서비스-러닝은 학교 내 시민참여 교육을 지원하는 데 중요한 역할을 할 수 있다. 대학의 서비스-러닝 학습자는 어린 학생들과 *함께* 서비스-러닝 활동을 실시하고 이에 대해 성찰할 수 있고, 방과 후 심화 활동을 통해, 본인의 지식과 기술을 다지는 취지에서 어린 학생들에게 시민교육과 관련된 지식과 기술을 가르쳐 줄 수도 있다.

요컨대, 서비스-러닝이 고등교육에서도 꾸준히 성공을 거두려면 초·중등 교육과정에서 학생들을 얼마나 잘 준비시키느냐에 그 성패가 달려있다. 이런 점에서 대학 차원의 서비스-러닝은 광범위한 지역사회뿐만 아니라 초·중등 교육과 협력할 책임이 있다. Levine의 의견에 따르면, "일반적으로 우리는 … 교육이란 모름지기 전문가에 의해 측정되어야 하는 전문화된 업무라고 생각하는 경향이 있다. 결국 성공이란 시험 합격 여부로 판가름 난다고 말이다. 하지만 교육이란 지역사회 전체의 기능으로, 교육을 통해 지역사회 전체가 다음 세대에게 전달해 줄 적절한 가치, 전통, 기술, 관례와 문화 규범을 선택하고 이를 전수하게 된다. 참된 시민참여란 학교, 대학과 지역사회의 경계를 넘나드는 것으로, 지역사회를 포용한다는 뜻을 반영하는 것이다"(2013, pp. 20-21).

추가정보출처

Levine, P. (2007). *The Future of Democracy: Developing the Next Generation of American Citizens.* Lebanon, NH: Tufts University Press.

Netter Center for Community Partnerships. (2013, November). University-Assisted Community Schools. www.nettercenter.upenn.edu/programs/university-assisted-community-schools.

Nitschke-Shaw, D., Bauer, D., Brown, M., Bryant, L., Gibans-McGlashan, A., Taylor, K., Muscott, H., Preble, W., Raymond, A., Scire, D., Shumway, D., & Tilea, W. (n.d.). *Best Practices: Servicelearning in Teacher Education in New Hampshire.* www.compactnh.org/down-loads/Best_Practices.pdf.

9.10 서비스-러닝의 미래와 사회적 기업가정신의 관계는 무엇인가?

사회적 기업가정신은 "새로운" 서비스-러닝인가?

경영대학원의 '기업가정신'이라는 전공분야 중 '사회적 기업가정신'이라는 연구 분야가 떠오르기 시작한 것은 1990년대 말이었다. 서비스-러닝과 마찬가지로 사회적 기업가정신도 여러 가지로 정의를 내릴 수 있다. 넓은 범위에서는 비영리, 민간 또는 정부 분야에서 발생할 수 있는 대규모 사회 문제를 해결하려는 도전 정신이라고 정의할 수 있다(Calvert, 2011). 대부분의 용어 정의는 사회적 기업가 개인을 묘사하는 데 초점을 맞추고 있고, 사회적 의무 수행을 위한 새로운 기회 창출, 자원의 제약을 받지 않는 행동, 성공을 추구하기 위한 지속적인 혁신, 새로운 가치 창출, 투자자와 지역사회 모두에 대해 책임을 보장하기 위한 구체적인 노력 실시 등의 내용을 포함한다(Calvert, 2011). 사회적 기업가정신은 비영리 부문에서 발생한다고 보지만, 대부분의 경영대학원에서는 이 개념을 사회적으로 이익이 되는 영향력을 발생시키면서 수입을 창출하는 활동을 추구할 때라야 사회적 가치를 창출하는 하나의 방식으로 인정하고 기업 분야에 받아들이기도 했다.

사회적 기업가정신은 서비스-러닝과 손을 잡으면 얻을 수 있는 게 많다. 성공한 사회적 기업가의 가치와 특징은 서비스-러닝을 통해 얻고자 하는 성과의 일부를 잘 보여주고 있는데, 이러한 예로는 사회·경제 발전에 기여할 수 있는 역량이 모두에게 있다는 강한 신념, 문제를 기회로 발견하는 능력, 사회 문제 해결을 위해 혁신적 해결 방안을 시행할 열정과 결정력, 어떠한 일이 일어나기만을 손놓고 기다리지는 않는 긍정적인 조바심, 사람들의 삶과 지역사회 발전을 위해 필요한 조건을 모색하는 현실적인 비전 창출 등을 들 수 있다(Wessel & Godshalk, 2004). 혁신적인 해결 방안을 통해 사회 문제를 해결하기 위해서, 사회적 기업가는 이러한 문제들의 근본 원인과 이러한 문제들이 개인과 지역사회에 어떤 영향을 미치는지를 파악해야 한다는 점은 명백하다. 또한, 지속 가능한 혁신의 개념과 실제는 혁신을 빨리, 싸게, 멋지게 이루어 내려는 패러다임은 지양하고 지속 가능한 경영과 경제를 추구하는 행위의 가치를 장기적인 안목으로 관찰한다(Simanis & Hart, 2009). 지속 가능한 혁신은 "기업과 사회 모두에 기회의 새 지평을 열어준다. 이런 새로운 기회를 잡기 위해서는 대화와 소통, 학습과 실험에 개방적인 정신, 항상 겸손한 자세 등을 토대로 하는 새로운 기업 활동과 능력이 필요하다"(Simanis & Hart, 2009, p. 96). 이러한 자질은 서비스-러닝을 통해 얻고자 하는 성과 중의 일부인데, 그 결과 "서비스-러닝은 사회적 기업가정신 학습 효과를 향상하기 위해 선호되는 교수법"이자, 지속 가능성의 중요성을 미래 기업가에게 가르치는 데 좋은 교수법이다(Wessel & Godshalk, 2004, p. 29).

또한, 사회적 기업가정신의 지지자들은 비판적 서비스-러닝이 사회·경제적 불평등을 고착화하는 제도와 구조를 해체하는 데 역점을 둔다는 점을 성찰함으로써 도움을 받을 수 있다. 사회적 기업가정신은 이러한 제도나 법을 바꾸기보다는 이를 피해 우회한다는 점에서 비판의 대상이 되어왔다. "사회적 기업은 자본주의와 자유시장제도가 제대로 기능을 하며, 대부분의 사회 문제가 충분히 경쟁할 능력이 없는 사람들에게서 발생한다는 전제에서 시작하는 경우가 대부분이다"(Dolgon, 2014). 사회적 기업가들은 소액금융, 영양지원제도, 의료전달체계 등의 제도를 만들어 냈지만, 정작 이러한 혁신에 대한 요구, 그 기저에 깔려있는 근본적인 원인을 해결하지는 못하는 제도들이었다. 사회적 기업가정신은 "근본적인 원인을 다루고 싶지도 않아 하며, 대부분의 기업가들도 그럴 필요가 없다고 생각한다. 무엇보다도 나쁜 것은 이러한 프로젝트에 참여하는 학생들도 종종 능률이 전체 상황을 바꿀 수 있다고 믿는다는 점이다"(Dolgon, 2014).

서비스-러닝을 사회적 기업가정신에 맞춰 조정하는 것도 긍정적이다. 8장 8.1에 기술된 바와 같이, 대학에서 제공되는 서비스-러닝 프로그램뿐만 아니라 일반적으로 자원봉사활동에서 상당수의 경우 여성의 참여율이 더 높다. 이러한 현상에 대한 원인이 명확하게 파악된 것은 아니나, 적절한 경우 서비스-러닝을 '사회적 기업가정신' 또는 '혁신' 프로그램 등으로 부르면 남성과 STEM 분야 학생들을 더 많이 유치할 수 있을 것으로 보인다. 사회적 기업가는 비영리기구와, 조직의 지도자로서의 역량이 경제적 성장과 기업의 사회적 책임활동을 견인할 것이라 믿는 기업들 사이에서 매우 인기 있다.

다행히도 서비스-러닝과 사회적 기업가정신 간 시너지효과를 창출하기 위해 대학들이 활용하고 있는 기회에 대한 독특한 방법과 사례가 여러 가지 있다(Jones, Warner, & Kiser, 2010, p. 8). 벨몬트 대학교(2013)는 사회적 기업가정신과 서비스-러닝 센터(Center for Social Entrepreneurship and Service-Learning)를 운영하는데, 이 센터는 "혁신적 접근 방식과 프로젝트를 통해 사회 변화를 가져올 수 있도록 연수, 서비스-러닝, 평가, 연구 활동 등을 진행하며, 이를 통해 학생, 교수진, 직원과 지역사회 파트너를 참여시키고 이들에게 힘을 실어주고자 한다". 엘론 대학(2013)에서 제공하는 사회적 기업가정신 학자 과정(Social Entrepreneurship Scholars Program)은 3년짜리 과정으로, "지역사회의 요구에 대응하기 위해 학문과 서비스-러닝을 융합"하는 데 초점을 맞춘다. 프로그램 2년차에 학자들은 미국 전역의 여러 지역사회가 직면하고 있는 사회 문제를 배우고, 사회적 기업가들이 사회변화를 가져오기 위해 일하는 혁신적인 방법에 대해 알아본다. 이들은 팀으로 나뉘어 지역사회 프로젝트를 진행하는데, 3년차에는 멘토이자 자문 위원으로 이 과정에 들어오는 학생들과 함께 일하며, 그들의 노력이 지속될 수 있도록 이끈다.

서비스-러닝과 사회적 기업가정신은 사회 변화를 낳기 위해 활용하는 뚜렷이 다른 접근 방식이지만, 둘 다 지역사회 개발에 속도를 더하고 사회적 요구를 충족하는 데 상당한 공헌을 한다. 두 방식 모두 발전하고 영속하려면 서로에게 도움이 되어야 한다. 사회적 기업가정신은 서비스-러닝이 학생의 학습, 성장, 변화에 초점을 두고, 상호 이익을 주며, 호혜적으로 지역사회와 파트너십에 가치를 둔다는 점에서 도움을 받을 수 있다. 반대로, 서비스-러닝도 기업가정신의 지식과 기술 교육 측면에서 덕을 볼 수 있다. 또한, 경영대학원에서 서비스-러닝과 사회적 기업가정신을 결합하면, 모든 분야에서 미래의 사회적 기업가와 사회적으로 책임감 있는 지도자를 교육하고 지원할 인재를 찾는 데 서로에게 보탬이 될 가능성이 있다.

추가정보출처

Calvert, V. (2011). Service learning to social entrepreneurship: A continuum of action learning. *Journal of Higher Education Theory and Practice, 11*(2), 118-129.

Jones, A.L., Warner, B., & Kiser, P.M. (2010). Service-learning and social entrepreneurship: Finding the common ground. *Journal of Service-Learning and Civic Engagement, 1*(2), 1-5.

Wessel, S., & Godshalk, V.M. (2004). Why teach social entrepreneurship: Enhance learning and university-community relations through service-learning outreach. *Journal of Higher Education Engagement and Outreach, 9*(1), 25-38.

결 론

"서비스-러닝은 21세기에도 그 폭과 깊이가 발전할 것인가? 서비스-러닝을 지원하기 위해 최근 개발한 자원과 기존 자원들의 수, 그리고 훌륭한 서비스-러닝 프로그램의 사례들을 살펴보다 보면 낙관적인 시선을 지니는 것은 당연하다. 서비스-러닝이 지속적으로 발전하기 위해서 그 밑바탕에 탄탄한 토대가 되어주는 구성 요소도 많다"(Jacoby, 1996b, pp. 332-33). 20년 전 저자의 저서 <고등교육 내 서비스-러닝: 개념과 실제>의 결론에 나오는 문장이다. 이 내용이 오늘날 더욱 맞는 내용이라 기쁘다.

교과 교육과정과 교과연계 비교과과정에서 실시하고 있는 훌륭한 사례들에 더해, 헌신적인 연구자들이 서비스-러닝의 모든 측면을 연구하고 있다. 이를 통해 실제 활동 내용을 꾸준히 개선하기 위해 시사점을 던져 주고, 철저한 연구 결과를 소개 및 출판하며, 미래에 진행할 연구들을 위해 과제를 제안하고 있다. 서비스-러닝은 모든 이해당사자 입장에서 원하는 성과를 달성하였는지 그 수준을 평가하고 대학 내 제도화 수준을 평가하기 위해서 기준과 기타 지표들도 개발하였다. 현재는 폭넓고 깊이있는 대학기관의 파트너십(예: 참여형 학습 경제, 고등교육기관이 지역사회 내에서 앵커기관의 역할을 하고 있는 파트너십)에 서비스-러닝이 더욱 기여할 수 있는 방안도 탐구하고 있다. 그뿐만 아니라 초·중등 과정의 교육자들과도 많은 파트너십을 형성했다. 외국의 동료들로부터 배우고 자연재해와 기타 인도주의적 위기에 대응할 수 있는 메커니즘도 만들었으며, 학생들이 긍정적으로 사회 변화를 이루어 나가도록 교육하는 데 서비스-러닝과 사회적 기업가정신을 서로 보완할 수 있는 방법도 연구하고 있다.

"서비스-러닝이 고등교육 전체를 휩쓸었다는 점은 업적으로 인정"되어야 하나, 여전히 많은 도전과제가 남아 있다(Hollander & Hartley, 2003, p. 289). 서비스-러닝은 일부 교육기관에서 뿌리를 내리는 데 실패했고, 일부 교수진과 직원들은 서비스-러닝이 수용되도록 노력을 기울이면서 소외감이나 좌절감을 느끼기도 한다. 신임 교수진은 여전히 서비스-러닝과 참여형 학문의 추구를 단념하고 있으며, 서비스-러닝 교수법을 수용하거나 미래 교육자들이 이를 활용할 수 있도록 해주는 대학원 과정도 충분하지 않다.

일부 지역사회 지도자와 구성원은 소위 '대학 내 파트너'의 후속조치가 여전히 미흡한 점을 실망스러워하고 있다. 왜 수업의 일환으로 "강제 자원 봉사활동"을 하는지 이해하지 못하는 학생도 일부 있다. 여전히 크고 작은 서비스-러닝 계획을 위해 자금을 구하기란 쉽지 않고, 우리 주변 세상은 예측할 수 없는 방향으로 빠르게 바뀌어 가고 있다. 지역사회는 점점 경제적 계층화를 보이고 있으며, 세계는 점점 '평평'해지는 동시에 양극화되고 있다. 정부와 주요 사회제도가 과연 우리를 위해 효과적으로 기능할 것인지에 대해서도 깊은 의구심이 든다.

현존하는, 그리고 앞으로 생길 도전과제에도 불구하고 낙관적인 태도를 유지할 만한 이유는 있다. 저자는 현재까지 이룬 서비스-러닝의 성공이 "파트너십을 구축하기 위해 서비스-러닝 지지자들이 놀라운 역량을 발휘한 것에 대한 증언"이라는 Hollander와 Hartley의 의견에 완전히 동의한다(2003, p. 289). 사회적 우선순위와 교육기관의 우선순위에 따라 학교 내 여러 부서와 학제에 생산적인 협력 관계를 수립하였으며, 가깝고 먼 지역사회들과도 협력해 왔다. 그리고 파트너십이란 여러 단계로 존재한다는 점을 알게 되었다. 모든 파트너십의 근거가 되는 기본적인 대인관계(예: 읽기 능력이 부족한 학생을 도와주는 개인지도교사, 지역사회 단체를 위해 사업계획을 세우는 학생 팀, 방학 기간을 이용해 봉사활동에 참여해 무주택 가정들을 위해 집을 짓는 참가자)에 계속 초점을 맞추는 것도 물론 중요하지만, 지속적이고 체계적인 변화를 위해서는 학교와 지역사회 간 더 넓고 더 깊은 제도적 협력관계가 필요하다는 사실도 깨달았다.

서비스-러닝 파트너십을 안정적으로 전망하기 위해, 우리는 항상 새로운 협력자와 새로운 협력 방식을 찾아야 한다. 기업, 통신회사, 미디어, 프로 운동선수, 대중교통 서비스 기관, 종교단체 등과는 어떻게 협력할 수 있을까? 소셜 미디어를 통해 협력관계를 쌓을 수 있는 기회에는 어떠한 것들이 있을까? 신기술의 발전을 통해 어떠한 협력 기회가 생길 수 있을까? 학교와 지역사회 사이의 변혁적 파트너십으로 인해 협력 기관에는 계속 근본적인 변화가 일어나고 있는데, 그 결과 어떤 새로운 조직이 모습을 드러낼까? 대학이 앵커기관으로서 역할을 수용하고 이를 확대해 나가는 상황에서 지역사회의 성장과 발전은 어떻게 전망할 수 있는가?

서비스-러닝의 미래를 긍정적으로 평가하는 또 다른 이유는, 서비스-러닝의 무한한 잠재력을 믿는 이들도 서비스-러닝과 관련된 딜레마, 도전과제, 복잡성 등을 비판적으로 성찰하는 데 깊이 참여하기 때문이다. 우리는 이미 이런 비판적인 성찰을 본격적으로 시작했고, 지역사회, 학생과 고등교육기관을 위한 혜택을 높이는 과정에서 부정적인 영향을 방지할 수 있도록 우리의 원칙과 실제를 계속해서 검토해야 한다. 이미 제 8장에서 서비스-러닝의 본질과 목적을 파악할 때 어려운 문제들을 제기하고 다룬 바 있다. 우리는 이러한 문제를 지속적으로 심각하게 받아들여 문제의 규모를 파악하고 장단점을 따지며, 최고의 개인 및 집단 사고에 기반을 두고 향후 우리가 취해야 할 행동을 결정해야 할 것이다.

본 서의 서문에서 기술했듯, 우리는 지금까지 대단한 발전을 이뤄왔다. 하지만 서비스-러닝의 잠재력과 힘을 알아차리려면 아직 할 일이 많다. 학생들은 서비스-러닝에 참여하고, 서비스-러닝이 없는 곳에서는 이를 요청하고, 대학이 본래의 공공 목적에 부합하도록 밀어붙일 기회를 찾길 바란다. 교수진과 학생처에 근무하는 동료들은 학생들이 학습과 개발 측면에서 원하는 성과를 달성할 수 있도록 서비스-러닝이 어떻게 도와줄 수 있는지, 그 방법에 대해 깊이 고민하고, 그런 다음 대담하게 실행하길 바란다. 대학관계자들은 서비스-러닝 교육자와 학습자들을 지원하고, 서비스-러닝을 대학 정책과 우선순위에 깊이 반영하길 바란다. 지역사회 파트너들은 여러분의 단체와 지역사회가 각자의 역량을 키우는 서비스-러닝에 동참하고, 교수와 학습 과정에도 함께 참여하길 바란다. 주 단위와 전국 단위의 협회장들은 우리를 이끌어주고, 격려하며 지탱해 주는 회의, 출판물과 네트워크를 계속 제공해 주길 바란다. 서비스-러닝 센터의 동료들도 지금처럼 훌륭하게 잘 해주길 바란다. 문제가 쉽지 않아 보여도 낙담하지 말고, 우리 모두가 하는 일이 학교와 사회 분야에서 모두 필수적이라는 사실을 잊지 않길 바란다.

여러분 모두에게, 필자가 서비스-러닝에 대한 연수나 연설을 마칠 때 자주 인용하는 괴테의 말을 제안하고자 한다. 지금까지 많은 이들에게 영감을 주었기 때문에, 이 글을 읽는 독자들도 이 글을 읽고 혹시 가장 어려운 순간이 오더라도, 필연적이고 중요한 일을 향해 본인의 의지를 다시 한 번 다지길 희망한다. "가장 중요한 것들이 가장 사소한

것들로 좌우되어서는 안 된다" —괴테

마지막으로, 서비스-러닝은 학생을 능동적으로 참여하는 시민으로 만들어 주기 때문에, 앞으로도 발전하고 번성할 것이라고 확신한다. 이는 미국 내에서 민주주의에 활력을 불어넣기 위한 '시민 쇄신(civic renewal)'이라 불리는 운동의 일환인데, 시민 쇄신 운동은 시민들이 사회제도에 더 활발히 참여하게 함으로써 민주주의를 활성화하는 데 뜻이 있다(Hollander & Hartley, 2003). 비록 시민 쇄신 운동과 서비스-러닝의 목표가 똑같지는 않지만, 서비스-러닝은 학생들이 학업 내용과 사회 문제를 연결하고, 다양한 문화를 이해하는 능력을 배양하며, 리더십을 개발하고 그 정신을 계승하는 등 사회 단체와 민주주의 참여에 크게 기여할 수 있게 하고 매우 다양한 성과를 달성할 수 있게 한다. 서비스-러닝에 참여함으로써, 학생들은 비판적 사고, 의사소통 능력, 창의적 문제 해결력과 효과적으로 연대하는 법 등 시민에게 필요한 중요하고 실용적인 기술을 얻는다. 서비스-러닝을 통해 학생들은 지역사회의 기능, 지역사회 내 풍부한 자산과 깊은 문제 등을 배우고, 이외에도 왜 사회 문제에 정면으로 맞서고 우리 공동의 미래를 위해 지식과 기술을 활용하고 열정을 쏟아 부어야 하는지에 대해서도 배우게 된다.

미국과 전 세계 사회는 모두 복잡하고, 서로 얽혀 있으며 고착화된 다양한 문제에 직면해 있다. 이들은 개인의 역량으로는 해결할 수 없는 수준이다. 따라서 학생들에게 사회적 책임을 교육하는 것만으로는 충분하지 않다. 상당히 어려운 지역적 문제와 글로벌 문제들을 해결하는 유일한 방법은 대학들의 다양한 자원을 활용하는 것이다. 서비스-러닝은 사회적으로 책임이 있는 미래의 시민, 학자와 지도자를 준비시켜 주기 때문에—*물론 이 때문만은 아니겠지만*—살아남아 번성할 것이다. 서비스-러닝이 대학의 임무와 실제 활동을 구성하는 요소로 포함된다면, 서비스-러닝은 고등교육이 사회적 책임에 대한 중대한 의지를 다지도록 촉구하고 이에 힘을 실어줄 것이다.

찾아보기

[ㅎ]

공역자 약력

이 현 우 (李賢禹)

미국 펜실베니아주립대학교 대학원
Ph.D. (Instructional Systems 전공)
저서: 교육공학(공저, 문음사, 2014)
역서: 교수설계 지식기반(공역, 학지사, 2012)
교육공학: 통합적 접근과 학제적 접근(공역, 교육과학사, 2013)
수업의 으뜸원리(공역, 학지사, 2014)
세부영역: 교육공학, 교수－학습이론, HRD, 교육프로그램평가
현재: 상명대학교 교육학과 교수
e－mail: hwl@smu.ac.kr

김 효 선 (金孝宣)

미국 오하이오주립대학교 대학원
Ph.D. (Workforce Development 전공)
저서: Career Development HRD 학술총서(한국인력개발학회 HRD 총서 2)(공저, 박영사, 2018 출간예정)
세부영역: 경력개발, 조직문화, 성인학습, 훈련프로그램개발
현재: 상명대학교 교육학과 교수
e－mail: hyosunk@smu.ac.kr

이 원 석 (李沅錫)

미국 일리노이주립대학교 대학원
Ph.D. (Program Evaluation 전공)
저서: 교육평가-이해와 적용(공저, 교육과학사, 2007)
교육평가(공저, 문음사, 2011)
세부영역: 교육평가, 프로그램 평가, 혼합연구방법론, 사례연구
현재: 상명대학교 교육학과 교수
e－mail: wlee@smu.ac.kr

이 정 민(李定玟)

미국 퍼듀대학교(Purdue University) 대학원
Ph.D. (Curriculum Studies 전공)
저서: Global issues in education: Pedagogy, policy, practices and the minority experience (공저, Rowman & Littlefield Education, 2009)
Minority students in East Asia: Government policies, school practices, and teacher re-sponses(공저, Routledge, 2011)
세부영역: 교육과정, 다문화교육
현재: 상명대학교 교육학과 교수
e-mail: leejungmin@smu.ac.kr

장 덕 호(張德虎)

미국 펜실베니아주립대학교 대학원
Ph.D. (Educational Administration 전공)
저서: 교육복지론(공저, 박영스토리, 2015)
한국 교육행정학 연구 핸드북(공저, 2012)
세부영역: 교육행정, 교육정책, 신제도주의이론
현재: 상명대학교 교육학과 교수
e-mail: pius@smu.ac.kr

장 석 진(張錫珍)

연세대학교 대학원 교육학과
Ph.D. (교육상담/상담심리 전공)
역서: 유능한 상담자의 심리치료(공역, 학지사, 2009)
셀프 슈퍼비전(공역, 학지사, 2012)
세부영역: 교육상담, 상담심리, 청소년 상담
현재: 상명대학교 교육학과 교수
e-mail: schang@smu.ac.kr

서비스-러닝의 본질: 질문, 답, 그리고 깨달음

초판발행 2018년 2월 28일

지은이 Barbara Jacoby
옮긴이 이현우·김효선·이원석·이정민·장덕호·장석진
펴낸이 안상준

편 집 배근하
기획/마케팅 이선경
표지디자인 김연서
제 작 우인도·고철민

펴낸곳 ㈜ 피와이메이트
서울특별시 마포구 월드컵북로 400, 5층 2호(상암동, 문화콘텐츠센터)
등록 2014. 2. 12. 제2015-000165호
전 화 02)733-6771
f a x 02)736-4818
e-mail pys@pybook.co.kr
homepage www.pybook.co.kr
ISBN 979-11-88040-44-5 93370

* 잘못된 책은 바꿔드립니다. 본서의 무단복제행위를 금합니다.
* 역자와 협의하여 인지첩부를 생략합니다.

정 가 18,000원

박영스토리는 박영사와 함께하는 브랜드입니다.